쉽게 배우는 구약 수업

쉽게 배우는 구약 수업

개정증보판 1쇄 인쇄 2025년 9월 3일
개정증보판 1쇄 발행 2025년 9월 8일

지은이 | 이희성
펴낸이 | 박성규

펴낸곳 | 총신대학교 출판부
등 록 | 제 바-38호 (1964. 8. 22)
주 소 | 경기도 용인시 처인구 양지면 학촌로 110
전 화 | 031-679-1749
이메일 | press@chongshin.ac.kr

ISBN 978-89-8169-002-1 93230

디자인 | 디자인 봄봄

* 이 책은 신저작권법에 의하여 국내에서 보호를 받는 저작물입니다.
  출판사와 협의 없는 무단 전재와 무단 복제를 엄격히 금합니다.
* 잘못된 책은 서점에서 교환하여 드립니다.
* 책값은 뒤표지에 있습니다.

쉽게 배우는 구약 수업

이희성 지음

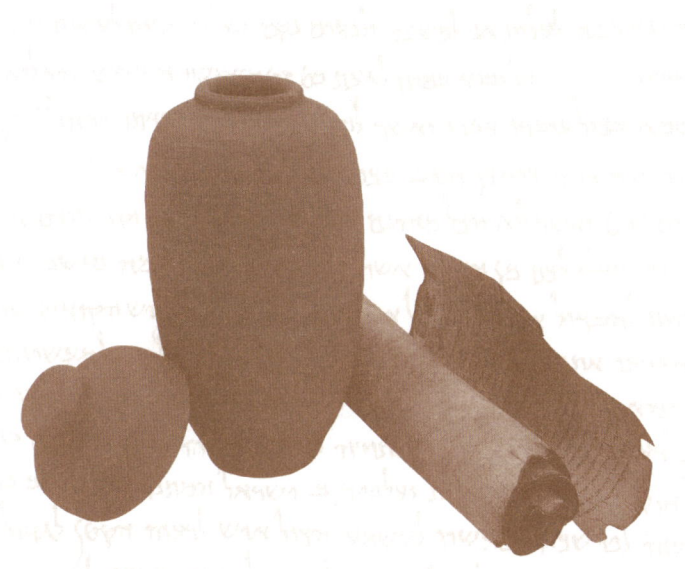

구약, 이제 쉽고 깊게 만나다

이희성 교수와 함께하는 말씀의 여정

서문

　구약 성경은 많은 이들에게 친근하면서도 동시에 멀게 느껴지는 책입니다. 주일 학교 시절 우리 마음을 사로잡았던 요셉과 다윗, 다니엘의 이야기들은 여전히 생생하지만, 정작 성경을 펴고 처음부터 읽어나가다 보면 곧 낯설고 어렵게 다가옵니다. 때로는 눈꺼풀이 무거워지기도 하지요. 그러나 구약은 광야 같은 인생길 위에서 우리를 일깨우는 오아시스와도 같습니다. 목마른 영혼을 새롭게 하고, 방황하는 발걸음을 바른길로 이끄는 생명의 샘물입니다.

　저는 오랫동안 총신대학교에서 학부생들에게 「구약 산책」이라는 과목을 가르쳐 왔습니다. 어떻게 하면 구약을 더 맛있고 향기롭게, 그리고 은혜롭게 전할 수 있을까 하는 것이 늘 제 마음속의 고민이었습니다. 학생들이 구약의 세계 속으로 더 깊이 들어가도록 소그룹 드라마를 하기도 하고, 함께 토론을 벌이기도 했습니다. 그렇게 강의실에서 주고받은 순간순간은 제게 행복이자 감사의 추억으로 남아 있습니다.

　그러나 구약은 혼자 품고 있기에는 너무도 귀한 보화입니다. 주님의 오묘한 말씀을 많은 이들과 나누어야겠다는 마음이 차츰 커졌고, 마침 세계 각지의 선교 현장에서 사용할 수 있는 구약 개론 교재를 집필해 달라는 부탁을 총회세계선교회(GMS)로부터 받게 되었습니다. 그 순간은 제게 큰 은혜이자 사명으로 다가왔습니다.

이 교재는 구약 39권을 누구라도 쉽게 이해할 수 있도록 정리한 안내서입니다. 각 책마다 이름과 목적, 기록 배경과 구조, 신학적 메시지, 그리고 신약과의 연결점을 담았습니다. 또한 함께 토론할 수 있는 질문과 더 깊은 학습을 위한 자료도 덧붙였습니다. 독자들이 이 교재를 통해 성경 본문에 더 가까이 다가가고, 구약을 읽는 즐거움과 예수 그리스도를 만나는 기쁨을 누리기를 간절히 소망합니다.

이 책이 세상에 나오기까지 하나님의 크신 은혜가 있었습니다. 부족한 저를 사용해 주신 주님께 모든 영광과 찬송을 올려 드립니다. 또한 늘 곁에서 함께해 주고 지혜로운 조언으로 도와준 아내에게 깊은 감사를 드립니다. 목회 현장에서 구약을 사랑하며 질문과 통찰을 나누어 주신 소강석 목사님, 출판 과정에서 애써주신 총신대학교 출판부 강대훈 교수님과 여러 동역자들께도 고마움을 전합니다.

이 교재가 구약을 배우고자 하는 모든 이들의 길잡이가 되어, 말씀 속에서 주님을 더 선명히 만나게 되기를 기도합니다.

"이에 모세와 모든 선지자의 글로 시작하여 모든 성경에 쓴 바 자기에 관한 것을 자세히 설명하시니라"(눅 24:27).

2025년 8월 20일

이희성

| 목차 |

서문 • 5

서론 • 9
창세기 • 22
출애굽기 • 41
레위기 • 61
민수기 • 79
신명기 • 96
여호수아 • 115
사사기 • 130
룻기 • 143
사무엘상하 • 155
열왕기상하 • 174
역대상하 • 194
에스라-느헤미야 • 210
에스더 • 224
욥기 • 235
시편 • 251
잠언 • 266
전도서 • 281
아가 • 296
이사야 • 307

예레미야 • 328
예레미야애가 • 347
에스겔 • 357
다니엘 • 372
호세아 • 383
요엘 • 393
아모스 • 400
오바댜 • 410
요나 • 415
미가 • 423
나훔 • 431
하박국 • 437
스바냐 • 444
학개 • 451
스가랴 • 457
말라기 • 467

참고문헌 • 476

서론

1. 구약은 어떤 책인가?

성경은 하나님의 자기 계시(self-revelation)이며 기록된 하나님의 말씀이다. 성경은 구약 39권과 신약 27권을 합하여 총 66권의 모음이다. 구약은 1000년 이상의 기간에 약 30명의 저자들이 대부분 히브리어로 (일부 아람어) 기록하였다. 구약은 39권의 책으로 구성이 되어 있으나 오랜 역사 속에서 통일성과 다양성을 가지고 장차 오실 예수 그리스도를 바라보고 있다. 구약은 단순히 인간이 만들어 낸 작품이 아니며 하나님 말씀으로서의 권위(authority)와 무오성(inerrancy)을 가진다.

(1) 영감(Inspiration)

구약 성경은 하나님의 영감에 의해 기록된 책이며 신적인 기원이 있다. 사도 바울은 구약의 기록 방식에 대해 이렇게 기록하고 있다. "모든 성경은 하나님의 감동으로 된 것으로 교훈과 책망과 바르게 함과 의로 교육하기에 유익하니"(딤후 3:16). 바울이 말한 하나님의 감동은 성령의 영감을 말한다. 성령님께서 성경 기록자들의 마음과 생각을 인도하여 기록할 때에 그들의 재능, 언어, 성품, 역사적 자료, 문화적 배경까지도 사용하셨다. 존 칼빈은 "성경은 하나님의 입으로부터 인간의 사역을 통하여 흘러나왔다"라고 말했다. 구약 성경의 모든 기록 과정에 성령님께서 전적으로 개입하셨으나 인간과의 소통을 위해 다양한 문학적 기법이나 언어를 매개로 전달된 것이다.[1] 베드로 사도도 구약 성경의 영감에 대해 다음과 같이 기록했다. "예언은 언제든지 사람의 뜻으로 낸 것이 아니요 오직 성령의 감동하심을 받은 사람들이 하나님께 받아 말한 것임이라"(벧후1:21). 구약의 모든 예언들은 사람의 뜻으로 기록된 것이 아니다. 성령님께서 선지자들을 감동시키셔서 하나님의 말씀을 전달하게 하셨다. 심지어 구약의 저자들이 성경을 기록할 때에 사용한 단어 선택에도 초자연적인 영향을 미치셨다. 이를 통해 하나님의 계시가 기록이 될 때 어떤 오류도 발생하지 않도록 하셨다. 구약은 성령의 영감으로 기록되어 신적인 권위가 있고 신뢰할 수 있는 하나님의 말씀이다.

(2) 정경(Canon)

"정경"이란 "성경 안에 있는 모든 책들의 목록"이다.[2] "정경"이란 단어는 히브리어 "카네(*qāneh*)" 헬라어로는 "케논(*kanōn*)"에서 나왔고, '갈대' 또는 '측정용 자'라는 의미가 있다. 고대 시대에 갈대가 측정용 도구로 사용되었듯이 성경의 정경은 하나님 백성들의 믿음과 행위

---

[1] 이희성, "개혁신학과 고대 근동 연구: 구약의 역사적 해석 원리에 대한 고찰", 「개혁논총」 34 (2015): 27-62.
[2] W. Grudem, *Systematic Theology* (Grand Rapids: Zondervan, 1994), 54.

를 측정하는 권위 있는 규범이다. 따라서 성경의 영감은 성경의 정경성을 위한 기본적인 원리가 된다. 하나님은 인간 저자들을 통해 자신의 말씀을 계시하셨고 오랜 역사 속에서 여러 책들 가운데 몇몇의 책들만이 정경으로 채택되었다. 하나님께서 직접 손가락으로 기록하신 십계명으로부터 시작하여 모세, 여호수아, 사무엘, 다윗, 그리고 이사야, 예레미야, 에스겔, 다니엘 등과 같은 여러 선지자들의 책들이 구약의 정경으로 만들어졌다. 구약의 마지막 시대에 쓰인 에스라, 느헤미야, 에스더, 말라기와 같은 책들을 끝으로 대략 주전 435년에 구약의 정경은 완성되어 갔다. 그 후에도 구약의 필사와 보존을 담당했던 유대인들은 여러 책들을 기록했다. 로마 카톨릭에서는 에스더 속편, 토빗기, 유딧기, 시편 151편, 시편 152-155편, 지혜서, 집회서, 바룩서, 예레미야의 편지, 다니엘 속편, 마카베오기 제1, 2서와 같은 유대인 문서들을 구약의 정경으로 인정했다.[3] 그러나 기독교에서는 이러한 책들을 외경(apocryphal books)으로 간주해 정경으로 인정하지 않았다.[4] 기독교에서 외경을 정경에 포함하지 않았던 이유는 (1) 예수님과 신약의 저자들이 성경으로 인용하지 않았고, (2) 이전 계시와의 연속성이 없고, (3) 유대인들도 하나님의 말씀으로 간주하지 않았기 때문이다.

---

[3] 1546년 트렌트 회의에서 로마 교회는 외경을 정경으로 결정했다.
[4] 주후 90년에 이스라엘의 남서부 해안에 위치한 얌니아에서 대부분의 사람들이 구약 성경이라고 인식한 39권을 구약의 정경으로 확정지었다.

(3) 구약 성경의 배열과 구성

히브리어 성경 배열과 구성		한글 성경 배열과 구성	관련연대
율법서		오경	
창세기		창세기	태초부터 주전 1400년
출애굽기		출애굽기	
레위기		레위기	
민수기		민수기	
신명기		신명기	
선지서		역사서	
여호수아	전선지서	여호수아	주전 1400-1380년
사사기		사사기	주전 1380-1050년
사무엘상		룻기	주전 1200-1150년
사무엘하			
열왕기상		사무엘상	주전 1100-1010년
열왕기하		사무엘하	주전 1010-971년
이사야	후선지서	열왕기상	주전 971-853년
		열왕기하	주전 853-560년
예레미야		역대상	주전 1010-971년
		역대하	주전 971-539년
에스겔		에스라	주전 539-450년
		느헤미야	주전 445-410년
12 소선지서		에스더	주전 483-474년
성문서		시가서	
시편		욥기	족장 시대
욥기		시편	특정 연대 불분명
잠언		잠언	
룻		전도서	
아가		아가	
전도서			
		선지서	
예레미야애가	포로된 땅 에서의 삶	이사야	주전 739-530년
에스더		예레미야	주전 627-580년
다니엘		예레미야애가	주전 586년
에스라		에스겔	주전 593-570년
느헤미야		다니엘	주전 605-530년
역대기		12 소선지서	

표 1 구약 성경 배열과 구성

* 12 소선지서: 호세아, 요엘, 아모스, 오바댜, 요나, 미가, 나훔, 하박국, 스바냐, 학개, 스가랴, 말라기

한글(영어) 구약 성경과 히브리어 구약 성경의 배열의 순서와 분류는 서로 약간의 차이가 있다. 한글(영어) 구약 성경은 크게 네 개의 주요 부분(모세오경, 역사서, 시가서, 선지서)으로 분류를 했고 주로 장르, 연대기, 저자에 따라 배열이 되었다. 히브리어 구약 성경은 크게 세 부분(율법서, 선지서, 성문서)으로 분류했다. 누가복음 24:44에서 예수님은 구약을 "모세의 율법과 선지자의 글과 시편"이라고 하여 히브리어 성경을 율법서, 선지서, 성문서로 구분한 것을 인식했었을 것이다. 한글(영어) 구약 성경이나 히브리어 구약 성경의 각 책 자체는 동일하며 단지 분류 방식만 다를 뿐이다.

2. 구약은 어떤 지리적 배경 가운데 기록되었는가?

하나님은 인간과 소통을 위해 스스로 자신의 계시를 인간의 수준에 맞추어 '조정' 혹은 '적응'하셨다. 자신의 말씀을 특정한 역사적 시기, 지리와 장소, 그리고 일정한 사람들에게 계시하신 것이다. 구약 성경은 허구적 신화 또는 역사적 사실이 결렬된 소설의 모음집이 아니다. 역사적 시간과 공간 안에서 실제로 발생했던 사건들이다. 따라서 구약 성경을 바로 해석하고 이해하기 위해서는 구약의 사건들이 발생한 배경을 이해해야 한다. 고대 이스라엘은 고대 근동(Ancient Near East) 지역이라는 넓은 세계의 일부였다. 고대 근동 지역은 메소포타미아, 이집트, 시리아-팔레스타인, 그리고 아나톨리아 지역을 포함한다. 이

지역은 다른 말로 "비옥한 초승달 지역(Fertile Crescent)"이라고도 한다. 오늘날로 말하면 터키, 이란, 이라크, 시리아, 레바논, 요르단, 이스라엘, 사우디아라비아, 이집트 등의 지역이다.

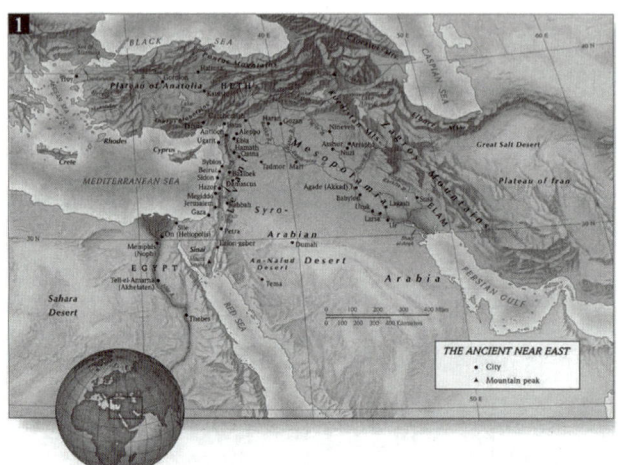

그림 1 고대 근동 지도

메소포타미아(Mesopotamia)는 "강들(유프라테스와 티그리스) 사이의 땅"이라는 의미를 가지고 있으며 고대 수메르 문명의 발생지이다. 이 지역의 북쪽은 산지이며 남서쪽은 사막 모래로 덮여 있으며, 날씨는 예상이 불가할 정도로 변화무쌍하다. 강 사이에 있는 땅이기에 이 지역의 사람들은 항상 가뭄 또는 홍수의 위협 가운데 있었다. 아브라함은 하나님의 말씀에 순종하여 메소포타미아에 위치한 우르(Ur)라는 도시에서 하란(Haran)을 거쳐 가나안(Canaan) 땅으로 갔다. 이스라엘은 메소포타미아 지역에서 발원한 앗수르, 바벨론, 바사 제국에 의해 지배받을 뿐만 아니라 많은 영향을 받게 된다.

애굽은 이스라엘과 인접했으며 아프리카 북동쪽의 나일강 유역에 위치하여 메소포타미아처럼 문명이 발생한 곳이다. 나일강은 애굽 사람들이 신으로 생각했을 정도로 그들의 삶에 풍성한 자원들을 제공해 주는 중요한 원천이었다. 그래서 고대로부터 애굽은 "나일강의 선물"이라고 알려졌다. 애굽은 일반적으로 "두 땅들"이라고 불렸는데, 나일강 삼각주를 포함한 이집트 북부는 하 이집트(lower Egypt), 나일강을 따라 아래로 이동하는 이집트 남부는 상 이집트(Upper Egypt)이다. 지리적으로 팔레스타인 지역과 가장 근접한 애굽은 이스라엘의 정치, 종교, 문화에 많은 영향을 미쳤다. 이스라엘 백성들은 400년 동안 애굽에서 종살이를 하면서 애굽 종교(금송아지: Apis bull)의 영향을 받았다. 그 대표적인 예가 출애굽기 32장의 아론의 금송아지 사건과 열왕기상 12장에서 여로보암이 단과 벧엘에 금송아지 제단을 만든 일이다. 애굽은 고대 역사 속에서 이스라엘을 유혹하는 나라였다.

시리아-팔레스타인은 애굽의 아프리카 대륙과 아시아 대륙을 연결하는 다리 역할을 하는 지역이다. 이 지역의 서쪽으로는 지중해가 있고 동쪽으로는 아라비아 사막이 있다. 시리아-팔레스타인의 지정학적인 유용성으로 인해 역사 속에서 애굽, 바벨론, 바사와 같은 대제국들은 경제, 정치, 군사적 이유로 이 지역을 다스리고자 했다. 애굽이나 메소포타미아와는 달리 이 지역은 여러 작은 나라들이 각각 독립적으로 존재한다. 시리아-팔레스타인 지역 북부 해변에는 여러 항구들이 있다. 특별히 페니키아 지역에는 두로, 시돈, 비블로스 등과 같은 중심 항구도시들이 있어 지중해를 통한 해상 활동이 활발히 이루어졌다. 다윗과 솔로몬은 페니키아 지역의 두로와 동맹 관계를 맺고 성전 건축의 도움을 받았을 뿐만 아니라 페니키아 상인들을 위해 에돔 땅에 홍해 항구인 에시온게벨을 건축하였다(왕상 9:26-28). 아합 왕은 페니키아 공주인 이세벨을 아내로 삼았고 이로 인해 바알 종교가 북이스라엘에 유입되는 결과를 가져왔다.

3. 구약 역사의 흐름은 무엇인가?

구약은 하나님의 천지 창조에서 포로 귀환까지의 역사를 포괄하고 있다. 구약 각권이 어떤 역사적 흐름 속에서 기록되었는지를 알면 구약 전체의 숲을 보는 데 유익하다. 구약은 창조, 족장, 애굽·광야, 정복·사사, 통일왕국, 왕국분열, 포로, 포로귀환과 같이 크게 여덟 가지 시대로 구분할 수 있다. 창조 시대는 창세기 1-11장, 족장 시대는 창세기 12-50장에 기록 되었고, 애굽·광야 시대는 출애굽기, 레위기, 민수기, 신명기가 다루고 있다. 출애굽기 19장에서 민수기 10장까지는 시내산을 배경으로 하고, 신명기는 가나안 정복 전쟁 전에 모압 평지에서 기록되었다. 정복·사사 시대는 여호수아, 사사기, 룻기이며, 사무엘, 사울, 다윗을 중심으로 한 통일왕국 시대는 사무엘상하에서 소개하고 있다. 남쪽과 북쪽 왕국분열 시대에는 하나님께서 수많은 선지자들을 보내셔서 이스라엘 백성들의 죄를 지적하며 말씀하셨다. 따라서 이 시대에는 주로 아모스, 호세아, 요엘, 이사야, 미가, 스바냐, 하박국과 같은 선지서들이 기록되었다. 포로기에는 성경 저자들이 바벨론에 포로로 끌려가 그곳에서 기록하였다. 이 시대를 다루는 성경은 예레미야, 에스겔, 다니엘, 에스더가 있다. 포로 귀환을 배경으로 하는 책은 에스라, 느헤미야, 학개, 스가랴, 말라기이다. 이 책들은 이스라엘 백성들이 본토로 돌아와 성전과 성벽을 재건하는 역사를 그리고 있다.[5] 열왕기상하는 솔로몬의 통일왕국 시대에서 유다 백성들이 바벨론으로 끌려가는 사건들까지 담고 있고, 역대상하는 아담으로부터 시작된 족보에서 사울, 다윗, 유다의 역대 왕들, 그리고 고레스가 선언한 본토 귀환 칙령까지를 다루고 있다. 선지자들 가운데 오바댜는 예루살렘 멸망 직후에 에돔을 향하여, 요나는 주전 8세기, 나훔은 주전 7세기에 앗수르를 대상으로 메시지를 선포한 선지자들이다. 시편, 전도서, 잠언, 아가서와 같은 책들은 역사적 정황이 불분명하다. 위에서 설명한 구약 역사의 흐름을 도표로 나타내면 다음과 같다.

창조	족장	애굽·광야	정복·사사	통일왕국	왕국분열	포로	포로귀환
창 1-11장	창 12-50장	출애굽기 레위기 민수기 신명기	여호수아 사사기 룻기	사무엘상 사무엘하 (다윗, 솔로몬)	아모스 호세아 요엘 이사야 미가 스바냐 하박국	예레미야 에스겔 다니엘 에스더	에스라 느헤미야 학개 스가랴 말라기
					열왕기상, 열왕기하		
				역대상, 역대하			
					요나, 나훔	오바댜	

표 2 구약 역사의 흐름
구약 역사의 흐름과 관련된 구약 성경

---

5 참조. 이희성, 『왕의 명령: 예루살렘 성벽재건 이야기』 (서울: 익투스, 2019).

4. 구약의 뼈대는 무엇인가?

구약 전체의 핵심 구조와 뼈대는 하나님과 인간 사이에 맺은 언약이다. 언약은 하나님께서 자신의 백성들과 관계를 맺는 방식이다. 구약은 영어로 'Old Testament'이며, Testament는 언약이라는 의미를 가지고 있다. 언약이라는 개념은 통일성과 다양성을 보여 주며 구약 전체를 관통하는 주제이다.[6] 언약은 창세기에서 말라기까지, 더 나아가 신약에 이르기까지 하나님의 구속의 역사를 통일성 있게 볼 수 있도록 해 준다. 하나님은 천지를 창조하셨을 때부터 생명나무와 선악과를 통해 인간과 언약을 맺으셨다(창 1:26-28, 2:16, 17, 3:24). 이를 창조 언약 또는 첫 언약이라고 한다. 아담과 하와의 범죄 후에 인류가 땅 위에 퍼지면서 죄악이 세상에 가득하게 되었다. 하나님은 노아에게 은혜를 베풀고 홍수 심판 후에 그와 언약을 맺은 후 새로운 인류를 시작하셨다(창 9:1-17). 바벨탑 사건 이후로 인류는 언어가 혼잡케 되었고 온 지면에 흩어지게 되었다. 그런 가운데 하나님은 아브라함과 언약을 맺으시고 그에게 땅, 자손, 열방, 임마누엘의 약속을 주셨다(창 12:1-3, 17:1-11). 그는 이스라엘 민족의 첫 족장이 된 것이다. 아브라함, 이삭, 야곱 족장들의 후손으로 온 이스라엘은 민족적 형태를 가지게 되었고 하나님의 언약에 따라 애굽의 종살이에서 벗어나게 되었다. 이스라엘 백성들이 시내산에 이르렀을 때 하나님은 대표자 모세를 통해 율법을 주시면서 이스라엘과 언약을 체결하였다(출 19:1-6,

---

6 참조. 팔머 로벗슨, 『계약신학과 그리스도』 김의원 역 (서울: 기독교문서선교회, 1999). 팔머 로벗슨은 언약이 "하나님의 주권적 사역으로 맺어지는 피의 약정"이라고 한다.

24:1-8). 다윗은 하나님을 왕으로 모시는 신정국가의 통치자다. 그가 법궤를 모실 하나님의 집을 지어드리길 원했으나 하나님은 거절하셨고 대신 그와 언약을 맺으셨다(삼하 7:1-17). 분열 왕국 시대에 이스라엘 백성들의 심각한 죄로 인해 바벨론 포로 심판이 선포되었으나 하나님은 자신의 택한 백성들에 대한 회복의 새 언약을 주신다(렘 31:31-34; 겔 36: 22-31). 구약에 나타난 언약의 흐름은 다음과 같다.

창조 언약 → 노아 언약 → 아브라함 언약 → 모세 언약 → 다윗 언약 → 새언약

표 3 언약의 흐름

5. 구약을 왜 배우는가?

구약은 창조에서 포로 귀환에 이르기까지 발생한 여러 역사적 사건들과 특정한 인물들을 통한 하나님의 자기 계시이다. 하나님께서 고대 근동의 특정한 지역과 시간 속에서 자신의 백성들에게 하신 말씀과 구속의 드라마를 기록한 것이다. 구약을 공부하는 이유는 첫째, 구약을 통해 삼위일체이신 성부, 성자, 성령 하나님을 알고 만나기 위해서이다. 구약의 다양한 이야기들과 여러 세대들에게 주어진 하나님의 약속의 말씀들, 예배, 찬양, 율법, 기도, 하나님과 인간 사이의 다양한 관계들을 통해 하나님의 속성을 배운다. 구약 안에는 창조, 타락, 구속, 심판 등과 같은 하나님의 구원 사역과 그분의 인격, 말씀이 계시되었고 이를 통해 성부 하나님의 인류의 구원 계획을 탐구할 수 있다. 구약은 또한 구속자로 오실 예수 그리스도에 대한 책이다. 모

세와 모든 선지자들의 글 그리고 시편은 예수 그리스도에 관해 기록하였다(눅 24:25-27). 구약에 나타난 여러 언약들은 신약의 예수 그리스도를 바라보며 나아가고 있다(요 5:39; 고후 3:13-15). 예수 그리스도의 십자가의 죽음과 부활을 통한 언약 백성들의 구속과 하나님 나라의 회복을 고대하고 있다. 따라서 구약은 신약을 이해하기 위한 뿌리가 되며 하나님께서 인류를 구원하시기 위한 구속 드라마의 발판이 된다. 구약은 신약 없이는 완성될 수 없고 신약에서 그 성취와 완성을 이룬다. 창조에서부터 구약 역사의 전반에 성령 하나님의 사역이 소개되고 있다. 성령 하나님은 창조, 지혜, 성결, 능력 등과 같은 다양한 차원에서 하나님의 언약 백성들의 삶 속에 개입하셨다. 삼위일체 하나님의 존재와 사역과 인격이 구약 안에 담겨져 있다.

둘째, 구약은 성도들의 영혼의 양식이다. 이스라엘 백성들이 40년 동안 황량한 광야를 걷게 된 이유는 하나님 말씀의 소중함을 배우기 위함이었다. 그들이 광야 생활 가운데 만나를 먹게 된 것은 "사람이 떡으로만 사는 것이 아니요 여호와의 입에서 나오는 모든 말씀으로 사는 줄을 알게 하려 하심"이었다(신 8:3; 마 4:4). 성경을 매일 읽고 묵상하면서 하나님의 뜻을 알아가고 순종하는 삶을 통해 성도들은 영적인 성장을 이룰 수 있다(시 1:1-3).

셋째, 구약을 통해 하나님과 이웃을 사랑하는 삶을 배울 수 있다. 우리가 구약을 배우는 이유는 단지 지적인 호기심을 충족하기 위함이 아니다. 성경을 통해 만난 하나님을 알고 믿고 사랑하며 섬기기 위함이다. 마음과 뜻과 정성을 다하여 하나님 여호와를 사랑하는 삶이 구약에서 가르치는 첫 계명이다(신 6:4-9). 또한 형제를 마음으로 미워하지 않고 이웃을 자신과 같이 사랑하는 것이 그 다음 계명이다(레 19:17, 18; 마 22:36-40). 이 두 계명이 온 율법과 선지자들의 강령이다.

구약을 배우는 목적은 하나님 백성들의 삶의 변화를 위한 것이다. 사도 바울은 성도들의 삶에서 구약 성경을 통해 얻을 수 있는 유익들을 다음과 같이 언급하고 있다.

"모든 성경은 하나님의 감동으로 된 것으로 교훈과 책망과 바르게 함과 의로 교육하기에 유익하니 이는 하나님의 사람으로 온전하게 하며 모든 선한 일을 행할 능력을 갖추게 하려 함이라"(딤후 3:16, 17).

창세기

1. 목적

창세기는 토라(Torah)라고 알려진 모세오경의 첫 번째 책이며 성경 66권의 시작이다. 창세기(Genesis)란 이름의 히브리어는 '베레쉬트'이며 그 뜻은 "태초에"(In the beginning)이다.[1] 이 책의 주요 목적은 다음과 같은 질문에 대답을 주기 위함이다. 우주와 인류의 기원은 무엇인가? 죄와 구원의 시작은 무엇인가? 이스라엘은 어떻게 형성되었으며 왜 그렇게 특별한 민족인가? 제목이 시사하는 바와 같이 창세기는 우주와 인류의 기원을 알려 주는 책이란 것은 분명하다. 그러나 우리가 살고 있는 이 지구와 광대한 우주의 기원에 대한 과학적인 정보와 원리들을 제공하는 것이 창세기의 주된 목적은 아니다. 창세기는 과학이 밝혀낼 수 없는 세계와 인류 존재의 근원에 대한 신학적 토대를 제공한다. 세계와 인류는 진화론적 과정을 통해 생성된 것이 아니라

---

[1] 창 1:1은 히브리어로 "베레쉬트"(in the beginning)로 시작하고 이 단어가 히브리어 성경의 창세기 이름이다. 구약 성경의 헬라어 번역본인 칠십인경(LXX)의 제목은 '게네세오스'이며 기원 또는 창조라는 의미가 있다.

절대자 하나님의 창조 사역을 통해 존재하고 그를 위해 지어졌다는 것을 밝힌다. 우주와 인류 기원에 대한 질문의 최종적인 답은 진화론이 아닌 전능하신 창조주 하나님이시다.

창세기는 원죄의 기원을 소개하고, 타락한 인류를 구원하기 위한 하나님의 구속의 청사진을 제시해 준다. 원죄는 인류의 조상인 아담과 하와의 불순종에 기인하고 이로 인해 인간과 창조세계는 저주를 받게 된다(3:1-24). 하나님께서는 타락한 인간들을 구원하시기 위해 메시아를 약속하시고 주권적으로 자신이 선택한 백성들과 언약 관계를 맺으신다(3:15). 창세기는 자신의 택한 백성들을 죄로부터 구원하시기 위한 하나님의 계획을 하나님과 인간이 맺은 언약의 관점으로 전개시켜 언약 신학의 발판을 마련한다.

구약의 역사는 하나님의 백성 이스라엘을 중심으로 기록된다. 이스라엘 민족은 구약 안에서 하나님의 구속사 드라마의 중심이고 구원 사역의 일차적인 대상이다. 이스라엘은 하나님의 택한 백성들 또는 신약 교회의 모형이기도하다. 창세기는 이스라엘의 기원을 아브라함, 이삭, 야곱의 삼대 족장의 역사를 통해 소개하고 이들이 어떤 과정을 통해 하나님과 언약을 맺었는지를 설명한다. 창세기는 세계와 인류, 죄, 이스라엘의 기원을 소개할 뿐만 아니라 창조, 타락, 구속, 회복이라는 기독교의 중심 진리를 압축한 책이다.[2]

---

2 Elmer A. Martins, *God's Design: A Focus on Old Testament Theology* (Grand Rapids: Baker Book House, 1990), 34.

2. 저자

창세기는 모세오경을 여는 첫 번째 책이다. 유대교 전통에 의하면 창세기, 출애굽기, 레위기, 민수기, 신명기는 모세가 기록했다고 생각하여 이 다섯 권의 책들을 모세오경이라고 했다. 물론 성경 어느 곳에서도 창세기를 모세가 기록했다는 언급은 나오지 않는다. 창세기는 모세오경의 다섯 권의 책들 가운데 하나이며 원래 이 책들은 서로 분리된 것이 아니라 하나의 두루마리 안에 포함되어 있었다. 구약의 여러 본문들은 모세오경을 "모세의 책"(대하 25:4; 35:12; 느 13:1), "모세의 율법"(왕상 2:3; 왕하 23:25; 대하 23:18; 30:16; 스 3:2; 7:6; 단 9:11, 13), "모세의 율법책"(수 8:31-32; 23:6; 왕하 14:6; 느 8:1)으로 언급한다. 신약에서도 모세오경을 "모세의 율법"(눅 24:44; 요 1:45; 행 28:23)이라고 한다. 예수님도 모세가 쓴 율법책의 존재와 그 권위를 인정하셨다(마 7:12; 22:40; 막 12:26; 요 1:17, 5:46). 구약과 신약의 저자들은 토라를 하나의 단위로 생각한 것이 분명하다. 또한 모세오경 안에는 '모세가 여호와의 말씀을 기록했다'는 표현이 여러 번 나타난다(출 17:14, 24:4, 34:27; 신 31:9, 24). 18세기까지는 기독교 전통 안에서 창세기가 모세가 구성한 한 권의 통일성 있는 책이라는 공감대가 있었다. 유대교 전통과 성경의 여러 증거들을 통해 볼 때 우리는 창세기를 모세가 쓴 것으로 짐작할 수 있다.[3]

---

[3] 유대 역사가 요세푸스(Flavius Josephus)와 제롬(Jerome)을 비롯한 초대 교회 교부들도 창세기를 모세가 기록했다고 믿었다.

3. 기록 연대와 배경

창세기의 기록 연대는 모세의 활동 시기와 관련이 있으며 이는 출애굽 연대와 연동해서 생각해 보아야 한다. 보수주의 신학에서는 출애굽 연대를 주전 15세기 중엽으로 본다. 열왕기상 6:1에 "이스라엘 자손이 애굽 땅에서 나온 지 사백팔십 년이요 솔로몬이 이스라엘 왕이 된 지 사년 시브월 곧 둘째 달에 솔로몬이 여호와를 위하여 성전 건축하기를 시작하였더라." 솔로몬이 성전 건축을 시작한 연대는 주전 966년이다. 이 년대에서 480년을 거슬러 올라가면 출애굽 연대는 주전 1446년경으로 짐작할 수 있다.[4] 따라서 창세기는 주전 1446년 이후에 모세가 광야에서 기록했을 것이라고 추측할 수 있다.

창세기는 크게 창세기 1-11장과 창세기 12-50장으로 나뉜다. 전자를 원 역사, 후자를 족장 역사라고 한다. 아브라함 이전의 원 역사의 정확한 연대를 설정하는 것은 상당히 어려운 문제이다. 다만 창세기 1-11장에 나타난 두 가지 거대 사건인 창조와 홍수는 고대 근동의 여러 문헌들과의 관계를 통해 그 시대의 배경을 어느 정도는 엿볼 수 있다. 이 시대에 해당하는 고대 근동의 문서에는 에누마 엘리쉬(Enuma Elish), 아트라하시스 서사시(Atrahasis Epic), 길가메쉬 서사시(Gilgamesh Epic)가 있다. 이들 문서는 인간과 세계의 창조, 홍수 사건과 방주 제작에 대한 기사들을 포함하고 있으나 그 사상에 있어서는 성경과 다르다. 많은 성경 역사가들은 창세기 12-50장의 족장 시대를 제 I, II 중기 청동기 시대인 주전 2000년에서 1500년경으로 보고 있다. 족장

---

[4] 출애굽 연대는 주전 15세기 설과 주전 13세기 설이 공존하며, 보수적인 학자들은 주전 15세기 설을 옹호한다.

들 시대의 문화와 삶의 모습을 반영하는 문헌들이 메소포타미아 서부에 있는 마리(Mari) 유적지와 누지(Nuzi)의 문서 보관소에서 발견되었다. 이곳에서 발견된 토판들은 중기 청동기 제 2 시대의 사회, 경제, 행정의 모습을 반영해 주고 있으며, 족장 시대의 문화와 관습을 이해하는 데 상당한 자료들을 제공해 준다(예. 반 유목민의 생활상, 종을 상속자로 삼는 행위, 장자권 매매, 할례 풍습, 가족 신상들, 가나안 풍경들 등).

그렇다면 창세기에 나타난 여러 사건들과 이야기들이 어떻게 후대의 인물인 모세에게 전달되었는가? 이 질문에 대한 답은 정확히 알 수 없다. 다만 아브라함의 후손들을 통해 구전(oral tradition) 혹은 각종 토판(tablet)을 통한 기록물이 전달되었을 가능성이 있다. 아브라함의 고향으로 추정되는 우르(Ur)는 수메르의 우르 III 왕조 시대 르네상스의 거점이었고 이곳에서는 일찍부터 상형문자가 발명되어 통용되고 있었다.[5]

---

[5] 수메르 도시들 사진 출처
https://platenesjhs.tistory.com/entry/%EC%84%9C%EC%96%91%EC%9D%98-%EC%97%AD%EC%82%AC-%EC%98%A4%EB%A6%AC%EC%97%94%ED%8A%B8%EC%84%B8%EA%B3%84%EC%9D%98-%EC%97%AD%EC%82%AC%EC%A0%81-%EC%A0%84%EA%B0%9C-%EB%A9%94%EC%86%8C%ED%8F%AC%ED%83%80%EB%AF%B8%EC%95%84%EC%9D%98-%EC%97%AD%EC%82%AC-1.

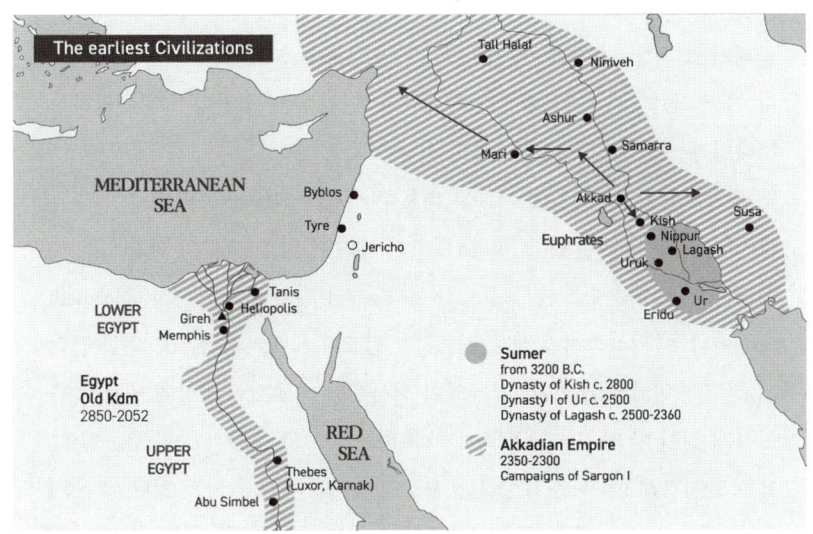

그림 2 수메르 우르 III 왕조의 도시들

참조. 창세기와 고대 근동의 문서들과의 관계

창세기와 고대 근동의 여러 문서들 사이에는 서로 유사성과 차이점들이 있다.

첫째, 창세기 1장과 2장의 창조기사는 바벨론의 에누마 엘리쉬(*Enuma Elish*)와 비교된다.[6] 바벨론의 창조신화인 에누마 엘리쉬는 바벨론의 주요 신인 마르둑(Marduk)과 티아맛(Tiamat) 사이의 갈등을 그리고 있다. 젊고 강한 신마르둑은 원시 대양(primeval ocean)으로 상징되는 여신 티아맛을 죽인 후 그의 시체를 잘라 하늘과 땅을 만들고 그 피로는 인간을 만든다는 이야기이사람들은 신화들을 고안하여 인간과 세상의 기원을 설명하고자 했다.

---

[6] Bill T. Arnold, *Encountering the Book of Genesis* (Grand Rapids: Baker Academic, 1998), 47, 48.

창세기 또한 창조에 관하여 기록하고 있으나 이는 고대 신화와는 전혀 다르다. 창세기는 다신론적 세계관 속에 살고 있던 주변 국가들에게 유일하신 하나님과 그분의 창조를 선포하고 있다.[7]

둘째, 창세기 6-9장에 기록된 대홍수 사건은 고대 근동의 홍수 기사들과 약간의 유사성이 있다. 그 대표적인 예가 주전 18세기의 작품으로 인식되는 아트라하시스 서사시(Atrahasis Epic)와 길가메쉬 서사시(Gilgamesh Epic)이다. 아트라하시스 서사시는 인간 창조와 세계적인 홍수로 인한 인간의 진멸을 언급하고 있다. 길가메쉬 서사시는 창세기 6-9장의 내용과 유사하게 신이 한 가족을 보존하기 위해 배를 만들고 사람과 동물들을 그 안으로 들어가게 한 후 온 세상을 홍수로 심판하는 내용을 담고 있다. 창세기 1-11장의 내용과 고대 근동의 창조와 홍수 기사 사이에는 어느 정도 유사성이 발견되는 것은 사실이다. 그렇다고 해서 성경이 고대 근동의 신화를 빌려와서 기록했다고 보지는 않는다. 오히려 이러한 고대 근동의 문서들은 성경 이야기의 역사성을 입증해 준다.[8] 창조와 홍수는 실제로 역사 속에서 일어난 사건이며, 이에 뿌리를 두고 다른 여러 전통들이 왜곡, 변형되어 생겨나게 되었다. 성경 저자들은 고대 근동의 신화나 자료들을 의지하지 않았고 오히려 독립적으로 기록했으며 성경의 독특한 사상을 주변 세계에 알린 것이다. 성경은 오히려 두 사건을 언약의 개념으로 풀어가면서 유일하신 하나님과 그의 백성과의 관계와 구원을 담고 있다.[9]

---

[7] 창세기의 창조기사는 유일하신 하나님의 창조와 무에서 유로의 창조를 말하고 있다.
[8] 존 커리드, "창세기", 『성경신학적 구약개론』 임용섭 역 (서울: 부흥과개혁사, 2018), 55.
[9] Bruce Waltke, *An Old Testament Theology: An Exegetical, Canonical, and Thematic Approach, with Charles Yu* (Grand Rapids: Zondervan, 2007), 89.

4. 창세기 구조

창세기의 구조는 간단하게 보면 4대 사건과 3대 족장으로 요약될 수 있다. 4대 사건은 창조(1:1-2:25), 타락(3:1-5:32), 홍수(6:1-9:29), 바벨탑(10:1-11:9)이며, 창세기1-11장에 포함되어 있다. 3대 족장은 아브라함(11:10-25:11), 이삭(21:1-35:29), 야곱(25:19-49:33)의 이야기이다. 실제로 요셉의 이야기가 창세기 37장에서 50장까지 상당한 부분을 차지하고 있으나 요셉은 야곱 족장 이야기 속에 편입이 된다. 4대 사건은 원 역사(original history)에 해당하며 인류의 기원, 타락, 심판의 내용을 주로 다룬다. 3대 족장을 소개하는 창세기 12-50장은 이스라엘의 기원을 기술하고 있고 하나님께서 족장들을 택하시고 그들과 언약을 맺어가는 내용을 소개한다.

	4대 사건				3대 족장		
본문	창조	타락	홍수	바벨탑	아브라함	이삭	야곱
	1:1-2:25	3:1-5:32	6:1-9:29	10:1-11:9	11:10-25:11	21:1-35:29	25:19-50:26
주제	인류의 기원과 타락				이스라엘 민족의 기원과 족장들		
배경	에덴에서 우르까지				우르에서 가나안, 그리고 애굽까지		

창세기를 이해하는 또 다른 구조는 톨레돗(Toledoth) 구조이다. 히브리 단어 톨레돗은 창세기에 11회 나타나며(2:4; 5:1; 6:9; 10:1; 11:10; 11:27; 25:12, 19; 36:1, 9; 37:2), 그 의미는 계보, 족보, 내력, 세대 등의 의미가 있다. 창세기 저자는 톨레돗이란 단어를 중심으로 하나님의

택한 백성들과 그렇지 않은 자들을 구분하여 소개하고, 하나님께서 택한 자들과 언약을 맺는 내용들을 잘 짜인 문학적 구조를 통해서 제시한다. 창세기의 톨레돗 구조는 다음과 같다.[10]

I. 창조(1:1-2:3)

II. 족장들 이전: 언약 백성들의 필요성

    A. 톨레돗: 하늘과 땅(2:4-4:26)

    B. 톨레돗: 아담(5:1-6:8)

    C. 톨레돗: 노아(6:9-9:29)

    D. 톨레돗: 셈, 함, 야벳(10:1-11:9)

    E. 톨레돗: 셈(11:10-26)

III. 팔레스타인 안의 족장들: 언약 백성들을 세움

    A. 톨레돗: 데라(11:27-25:11)

    B. 톨레돗: 이스마엘(25:12-18)

    C. 톨레돗: 이삭(25:19-35:29)

    D. 톨레돗: 에서(36:1-8)

    E. 톨레돗: 에서(36:9-37:1)

IV. 애굽에서의 족장

    A. 톨레돗: 야곱(37:2-50:26)

---

10 Andrew E. Hill and John H. Walton, *A Survey of the Old Testament* (Grand Rapids: Zondervan, 2000), 67.

이러한 구조는 독자들이 창조주 하나님, 아담, 노아, 아브라함, 이삭, 야곱과 같은 하나님의 언약 백성들의 계보와 이야기에 주목하도록 한다. 창세기의 스토리는 하나님의 약속과 그 약속을 신뢰하며 따라가는 자들의 이야기이다.

5. 신학적 내용

창세기의 신학은 하나님의 창조 사역으로부터 시작된 하나님 나라가 인간의 타락과 범죄로 인해 훼손되었고, 이를 회복하기 위해 하나님께서 어떻게 구원의 역사를 이루어 가시는지를 보여 준다. 창세기에는 여러 가지 중요한 신학적 진리를 담고 있으며 이는 기독교 신학의 기초를 제공한다.

1) 창조

성경 66권은 하늘과 땅의 창조(창 1-2장)로 시작하여 보다 더 영광스런 새 하늘과 새 땅의 창조(계 21-22장)로 마친다. 하나님의 창조 방식은 우주 만물은 무에서 유로 창조하시며, 인간은 땅의 흙을 사용하여 직접 손으로 만드시고 그 코에 생기를 불어 넣는 방식이었다. 6일 동안의 창조 사역은 첫째 날-빛, 둘째 날-궁창, 셋째 날-땅, 물, 식물, 넷째 날-해, 달, 별들, 다섯째 날-새와 물고기, 여섯째 날-동물과 사람의 순서로 진행이 되었다. 첫째 날과 넷째 날, 둘째 날과 다섯째 날, 셋째 날과 여섯째 날은 서로 대칭 관계를 이루고 있으며 이를 통해 질서의 하나님을 보여 주고 있다. 온 우주 만물이 하나님의 창조 목적에 부합했기에 창조 후 "하나님 보시기에 좋았더라"는 표현을 사용하였다. 창조는 하나님 자신의 영광과 목적을 이루기 위한 것이다.

2) 하나님 나라

창세기 1-2장에 나타난 하나님의 창조는 하나님 나라의 시작이라 할 수 있다. 나라를 이루기 위한 세 가지 요소가 영토, 백성, 주권이며 이들은 창세기 1-2장에 다 녹아져 있다. 하나님 나라의 영토 혹은 공간은 하늘과 땅이며, 백성은 하나님께서 자신의 형상으로 만드신 아담과 하와이다. 주권은 하나님의 통치권이며 말씀을 통한 창조에서 잘 드러나고 있다(시 33:6-9). 창세기 1장은 하나님의 말씀을 통한 창조 사역, 즉 우주 만물에 대한 하나님의 통치권을 강조하기 위해 "하나님께서 이르시되"란 문구를 11번이나 반복적으로 사용하고 있다.[11] 하나님의 창조 사역은 온 세계에 대한 하나님 자신의 왕권을 드러내는 행위이다. 창조의 과정 속에서 온 세계는 하나님 말씀의 통치권 아래 순복하였다. 창조 세계에 하나님의 나라가 시작된 것이다.[12]

3) 인간: 하나님의 형상

인간 창조는 하나님의 6일간의 창조 사역의 절정이다. 인간은 6일째 되는 날 하나님의 형상으로 지음을 받았다. 하나님의 형상(히. 쩰

---

11 창 1:3, 6, 9, 11, 14, 20, 22, 24, 26, 28, 29.

12 Meredith G. Kline, *Kingdom Prologue: Genesis Foundation for a Covenantal Worldview* (Eugene: Wipf and Stock Publishers, 2006).

렘)이란 창세기 본문에서는 일차적으로 하나님의 통치권을 의미한다(1:26-28). 인간은 하나님의 대리 통치자로 피조 세계에 하나님의 주권적인 뜻을 이루는 역할을 맡은 자이다(시 8:3-6).[13] 하나님은 스스로 직접 온 세계를 다스릴 수 있으나 자신의 대리 통치자인 인간을 세워 다스리며 돌보는 방식을 택하였다(2:15). 하나님은 사람을 흙으로 지으신 후에 자신의 생기를 그 코에 불어넣으셨다(2:7). 인간은 영적인 존재이며 절대적 영이신 하나님과 교제하고 예배하기 위해 지음을 받은 것이다(사 43:21).

4) 죄

하나님의 형상으로 지음 받은 인간은 하나님의 말씀의 주권에 순종해야 하는 의무를 가진다. 아담과 하와는 온 인류를 대표하는 첫 인간이다. 하나님은 아담에게 에덴동산 중앙에 심겨진 '선악을 알게 하는 나무의 열매를 먹지 말라. 네가 먹는 날에는 정녕 죽으리라'고 명령하셨다(2:17). 이는 인간에게 주어진 첫 계명이며, 창조주와 피조물 사이의 경계를 지어주는 것이다. 그러나 아담과 하와는 유혹에 빠져 하나님의 말씀을 왜곡하는 사탄의 음성을 따랐다(3:1-6). 하나님의 말씀에 불순종하는 죄를 범했고, 왕이신 하나님께 반역했다. 이로 인해 하나님, 인간, 자연 세계와의 조화로운 관계가 깨졌고, 인간은 에덴동산에서 쫓겨나게 되었다. 인간의 타락상은 점점 심각해져서 홍수와 바벨탑 사건을 초래했고 그에 상응하는 심판을 받게 되었다(4-11장).

---

[13] E. H. Merrill, *Everlasting Dominion: A Theology of the Old Testament* (Nashville: B&H, 2006), 135, 37.

5) 언약

하나님께서 자기 백성과 관계를 맺어가는 방식을 언약이라고 한다. 창조주 하나님은 세상과 인간을 창조하시면서 이들과 언약을 맺었다. 아담과 하와는 생육하고 번성하여 온 땅을 하나님의 백성으로 가득 채워야 하는 하나님의 첫 언약 백성이다(1:26-28). 이들은 에덴동산 중앙에 있는 생명나무와 선악과를 매개로 하나님과의 언약 관계를 유지해야 했다. 그러나 선악과를 먹지 말라는 하나님의 말씀에 불순종함으로 언약 관계가 파기되었다(3:1-6). 인간의 타락 후 하나님은 메시아를 통한 구원을 약속하셨고, 언약 갱신과 구속의 길을 여셨다(3:15). 아담과 맺은 첫 언약이 파기된 후에도 하나님은 노아를 택하시고 그와 주권적으로 언약을 맺으셨고, 그 후 족장 아브라함, 이삭, 야곱과 언약을 맺어 하나님의 택한 백성들을 구원하시고 그들과 관계를 유지하셨다. 하나님께서 이들을 택하시고 주권적으로 언약 관계를 맺는 것은 전적인 하나님의 은혜이다. 창세기에 나타난 첫 언약, 노아 언약, 아브라함 언약의 공통적인 특징은 이 땅을 하나님 나라의 백성들로 채우는 것이다. "생육하고 번성하고 땅에 충만하라"는 하나님의 언약적 명령이 공통적으로 소개된다(1:28; 9:1; 12:1-3; 17:2, 6; 28:3). 이는 이 땅에 언약 백성들로 가득한 하나님 나라를 세우기 위한 선교적 명령이기도 하다.

그림 3 튀르키예에 있는 노아의 방주 유적지

6. 신약과의 관계

창세기는 성경 전체의 신학을 놓는 기초이며 여러 교리들을 담고 있는 씨앗과 같은 책이다. 창세기 안에 압축된 여러 신학적 주제들이 예수 그리스도 안에서 열매를 맺고 꽃으로 피어난다. 신약의 저자들은 예수 그리스도가 창조주 되심을 선언한다. 창세기는 여러 가지 면에서 신약과 연결된다.

첫째, 요한복음 1장은 창세기 1장의 모티프들(태초, 생명, 빛, 어두움, 말씀)과 평행을 이룬다. 태초에 말씀이 계셨고, 이 말씀이 하나님과 함께 계셨으며 만물이 그로 말미암아 지음을 받았다고 언급한다(요 1:1-3; 창 1:1). 말씀이 육신이 되어 우리 가운데 거하신 분이 예수 그리스도이시며 그는 만물의 창조주이시며 생명이시다(요 1:3, 4, 14; 골 1:16, 17).

둘째, 첫 사람 아담의 범죄로 모든 인류가 죄에 빠진 것 같이 한 사람 예수 그리스도를 통해 많은 사람이 의롭다 함을 입었다(롬 5:12-21). 아담과 그의 원죄 그리고 예수 그리스도와 그의 은혜의 선물이

유기적 관계로 제시된다. 첫 아담은 실패했으나 둘째 아담으로 오신 예수 그리스도께서 십자가에서 죽음과 부활을 통해 많은 사람에게 생명을 주시고 의롭게 하셨다. 사도 바울은 다음과 같이 말한다. "그런 즉 한 범죄로 많은 사람이 정죄에 이른 것같이 한 의로운 행위로 말미암아 많은 사람이 의롭다 하심을 받아 생명에 이르렀느니라. 한 사람이 순종하지 아니함으로 많은 사람이 죄인 된 것같이 한 사람이 순종하심으로 많은 사람이 의인이 되리라"(롬 5:18, 19).

셋째, 창세기 3:15의 원시 복음은 뱀의 머리를 짓밟고 인간을 구원하러 오시는 여자의 후손에 대해 예언한다. 사도 바울은 때가 차매 하나님이 그 아들 예수 그리스도를 보내사 여자에게서 나게 하셨다고 했다(갈 4:4). 또한 아담을 유혹하고 범죄케 한 사단과 여자의 후손들 사이의 적대적인 관계에 대한 예언은 요한계시록 12장에서 뱀이 여자와 그의 자녀를 죽이려는 모습 속에서 성취된다(계 12:1-17). 신약에서 뱀은 궁극적으로 사단과 동일시되며 그의 최후 종착지는 무저갱이다(계 12:9; 20:2, 3).

사도 바울은 아브라함과 예수 그리스도와의 관계를 소개한다(갈 3:15-22). 아브라함의 자손에 관한 약속은 한 사람 예수에게서 성취되었다고 한다. 예수 그리스도께서 진정한 아브라함의 자손이며 나아가 그리스도와 함께 연합한 자들도 아브라함의 후손이 된다(갈 3:29). 창세기의 여러 내용은 예수 그리스도의 복음, 즉 그의 삶과 죽음 그리고 부활 속에서 최종 성취를 이루게 된다. 마지막으로 하나님은 자신의 구원 계획을 이루시기위해 악인들의 악행마저도 사용하신다. 요셉은 형들의 미움을 받아 애굽에 노예로 팔렸으나 하나님은 섭리 가운데 노예로 팔린 요셉을 애굽의 총리로 높여 주셨다. 이를 통해 이스라엘 민족의 구원의 토대를 마련했다. 예수 그리스도를 십자가에 못 박는 악인들의 행위를 통해서라도 결국에는 그의 죽음과 부활로 인류 구원의 역사를 이루셨다.

7. 현대인을 위한 적용

창세기는 단순히 고대 이스라엘의 근원을 설명하는 역사서가 아니다. 이 책은 오늘날 우리에게 자기 정체성, 관계, 세계관, 사명을 제시하는 거울이며 나침반이다.

현대 독자는 창세기를 통해 다음과 같은 적용점을 찾을 수 있다. 첫째, "나는 어디에서 왔는가?" 라는 질문은 창조주 하나님 안에서 자아 정체성 회복을 도와준다. 현대인은 자기 존재의 의미를 끊임없이 묻는다. 이에 대해 창세기는 "당신은 하나님의 형상으로 창조된 존재다"라고 답한다. 하나님은 우리를 우연히 빚지 않으셨고, 사랑 가운데 의도적으로 만드셨다. 정체성 혼란의 시대에 우리 존재의 뿌리를 하나님의 창조 안에서 재발견해야 한다.

둘째, 세상 모든 문제의 시작은 인간의 타락에서 기인한다. 창세기 3장은 인간의 모든 고통과 분열, 죽음과 악의 기원을 설명한다. 세상은 단순히 고장이 난 것이 아니라, 하나님을 떠난 결과로 깨어진 질서 가운데 놓여 있다. 죄란 하나님의 말씀 주권에 불순종하는 것이며 하나님의 자리에 내가 앉는 것이다. 성도는 삶의 모든 영역에서 하나님의 왕권을 인정하고 그분께 순종하는 삶을 살아가야 한다.

셋째, 누가 나를 구원하는가? – 언약과 구속의 하나님 의지하기이다. 하나님은 타락한 인류를 단죄만 하신 것이 아니라, 즉시 회복의 언약을 주셨다(3:15). 오늘날 절망과 냉소, 무관심과 포기 속에 살아가는 사람들에게, 창세기는 "하나님은 지금도 언약을 기억하시고, 실패한 사람들을 통해 구원의 이야기를 써가신다"라고 말한다. 하나님의 언약은 완전한 자에게 주어진 것이 아니라 순종하려는 자에게 주어지는 은혜임을 깨달아야 한다. 인생의 문제에 대한 회복은 예수 그리스도의 십자가의 은혜를 통해 가능하다. 그리스도의 용서와 화해의 가르침을 본받아 갈등을 극복하고 서로를 존중해 여기는 삶을 살기 위해 노력해야 한다.

넷째, 나는 무엇을 위해 존재하는가? – 창조 명령과 공동체적 사명 회복이다. 창세기 1:28은 인간에게 "생육하고 번성하여 땅에 충만하라"는 명령을 주셨다. 이 창조 명령은 하나님 나라를 이 땅에 확장시키는 선교적 사명으로서, 단순히 번식만이 아닌 정의, 돌봄, 창조 질서 회복의 책임을 담고 있다. 오늘날 우리는 이 창조 명령을 다음과 같이 재해석할 수 있습니다. 자연을 파괴하는 것이 아니라 지속 가능하게 돌보는 청지기로 살아갈 것인가? 가정을 세우고, 다음 세대를 믿음으로 양육하며 언약 공동체를 이어갈 것인가? 나의 직업, 창의성, 일상 속에서 하나님의 통치를 드러내는 문화 명령의 실천자로 살 것인가?

다섯째, 무엇이 나의 세계관을 결정하는가? – 창세기의 이야기로 세상을 해석하기이다. 창세기의 창조, 타락, 홍수, 바벨탑, 족장 이야기는 단지 신화적 자료가 아니라 삶을 해석하는 프레임이다. 우리는 지금도 "누가 세상의 주인인가?", "나는 누구를 위해 사는가?", "세상의 혼란은 어떻게 회복되는가?"를 끊임없이 물어야 한다. 그리고 창세기의 메시지를 기반으로 오늘의 문제를 재조명하면, 하나님 중심 세계관을 가진 영적 해석자로 이 땅을 살아가게 된다.

용어 해설

칠십인경(LXX): 주전 300년경에 헬라어권에 사는 유대인을 위해 히브리어 성경을 헬라어로 번역한 성경

내용 요약

1. 창세기의 이름의 뜻은 "태초에"이다.
2. 창세기의 저자는 모세이며 주전 15세기 중엽으로 본다.
3. 창세기는 우주와 인류의 기원은 무엇인지 죄와 구원의 시작은 무엇인지에 대한 질문에 답을 준다.
4. 창세기는 세계와 인류, 죄, 이스라엘의 기원을 소개할 뿐만 아니라 창조, 타락, 구속, 회복이라는 기독교의 중심 진리를 압축한 책이다.

8. 깊은 연구를 위한 질문

1) 창세기의 저자를 어떻게 추정할 수 있는가?

2) 창세기를 이해하기 위한 전체 구조는 무엇이며, 이를 파악하기 위한 중심 단어는 무엇인가?

3) 고대 근동의 신화들과 창세기 사이에 유사점과 차이점은 무엇인가?

4) 창세기의 핵심적인 신학적 개념은 무엇이 있는가?

9. 심화학습을 위한 독서 목록

김의원. 『창세기연구: 문예적 접근법에 따른 창세기 연구』. 서울: 기독교문서선교회, 2013.
브루스 월키, 캐시 J. 프레드릭. 『창세기 주석』. 김경열 역. 서울: 새물결플러스, 2018.
케네스 매튜스. (NAC)『창세기 1』. 권대영 역. 서울: 부흥과개혁사, 2018.
Anold, B. T. *Encountering the Book of Genesis: A Stud y of Its Contents and Issues*. Grand Rapids: Baker, 1998.

출애굽기

1. 목적

창세기가 이스라엘 민족의 기원에 대해 말하고 있다면 출애굽기는 이스라엘 민족의 출현과 형성과정에 대해 기술하고 있다. 창세기의 마지막 구절인 50:26은 요셉이 애굽에서 장사되는 장면을 소개하고, 히브리어 단어 '베미츠라임'(애굽에서)이란 단어로 끝난다. 이 단어는 출애굽기의 배경을 제공하고 있고, 특히 출애굽기 1장에서 이스라엘 백성들이 애굽에서 번성하고 400년 동안 종살이 하는 것을 암시한다(창 15:13). 출애굽기의 히브리어 제목은 '베엘레 쉐모트'(그리고 …의 이름은 이러하니)이다. 이는 야곱과 함께 애굽 땅에 머문 이스라엘의 아들들의 이름을 소개하기 위한 것이며 이들이 애굽 땅에 거주하면서 생육하고 불어나 번성하여 거대한 민족을 이루었음을 기술한다. 헬라어에서 유래한 단어 'Exodus'(출애굽기의 영어이름)는 "출발" 또는 "밖으로 나아가다"란 의미를 가지고 있고(출 19:1), 신약 성경에서 이스라엘 백성들의 애굽 탈출을 묘사하는 데 사용되었다. 그렇다면 출애굽기는 어떤 목적으로 기록되었는가? 첫째, 출애굽기는 애굽에서 한 민족을 이룬 이스라엘의 아들들이 그곳에서 빠져나오는 과정 속에서 하나님께서 어떻게 일하셨는지를 소개하기 위해 기록되었다.

　둘째, 창세기에서 아브라함으로부터 시작된 이스라엘을 향한 하나님의 계획들이 어떻게 출애굽기를 통해 실현되었는지를 보여 준다. 하나님께서 아브라함에게 가나안 땅을 주시고 그의 후손들은 하늘의 별과 바닷가의 모래알 같이 많게 해 주시겠다고 약속하셨다. 하나님께서 그 언약을 기억하셨고 이를 지키시기 위해 이스라엘에게 자신을 여호와로 나타내셨다(6:2-3). 출애굽기는 하나님께서 자신의 언약 백성들을 돌보시고 그들과 맺은 언약은 반드시 이루시는 신실하신 분임을 소개하기 위한 목적을 가지고 있다.

　셋째, 출애굽기는 십계명을 비롯한 각종 율법과 성막 설계도를 시내산에서 수여하는 모습을 상세하게 기술한다. 이를 통해 이스라엘 백성들이 하나님과의 언약 관계를 유지하기 위해 반드시 율법에 순종하고 하나님께 예배하는 삶을 살아가야 하는 것을 가르치기 위한 목적도 있다. 하나님께 순종하는 것이 그들을 향한 하나님의 언약적 목적을 이루는 길임을 제시한다(19:5-6).

2. 저자

출애굽기는 저자에 대해 분명한 언급을 하지는 않으나 전통적으로 모세가 출애굽기를 포함하는 모세오경을 기록했다고 간주한다. '물에서 건짐 받음'이란 이름의 뜻을 가진 모세는 이스라엘 백성들을 애굽에서 인도해낸 중심인물이며 하나님과 대면하여 계시를 받았던 자이다. 출애굽기 17:14에서는 "여호와께서 모세에게 이르시되 이것을 책에 기록하여 기념하게 하고…"라고 기록하고, 출애굽기 24:4에서는

"모세가 여호와의 모든 말씀을 기록하고 이른 아침에 일어나 산 아래에 제단을 쌓고 이스라엘 열두 지파대로 열두 기둥을 세우고"라고 했고, 출애굽기 34:27-28에서는 "여호와께서 모세에게 이르시되 너는 이 말들을 기록하라 내가 이 말들의 뜻대로 너와 이스라엘과 언약을 세웠음이니라 하시니라. 모세가 여호와와 함께 사십 일 사십 야를 거기 있으면서 떡도 먹지 아니하였고 물도 마시지 아니하였으며 여호와께서는 언약의 말씀 곧 십계명을 그 판들에 기록하셨더라"라고 언급하고 있다. 이와 같이 출애굽기 안의 몇몇의 본문들과 여러 구절들은 모세에 의해 기록되었음을 분명히 말해 주고 있다. 신약의 몇몇 본문들은 출애굽기 본문을 모세와 연결시킨다. 마가복음 7:10에서 "모세는 네 부모를 공경하라 하고 또 아버지나 어머니를 모욕하는 자는 죽임을 당하리라 하였거늘"이라고 언급하며, 마가복음 12:26에서는 "죽은 자가 살아난다는 것을 말할진대 너희가 모세의 책 중 가시나무 떨기에 관한 글에 하나님께서 모세에게 이르시되 나는 아브라함의 하나님이요 이삭의 하나님이요 야곱의 하나님이로라 하신 말씀을 읽어 보지 못하였느냐"라고 기록하고 있다. 예수님께서는 모세의 부르심을 소개하는 출애굽기 6장이 모세의 책에 속했음을 분명히 말씀하고 있다. 이와 같은 증거들을 통해 볼 때 출애굽기는 창세기와 연결되었고 모세에 의해 기록이 되었음을 추정할 수 있다.

3. 기록 연대와 배경

출애굽기는 모세의 출생으로부터 시내산에서 성막의 완성과 봉헌 사건까지의 내용을 기록하고 있다. 출애굽기의 기록 연도를 결정할 때

많은 학자들 사이에 가장 논쟁이 되는 것은 실제 출애굽 연도이다. 출애굽 연도를 책정하는 데에는 두 가지 견해가 있고 이를 도표로 소개하면 다음과 같다.[1]

초기설 - 15세기 설 (주전 1446년)	후기설 - 13세기 설 (주전 1260년)
왕상 6:1에서 출애굽 시기를 솔로몬의 통치 4년 째 되는 해 (주전 966)에서 480년 전에 일어났다고 기록한다. 그럼 출애굽 연대는 대략 주전 1446년이 된다.	왕상 6:1의 480년은 문자적 연대가 아니고 12세대에 대한 상징적인 숫자이다(40년을 한 세대로 계산). 실제로 25년을 한 세대로 계산하면 300년이고 출애굽은 대략 1266년이 된다.
삿 11:26에서 입다는 자신이 사사로 다스린 시기(주전 1100과 1050 사이) 전에 이스라엘이 가나안 땅을 300년 동안 점령했다고 말한다. 여호수아의 정복 전쟁이 1400에서 1350년 사이로 본다면 이스라엘 광야 생활 40을 합치면 출애굽은 1440에서 1390년 사이가 된다.	입다는 역사적 기록물을 접할 수 없었기 때문에 그의 주장은 잘못되었든지 과장되었을 것이다.
아마르나 문서들(주전 1400)은 히브리인들을 가리키는 "하비루"에 의해 야기된 혼돈의 시기를 언급하고 있다.	아마르나 문서들에 나타난 "하비루"는 히브리인들과 동일시 될 수 없고, 이들은 다양한 가나안의 원주민들이고, 주전 18-12세기에 이미 존재했던 사람들이다.
몇몇의 고고학적 자료들은 15세기에 여리고, 하솔과 같은 도시들이 파괴되었음을 제시한다. 이는 주전 1446년에 출애굽하	가나안에서 발견된 고고학적 증거들은 주전 13세기 후반에 몇몇 도시들이 파괴되었음을 반영한다. 따라서 출애굽 연도는

---

1 Andrew E. Hill and John H. Walton, *A Survey of the Old Testament* (Grand Rapids: Zondervan, 2000), 83-87.

고 주전 1406년에 정복 전쟁을 시작했다는 것을 시사한다.	주전 1260년이다.
바로의 압제가 아직 진행되는 동안에 모세가 미디안에서 40년을 살았다. 40년 이상 통치한 바로는 투트모세 III세(1504-1450)와 람세스 II세(1290-1224)이다.	모세가 미디안에서 보낸 40년은 연대기적인 숫자가 아니라 오랜 기간을 의미하는 상징적인 숫자이다.

표 4 출애굽 연도 이론

　초기 연대설(주전 1446년)을 주장하는 학자들은 성경 숫자(출 12:40; 삿 11:26; 왕상 6:1)의 문자적 해석을 강조하면서 고고학적 자료들을 선별적으로 적용시킨다. 그런데 후기 연대설(주전 1260년)을 지지하는 학자들은 성경의 숫자를 상징적으로 보고 고고학적 자료나 성경이외의 자료들에 더 우선권을 두고 접근한다. 전통적으로 보수주의 학자들의 견해는 모세의 죽음을 주전 1400년으로 보고 있으므로 출애굽기는 모세의 죽음 이전 40년간 광야 생활 기간에 기록되었다고 추측한다.

　초기 출애굽설에 따르면 출애굽기의 배경은 힉소스 왕조를 무너뜨린 신 왕국 제 18대 왕조에 해당한다. 이스라엘 백성들이 애굽에서 살 동안 압제한 왕은 투트모세(Thutmose) III (주전 1504-1450년)이고 출애굽 시기에 통치한 왕은 아메노피스(Amenophis) II (주전 1450-1425년)이다. 이스라엘 백성들이 400년 동안 종살이한 애굽은 다신론적 사회였으며 바로의 신격화가 이루어진 나라이다. 애굽의 다양한 신들은 열 재앙 사건을 통해 하나님의 진노의 심판을 받게 되었다. 출애굽기 12: 12에서 "내가 그 밤에 애굽 땅에 두루 다니며 사람이나 짐승을 막론하고 애굽 땅에 있는 모든 처음 난 것을 다 치고 애굽의 모든 신을 내가 심판하리라 나는 여호와라"라고 기록한다.² 애굽의 모든 신들에 대한 하나님의 심판은 결국 신격화된 바로를 향한 심판이라고도 할 수 있다.

그들이 출애굽 후에 통과한 광야(시나이 반도)는 대부분 사막이며 강수량은 년 10cm 미만의 아주 건조하고 메마른 곳이다. 이곳은 가시나무와 잡목만이 간간히 있고 낮에는 섭씨 38도까지 올라가고 밤에는 영하 7도까지 내려가는 불모지였다. 이스라엘 백성들은 애굽에서 나와 시내산에 이르는 동안에 지리적으로 이 황량한 광야를 지나야만 했다.

힉소스 왕조

힉소스(Hyksos)란 단어는 이집트어 "Heka-khasut"에서 유래한 것으로, 그 뜻은 "외국 땅의 통치자들(Rulers of Foreign Lands)"이다. 이는 힉소스가 이집트 원주민이 아니라 외부에서 온 정복자들임을 말해 준다. 그리스 역사가 마네토(Manetho)는 힉소스를 "유목민 왕들"로 기록했다. 이들은 아마도 가나안 지역 출신의 셈족 계열의 민족일 것이며 애굽에 서서히 들어와 지배 계층을 형성했을 것이다. 야곱과 그의 가족이 애굽으로 내려간 시기가 바로 힉소스가 애굽을 통치하던 시기였을 것이다. 이들은 약 150년 동안 애굽을 통치했다.

---

2 모세는 출애굽의 열 재앙을 회상하며 이렇게 고백하고 있다. 민 33:4, "애굽인은 여호와께서 그들 중에 치신 그 모든 장자를 장사하는 때라 여호와께서 그들의 신들에게도 벌을 주셨더라." 이스라엘 백성들이 애굽의 압제 아래에서 해방될 수 있었던 것은 하나님께서 그들의 모든 신들에게 벌을 주셨기 때문이라고 고백한다.

4. 출애굽기 구조

출애굽기의 전체 구조는 주제 중심의 구조로 나눌 때와 장소를 중심으로 구분할 경우로 생각해 보면 유익하다. 주제 중심의 구조를 본다면 다음과 같이 크게 다섯 부분으로 나눌 수 있다.

	주제	본문
I.	애굽-압제	1:1-12:36
II.	출애굽-해방	12:37-15:21
III.	광야 여정	15:22-19:1
IV.	시내산-하나님의 계시: 십계명	19:2-24:18
V.	시내산-하나님 예배: 성막, 금송아지	25:1-40:38

표 5 주제 중심의 구조

출애굽기를 주제 중심으로 본다면 I. 1:1-12:36은 애굽에서 종살이를 하면서 압제를 받고 애굽에 12재앙이 임하는 내용을 기록한다. II. 12:37-15:21은 출애굽과정 속에서 홍해를 건너는 사건과 모세의 노래를 소개한다. III. 15:22-19:1은 이스라엘 백성들이 광야의 험난한 곳을 지나는 내용을 기록한다. IV. 19:2-24:18에서는 시내산에 이른 이스라엘 백성들에게 하나님께서 십계명을 비롯한 각종 율법을 수여하는 장면을 기술한다. V. 25:1-40:38에서는 시내산에서 성막 설계도면을 받고 하나님을 예배하는 성막을 만들고 봉헌하는 내용을 기록한다.

장소를 중심으로 출애굽기를 읽는다면 I. 애굽에서 발생한 사건들(1:1-13:16), II. 광야에서 발생한 사건들(13:17-18:27), III. 시내산에서 발생한 사건들(19:1-40:38)로 애굽, 광야, 시내산과 같이 크게 세 구분으로 나눌 수 있다. 이를 다음과 같이 좀 더 상세하게 구조화할 수 있다.

I. 애굽에서의 이스라엘

    A. 애굽에서의 노예생활(1:1-22)

    B. 모세의 출생, 젊은 시절의 삶, 소명(2:1-4:31)

    C. 바로의 압제(5:1-6:13)

    D. 모세와 아론의 족보(6:13-27)

    E. 모세의 기적과 열 재앙(6:28-11:10)

    F. 유월절(12:1-13:16)

II. 애굽에서 시내산으로: 광야에서

    A. 홍해 사건(13:17-14:31)

    B. 모세와 미리암의 노래(15:1-21)

    C. 수르 광야: 마라의 쓴물(15:22-27)

    D. 신 광야: 만나와 메추라기(16:1-36)

    E. 르비딤 광야: 반석에서 물, 아말렉 전투(17:1-16)

    F. 이드로와 모세(18:1-27)

III. 시내산에서 이스라엘

    A. 시내산에서 언약체결 준비와 약속(19:1-25)

    B. 십계명 수여(20:1-17)

C. 각종 율법 조항들(20:18-23:33)

　　D. 언약 체결식(24:1-18)

　　E. 성막 설계도와 안식일(25:1-31:18)

　　F. 금송아지 사건과 언약갱신(32:1-34:35)

　　G. 성막 건축과 봉헌식(35:1-40:38)

　출애굽기는 애굽에서 하나님의 언약 백성들의 구원이라는 중요한 주제를 담고 있다. 여호와 하나님은 족장 아브라함에게 약속하신 것을 이루시기 위해 압제 당하는 이스라엘 백성들을 자신의 위대한 능력으로 구원해내셨다. 애굽에서 발생한 사건들은 이스라엘 백성들의 노예 생활, 모세의 출생과 바로 왕궁에서의 젊은 시절, 40년 미디안 광야에서의 생활, 모세의 소명, 바로 앞에 선 모세와 기적, 열 재앙과 유월절 사건들을 기록하고 있다. 애굽에서의 일련의 사건들은 이스라엘 백성들을 구원하시기 위한 하나님의 권능을 드러내는 과정이었다. 애굽에서 나온 백성들은 홍해를 건넌 후 바로 광야를 지나야만 했다. 수르 광야에서 마라의 쓴 물을 경험했으나 하나님께서 쓴 물을 달게 하셨고, 신 광야에서는 백성들이 양식이 없어 불평했을 때 만나와 메추라기를 공급하셨다. 르비딤에서는 반석에서 물이 나오게 하셨고 아말렉을 물리치는 승리를 경험하였다. 시내산에 이른 이스라엘 백성들은 그곳에서 하나님과 언약을 맺고 하나님께 두 가지를 받았다. 하나는 십계명을 비롯한 각종 율법이며, 다른 하나는 성막 설계도이다. 백성들은 시내산에서 하나님과 언약 체결을 위한 준비를 한 후 십계명과 각종 율법을 받았고 하나님과 언약 체결식을 거행하였다. 또한 하나님은 시내산에서 이스라엘 백성들의 예배 처소인 성막을 짓도록 성막 설계도를 주셨고 모세는 성막을 짓고 봉헌식을 거

행하였다. 출애굽의 여정에 대해서는 다양한 이론들이 있다.[3]

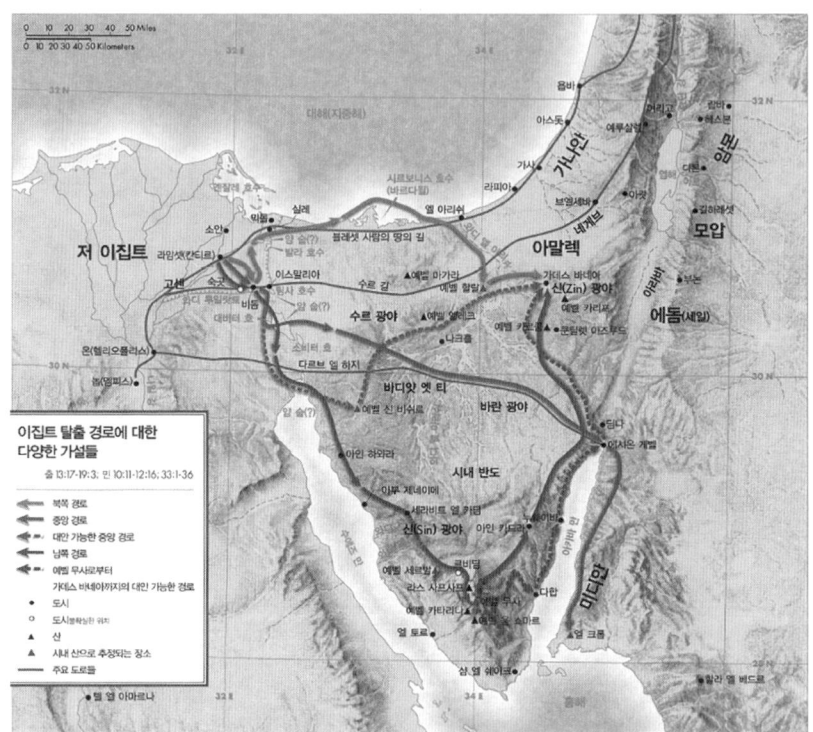

그림 4 출애굽 여정 지도

---

3   지도 그림 출처는 다음을 참조하라. 토마스 V. 브리스코, 『두란노 성서지도』 강사문 외 7인 역 (서울: 두란노서원, 2012), 출애굽의 경로에 대해서는 학자들에 따라 서로 다른 의견을 보이고 있다. 북부 경로, 중부 경로, 남부 경로 설이 있다.

5. 신학적 내용

출애굽기가 기술하는 사건들은 기독교 신학에서 상당히 중요한 부분을 차지한다. 하나님께서 자신의 백성들을 애굽의 속박에서 주권적으로 구원하시고 그들과 언약 관계를 새롭게 맺으셨다. 뿐만 아니라 자신과 언약을 맺은 백성들에게 율법을 주셨고 성막을 건설하게 하셨다. 이를 통해 이스라엘 민족이 하나님을 섬기는 언약백성으로 출현하고 형성되는 과정을 그리고 있다.

1) 애굽에서 나옴

출애굽은 이스라엘 백성들의 애굽에서의 구원뿐만 아니라 미래적 의미를 담고 있는 구원사(The history of redemption)의 대표적인 사건이다. 구약의 선지자들은 출애굽 사건을 이스라엘 백성들이 앗수르나 바벨론 포로에서 해방되는 사건을 위한 하나의 패러다임으로 제시하고 있다(사 11:11-16; 35:8-10; 48:20-22; 슥 10:9-11; 고전 6:14-7:1).[4] 이스라엘 백성들이 첫 번째 억압에서 해방되었듯이 이제 앗수르나 바벨론 속박 아래에서도 구원하실 것이다. "그의 남아 있는 백성 곧 앗수르에서 남은 자들을 위하여 큰 길이 있게 하시되 이스라엘이 애굽 땅에서 나오던 날과 같게 하시리라"(사 11:16). 에스라서는 이스라엘 백성들이 바벨론에서 나오는 모습을 출애굽 사건과 비교하고 있다. 이스라엘

---

[4] Bernard W. Anderson, "Exodus Typology in Second Isaiah," in *Israel's Prophetic Heritage: Essays in Honor of James Muilenburg*, Bernhard W. anderson and Walter Harrelson, eds. (Eugene: Harper & Brothers, 1962), 177-95.

백성들이 애굽에 나올 때 애굽 사람들이 그들에게 금 은 패물을 주었듯이 바사 왕은 바벨론 땅을 떠나는 이스라엘 백성들에게 마땅히 은과 금과 그 밖의 물건을 줄 것을 명령하고 있다(출 12:35, 36; 스 1:4). 바벨론 포로에서 본토로 귀환한 백성들은 번제단을 세워 상번제를 드리고, 장막절을 지켰다(스 3:2-4; 출 29:38-39). 애굽에서 탈출한 백성들을 지켜주신 하나님의 은혜를 기념하여 절기를 지켰듯이 이스라엘 백성들을 본토로 돌아오게 하신 하나님의 구원의 은혜를 기념하며 유월절도 지켰다(스 6:19-22). 바벨론에서 본토로 귀환한 것은 두 번째 출애굽이다.

2) 언약

출애굽기는 이전의 언약이 어떻게 성취되고 있는지를 보여 주면서 동시에 미래 언약을 위한 초석을 제공한다. 창세기 1:28에서 "생육하고 번성하여 땅에 충만하라"는 언약의 말씀이 이스라엘 자손들을 통해 성취되었다고 언급하면서 출애굽기를 시작한다. "이스라엘 자손은 생육하고 불어나 번성하고 매우 강하여 온 땅에 가득하게 되었더라"(1:7). 그러나 이스라엘 자손들이 애굽 땅에서 번성하였지만 그들은 바로의 압제 속에서 고통을 당하고 있었다(1:8-22). 하나님의 택한 백성이 당대 최고의 나라에서 억압을 받으며 종살이를 했다. 백성들은 고된 노동으로 인해 하나님께 탄식하고 부르짖었고 하나님께서는 아브라함과 이삭과 야곱에게 세우신 자신의 언약을 기억하셨다(2:23-25). 하나님은 아브라함에게 땅과 자손에 관한 약속을 주셨고 자손은 어느 부분 성취가 되었으나 땅에 관한 약속은 장차 성취를 바라보고 있다(창 12:1-3; 13:14-18; 15장, 17장). 하나님은 애굽에서 압제를 당하고 있는 자신의 백성을 구원하시기 위해 모세를 택하시고 그에게 이스라엘 백성들을 애굽에서 이끌어내는 사명을 부여하셨다. 하나님은 언약을 지키기 위해 백성들을 억압에서 구원하셨고 이를 위해 열 재앙과 홍해를 가르는 기적을 베푸셨다. 또한 하나님은 시내산에서 이스라엘 백성들과 언약을 새롭게 맺으셨다. 이제는 노아나 아브라함과 같이 개인적 차원이 아닌 민족적 차원에서의 언약이다. 하나님은 이스라엘 백성들에게 언약 백성의 삶의 지침을 위한 십계명과 각종 율법을 주셨다(20-23장). 시내산에서 주신 율법은 이스라엘 백성들이 하나님과 언약 관계를 유지하기 위해 하나님께서 자신의 백성들에게 요구하는 조항들이다. 이스라엘 백성들이 하나님의 율법에 순종한다면 그들은 하나님의 소유, 제사장 나라, 거룩한 백성이 될 것이다(19:5, 6). 이스라엘이 제사장 나라가 된다는 약속을 통해 열방을 하나님 앞으로 인도하는 중재자로서의 선교적 사명이 수여된 것이다.

그림 5 시내산[5]

---

[5] 출처. Adobe Stock.

3) 열 재앙

출애굽기에서 모세와 바로와의 만남과 열 재앙을 통한 대결은 이스라엘의 언약의 하나님 여호와와 애굽의 이방신들과의 우주적인 전쟁이다. 이스라엘 백성들이 애굽에서 나올 때에 일사천리로 나올 수 있었으나 하나님은 열 재앙을 통과하게 하신 후 애굽에서 탈출하게 하셨다. 그 이유는 무엇인가? 첫째, 애굽의 신들을 무력화 시키고 하나님의 우월성을 드러내시기 위함이다(12:12). 열 재앙의 대상은 애굽의 각 신들에 해당하기도 한다.[6] 하나님은 열 재앙을 통과하고 홍해를 건너는 동안 이스라엘 백성들을 위한 전사로 애굽의 신들과 싸우셨다(15:3, 4). 둘째, 이스라엘 백성들에게 유일하신 하나님의 능력을 교훈하시기 위해서다(14:31). 이스라엘 백성들은 400년 동안 애굽에서 살면서 그 땅의 종교와 문화에 상당한 영향을 받았다. 그러나 하나님은 열 재앙을 통해 애굽의 모든 신들은 허무하며 이들 위에 뛰어난 여호와 하나님의 권능을 강조한다. 셋째, 열방 가운데 하나님의 능력을 드러내시기 위해서다. 이스라엘 백성들이 홍해를 가르고 애굽에서 나온 사건은 고대 근동의 온 지역으로 급속하게 퍼져나갔다. 이 소문을 들은 대표적인 인물이 기생 라합이다(수 2:9-11).

---

[6] 나일강-크놈 신, 하피 신, 오시리스; 개구리-헥트; 가축-아피스 황소(Apis bull); 독종-의술의 신 임호텝; 우박-하늘의 신 누트, 곡물 보호 신 셋; 어두움-태양신 레, 장자-오시리스.

4) 하나님의 임재

애굽에서의 구원과 시내산에서의 언약은 출애굽기 전반부와 중반부의 중심 주제이다(1-15장, 19-23장). 그러나 하나님의 임재는 출애굽기 전반에 걸쳐 소개되는 주제이다. 하나님께서 호렙산 떨기나무에서 임재하여 모세에게 소명을 주셨다(3:1-14). 하나님의 임재를 강조하기 위해 출애굽기 3:14은 다음과 같이 언급한다. "하나님이 모세에게 이르시되 나는 스스로 있는 자이니라 또 이르시되 너는 이스라엘 자손에게 이같이 이르기를 스스로 있는 자가 나를 너희에게 보내셨다 하라." 이스라엘 백성들의 조상인 아브라함과 이삭과 야곱과 함께하셨던 하나님께서 이제 모세와 이스라엘과 함께하셔서 그들을 애굽에서 구원해 내실 것이다(3:15). 하나님은 시내산에 이른 이스라엘 백성들에게 율법을 주시기 위해 그곳에서 불 가운데로 강림하셨다(19:7-19). 시내산 임재를 통해 하나님께서 주시는 십계명과 율법의 권위를 더욱 확고히 하셨다(신 5:22-27). 출애굽기 25-40장에 소개된 성막의 구조는 이스라엘 백성들 가운데 거주하시는 하나님의 임재를 상징적으로 묘사한다. 성막은 하나님의 지상 처소이며 하나님과 이스라엘 백성들이 만나는 장소이다. 하나님의 임재의 절정은 성막이 완성된 후 거행된 봉헌식 때 일어났다(40:34-38). 이스라엘 백성들에게 성막을 지으라고 명한 이유는 그들에게 예배를 받으실 뿐만 아니라 그들 가운데 임재하시겠다는 하나님의 바램이다. 하나님은 이방신들과는 달리 자신을 섬기는 백성들 가운데 가시적으로 임재하신다.[7]

---

[7] 유진 H. 메릴, 마크 F. 루커, 마이클 A. 그리산티, 『현대인을 위한 구약개론』 유창걸 역 (서울: 기독교문서선교회, 2016), 360.

6. 신약과의 관계

출애굽기는 이스라엘 백성들을 애굽에서 구원하시는 하나님의 구원사를 기술하고 있다. 출애굽기에 나타난 구원사건은 신약의 예수 그리스도의 구원 사역의 기초이며 발판이 된다. 출애굽기는 다음 몇 가지 차원에서 신약과 상관성이 있다.

첫째, 유월절과 예수 그리스도와의 관계이다. 이스라엘 백성들이 열 재앙 가운데 마지막 재앙인 장자 재앙을 피하기 위해 양의 피를 문설주에 발라 죽음을 면하였다(12:1-14). 하나님은 이 날을 기념하여 유월절을 대대로 지키게 하셨다. 예수 그리스도는 십자가에서 피를 흘려 자신의 백성을 흑암과 사망의 권세에서 구원해 내신 유월절 어린양이시다(고전 5:7). 신약은 구약의 유월절을 온 세상 죄를 지고 가는 하나님의 어린 양 예수 그리스도의 죽음에 대한 모형으로 이해했다(요 1:29). 애굽에서 이스라엘 백성들을 건져내신 하나님의 구원 사역을 기념하기 위해 유월절을 지켰듯이, 예수 그리스도는 유월절에 성만찬을 베푸시며 언약 백성들의 구원을 위한 자신의 살과 피를 기념하게 하셨다(마 26:19; 막 14:16; 눅 22:13).

둘째, 모세를 통해 주어진 율법은 그리스도를 통해 다시 선포되었다. 십계명은 하나님께서 시내산에서 이스라엘 백성들에게 주신 것으로 그들을 구원하신 여호와 하나님의 인격과 성품을 반영하고 있다. 이는 언약 백성들의 삶의 주요 원리이며 이스라엘 백성들이 하나님과 관계를 유지하기 위해 준수해야 하는 율법이다. 백성들이 십계명의 율법에 순종할 때 평강을 누리게 되나 불순종할 경우에는 개인과 나라가 위기에 처하게 된다. 이스라엘 백성들이 시내산에서 율법을 받았듯이 예수님은 자신에게 나아온 제자들과 무리들에게 산에서 새로운 계명(산상수훈)을 수여하셨다(마 5:1-7:29). 예수님은 십계명의 신학적이며 사회적 차원을 하나님 사랑과 이웃 사랑으로 크게 요약하셨고(마 22:36-39), 구약 율법의 본질이 공의와 자비의 삶이라고 강조하셨다(마 23:23).[8]

셋째, 하나님께서 자신의 백성들 가운데 임재하신 장소인 성막은 신약에서 예수 그리스도의 성육신 사역을 통해 성취되었다. "말씀이 육신이 되어 우리 가운데 거하시매 우리가 그의 영광을 보니 아버지의 독생자의 영광이요 은혜와 진리가 충만하더라"(요 1:14). 예수 그리스도의 충만한 임재는 그를 머리로 삼는 주님의 몸 된 교회 안에 거하신다(엡 1:23).

내용 요약

1. 출애굽기는 이스라엘 민족의 출현과 형성과정에 대해 기술하고 있다.
2. 출애굽기의 저자는 모세이다.
3. 출애굽기는 하나님께서 아브라함에게 약속하신 것을 이루시기 위해 애굽에서 압제 당하는 하나님의 언약백성들의 구원이라는 주제를 담고 있다.
4. 출애굽기는 신약과 상관성이 있다. 장자의 재앙을 양의 피를 문설주에 발라 죽음을 면하였던 유월절을 기념하듯이 예수 그리스도는 십자가에서 피를 흘려 자신의 백성을 흑암과 사망의 권세에서 구원해 내신 유월절 어린양이시다.

---

[8] Andrew E. Hill and John H. Walton, *A Survey of the Old Testament*, 97.

7. 현대인을 위한 적용

이스라엘 민족이 애굽에서 벗어난 사건은 우리 모두에게 영적 패러다임을 제공하며 하나님께서 여전히 억압받는 자들을 자유케 하신다는 메시지를 전한다. 현대인도 다양한 '애굽' 속에 갇혀 살아간다. 물질주의, 성과주의, 중독, 과도한 경쟁과 피로, 관계의 얽힘은 우리로 하여금 영혼의 노예처럼 살아가게 한다. 그러나 성도는 자유케 하시는 하나님의 손길을 신뢰하며 어린양 예수의 보혈의 능력을 힘입어 자유케함을 경험해야 한다. 광야는 단순히 고통의 장소가 아니라, 하나님을 배우는 학교이다. 이스라엘이 만난 쓴 물, 배고픔, 전쟁은 오늘 우리가 마주하는 삶의 혼란과 갈등, 고난과도 닮아 있다. 하지만 하나님은 그 속에서 만나를 주시고 반석에서 물을 내시며, 구체적으로 동행하신다. 광야 생활은 세상 속에서 견디는 고난의 시간을 하나님을 신뢰하는 성숙의 시간으로 바꾸는 믿음의 훈련 과정이다. 따라서 인생의 광야를 걸을 때 불평이 아닌, 성숙의 기회로 삼을 수 있어야 한다. 또한 시내산에서 주신 율법은 억압의 법이 아니라 구원받은 자들이 자유롭게 살아가기 위한 언약의 원리이다. 성도는 세상의 가치관이 아닌 하나님의 말씀을 나의 삶의 기준으로 삼아야 한다. 하나님은 백성들과 언약을 맺으시며, 성막을 통해 "내가 너희 가운데 거하겠다" 말씀하신다. 오늘날 성전은 예수 그리스도를 통해 우리 각자의 삶 속으로 옮겨졌다(고전 3:16). 바쁜 현대사회에서도 하나님의 임재를 의식하고 누리는 삶이 중요하다. 오늘날 교회와 우리의 일상은 그분의 임재를 담는 '성막'이 되어야 한다. 영적인 출애굽을 한 성도는 세상의 질서에 머무르지 않고 광야를 지나 하나님의 임재 속으로 걸어가야 한다. 출애굽은 우리 안에서 계속되고 있다. 하나님의 백성으로서 살아가는 자유와 책임, 순종과 동행의 삶이 지금 우리에게 요구되고 있다.

8. 깊은 연구를 위한 질문

1) 출애굽 연대에 대한 견해들은 무엇이 있으며 각 견해의 장점과 단점은 무엇인가?

2) 출애굽이란 역사적 사건이 구약의 다른 본문에서는 어떻게 사용되고 있는가?

3) 열 재앙과 애굽의 신들과의 상관성은 무엇인가? 왜 하나님은 열 재앙을 통과한 후에 이스라엘 백성들을 애굽에서 나오게 하셨는가?

4) 시내산에 거주한 이스라엘 백성들에게 성막은 어떤 신학적 의미를 지니고 있는가?

9. 심화학습을 위한 독서 목록

빅터 P. 해밀턴. 『출애굽기』. 박영호 역. 서울: 솔로몬 출판사, 2017.

Alexander, T. Desmond. *Exodus*. Downers Grove: InterVarsity Press, 2017.

Gowan, Donald E. *Theology in Exodus: Biblical Theology in the Form of a Commentary*. Lousville: Westminster/ John Knox, 1994.

Saran, Nahum M. *Exodus. JPS Torah Commentary*. Philadelphia: Jewish Publication Society, 1991.

Stuart, Douglas, *The New American Commentary: Exodus*. Nashville: B&H Publishers, 1993.

레위기

1. 목적

모세오경의 세 번째 책인 레위기는 이스라엘 언약 공동체가 하나님의 거룩한 백성으로 어떻게 하나님께 예배하며 거룩한 삶을 살아가야 하는지에 대한 지침서이다. 전능하시고 초월적 존재이신 하나님께서 어떻게 지상에 있는 인간들을 만나주시고 교제를 하시는 지에 대해 소개한다. 거룩하신 하나님을 만나기 위해 인간들은 어떤 절차와 방법에 따라 그분께 나아가야 하는지, 언약 공동체의 질서와 거룩을 유지하기 위해 언약 백성들이 삶 속에서 지켜야 할 규례들은 무엇인지에 대해 기록하고 있다. 레위기의 핵심적인 가르침은 레위기 11:44, 45에서 정확하게 드러난다. "나는 여호와 너희의 하나님이라 내가 거룩하니 너희도 몸을 구별하여 거룩하게 하고 땅에 기는 길짐승으로 말미암아 스스로 더럽히지 말라 나는 너희의 하나님이 되려고 너희를 애굽 땅에서 인도하여 낸 여호와라 내가 거룩하니 너희도 거룩할지어다." 레위기는 이스라엘 공동체의 거룩한 예배와 삶의 지침서이다. 성소에서 행해지는 다양한 제사와 각종 절기 그리고 일상의 거룩한 삶을 위한 지침들을 소개하고 있다. 일반적으로 지침서는 형식이 딱

딱하다. 그러나 하나님의 백성들이 지침서에 따라 순종한다면 하나님의 축복과 거룩한 임재를 누리며 살게 될 것이다. 각종 지침과 규정은 과거에 노예로 살았던 이스라엘 백성들을 "제사장 나라와 거룩한 백성"으로 살아가도록 변화시켜 준다.¹

'레위기'라는 책의 히브리어 제목은 레위기 1:1의 첫 단어인 "바이크라"(그리고 그가 불렀다)이다. 이와 같은 제목은 레위기가 이전의 책인 출애굽기와 연속성이 있음을 말해 준다. 출애굽기의 마지막은 성막 봉헌식과 성막에 임한 하나님의 임재에 대해 기록하고 레위기는 그 성막에서 봉사할 모세를 부르는 구절로 시작한다.² 히브리어 성경을 헬라어로 번역한 칠십인역(LXX)은 책의 이름을 '레위티콘'(제사장에 관한 내용)이라고 했다. 라틴어 성경(라틴 벌게이트)은 '레위인의 책'(*Liber Leviticus*)이라고 하여 영어 성경 제목인 'Leviticus'의 기초가 되었다. 실제로 레위인들은 레위기에서 단지 네 번만 언급되고 제사장이나 레위인들의 직무보다도 일반 백성들이 지켜야 하는 규례들이 더 많이 소개된다. 따라서 어떤 면에서 레위기는 레위인과 제사장들뿐만 아니라 하나님의 언약 공동체의 모든 구성원들이 읽어야 하는 책이다(10:11). 랍비문학은 레위기를 어린 아이들이 가장 먼저 읽어야 할 책으로 말하고 있으며 탈무드의 절반은 이 책에 대한 해석으로 채워진다.³

---

1 Hill and Walton, *A Survey of the Old Testament*, 104.
2 레 1:1, "여호와께서 회막에서 모세를 부르시고 그에게 말씀하여 이르시되."
3 V. P. Hamilton, "Recent Studies in Leviticus and Their Contribution to a Further Understanding of Wesleyan Theology," in *A Spectrum of Thought: Essay in Honor of Denis F. Kinlaw*, ed. M. L. Peterson (Wilmore, KY: Asbury College, 1982), 146.

2. 저자

레위기의 저작권에 관한 것은 모세오경의 저작권과 깊은 관련이 있다. 출애굽기와 신명기는 모세 자신이 상당한 부분을 기록했다는 본문들이 있다(출 17:14; 24:4, 7; 34:27; 신 31:9, 19, 22, 24-26). 그러나 레위기는 모세가 기록했다는 직접적인 그 어떤 구절도 없다. 단지 하나님께서 각종 규례들을 모세와 아론을 통해 말씀하시고 전해 주셨다는 기록들만이 있다(1:1; 4:1; 5:14; 6:1, 8, 19, 24; 7:22, 28; 11:1; 12:1; 13:1; 14:1, 33; 15:1; 16:1, 34; 19:1; 20:1; 21:1; 24:1; 27:1). 더욱이 레위기 후반부에서는 모세가 시내산에서 발생한 계시의 중재자라고 언급한다. 레위기 26:46과 27:34에서 반복적으로 다음과 같이 언급한다. "이것은 여호와께서 시내 산에서 자기와 이스라엘 자손 사이에 모세를 통하여 세우신 규례와 법도와 율법이니라"(26:46). "이것은 여호와께서 시내 산에서 이스라엘 자손을 위하여 모세에게 명령하신 계명이니라"(27:34). 이와 같이 여호와께서 모세를 매개자로 하여 레위기에 소개된 규례와 율법들을 전해 주었다는 기록들은 모세가 레위기를 썼을 것이라는 강한 추정을 하게 한다. 무엇보다 예수님께서 나병환자를 깨끗하게 하실 때에 레위기 본문을 인용하면서 모세의 글임을 입증하셨다. "예수께서 이르시되 삼가 아무에게도 이르지 말고 다만 가서 제사장에게 네 몸을 보이고 모세가 명한 예물을 드려 그들에게 입증하라 하시니라"(마 8:4). 레위기의 저작권에 대해서는 비평학자들의 다양한 주장이 있는 것은 사실이다. 그러나 우리는 저자가 누구인지에 대한 논쟁에 휩말리기 보다는 오히려 레위기의 메시지와 레위기의 최초의 독자들이 이 책을 어떻게 이해했는지에 더욱 관심을 가져야 할 것이다.

3. 기록 연대와 배경

레위기는 이스라엘 백성들이 애굽에서 나와 시내산에 도착했을 때부터(출 19:1) 떠날 때까지(민 10:11), 시내산에 머무는 약 11개월 동안을 배경으로 한다. 이 기간 동안 하나님께서 시내산의 모세에게 말씀하신 내용을 기록한 것이다(25:1; 26:46; 27:34). 기록 연대를 좀 더 자세하게 살펴본다면 다음과 같다. 이스라엘 백성이 애굽 땅에서 떠난 지 삼 개월이 되던 날 시내 광야에 도착했고(출 19:1), 이듬해인 2월 20일 바란 광야를 향해 떠났다. 시내산에서 성막이 완성된 시점은 둘째 해 첫째 달, 곧 그 달 초하루인 제2년 1월 1일이다(출 40:17). 시내산을 출발하기 전인 제2년 2월 1일에는 20세 이상의 남자들에 대한 인구 조사를 실시하였다(민 1:1-4). 따라서 레위기가 기록된 기간은 성막이 완성된 제2년 1월 1일과 인구 조사를 실시한 제2년 2월 1일 사이의 한 달 기간이다.[4]

고대 근동의 대부분 국가들에서는 레위기에서 볼 수 있는 제의적 정결과 동물 희생 제사를 행하고 있었다. 고도로 조직된 제사장 계급들이 신전 일들을 맡았고, 사람이나 동물을 제물로 드리는 종교적 관습도 당시 대부분의 국가들 사이에서 행해지고 있었다.[5] 제사 전에 행

---

[4] 김준수, 『구약의 저수지: 모세오경』(서울: 킹덤북스, 2017), 609.
[5] 수메르 시대로부터 제사장 계급 제도는 발달했고 만신전(Pantheon)에서는 신들의 계급에 따라 신들이 비치되었다. 페니키아 지역에서는 유아 인신 제사의 흔적인 토펫의 산당이 발견되었다. 고대 근동의 종교와 문화에 대해서는 다음을 참조하라. 알프레드 J. 허트, 제랄드 L. 매팅리, 에드윈 M. 야마우치 편집, 『고대 근동 문화: B.C. 3000년경-B.C. 323』 신득일, 김백석 역 (서울: 기독교문서선교회, 2012).

하는 각종 정결 예식, 기름 부음과 같은 제의 절차는 고대 근동의 메소포타미아와 애굽 종교에서 일반적인 것이었다.[6] 그러나 구약과 고대 근동의 제의 사이에는 많은 경우에 다음과 같은 차이점들이 발견된다.[7]

- 제사 가운데 직접적인 신적인 계시와 현현
- 다신론적인 종교가 아닌 유일신 여호와 하나님에 대한 제사
- 인간의 죄의 기원과 영향에 대한 인식
- 가나안의 풍요 제의의식에 비해 상당히 윤리적이며 도덕적인 의식과 규범
- 변덕스런 이방신들과는 달리 거룩하고 의로우신 여호와 하나님의 인격
- 인신 제사의 강력한 금지

4. 레위기 구조

레위기는 제사법과 각종 제의적 성결을 위한 규범들을 소개한다. 레위기의 전체 구조는 단순하고 명확하여 다음과 같이 제시할 수 있을 것이다.

---

6 Hill and Walton, *A Survey of the Old Testament*, 102.
7 Hill and Walton, *A Survey of the Old Testament*, 103.

I. 거룩한 하나님께 나아가는 제사법(1:1-7:38)[8]

    A. 일반 백성을 위한 제사 규례(1:1-6:7)

    B. 제사장을 위한 제사 규례(6:8-7:38)

II. 제사장 위임과 직무(8:1-10:20)

    A. 아론과 그의 아들들에 대한 위임식(8장)

    B. 아론의 희생 제사(9장)

    C. 나답과 아비후의 죽음(10장)

III. 제의적 정결함을 위한 법들(11:1-16:34)

    A. 음식 규례: 정한 짐승과 부정한 짐승(11장)

    B. 출산규례(12장)

    C. 나병환자와 피부병(13, 14장)

    D. 유출병(15장)

---

[8] 제사법에 관한 본문(1:1-7:36)을 좀 더 세분화하면 다음과 같이 구조를 나눌 수 있다.

일반 규례	제사장 규례
레위기 1:3-6:7	레위기 6:8-7:36
번제 (1:3-17) 소제 (2:1-16) 화목제 (3:1-17) 속죄제 (4:1-5:13) 속건제 (5:14-6:7)	번제 (6:9-13) 소제 (6:14-23) 화목제 (7:11-36) 속죄제 (6:24-30) 속건제 (7:1-10)

"이는 번제와 소제와 속죄제와 속건제와 위임식과 화목제의 규례라 여호와께서 시내 광야에서 이스라엘 자손에게 그 예물을 여호와께 드리라 명령하신 날에 시내산에서 이같이 모세에게 명령하셨더라"(레 7:37-38).

E. 대속죄일(16장)

IV. 성결법전(Holiness Code) (17:1–25:55)
    A. 피에 관한 규례(17장)
    B. 사회적 윤리로서의 거룩함: 성, 대인관계(18:1–20:27)
    C. 제사장의 성결규례(21–22장)
    D. 각종 절기(23–25장)

V. 언약적 축복과 저주(26장)

VI. 서원과 예물에 관한 법들(27장)

레위기는 전체적으로 율법과 제의에 관한 규례들을 명령형의 형태로 제시하고 있다. 제사장들을 비롯한 일반 백성들도 거룩하신 하나님 앞에서 어떻게 행동해야 하는지에 대한 구체적인 가르침이다. 따라서 레위기는 주로 정보 전달에 초점을 맞추고 있다.[9] 레위기의 구조는 하나님의 언약 백성의 예배와 거룩한 삶을 위한 매뉴얼이라는 레위기의 목적을 잘 보여 준다. 특히 레위기의 마지막 두 장인 26–27장은 레위기의 율법들이 언약의 배경 속에서 주어졌다는 점을 강조한다. 26장은 레위기에서 그 동안 소개한 각종 규례와 계명을 잘 지키면 하나님께서 복을 주시고 불순종하면 저주를 내리시겠다는 언약의 공식을 제시한다. 결론적 구절인 레위기 26:45, 46은 레위기 율법이

---

[9] 레이몬드 딜러드·트렘퍼 롱맨, 『최신구약개론』 박철현 역 (서울: 크리스천다이제스트, 1997), 112.

아브라함과 맺은 언약과 시내산 언약임을 다시금 상기시키고 언약의 여호와 하나님과 이스라엘 백성들 사이의 관계를 강조한다. 27장은 백성들이 언약의 하나님께 반응하는 근본적인 태도는 서원과 맹세, 언약의 예물이란 점을 알리며 레위기를 마무리한다.

그림 6 성막[10]

5. 신학적 내용

1) 하나님의 거룩하심

하나님의 거룩하심은 레위기의 핵심주제이다(레 11:44-45). 레위기

---

10 출처. https://www.goodseed.com/the-tabernacle.html.

에서는 '거룩'(히. קָדֹשׁ)이란 용어의 히브리어 어근 קדשׁ(qdš)가 하나님, 인간, 장소, 사물과 관련하여 약 143회 정도 사용되었다. 하나님과 관련한 '거룩'이란 용어의 핵심적인 개념은 '구별' 혹은 '분리', '헌신'이며 상당히 광범위한 의미를 가지고 있다.[11] 하나님은 인간의 일반적인 모든 것과 구별되시는 특별한 분이시다. 하나님은 그 무엇과도 비교될 수 없는 유일하신 절대 주권자이시며 창조주이시다. 하나님은 또한 죄와 악으로부터 분리되어 존재하신다. 이와 같은 하나님께서 자신의 백성들에게도 거룩한 삶을 요구하신다. 레위기 19:2에서 다음과 같이 말씀하신다. "너는 이스라엘 자손의 온 회중에게 말하여 이르라 너희는 거룩하라 이는 나 여호와 너희 하나님이 거룩함이니라." 하나님의 거룩하심은 거룩함의 개념을 이해하기 위한 출발점이자 기초이다.[12] 하나님의 거룩함이 인간들에게 요구될 때에는 '거룩(holy)하고 속된(common) 것'과 '부정(unclean)하고 정한(clean) 것' 사이를 분별해야 하며, 이는 레위기에서 거룩의 신학을 이해하기 위한 핵심적인 요소이다(10:10).[13] 거룩하신 하나님께서 자신의 백성들 가운데 거하시기 때

11　Jackie A. Naudé, "קדשׁ," in *New International Dictionary of Old Testament Theology and Exegesis*, vol. 3 (Grand Rapdis: Zondervan, 1997), 877-887.

12　마이클 맥켈비, "레위기", 『성경신학적 구약개론: 약속된 복음』 방정열 역 (서울: 부흥과개혁사, 2018), 94.

13　거룩하고 속된 것의 구별은 다른 말로 하면 거룩(holy)하고 일반적(common)인 것과의 구분이다. 하나님은 모든 일반적인 것과 구분되신다. 이스라엘 백성들 가운데 중심적인 거룩한 장소는 바로 성막이며 성막과의 근접의 정도 혹은 하나님과의 교제 여부에 따라 거룩의 등급이 있다. 이곳에서 직접 봉사하는 제사장들은 일반 백성들보다는 거룩하다. 하나님을 예배하는 일반 백성들은 그렇지 않은 주변의 이방 민족들보다는 거룩하다. 이러한 관점에서 보면 일반 백성들은 아론 계열의 제사장들과 비교할 때 거룩하지 않다. 오히려 속되다(레 19:8; 21:4, 7, 9, 12, 14, 15, 23; 22:9, 15, 16).

문에 백성들은 반드시 이 둘 사이의 구분을 통해 하나님을 섬기고 삶 속에서 거룩을 유지해야 한다. 하나님께서 자신의 언약 백성들에게 거룩을 요구하시는 이유는 첫째, 하나님의 존재가 거룩하시기 때문이다. 거룩하신 하나님께 예배하고 그분과 교제하기 위해서는 백성들 또한 거룩해야 한다. 둘째, 하나님과 이스라엘 백성들 사이의 관계적 차원 때문이다. 거룩의 다른 의미 가운데 하나는 '헌신'이다. 이스라엘 백성들은 하나님께 헌신된 백성들이기 때문에 주변 국가들과는 구분되는 삶을 살아야 했다. 속된 것(혹은 일반적인 것)은 정결과 부정결의 범주로 분류된다. 속된 것은 하나님께 헌신됨으로 거룩하게 된다. 부정결한 것은 정결하게 되는 절차를 통해 정결하게 되고 하나님께 구분되어 드려지면 거룩하게 된다(21:8). 정결하고 부정한 것에 관한 규례(예. 음식법, 나병환자, 피부병, 유출병)는 백성들이 하나님 앞에 거룩을 유지하는 데 필요한 기준들을 제시한다. 이러한 기준들은 백성들이 하나님 중심의 삶과 구별된 삶을 살기 위해 방해가 되는 부정한 것들을 제거하기 위해 필요하다.[14]

2) 각종 제사들

레위기는 처음부터 딱딱한 제사 제도의 규례를 소개하면서 시작한다. 오늘날 성도들이 제사 제도에 관한 부분을 읽을 때 상당히 생소하고 어려우나 레위기 본문은 제사의 의미나 중요성들에 대해서는 설명하지 않고 단지 제사 제도 자체를 명확하게 서술하는 것에 초점

---

14 유진 H. 메릴, 마크 F. 루커, 마이클 A. 그리산티, 『현대인을 위한 구약개론』 유창걸 역 (서울: 기독교문서선교회, 2016), 376.

을 맞춘다. 아마도 레위기의 제사 제도가 독자들에게는 어느 정도 친숙한 것이었음을 짐작할 수 있다. 고대 근동의 여러 국가에서 동물이나 곡식을 신에게 드리는 행위는 일반적인 관습이었다. 따라서 레위기의 관심은 제사 제도에 대한 설명보다는 제사의 바른 절차를 밝히는 것에 있다.[15] 이스라엘 백성들이 거룩하신 하나님께 나아가는 유일한 절차가 제사이며 제사 제도를 통해 백성들에게 개인과 공동체의 거룩함과 그들 가운데 하나님의 임재를 유지시키는 길을 여신 것이다. 제사 제도는 다섯 가지의 기본적인 형태가 있다. 번제(burnt offering), 소제(grain offering), 화목제(peace offering), 속죄제(sin offering), 속건제(guilt offering)이다. 이 가운데 번제, 소제, 화목제는 하나님께 대한 헌신, 하나님의 축복을 받아 감사의 일이 생겼을 때와 하나님을 기쁨으로 찬송할 경우에 드려졌다. 그러나 번제, 속죄제, 속건제는 이스라엘 백성들 개인이나 공동체의 죄가 발견되었을 때 하나님께서 요구하시는 제사이다. 이 제사를 통해 죄를 용서함 받고 하나님과 관계를 회복하게 된다.

제사	목적	제물	의미	본문
번제	• Burnt offering • 짐승을 불로 태워 향기를 드림 • 속죄(완전한 헌신과 거룩) • 첫 열매에 대한 감사	흠 없는 수소 재산 정도에 따라 수소, 숫양, 염소, 산비둘기, 새끼 비둘기	완전한 헌신과 속죄 (자원, 의무)	1:3-17 6:9-13 민 15:1-16

[15] 레이몬드 딜러드·트렘퍼 롱맨, 『최신구약개론』 박철현 역 (서울: 크리스천다이제스트, 1997), 113.

소제	• Grain offering • 순수하고 진실한 헌신 • 첫 열매에 대한 감사	곡물 (누룩없이 소금을 침) 기름섞어 구운 무교병	(자원)	2:1-16 6:14-23 민 15:1-16
화목제	• Peace offering • 감사제, 서원제, 낙헌제 • 예상치 못한 축복에 대한 감사 • 구원을 위한 서원 예물 • 일반적인 감사	소, 양, 염소 중에서 흠 없는 암컷, 수컷	하나님과 백성 사이에 화목 (자원)	3:1-17 7:11-36 민 15:1-16
속죄제	• Sin offering • 죄 용서, 제의적 부정에 대한 속죄 • 보상이 불가한 죄에 대한 속죄 • 성막과 공동체의 성결과 거룩	제사장이나 회중-흠 없는 황소, 족장-숫염소, 가난한 자들-비둘기, 극빈자-고운 가루	하나님과 관계 회복 (의무)	4:1-5:13 6:24-30
속건제	• Guilt offering • 성물들과 관련 부지중에 지은 죄 • 타인의 재산에 손해를 입힌 경우	흠없는 숫양, 은이나 돈, 성물관련 1/5 추가	배상 제사 (의무)	5:14-6:7 7:1-10 민 5:5-10

표 7 레위기의 5대 제사

3) 각종 절기들

하나님께서 이스라엘 백성들을 애굽에서 구원하신 것을 기념하고 가나안 땅에서 풍성한 수확을 주신 것을 감사하기 위해 각종 절기들을 제정하였다. 이스라엘의 각종 절기들은 하나님께서 자신의 백성들의 삶에 개입하셔서 그들과 언약 관계를 유지하기 위한 중요한 장치이다. 가나안의 족속들은 자연현상과 관련하여 종교를 만들어 내고 바알 사이클(Baal Cycle)이라는 신화를 창작하였다.[16] 이들은 팔레스타인 땅의 기후(건기와 우기)를 통해 바알 신과 관계를 형성하였다. 그

---

[16] 가나안 종교와 신화에 대해 증언하는 우가릿 문헌에 대해서는 다음을 참조하라. John Day, *God's Conflict with the Dagon and the Sea: Echoes of a Canaanite Myth in*

러나 하나님께서는 가나안 땅에 들어가는 이스라엘 백성들에게 각종 절기를 제정하시어 하나님의 언약 백성으로 주변 가나안 족속과 구분되는 삶을 살게 하셨다. 팔레스타인 땅의 기후에 따른 농사 일정과 관련하여 절기를 새롭게 제정하시고 하나님께서 그들의 공급자이시며 돌보시는 자이심을 깨닫게 하셨다(23:4-44).[17] 안식일 준수는 하나님과 특별한 관계를 맺고 있는 언약 백성의 표징이다(26:2; 출 31:12-17). 매주 6일 동안의 노동 후에 하루를 안식함으로 하나님의 창조와 애굽에서의 구속을 기념하고 그 날을 거룩하게 지켜야 했다(23:3). 안식일 이외에도 여러 거룩한 절기를 통해 이스라엘을 구원하시는 하나님의 은혜에 감사하고 종말론적인 희망을 가지게 하였다. 특히 대속죄일(the Day of Atonement)에는 죄로 오염된 성막을 정결케 하기 위한 날이다. 이 날에는 제사장들을 위해서는 황소 한 마리, 백성들의 죄를 위해서는 염소 두 마리를 드렸다(16:5-10).[18] 제사장들과 백성들을 위해 드린 속죄제를 통해 지성소를 비롯한 모든 성막의 오염을 제거하였다. 다음은 이스라엘의 주요 절기들을 정리한 도표이다.[19]

---

the Old Testament (Cambridge: Cambridge Unviersity Press, 1985).

[17] 각종 절기와 기후와의 관계에 대해서는 다음 자료를 참조하라. 장재일, 『밥하면서 보는 성경의 절기, 上. 유월절에서 오순절까지』(서울: 쿰란, 2012).

[18] 대제사장은 두 염소를 위해 제비를 뽑고 한 마리는 하나님께 속죄제로 드리고 다른 한 마리를 이스라엘 공동체의 모든 죄와 허물을 속죄 염소(아사셀 염소)에 전가시키고 그를 이스라엘 공동체의 지경에서 멀리 황량한 광야로 보낸다(레 16:20-22). 제사장이 산에 올라가서 염소가 사라진 것을 확인하면 대제사장은 '너희 죄가 사라졌다'고 선언하였다. 이를 통해 공동체와 성막을 정결케하고 새롭게 한 해를 시작하게 했다.

[19] 참조. 마이클 맥퀠비, "레위기", 『성경신학적 구약개론: 약속된 복음』 방정열 역 (서울: 부흥과개혁사, 2018), 100.

절기	일자와 기간	세부 내용	성경구절
안식일	매주 7일 째 날	성회가 열림, 무노동 하나님의 창조, 구원을 기념	23:3
유월절	첫째 달의 14일 째 날	14일과 21에 성회, 7일간 무교병 먹음 출애굽을 기념. 유월(passover)의 뜻: 지나가다.	23:5-8
무교절	첫째 달 15일째 날의 주간	급하게 애굽에서 탈출한 것을 기념 일주일 동안 무교병을 먹고 제물을 드림 첫째 날과 일곱 째 날에 성회로 모이고 노동을 금함	23:5-8
맥추절 (초실절)	유월절 기간의 안식일이 지난 다음 날	첫 열매 한 단을 여호와께 드림. 첫 열매가 드려질 때까지 수확물을 먹을 수 없음.	23:9-14
오순절 (칠칠절)	초실절 이후 일곱 주가 되는 날 (50일 째 되는 날)	풍성한 수확에 감사. 성회로 모임, 무노동. 백성들은 떡 두 덩이로 요제를, 숫양 일곱 마리, 수소 한 마리와 숫양 두 마리로 번제를, 염소 한 마리로 속죄제를 드림	23:15-21
나팔절	안식의 달인 제 7월의 첫째 날	성회로 모임, 무노동. 대제사장은 자신과 백성들을 속죄하기 위해 성소로 들어감	23:23-25
대속죄일	제7월 10일	제사장, 백성, 성막의 죄를 매년 속하기 위함	16:1-34 23:26-32
장막절 (초막절)	제7월 15일부터 일주일 동안	광야에서의 하나님의 기적을 기념. 일주일 동안 제물을 드림. 첫날과 여덟 번째 날에 성회로 모이고 무노동. 백성들은 장막에서 지냄. 실과와 가지와 버들을 취해 하나님 앞에서 기뻐함	23:33-43
안식년	매 칠 년째 되는 해	땅은 그 해 완전한 휴식을 취함.	25:1-7
희년	대속죄일에서 시작해서 오십 년째 되는 해	땅 전역에 나팔이 울려 퍼짐 모두 자기 땅과 가족에게로 돌아감 성 내의 가옥을 제외한 모든 땅은 원 소유주에게로 돌아감. 종들의 자유와 해방	25:8-55

표 8 이스라엘 각종 절기들

6. 신약과의 관계

레위기에서 소개된 각종 희생 제사는 신약의 예수 그리스도의 구속 사역을 이해하기 위한 기본을 제공한다. 구약의 율법은 그리스도에게로 인도하는 몽학선생이다(갈 3:24). 아론의 제사장직이나 각종 희생 제사는 예수 그리스도를 바라보고 있다.

첫째, 예수 그리스도는 대제사장으로 하나님과 우리 사이의 중재자이시다(히 4:14-16). 레위기의 대제사장은 백성들을 위해 속죄제를 드리고 자신을 위해서도 드렸다. 그러나 대제사장 예수 그리스도는 죄가 없으시기에 자신을 위해 속죄 제사를 드릴 필요가 없다(히 5:1-2; 7:26). 대제사장 예수 그리스도는 자신의 육체로 단번에 속죄 제사를 드리므로 영원한 제사가 되게 하셨다(히 10:12; 벧전 3:18). 레위기의 대제사장은 염소와 송아지 피로 제사를 드렸지만 예수 그리스도는 자신의 피로 영원한 속죄를 이루셨다(롬 5:6-11; 히 9:12, 14; 10:4).

둘째, 예수 그리스도는 하나님의 어린 양이시다. 사도 요한은 예수 그리스도를 보고 세상 죄를 지고 가는 하나님의 어린 양이라고 불렀다(요 1:29-34). 그리스도는 자신이 궁극적으로 속죄 제물이 되시어 새 언약을 맺으셨다(롬 8:3; 눅 22:19-20). 우리를 위해 자신의 몸을 버리사 하나님께 향기로운 희생 제물로 드리셨다(엡 5:2). 예수 그리스도께서는 구약의 모든 희생 제사의 요구를 성취하셨다.

셋째, 예수 그리스도를 믿는 성도들은 거룩한 제사장이다. 베드로 사도는 신약의 성도들이 하나님의 '택하신 족속'이요, '왕 같은 제사장들'이요, '거룩한 나라'라고 했다(벧전 2:9). 또한 베드로전서 2:5에 "너희도 산 돌 같이 신령한 집으로 세워지고 예수 그리스도로 말미암아 하나님이 기쁘게 받으실 신령한 제사를 드릴 거룩한 제사장이 될지니라"라고 기록한다. 신약 시대 성도들의 예배와 거룩한 삶은 하나님께 드려지는 산 제사이다(롬 12:1). 사도 바울은 자신의 복음 사역의 열매를 레위기의 희생 제사와 관련된 용어를 통해 기술하였다(롬 15:16; 빌 2:17).

내용 요약

1. 레위기는 이스라엘 언약 공동체가 하나님의 거룩한 백성으로 어떻게 하나님께 예배하며 거룩한 삶을 살아가야 하는지에 대한 지침서이다.
2. 레위기는 이스라엘 백성들이 애굽에서 나와 시내산에 머무는 약 11개월 동안을 배경으로 하며 이 기간 동안 하나님께서 시내산의 모세에게 말씀하신 내용을 기록한 것이다.
3. 레위기의 핵심주제는 하나님의 거룩하심이다. 하나님께서 거룩하심으로 자신의 백성들에게도 거룩한 삶을 요구하신다.
4. 레위기는 제사의 바른 절차를 소개하며 이스라엘 백성들이 거룩하신 하나님께 나아가는 유일한 절차가 제사이며 이를 통해 개인과 공동체의 거룩함과 하나님의 임재를 유지시켜 줌을 말해 준다.
5. 레위기에서 소개된 각종 희생 제사는 신약의 예수 그리스도의 구속 사역을 이해하기 위한 기본을 제공한다.

7. 현대인을 위한 적용

레위기의 '거룩'이라는 단어가 낯설고 제사 규례가 복잡하게 느껴질 수 있지만 그 핵심은 하나님과의 바른 관계 속에서 살아가는 삶이다.

하나님은 자신의 백성을 향해 "내가 거룩하니 너희도 거룩하라"고 말씀하신다(11:45). 거룩은 "하나님께 구별된 삶"이다. 바쁜 세상 속에서도 세속적인 가치와 다른 정체성을 지켜야 한다는 부르심이다. 성도의 말과 행동은 하나님의 거룩하심을 드러내며 세상과는 구분되어야 한다. 오늘날 우리는 더 이상 짐승의 제사를 드리지 않지만 예수 그리스도를 통한 구속과 거룩한 삶은 여전히 유효하다. 신자들은 '산 제사'로서 자신의 몸을 하나님께 드리며(롬 12:1), 날마다 삶의 자리에서 하나님의 임재를 의식하며 살아가야 한다. 가정, 직장, 사회에서 하나님의 거룩을 드러내는 삶이 곧 예배이다. 또한 레위기의 정결법은 단지 의학적·위생적 규례가 아니라 의식 가운데 항상 죄와 부정함을 경계하라는 영적 경고이다. 우리는 정욕, 탐심, 미움, 거짓 같은 영적 부정결로부터 자신을 지키며, 성령 안에서 날마다 자신을 성결하게 하며 성화를 이루어 가야 한다. 레위기는 '하나님 중심의 질서 있는 공동체'가 어떻게 가능한지를 보여 주는 하나의 모델이다. 개인의 경건뿐 아니라 공동체 안에서 서로를 배려하며 질서와 정결, 정의를 지키는 삶은 교회와 사회 안에서 꼭 필요한 가치이다. 현대의 그리스도인은 거룩하신 하나님의 시선을 의식하며 살아가야 한다. 하나님은 우리의 식습관, 성생활, 위생, 사회적 관계까지 관심 갖고 계신다. 그러기에 영성과 일상의 분리가 불가능하다. 레위기는 이 시대 신자에게, 하나님 앞에서의 경외와 거룩함이야말로 진정한 자유와 기쁨의 길임을 다시 일깨워 준다.

8. 깊은 연구를 위한 질문

1) 레위기의 각종 율법들과 규례들은 여호와 하나님의 어떤 성품을 드러내고 있는가?

2) 레위기의 저자가 모세임을 보여 주는 증거들은 무엇인가?

3) 레위기의 각종 제사 제도와 율법들과 고대 근동의 제의와 법들 사이에는 어떤 유사성과 차이점이 있는가?

4) 레위기의 제사장 제도와 희생 제사는 신약에 와서 어떻게 성취가 되었는가?

5) 레위기에서 거룩한 삶에 관한 규범들이 신약의 성도들에게 어떻게 적용될 수 있는가?

9. 심화학습을 위한 독서 목록

김경열. 『레위기의 신학과 해석』. 서울: 새물결플러스, 2016.
Hartley, John E. *Leviticus*. WBC. Vol. 4. Waco, Tex.: Word Books, 1992.
Harrison, R. K. *Leviticus: An Introduction and Commentary*. TOTC. Downers Grove: InterVarsity Press, 1980.
Milgrom, Jacob. *Leviticus 1-16*. AB. Vol. 3. New York: Doubleday, 1991.
Wenham, Gordon J. *The Book of Leviticus*. NICOT. Grand Rapids: Eerdmans, 1979.

민수기

1. 목적

민수기는 시내산에서 시작하여 느보산까지 모세 일생의 마지막 40년 동안의 여정을 기록하고 있다. 민수기라는 책의 제목은 영어 성경의 'Numbers'에서 나왔고 이는 칠십인경의 헬라어 제목인 '아리쓰모이'(arismoi, 계수, 숫자들)와 이를 바탕으로 지은 라틴 벌게이트의 제목인 '리베르 누메리'(Liber Numeri), 즉 '수의 책'이란 이름을 기초로 삼은 것이다. 이러한 제목은 민수기에 나오는 여러 번의 인구 조사 기록과 각종 목록들을 염두에 두고 만들어졌을 것이다(1; 3:15-31; 26:1-51; 28-29장; 31:32-52). 그러나 민수기의 중심 주제는 이스라엘 백성들의 광야에서의 방황이라 할 수 있다. 히브리어 성경은 민수기의 이름을 민수기 1:1의 네 번째 단어인 '베미드바르'(광야에서)를 제목으로 삼았다.[1] 이 제목은 민수기의 전체 배경을 이해할 수 있게 도와준다. 민수기는 시내산에서 하나님과 언약을 맺은 이스라엘 백성들의 삶의 현

---

[1] 민 1:1, "이스라엘 자손이 애굽 땅에서 나온 후 둘째 해 둘째 달 첫째 날에 여호와께서 시내 광야 회막에서 모세에게 말씀하여 이르시되."

장인 광야에서의 삶의 모습을 보여 준다. 광야에서 백성들은 하나님께 불순종했고 비참한 결과를 맛보아야 했으며 동시에 하나님의 신실하심과 자비와 인내를 경험할 수 있었다. 민수기는 다음과 같은 목적으로 기록이 되었다.

첫째, 출애굽 1세대의 실패를 통한 경고와 교훈의 메시지를 전하기 위해서다. 출애굽 1세대는 모세와 함께 애굽을 나와 시내산에 이르기까지 하나님의 기적을 몸소 체험했으나 광야에서 그 은혜를 쉽게 망각하였다. 백성들은 불평, 낙담, 지도자 그룹의 내분, 우상 숭배, 음행 등과 같은 죄악으로 하나님의 언약을 저버렸고 그 결과 가나안 땅에 들어가지 못하는 징계를 받아야 했다. 민수기는 하나님의 언약에 대한 불신앙의 결과가 얼마나 심각한지를 미래 세대를 향해 일깨우기 위해 기록되었다(롬 15:4; 고전 10:11).

둘째, 광야 생활하는 이스라엘 백성들을 다루시는 하나님의 성품을 보여 준다. 시내산에서 이스라엘과 언약을 맺으신 하나님은 광야에서 그 언약에 반응하는 백성들을 다루시면서 자신의 모습을 점차적으로 계시하셨다. 하나님은 언약에 신실하시고 자비와 긍휼이 풍성하시며, 인내하시는 분이다. 또한 언약 백성들의 지속적인 불순종에 대해서는 진노하시며 그들의 우상 숭배에 대해서는 질투하시는 거룩하신 분임을 드러내고 있다. 비록 자신의 언약 백성들이 배반하였으나 하나님은 언약을 이루기 위해 지속적으로 백성들의 삶 속에 개입하신다. 시내산에서 맺은 하나님의 언약이 광야라는 새로운 환경 속에서 어떻게 실제적으로 작용하는지를 보여 주려는 의도가 있다.

셋째, 가나안 정복 전쟁에서 승리를 위한 교훈을 전하기 위해서다. 민수기는 군사 조직을 위한 인구 조사로 시작한다. 400년 동안 애굽에서 노예생활 했던 이스라엘 백성들을 이제 하나님의 군대로 조직하여 가나안 땅을 정복할 수 있도록 준비시키신다. 가나안 땅을 향해 진군하는 백성들이 반드시 지켜야 하는 질서와 지침들을 소개한다. 또한 신세대들이 가나안 땅을 차지할 수 있도록 여호수아와 갈렙처럼 믿음과 신실함으로 나아갈 것을 교훈하기 위함이다.

2. 저자

민수기는 모세오경의 네 번째 책이며 출애굽기와 레위기와 같이 첫 구절(1:1)의 첫 단어는 '그리고'라는 접속사로 시작하여 앞의 레위기와 연결된 책임을 보여 주고 있다. 레위기와 마찬가지로 민수기의 저작권도 모세오경의 저작권과 연동하여 고려할 필요가 있다. 출애굽기나 레위기와 유사하게 민수기에서도 "여호와께서 모세에게 말씀하여 이르시되" 또는 "여호와께서 모세에게 명령하신 대로"라는 표현이 약 65회 정도 사용이 되었다.[2] 민수기의 대부분의 내용은 여호와께서 모세에게 하신 말씀과 명령이다(36:13). 출애굽기와 마찬가지로 모세는 자신이 하나님께 받은 명령이나 말씀들을 기록했을 것이 분명하다. 이를 뒷받침해 주는 내용이 민수기 33:2에 나온다. "모세가 여호와의

---

2 "여호와께서 모세에게 말씀하여" – 1:1, 48; 3:5, 11, 14, 44; 4:21; 5:1, 5, 11; 6:1, 22; 7:4; 8:1, 5, 23; 9:1, 9; 10:1; 11:25; 13:1; 15:1, 17, 22, 37; 16:23, 36, 44; 17:1; 18:25; 20:7; 25:10, 16, 52; 27:6; 28:1; 31:1, 25; 33:50; 34:1, 16; 35:1, 9.
"모세에게 명령하신" – 1:19, 54; 2:33, 34; 3:51; 4:37, 45, 49; 8:3, 20, 22; 9:5; 10:13; 15:36; 21:16; 27:11, 23; 29:40; 30:16; 31:7, 21, 31, 41, 47; 36:10.

명령대로 그 노정을 따라 그들이 행진한 것을 기록하였으니 그들이 행진한 대로의 노정은 이러하니라." 모세 시대에는 글자가 있었고 사건을 기록하는 서기관 계층도 존재했을 것이다(5:23; 17:3). 또한 38년 동안의 광야 생활과 그 여정을 모세와 같이 잘 아는 자는 없기에 그가 실제적인 저자로 보는 것이 설득력이 있어 보인다.[3]

3. 기록 연대와 배경

민수기에 기록된 사건들은 출애굽 이후에서부터 40년 동안의 사건들을 기록하고 있다. 민수기는 시내산을 배경으로 시작하고 있다. 출애굽 후 이스라엘 백성들은 시내 광야에 도착했고(출 19:1), 그곳에서 각종 제사 제도와 규례를 받은 레위기를 거쳐, 민수기 초반부까지 시내산에 머물러 있었다. 따라서 민수기의 연대는 적어도 출애굽 이후 주전 1440년경부터 시작한다. 이스라엘 백성들이 시내 광야에 도착한 다음 해인 2월 20일에 시내산을 떠나(10:11, 12), 약속의 땅 가나안의 남쪽 경계인 가데스 바네아에 이르렀으나(12:16) 그곳에서 하나님께 반역한 결과 광야에서 38년의 세월을 보냈다. 마침내 약속의 땅 동쪽에 위치한 모압 평지에 이르렀고 민수기 마지막 장까지는 이곳에 머문다(22:1). 민수기는 시내산에서 바란 광야의 가데스, 가데스에서 모압 평지까지의 여정을 보여 주고 있다. 즉, 시내산과 모압 평지 사이의 가교역할을 한다. 애굽을 출발해서 모압 평지까지의 여정을 요약

---

[3] Robert Dick Wilson, *A Scientific Investigation of the Old Testament* (Chicago: Moody Press, 1959), 11.

하면 다음과 같다.

일시	사건	성경 구절	경과 시간
첫째 해 1월 14일	출애굽, 유월절	출 12:2	
첫째 해 2월 15일	신 광야 도착	출 16:1	한 달 1일
첫째 해 3월 14일	시내 광야에 도착	출 19:1	29일
둘째 해 1월 1일	성막을 세움	출 40:17	9개월 16일
둘째 해 2월 1일	레위기 사건 종료, 인구 조사 명령	민 1:1, 2	1개월
둘째 해 2월 20일	계수를 마치고 시내 광야를 떠남	민 10:11-12	20일
마흔째 해 11월1일	시내산을 떠난 후 광야 방황, 모세의 신명기 설교 시작	신 1:3	38년 8개월 11일

표 9 광야 38년의 기간 중 다섯 달의 사건

* 민수기 21:10-36:13은 광야 38년의 기간 중 다섯 달의 사건에 대한 기록이다.

민수기는 그 기록 배경이 모압 평지임을 상기시키는 것으로 마치고 또한 이 관점으로 읽을 수 있도록 의도되었다(36:13. 참조. 22:1). 민수기의 저자가 모세이고 모압 평지가 배경이라고 한다면 이 책은 가나안 정복 전쟁을 앞둔 출애굽의 제2세대를 염두에 두고 기록했을 것이다.

4. 민수기 구조

민수기는 구약 성경에서 가장 많은 장르들로 구성되어 있다. 예를 들면 인구 조사 목록(1, 3, 26장), 내러티브(4:1-3; 10:35), 축도(6:24-26), 예언(23:7-10; 23:18-24; 24:3-9; 24:15-24), 기도(12:13), 외교 서신(21:14-19), 승리의 노래(21:27-30), 시민법(27:1-11), 제의법(15:7-21), 성전 문헌(7:10-88), 광야 여정표(33:1-37), 시(21:17-18), 풍자(22:22-35), 신탁에 의한 재판(15:32-36) 등이 있다.[4] 이처럼 다양한 장르와 수많은 개별 본문의 여러 사건들과 내용들은 이 책이 구조나 짜임새가 없이 나열된 느낌을 받는다. 하지만 민수기는 여러 장르와 사건들을 저자의 의도에 따라 구조화시킨 책이라고 볼 수 있다. 민수기의 구조는 지리적 배경을 기반으로 할 때와 구세대와 신세대를 기준으로 삼을 때로 나누어 생각할 수 있다.

1) 지리적 배경을 기반으로 한 구조

지리적 배경을 기반으로 한 구조는 시내산에서(1:1-10:10), 시내산에서 가데스로(10:11-20:21), 가데스에서 모압 평지로(20:22-36:13)와 같이 크게 세 부분으로 나눌 수 있다.

---

[4] Nathan MacDonald, "The Book of Numbers," in *A Theological Introduction to the Pentateuch: Interpreting the Torah as Christian Scripture*, eds., Richard S. Briggs and Joel N. Lohr (Grand Rapids: Baker Academic, 2012), 123.

I. 시내산에서(1:1-10:10)

    A. 첫번 째 인구 조사(1:1-54)

    B. 진의 배열(2:1-4:49)

    C. 각종 규례들(5:1-8:26)

    D. 유월절(9:1-14)

    E. 시내산 출발 준비: 불기둥과 구름기둥, 은 나팔(9:15-10:10)

II. 시내산에서 가데스로(10:11-20:21)

    A. 가데스까지의 사건들(10:11-12:16)

    B. 가데스에서의 사건들(13:1-20:21)

III. 가데스에서 모압평지로(20:22-36:13)

    A. 아론의 죽음(20:22-29)

    B. 아랏, 시혼, 옥의 파괴(21:1-35)

    C. 모압 평지에서의 사건: 발락과 발람(22-24장)

    D. 바알브올에서의 사건(25장)

    E. 두 번째 인구 조사(26장)

    F. 슬로브핫의 딸들 1 (27:1-11)

    G. 모세의 후계자 여호수아(27:12-23)

    H. 제물과 서원에 관한 규례들(28-30)

    I. 미디안과 전쟁(31장)

    J. 요단 동편 땅 분배: 르우벤, 갓, 므낫세 지파(32장)

    K. 애굽에서 가나안까지 진 친 곳의 목록(33:1-49)

    L. 가나안 정복 및 땅 분배에 관한 당부(33:50-35:34)

    M. 슬로브핫의 딸들 2(36장)

2) 구세대와 신세대를 기반으로 한 구조

구세대는 죽고 신세대는 새롭게 태어난다는 구도를 통해 민수기의 신학적 의도를 드러내는 장점이 있다.[5] 또한 민수기가 모압 평지에서 가나안 정복 전쟁을 앞둔 출애굽 제2세대를 준비시키기 위한 말씀이라면 이 구조는 주목할 만하다.

I. 가나안에 들어가지 못한 세대(1:1-25:18)

   A. 약속의 땅으로 들어가기 위한 준비(1:1-10:10)

      1. 첫번 째 인구 조사(1:1-54)

      2. 진의 배열(2:1-4:49)

      3. 진영의 정결과 제사장의 직임과 관련된 규례들(5:1-8:26)

      4. 유월절(9:1-14)

      5. 시내산 출발 준비: 불기둥과 구름기둥, 은 나팔(9:15-10:10)

   B. 백성들의 반역과 출애굽 1세대의 죽음(10:11-25:18)

      1. 시내산 출발(10:11-36)

      2. 불신앙, 불평의 행동(11:1-12:16)

      3. 가나안 정탐과 보고(13:1-14:45)

      4. 언약적 신실함을 위한 각종 규례들(15:1-41)

      5. 지도력에 대한 도전: 고라, 다단, 아비람(16:1-18:32)

      6. 붉은 송아지 제사: 정결법(19:1-22)

---

5 Dennis T. Olson, *Numbers* (Louisville: John Knox Press, 1996), 3-7.

7. 므리바 사건, 미리암과 아론의 죽음, 승리(20:1-21:35)

    8. 발람과 발락 이야기(22:1-24:25)

    9. 모압 여인과 음행(25:1-18)

II. 가나안에 들어간 신세대(26:1-36:13)

    A. 두 번째 인구 조사(26장)

    B. 슬로브핫의 딸들 1(27:1-11)

    C. 모세의 후계자 여호수아(27:12-23)

    D. 제물과 서원에 관한 규례들(28-30)

    E. 미디안과 보복전쟁(31장)

    F. 요단 동편 땅 분배: 르우벤, 갓, 므낫세 지파(32장)

    G. 애굽에서 가나안까지 진 친 곳의 목록(33:1-49)

    H. 가나안 정복 및 땅 분배에 관한 당부(33:50-35:34)

    I. 슬로브핫의 딸들 2(36장)

5. 신학적 내용

이스라엘 백성들을 애굽에서 구원하신 하나님은 시내산에서 그들과 언약을 맺으시고 율법을 수여하셨다. 이제 이스라엘 백성들은 민족적 차원에서 하나님과 새로운 언약의 관계를 수립했고 율법과 성막을 통해 하나님과의 관계를 더욱 확대, 심화시켰다. 백성들은 정해진 제사 제도에 따라 죄 용서함을 받고 하나님께 나아가 교제하며 예배를 드릴 수 있는 기반이 마련되었다. 시내산에서 체류하는 일 년 동안 거룩한 하나님을 섬기기 위한 시스템이 구비되어 이제는 약속 성취를 바라보며 가나안 땅을 향해 나아갈 때가 되었다. 민수기의 신학은 광야에 들어선 이스라엘 백성들을 다루시는 하나님을 소개한다.

1) 하나님의 임재

하나님은 자신의 언약 백성들 가운데 거하시길 원하신다. 이를 위해 하나님은 모세를 통해 성막을 만들게 하셨다. 이스라엘 가운데 가시적으로 임재하시고 그들과 교제하시길 원하시는 하나님을 표현하기 위해 성막이 세워진 것이다(출 25:22; 40:34-38). 민수기는 가나안 땅을 향해 진군하는 이스라엘 백성들을 준비시키기 위해 인구 조사를 실시한 후 진 편성 및 행군 순서를 기록하였다(2:1-34). 정착시에는 성막을 중심으로 사방에 레위인들이 진을 치고 그 위 북쪽에는 단, 아셀, 납달리, 서쪽에는 베냐민, 므낫세, 에브라임, 동쪽에는 유다, 잇사갈, 스불론, 남쪽에는 갓, 시므온, 르우벤 지파가 정착하도록 하였다. 이와 같은 정착시 진 배열을 통해 하나님은 이스라엘 백성들이 언제든지 성막으로 나아올 수 있도록 하고 하나님을 예배하는 것을 삶의 중심에 놓길 원하셨다. 또한 이를 통해 하나님은 자신의 백성들 가운데 거하시기 원하심을 가시적으로 보여 준다. 또한 민수기에서 소개되는 많은 율법들은 진의 정결함을 유지하기 위한 것이다. 거룩하신 하나님께서 백성들 가운데 지속적으로 거주할 수 있도록 진의 순결성을 유지하는 책임을 부여하신 것이다. 하나님의 임재를 보여 주는 또 다른 표징은 성막 위의 불과 구름이다(9:15-23). 낮에는 구름이 성막을 덮었고 밤에는 불 모양이 있었는데 구름이 성막의 진행을 인도하였다. 하나님의 언약 백성들은 약속의 땅에 들어가기까지 하나님의 인도하심에 대한 전적인 순종을 통해 그들 가운데 거하시는 하나님의 임재에 반응해야 했다.

그림 7 정착시 성막 주변의 진 편성

2) 하나님의 인내와 공의

민수기는 이스라엘 백성들의 삶의 현장에 개입하시는 하나님의 성품을 잘 드러내고 있다. 백성들은 출애굽 시 하나님의 기적을 체험했음에도 불구하고 척박한 광야라는 삶의 현장 속에서 하나님의 뜻을 지속적으로 거역했다. 백성들이 악한 말로 원망했을 때 하나님은 징계하려 했으나 모세의 기도로 재앙은 면했다(11:1-3). 백성들이 고기를 달라고 불평했을 때 하나님은 메추라기를 공급하셨고(11:10-15), 아론과 미리암이 불평하고 모세의 지도력에 도전했을 때에도 모세의 기도로 그들은 심각한 징벌의 위기를 모면했다(12:1-16). 가나안 정탐꾼들의 부정적인 보고로 인하여 하나님은 열 정탐꾼들과 이스라엘 백성들에게 진노하셨으나 모세의 기도를 들으시고 용서하셨다(14:11-38). 중재자 모세의 기도와 역할이 상당한 작용을 했다. 이처럼 하나님은 지속적으로 반역하고 불순종하는 백성들을 끊임없이 용서하시고 신실하게 자비를 베풀어 주셨다. 자신의 백성들에 대한 하나님의 신실하심의 절정은 발람 사건을 통해 더 명확하게 드러난다(22-24장). 하나님의 은혜와 자비에도 불구하고 하나님의 거룩하심과 공의로우심이 사라진 것은 아니다. 하나님께서 은혜를 베푸시는 와중에도 자신의 거룩한 분노에 따라 가혹한 징벌을 시행하시기도 했다. 미리암에게는 한 주 동안 문둥병 징계가 있었고, 고라 당이 모세의 권위에 도전했을 때 땅이 입을 벌려 그들을 삼켜버렸고 백성들 가운데에는 전염병이 퍼졌다. 이스라엘 백성들이 모압 여인과 음행을 했을 때에는 24,000명이 전염병으로 죽어갔다(25:1-9). 하나님의 거룩한 분노와 징계는 출애굽 제 2 세대가 창조주 하나님을 거역하지 말라는 강력한 경고의 메시지이다. 하나님의 자비와 공의는 동전의 양면처럼 그분의 인격 안에 내재되어 있다.

그림 8 광야

3) 신세대의 믿음

민수기는 가나안 땅에 들어가는 출애굽 제2세대가 갖추어야 하는 믿음의 자세를 권면하기 위해 기록되었다. 이를 위해 민수기는 두 명의 믿음의 모델들을 제시하고 있다. 그들은 바로 여호수아와 갈렙이다. 이들은 가데스 바네아에서 가나안 땅 정탐을 위해 파송 받은 12명 중 유일하게 하나님께 칭찬받은 인물이다. 가나안에 들어갈 신세대들이 이들에게 본받아야 하는 자세는 무엇인가? 첫째, 여호수아와 갈렙의 믿음의 눈이다. 열 명의 정탐꾼들이 가나안 땅을 두루 살펴보고 보고한 내용과는 달리 여호수아와 갈렙은 "우리가 두루 다니며 정탐한 땅은 심히 아름다운 땅이다" 그리고 "젖과 꿀이 흐르는 땅"이라고 고백했다(14:7-9). 동일한 땅을 보았지만 여호수아와 갈렙이 본 땅의 모습과 나머지 열 정탐꾼들이 본 것은 전혀 달랐다. 둘째, 여호수아와 갈렙은 믿음의 언어를 말했다. "여호와께서 우리를 기뻐하시면 우리를 그 땅으로 인도하여 들이시고 그 땅을 우리에게 주시리라"고 믿음의 고백을 하였다(14:8, 9). 또한 "그 땅 백성을 두려워하지 말라 그들은 우리의 먹이라 그들의 보호자는 그들에게서 떠났고 여호와는 우리와 함께 하시느니라 그들을 두려워하지 말라"라는 믿음의 고백을 하였다. 이러한 고백은 열 명의 정탐꾼들의 보고를 듣고 원망하는 백성들의 말과는 현저히 상반된다. 하나님은 원망하는 백성들의 말을 듣고 그들의 입술의 고백대로 그들에게 행하시겠다고 하셨다(14:28). 셋째, 믿음의 마음이다. "그러나 내 종 갈렙은 그 마음이 그들과 달라서 나를 온전히 따랐은즉 그가 갔던 땅으로 내가 그를 인도하여 들이리니 그의 자손이 그 땅을 차지하리라"(14:24). 신세대가 가져야 할 믿음의 자세는 신실하게 하나님의 언약을 신뢰하는 마음이다.

6. 신약과의 관계

민수기에 기록된 광야 세대의 실수들은 구속사의 맥락 안에서 신약의 성도들에게 하나의 본보기를 제시한다. 사도 바울은 출애굽 후 광야를 지나는 세대의 다수를 하나님께서 기뻐하시지 않아 그들이 광야에서 멸망 당했다고 평가했다. 그러면서 민수기의 여러 사건들의 기록 목적에 대해 다음과 같이 언급한다. "이러한 일은 우리의 본보기가 되어 우리로 하여금 그들이 악을 즐겨한 것 같이 즐겨하는 자가 되지 않게 하려 함이니"(고전 10:6). 출애굽 제1세대 이스라엘 백성들이 가나안 땅에 들어가지 못한 것은 "믿지 아니하므로 능히 들어가지 못한 것이다"(히 3:19). 신약 교회 성도들은 구약의 이스라엘 백성들이 출애굽 구원을 경험했듯이 예수 그리스도의 구원을 경험한 자들이다. 이스라엘 백성들이 광야 생활을 했듯이 신약의 교회도 세상 속에서 광야와 유사한 환경에 놓여 있다.[6] 성도들은 과거 이스라엘 백성들의 광야 생활 속에서 보여 준 원망과 불평의 태도를 버리고 하나님의 은혜와 언약을 끝까지 신뢰하는 삶을 살아가야 한다(고전 10:11-12). 민수기는 세상 속에서 나그네와 행인으로 살아가면서 그리스도 안에서 영원한 가나안 땅을 바라보도록 우리를 초청한다.

하나님은 이스라엘 백성들이 반역하고 불순종함에도 불구하고 진노 가운데서 그들의 필요를 채우시고 그들의 삶 속에 끊임없이 개입하셨다. 민수기에 나타난 인간의 불순종과 거역에도 불구하고 신실한 하나님의 은혜와 긍휼이란 주제는 예수 그리스도의 십자가 사건의

---

[6] 마이클 글로드, "민수기", 『성경신학적 구약개론』 문은미 역 (서울: 부흥과개혁사, 2018), 132.

서곡이다.[7] 하나님은 지속적으로 반역하고 배반하는 자신의 백성들에게 자신의 아들 예수 그리스도를 보내셨다. 하나님은 언약을 지키시고 자신의 백성들을 결코 포기하지 않으신다.

내용 요약
1. 민수기는 시내산에서 시작하여 느보산까지 모세 일생의 마지막 40년 동안의 여정을 기록하고 있다.
2. 민수기는 구약 성경에서 가장 많은 장르들로 구성되어 있다.
3. 민수기는 이스라엘 백성들이 광야에서 방황하며 광야에 들어선 이스라엘 백성들을 다루시는 하나님을 소개한다.
4. 민수기는 가나안 땅에 들어가는 출애굽 제2세대가 갖추어야 하는 믿음의 자세를 권면하기 위해 기록되었다.
5. 민수기에 기록된 광야 세대의 실수들은 구속사의 맥락 안에서 신약의 성도들에게 하나의 본보기를 제시한다.

7. 현대인을 위한 적용

민수기는 광야에서 방황하던 이스라엘 백성들의 여정을 통해 하나님의 신실하심과 인간의 불신앙, 그리고 그 사이에서 일어나는 신앙의 갈등을 생생하게 보여 준다. 현대의 신자들도 이 땅에서 영원한 본향

---

[7] 레이몬드 딜러드·트렘퍼 롱맨, 『최신구약개론』, 134.

을 향해 나아가는 '광야의 순례자'로서 이 책이 주는 교훈을 깊이 새겨야 한다. 첫째, 하나님의 임재를 중심에 두는 삶이다. 민수기의 중심에는 성막이 있고, 하나님의 임재가 백성 가운데 있음을 강조한다. 오늘날 성도들도 예배와 말씀을 삶의 중심에 두고, 하나님과 동행하는 삶을 추구해야 한다. 둘째, 광야는 하나님의 훈련장이며 불평이 아닌 믿음의 언어와 눈으로 살아야 한다. 이스라엘 백성들은 끊임없이 원망하며 하나님의 인도하심을 의심했고 그 결과 가나안 땅에 들어가지 못했다. 반면 여호수아와 갈렙은 믿음의 눈과 언어로 현실을 해석했다. 우리는 종종 현실의 문제(돈, 사람, 건강)를 보며 두려움에 빠지지만, 믿음은 하나님이 약속하신 미래를 바라보는 힘이다. 불신앙은 시간을 낭비하게 하지만, 믿음은 미래를 준비하게 한다. 셋째, 불평보다는 감사의 삶이다. 하나님은 말씀과 성령으로 우리를 인도하신다. 하지만 우리는 환경, 감정, 욕망을 따라 불평하며 삶의 방향을 잃기 쉽다. 신자는 하나님의 인도하심에 민감하게 반응하고 순종하며 따라가야 한다. 넷째, 신앙 공동체 안에서도 질서와 책임 있는 순종이 중요하다. 리더십은 섬김이며, 구성원은 비판보다 기도로 뒷받침할 책임이 있다. 교회나 공동체 안에서 어떤 태도로 리더십을 대하고 있는지도 중요하다.

8. 깊은 연구를 위한 질문

1) 민수기는 모세를 어떤 인물로 묘사하고 있는가? 모세의 기도와 하나님의 공의는 어떤 관계를 가지고 있는가?

2) 왜 민수기 저자는 이스라엘 백성들의 불평, 불만을 상세하게 기록했는가?

3) 왜 하나님은 이스라엘 백성들이 정착할 때 성막을 중심으로 진 배열을 말씀하셨는가?

4) 민수기 35:6-34에 소개된 도피성의 목적은 무엇이며 언약과 어떤 관계가 있는가?

5) 슬로브핫의 딸들에게 약속하신 것은 무엇이며 이는 고대 근동의 문화적 배경에서 볼 때 어떤 새로움이 있는가?

9. 심화학습을 위한 독서 목록

이한영. 『광야에서 소망을 보다』. 서울: 한국성서유니온선교회, 2018.
Davies, E. W. *Numbers*. NCBC. Grand Rapids: Eerdmans, 1995.
Milgrom, J. *The JPS Torah Commentary: Numbers*. Piladelphia: Jewish Publication & Society, 1990.
Olson, D. T. *Numbers*. Louisville: John Knox Press, 1996.
Wenham, G. J. *Numbers*. Sheffield: Sheffield Academic Press, 1997.

신명기

1. 목적

신명기는 창세기에서 민수기까지의 요약이며 결론임과 동시에 역사서(히브리 성경에서는 전선지서)를 열어주는 책이다. 신명기라는 제목은 영어로 'Deuteronomy'이며 이는 칠십인역의 헬라어 제목인 '데우테로노미온'(두 번째 율법, 율법의 반복)을 음역한 라틴 벌게이트의 '듀테로노미움'(*Deuteronomium*)에서 유래한다. 이 제목은 신명기 17:18의 '율법서의 필사본'을 의미하는 히브리어를 칠십인역에서 헬라어로 잘못 번역한 데서 파생한다.[1] '두 번째 율법'이란 뜻을 가진 헬라어 성경 제목은 비록 히브리어에 대한 오역에서 비롯했지만 다행히도 이 개념이 틀린 것만은 아니다. 신명기는 모세가 시내산에서 받은 십계명의 두 번째 판본을 담고 있기 때문이다. 신명기의 히브리어 성경의 제목은 "데

---

[1] 신 17:18, "그가 왕위에 오르거든 이 율법서의 등사본을 레위 사람 제사장 앞에서 책에 기록하여." 율법서의 등사본은 히브리어로 "מִשְׁנֵה הַתּוֹרָה"이며 헬라어 성경에서는 이를 "듀테로노미온"으로 번역했다. 이 용어는 헬라어의 '듀테로스'(두 번째)와 '노모스'(법)이란 단어를 합성해서 만든 단어이며 '두 번째 율법'을 의미한다.

바림"(말씀들)이며 신명기 1:1의 첫 두 단어인 '엘레 하데바림'(이것들은 말씀들이다)에서 나온 것이다. 한글 성경의 신명기는 한자로 申命記이며 그 뜻은 '거듭되는 명령을 기록한 책'이다.[2] 그렇다면 신명기의 목적은 무엇인가? 책 제목이 시사하는 바와 같이 신명기는 가나안 정복 전쟁을 앞두고 있는 출애굽 제2세대들에게 하나님의 언약과 율법을 다시 가르치는 목적이 있다. 모세와 함께 애굽에서 나와 시내산에서 언약을 맺고 율법을 받은 출애굽 제1세대들은 대부분 광야에서 죽었다(2:14; 민 14:34). 이제 모세와 함께 모압 평지에 모인 출애굽 제2세대는 곧 벌어질 가나안 정복 전쟁을 준비해야 하고 그 땅에서 어떻게 살아가야 하는지에 대해 교훈을 받아야 할 필요가 있다. 모세는 가나안 정착을 앞둔 출애굽의 신세대들에게 시내산의 율법을 상세하게 재해석해 주고 새로운 언어로 이들에게 권면하고 호소해야 했다. 신명기는 구체적으로 다음과 같은 목적이 있다. 첫째, 이스라엘 백성들이 가나안 정착 후에 마음과 뜻과 정성을 다해 하나님을 사랑하고 하나님을 왕으로 모시고 살아가도록 하기 위해서다. 하나님께서 이스라엘 백성들을 애굽에서 건져주시고 시내산에서 불 가운데 말씀하신 이유는 하나님 외에는 다른 신이 없음을 알게 하려하심이다(4:34-36; 13:2; 32:17).

둘째, 이스라엘 신세대들이 가나안 원주민이나 인접 국가들과 구별되는 거룩한 백성의 정체성을 가지고 살아가도록 경고하기 위해 기록되었다. 이를 위해 모세는 시내산에서 맺은 언약을 소개하고 율법의 내용들을 반복적으로 가르친다(5:1-21; 7:7-11). 모세는 신세대 백

---

[2] 김준수, 『구약의 저수지: 모세오경』 (서울: 킹덤북스, 2017), 814.

성들이 하나님의 언약의 목적을 이루려면 과거로부터 교훈을 배워야 한다고 말한다(8:11-20).

셋째, 이스라엘이 대대로 하나님의 계명을 지킬 수 있도록 다음 세대를 교육하기 위해 기록되었다. 신명기에는 교육 대헌장이라 할 수 있는 신명기 6:6-9이 기록되어 있다. 이를 통해 하나님의 언약이 자손 대대로 전수되며 오고 오는 세대 속에서 언약 백성들이 정체성을 유지하도록 교육하기 위해서이다.

2. 저자

신명기의 저작권은 학자들 사이에 많은 논쟁이 있는 부분이다. 전통적으로 보수적인 입장은 신명기의 모세의 저작권을 믿고 강조한다. 모세오경을 모세의 저작으로 인정하기에 창세기, 출애굽기, 레위기, 민수기와 더불어 당연히 신명기도 모세가 기록했다고 여겼다. 신명기 자체의 기록들을 보면 모세가 기록했음을 말하고 있다. 신명기 1:1은 모세가 아라바 광야에서 이스라엘 백성들에게 선포한 말씀이라고 언급한다. "이는 모세가 요단 저쪽 숲 맞은편의 아라바 광야 곧 바란과 도벨과 라반과 하세롯과 디사합 사이에서 이스라엘 무리에게 선포한 말씀이니라." 31:9에서는 "또 모세가 이 율법을 써서 여호와의 언약궤를 메는 레위 자손 제사장들과 이스라엘 모든 장로에게 주고"라고 기록하고, 31:24에서도 "모세가 이 율법의 말씀을 다 책에 써서 마친 후에"라고 하면서 모세가 신명기의 율법을 직접 기록했다고 진술한다. 이와 같은 신명기의 구절들은 이 책이 모세의 글임을 말해 준다. 또한 신명기 전체에서 모세의 이름이 약 40번 정도 언급이 되고 모세가 자신을 일인칭으로 기록하여 자신이 저자임을 말하고 있다(1:6, 18; 3:21; 29:5). 구약의 다른 본문들에서도 모세의 저작권을 말한다(삿 1:20; 3:4; 왕상 2:3; 왕하 14:6; 대하 25:4; 스 3:2). 신명기 안에서도 모세의 저작권에 대한 논란이 되는 부분은 있다. 예를 들면 모세의 죽음에 관한 보도가 기록된 신명기 34장과 모세가 3인칭으로 기술된 본문들이다.[3] 고대 근동 문학의 내러티브 기법에서는 저자가 객관적 서술을 위해 자신을 3인칭으로 표현하는 경우가 있기에 이를 다른 저자가 기록했다고 볼 필요는 없다. 신명기 34장은 모세의 죽음 이후에 여호수아나 혹은 한 편집자가 저자 모세를 기념하기 위해 첨부한 것으로 보인다. 신약의 본문들은 신명기의 모세 저작권을 말한다. 예수 그리스도께서도 신명기의 이혼 증서에 관한 내용을 언급하면서 이 책의 저자가 모세임을 인정하셨다(마 19:7, 8; 막 10:3, 4; 12:19). 베드로와 스데반도 신명기 18:15의 "네 하나님 여호와께서 너희 가운데 네 형제 중에서 너를 위하여 나와 같은 선지자 하나를 일으키시리니"를 인용하면서 모세의 저작을 인정하였다(행 3:22; 7:37). 이와 같이 신명기 본문, 예수 그리스도와 신약의 저자들은 신명기의 저자를 모세로 말하고 있다.

그렇다면 신명기의 청중들은 누구인가? 신명기의 일차적 청중은 모세와 함께 모압 평지에 서 있었던 출애굽 2세대들이다. 이스라엘 백성들을 애굽에서 구출하여 광야를 거쳐 모압 평지까지 인도한 모세는 이제 인생의 임종을 바라보면서 하나님께서 주셨던 중요하면서

---

[3] 1:1-5; 2:10-12, 20-23; 3:9, 11, 13-14; 4:41-5:1a; 10:6-9; 27:1a, 9a, 11; 29:1-2a; 31:1, 7a, 9-10a, 14a, 14c-16a, 22-23a, 24-25, 30; 32:44-45, 48; 33:1; 34:1-4a, 5-12.

도 시급한 계시의 말씀을 출애굽 2세대들에게 전해야 했다. 모압 평지에서 모세의 말씀을 듣는 청중들의 관심사는 가나안 정복과 그 땅에서의 삶이다. 여호와께서 가나안 정복 전쟁에서 함께하실 것인지, 족장들에게 가나안 땅을 주시겠다는 약속이 자신들에게 아직도 유효한지, 약속의 땅 가나안에서 어떻게 언약 백성의 정체성을 지키며 살아야 할지에 대해 관심이 있었다.[4] 신명기의 청중들은 단지 모압 평지에 있는 출애굽 2세대만이 아니다. 앞으로 태어나서 가나안 땅에서 살아갈 후세대들, 곧 미래의 언약 공동체도 염두에 둔 것이다 (29:14, 15).

3. 기록 연대와 배경

만약 출애굽 연대를 주전 1446년으로 가정한다면 신명기는 주전 1406년경에 기록되었을 것이다. 이스라엘 백성들은 광야 생활 40년째 되는 해의 열한째 달 그 달 첫째 날에 모압에 도착했다(1:3). 이 시기에 애굽은 아맨호텝 III(Amenhotep, 주전 1417-1379년)가 통치하고 있었고 애굽은 국제 무대에서 힘과 위상이 상승하던 시기였으나 이상하게 팔레스타인 지역에는 큰 관심을 두지 않았다.[5] 이로 인해 모세와 이스라엘 백성들이 모압에 이르기까지 애굽의 그 어떤 방해나 위협이 없었다. 고대 근동의 봉신 조약은 신명기의 배경을 이해하는 데 상당한

---

[4] 존 스코트 레드, "신명기", 『성경신학적 구약개론』 정원석 역 (서울: 부흥과개혁사, 2018), 139.

[5] Eugene H. Merrill, *Deuteronomy* (Nashville: Broadman&Holman, 1994), 25.

도움을 준다. 주전 2000년경의 고대 히타이트 조약은 히타이트 제국이 주변의 여러 속국들과 맺은 종주권 조약으로서 속국인 봉신(vassal)이 종주(suzerain lord)인 히타이트 제국의 황제에게 충성을 맹세한 조약이다. 히타이트 국제 조약들은 신명기의 문학적 구조와 상당한 유사성을 보이고 있어 신명기가 모세 시대에 기록되었다는 증거로 사용되기도 한다.[6] 히타이트 조약은 전문, 역사적 서문, 조약 규정들, 문서 보존과 공적인 봉독 규정, 신의 증언(증인들의 목록), 축복과 저주와 같은 요소로 구성되어 있고 내용은 다음과 같다.[7]

(1) 전문: 주로 조약을 작성한 종주국의 왕의 이름이 소개된다.
(2) 역사적 서문: 종주가 과거에 베풀어 주었던 호의와 사랑을 강조한다.
(3) 조약 규정들: 봉신이 종주에게 충성하고, 지켜야 하는 규정들을 기록한다.
(4) 조약문서 보관과 봉독 규정: 두 돌판에 새기고, 신들 앞에서 정기적으로 낭독한다.
(5) 증인들의 목록: 주로 신들의 목록이 소개됨. 신들과 산과 강도 증인으로 부른다.
(6) 축복과 저주: 순종하는 자들에게는 축복을 불순종하는 자들에게는 저주를 선언한다.

---

[6] M. G. Kline, *Treaty of the Great King: The Covenant Structure of Deuteronomy* (Eugene, OR: Wipf & Stock, 2012), 13-25. 참조. K. A. Kitchen, *On the Reliability of the Old Testament* (Grand Rapids: Eerdmans, 2003).

[7] 이희성, 『교회와 함께 읽는 신명기』(서울: 그리심, 2012), 15; 해리 호프너, "히타이트인", 『고대 근동 문화』 신득일, 김백석 역 (서울: 기독교문서선교회, 2012), 211.

종주가 봉신들과 맺은 조약에는 종주의 신실함과 자비함에 대한 응답으로 봉신의 충성과 사랑을 표기하고, 양측이 각각 조약의 사본을 가져야 한다. 신명기에서도 종주로서의 하나님과 봉신인 그의 백성 이스라엘 사이에 맺은 언약적 관계를 기반으로 구성되었다. 히타이트 조약과 신명기의 전체 구조 사이를 비교해 보면 다음과 같다.

히타이트 조약	설명	신명기
전문: 화자 소개	전문: 종주와 봉신을 소개	1:1-5
역사적 서문	역사적 서문: 양측의 과거의 관계들	1:6-3:29
조항들	봉신의 각종 의무 규정들	4-26장
문서 규정	돌판에 새기고 정기적인 공적 낭독	27:2-3; 31:9-13
증인들	신들, 자연들(하늘, 땅, 강, 산들)	31-32장
축복과 저주	조약에 순종하면 축복 불순종하면 저주	28장

표 10 히타이트 조약과 신명기

언약의 전문에 해당하는 신명기 1:1-5에서는 종주이신 여호와께서 모든 언약의 주도권을 가지시고 모세에게 자신의 명령을 주셨다는 것을 소개한다. 신명기의 역사적 서문인 1:6-3:29에서는 여호와께서 자신의 백성들을 애굽에서 구원하시고, 시내산에서 율법을 주시고, 광야에서 약속의 땅에 들어가기 전까지 인도한 여정들을 소개한다. 여러 조항들이 소개된 신명기 4-26장에서는 십계명을 비롯하여 이스라엘 백성들이 가나안 땅에서 지켜야 하는 각종 율법들을 소개한다. 백성들이 요단을 건너 약속의 땅에 들어가면 큰 돌을 세우고 그 위에 율법들을 기록해야 했다(27:2, 3). 그리고 초막절에 온 이스라엘 백성들이 모이면 그들에게 율법을 낭독하여 듣게 해야 했다(31:9-13). 신명기는 또한 언약의 증거와 증인들을 소개한다. 모세는 노래를 써서 백성들에게 가르치고 증거가 되게 했으며(31:19-22), 율법책을 하나님의 언약궤 곁에 주어 증거가 되게 하였을 뿐만 아니라(31:24-26), 하늘과 땅을 증인으로 삼았다(1:28-29). 신명기 28장에서는 종주이신 하나님께서 봉신인 백성들이 언약에 어떻게 반응하는지에 따라 축복과 저주를 선언한다. 지금까지 살펴본 바와 같이 신명기는 고대 근동의 히타이트 조약과 유사한 형식을 일부 공유하고 있다. 모세는 신명기를 기록했을 때 이스라엘 백성들과 소통을 위해 고대 근동의 조약들과 문학적 형식을 자유롭게 선택하여 사용하였고 이는 신명기의 역사적 배경을 이해하는 데 도움을 준다.

그림 9 13세기 히타이트 조약[8]

---

8 출처 https://www.reddit.com/r/ArtefactPorn/comments/8vrq2g/text_of_a_treaty_

4. 신명기 구조

신명기의 구조는 신명기의 특성을 어떤 관점에서 이해하느냐에 따라 다양하게 짜일 수 있다. 일반적으로 신명기는 모압 평지에서 모세가 전한 세 편의 설교로 구성이 되었다고 알려졌다. 만약 신명기를 모세의 설교를 중심으로 구조를 나눈다면 다음과 같이 구분할 수 있다.

I. 서론 (1:1-5)

II. 모세의 첫 번째 설교(1:6-4:43)
  A. 과거 여정 회상: 호렙에서 요단까지(1:6-3:29)
  B. 지켜야 할 규례와 법도(4:1-40)
  C. 도피성(4:41-43)

III. 모세의 두 번째 설교: 언약의 조항들(4:44-28:68)
  A. 서언(4:44-49)
  B. 언약의 기본 원리들(5:1-11:32)
  C. 언약의 구체적인 조항들(12:1-26:19)
  D. 언약 인준(27:1-26)
  E. 순종의 복과 불순종의 저주(28:1-68)

IV. 모세의 세 번째 설교: 역사적 재조명(29:1-30:20)

---

hittite_cuneiform_bronze_tablet.

    A. 모압 땅에서 행한 언약 갱신(29:1-29)

    B. 회복의 길(30:1-10)

    C. 생명과 복과 사망과 화(30:11-20)

V. 결론적 내러티브(31:1-34:12)

    A. 모세의 마지막 권고(31:1-29)

    B. 모세의 노래(31:30-32:47)

    C. 모세 사명의 한계(32:48-52)

    D. 모세의 축복(33:1-29)

    E. 모세의 죽음(34:1-12)

신명기 5장에서 십계명을 소개하고 있고 6장부터 소개되는 각종 율법과 규례들은 십계명에 대한 해설과 구체적 상황 가운데 적용이라 할 수 있다. 이를 도표로 표현한다면 다음과 같이 제시할 수 있다.[9]

십계명	출애굽기	신명기	신명기 해설
첫째 계명: 유일신	출 20:3	신 5:7	신 6:1-11:32
둘째 계명: 예배	출 20:4-6	신 5:8-10	신 12:1-32
셋째 계명: 여호와의 이름	출 20:7	신 5:11	신 13:1-14:21
넷째 계명: 안식일	출 20:8-11	신 5:12-15	신 14:22-16:17
다섯째 계명: 권위 존중	출 20:12	신 5:16	신 16:18-18:22
여섯째 계명: 인간 생명	출 20:13	신 5:17	신 19:1-22:12

---

9   존 스코트 레드, "신명기", 144. 참조. John H. Walton, *Chronological and Background Charts of the Old Testament* (Grand Rapids: Zondervan, 1994), 24.

일곱째 계명: 성적 순결	출 20:14	신 5:18	신 22:13-23:18
여덟째 계명: 개인 재산	출 20:15	신 5:19	신 23:19-24:22
아홉째 계명: 신뢰성	출 20:16	신 5:20	신 25:1-19
열째 계명: 만족	출 20:17	신 5:21	신 26:1-15

표 11 십계명 본문 비교

5. 신학적 내용

신명기는 다양한 신학적 메시지를 담고 있는 보고이다. 신명기의 신학은 모세오경의 신학적 내용을 요약할 뿐만 아니라 앞으로 전개될 역사서의 신학적 기반을 마련해 준다. 이사야, 아모스를 비롯한 여러 선지자들은 신명기 신학에 의거하여 당대의 이스라엘 백성들에게 하나님의 말씀을 선포하기도 했다. 신명기는 단지 모세 시대에만 필요할 뿐만 아니라 구약 역사의 전반에 걸쳐 자주 인용되었고 오늘날에도 여전히 성도들의 신앙과 삶의 기준을 제공해 준다.

1) 유일하신 하나님

신명기에서는 하나님을 창조주, 유일하신 분, 중심되신 하나님, 구원하시는 하나님, 자신의 백성들과 언약을 맺으시는 하나님 등으로 소개한다. 하나님은 말씀과 역사 속의 구원 행위를 통해 자신을 여러 모습으로 계시하셨다. 하나님은 시내산(또는 호렙산)에서 구름과 불 가운데 현현하셨고 이스라엘 백성들에게 말씀으로 자신을 드러내셨다. 이스라엘 백성들이 시내산에서 경험한 하나님은 그들의 삶과 역사에 중요한 영향을 미쳤고 신명기 전체를 구성하는 하나의 틀로 자리 잡고 있다(1; 4; 5; 9:8; 18: 16: 29:1).¹⁰ 하나님은 시내산에서 불 가운데 임재하여 백성들에게 말씀하셨고 그들과 언약을 맺고 십계명을 주셨다. 시내산 사건을 통해 이스라엘 백성들만의 독특한 경험을 소개하고(4:33), 그들이 어떤 형상도 만들지 못하게 하고(4:12, 15-18), 백성을 교훈하고 가르치기 위해서다(4:36).¹¹ 시내산의 불 가운데서 말씀하신 하나님은 말씀에 대한 순종과 언약 백성의 책임에 대해 말하는 근본적인 배경이 된다. 또한 신명기에서 종종 소개하는 출애굽 사건은 하나님 한 분밖에 다른 신은 없다는 유일신 사상을 강조하기 위함이다(4:34, 37).¹² 이스라엘 백성들은 하나님께서 애굽의 모든 신들을 벌하시고 홍해를 가르고 인도하는 하나님을 경험했다. 이를 통해서 기억해야 할 것은 무엇과도 비교할 수 없는 하나님의 유일성이다.

2) 중앙 성소

하나님께서 가나안 땅에 들어가는 이스라엘 백성들에게 그곳에서 택한 한 장소에서 예배를 드리라는 명령을 반복적으로 하셨다. 신명기에서는 "여호와께서 자기 이름을 두시려고 택하실 그곳"으로 가서

---

10 J. G. McConville, *Deuteronomy*, AOTC 5 (Downers Grove: InterVarsity Press, 2002), 107.
11 이희성, "신명기 4:32-40에 나타난 하나님, 백성, 그리고 땅: 이사야 40-66에 나타난 신학적 주제와 상관성",「교회와 문화」(2009): 85-86.
12 이희성, "신명기 4:32-40에 나타난 하나님, 백성, 그리고 땅",「교회와 문화」(2009), 87. 신명기에 나타나는 출애굽 사건 구절은 다음과 같다. 신 1:27, 30; 4:20, 34, 37, 45, 46; 5:6; 6:12, 21, 22; 7:8, 15, 18; 8:14; 9:7, 12, 26; 10:19, 22; 11:3, 4, 10; 13:5, 10; 15:15; 16:1, 3, 6; 20:1; 23:4; 24:9; 25:17; 26:8; 29:1, 16, 15, 25; 34:11, 12.

라는 표현을 통해 중앙 성소 제도의 중요성을 피력하였다(12:5, 11, 14, 18, 21, 26; 14:23-25; 15:20; 16:2, 6, 11, 15; 17:8, 10; 18:6; 26:2). 이스라엘의 중앙 성소 제도는 고대 근동의 맥락 안에서 이해해야 한다. 고대 수메르를 비롯한 대부분의 도시에서는 신들을 위한 만신전이 도처에 있었고 각 신전에는 다양한 우상들이 비치되었다. 다신론을 숭배하는 고대 근동의 여러 민족들과는 달리 이스라엘 백성들은 유일신 하나님 여호와를 섬기는 백성들이다. 이스라엘 백성들은 가나안의 어느 지역에 거주하든지 율법의 규례에 따라 통일된 예배를 드려야 한다. 중앙 성소 제도는 이렇게 "한 하나님, 한 백성, 한 성소"라는 신명기의 이상적 개념이 반영된 것이다. 이 제도는 가나안 전역에 흩어져 사는 이스라엘 백성들의 예배의 통일성을 이루고 가나안의 종교와 융합되는 혼합주의 신앙을 배격하기 위해서 반드시 필요한 장치이다. 그런데 신명기에서는 중앙 성소의 이름이나 장소를 구체적으로 언급하지는 않았다. 단지 여호와께서 자기 이름을 두실 곳이라고만 언급한다. 이는 하나님의 임재를 의미하고 하나님 앞에서 제사하고 예배하라는 것이다. 중앙 성소는 거룩한 날과 십일조나 희생 제물들을 드리기 위한 특정한 때에 지정된 곳으로 모여 예배하고 제물을 드리는 곳이다. 이스라엘 역사의 초기에는 실로(수 18:1; 삼상 1:3), 세겜(수 23), 길갈(수 4:18-5:12)과 같은 곳에 온 백성들이 모였고 왕정 시대에는 예루살렘 성전이 중앙 성소 역할을 하였다.

3) 땅

땅은 신명기의 중심 주제들 가운데 하나이다. 하나님은 아브라함(창 12:1-3; 13:14-16; 15:18-21; 17:8)과 이삭(26:3-4, 24)과 야곱(28:3, 13-

15; 35:9-12)에게 그들의 후손에게 땅을 주시겠다고 반복적으로 약속하셨다. 모세를 통해 이스라엘 백성들을 출애굽 시킨 목적도 하나님께서 약속하신 땅으로 인도하시기 위함이었다(출 6:8). 하나님께서 이스라엘 백성들에게 오래전부터 약속하신 가나안 땅은 하나님의 선물이다. 신명기에는 하나님께서 이스라엘 백성들에게 가나안 땅을 기업으로 주신다고 약속하신다(1:38; 2:31; 3:18, 20; 5:31; 9:6; 11:17; 12:1; 15:7, 20; 26:9). 하나님께서 기업으로 주시는 땅이라고 반복해서 언급하는 이유는 가나안 땅은 전적인 하나님의 은혜로 주어지기 때문이다.[13] 이스라엘 백성들은 땅을 차지할 아무런 공로나 자격이 없다. 하나님께서 가나안 땅을 백성들에게 주시는 것은 그들의 의로움 때문이 아니다(9:6). 단지 하나님께서 자신의 언약 백성들을 사랑하시기 때문에 택하시고 그들에게 기업을 약속하신 것이다. 하나님은 땅의 주인이시다. 하나님께서 주시는 땅은 젖과 꿀이 흐르는 땅이며 풍성함과 축복이 있는 땅이다(출 3:8; 신 6:3; 11:9). 하나님께서 주시는 가나안 땅은 안식이 있는 땅이다. 단지 마음의 평화만이 아니라 육체적 안식과 적의 공격으로부터 해방이 약속된 장소이다.[14] 이스라엘 백성들이 가나안 땅을 차지하고 그곳에 살기 위해서는 하나님께서 요구하시는 특정한 삶의 방식에 따라야 한다.[15] 신명기의 각종 규례는 이스라엘 백성들이 가나안 땅에 들어가서 살아야 하는 삶의 원리에 대해 구체적으로 기술하고 있다(4:5, 14; 5:31; 6:1; 11:31-32). 땅은 백성들의 영적

---

13 Elmer A. Martens, *God's Design: A Focus on Old Testament Theology* (N. Richland Hills: Bibal Press, 1998), 120.

14 Martens, *God's Design*, 126.

15 Martens, *God's Design*, 127.

상태를 측정해 주는 민감한 도구, 즉 온도계와 같다.[16] 이스라엘 백성들이 하나님께서 원하시는 삶의 양식에 따라 살아간다면 그 땅은 풍성한 소출을 낼 것이나 만약 불순종한다면 그 땅은 백성들을 토해낼 것이다. 땅은 하나님과 이스라엘 백성들과의 언약 관계를 여과 없이 드러낸다.

6. 신약과의 관계

신명기는 단지 구약의 여러 책뿐만 아니라 신약에도 상당한 영향을 미쳤다. 신명기는 시편, 이사야와 함께 신약에서 두드러지게 인용되었으며 예수 그리스도를 바라보는 책이다. 신명기 18:15에서 "네 하나님 여호와께서 너희 가운데 네 형제 중에서 너를 위하여 나와 같은 선지자 하나를 일으키시리니 너희는 그의 말을 들을지니라"라고 기록되었다. 모세는 자신과 같은 선지자인 메시아가 일어날 것을 처음으로 예언한 자였다. 모세가 예언한 선지자는 다름 아닌 예수 그리스도였다. 베드로가 솔로몬의 행각에서 설교할 때와 스데반의 설교 속에서도 신명기 18:15의 말씀을 인용하면서 모세가 고대했던 선지자가 바로 예수 그리스도였음을 의심의 여지 없이 선포했다(행 3:22; 7:37). 예수님께서 광야에서 마귀에게 시험을 받으셨을 때 신명기의 말씀을 인용하셨고(신 8:3; 6:13, 16; 마 4:4-10; 눅 4:4-12), 산상수훈을 설파하셨을 때 간음의 의미를 신명기의 이혼법(24:1-4; 마 5:27-

---

16 Christopher Wright, *Old Testament Ethics for the People of God* (Grand Rapids: InterVarsity, 1998), 250.

32, 19:1-12)을 통해, 살인의 의미를 십계명의 '살인하지 말라'(5:17; 마 5:21, 22)를 통해, 복수를 보복법(19:21; 마 5:38-42)을 사용하여 그 의미를 더욱 심화시켰다. 자신과 아버지가 하나라는 예수님의 자기 선언(요 10:30; 17:21-23)은 쉐마에 있는 핵심적인 신앙고백을 배경으로 하고 있다.[17] "이스라엘아 들으라 우리 하나님 여호와는 오직 하나인 여호와시니"(6:4). 또한 하나님을 마음과 뜻과 정성을 다해 사랑하라는 쉐마 명령은 예수님과 한 율법사와의 대화의 중심 주제였다(마 22:37; 막 12:30, 33; 눅 10:27). 요한복음에는 예수님께서 하나님을 아버지라고 칭하는 표현들이 자주 등장하는데 이는 신명기의 내용을 인용하는 듯하다(1:31; 8:5; 32:6). 이처럼 사복음서에서 신명기에 대한 논의들이 반복적으로 나타나는 것을 볼 수 있다. 이는 신명기가 예수님의 삶과 사역에 중요한 위치를 차지했다는 것을 말해 준다(막 10:4; 12:19; 마 19:7; 22:24-25). 사도 바울도 교회에서 송사가 발생했을 때 반드시 두 세 증인이 요구되는 신명기의 증인 제도가 유효함을 언급했고(고후 13:1; 마 18:16; 신 19:15), 사역자에게 적절한 보상이 필요함을 곡식 떠는 소의 입에 망을 씌우지 말라는 율법을 기반으로 가르쳤다(고전 9:9; 딤전 5:18; 신 25:4). 예수 그리스도께서 우리를 위해 저주를 받은 십자가 사건이 율법의 저주에서 우리를 속량한 대속 사건임을 '나무에 달린 저주 받은 자'의 율법을 통해 입증하였다(갈 3:13; 신 21:23). 신명기에서는 하나님께서 자신의 이름을 두시는 택한 곳이 중앙 성소라고 하였지만 신약에서 예수 그리스도께서 성전이시며(요 2:21) 살아 계신 하나님의 도성인 새 예루살렘이 종말론적 하나님의 임재를 누리는 장

---

17 레이몬드 딜러드·트렘퍼 롱맨, 『최신구약개론』, 160.

소가 된다(히 12:18-24; 신 12:5, 11, 14). 신명기는 단지 고대의 율법으로만 머무는 것이 아니라 신약과 오늘날 교회와 성도를 위한 위대한 삶의 원리와 격려의 신학적 보고이다.

> **내용 요약**
> 1. 신명기는 창세기에서 민수기까지의 요약이며 결론임과 동시에 역사서를 열어주는 책이다.
> 2. 신명기는 가나안 정복 전쟁을 앞두고 있는 출애굽 제2세대들에게 하나님의 언약과 율법을 다시 가르치려는 목적이 있다
> 3. 신명기에서는 하나님을 창조주, 유일하신 분, 중심되신 하나님, 구원하시는 하나님, 자신의 백성들과 언약을 맺으시는 하나님 등으로 소개한다.
> 4. 신명기는 시편, 이사야와 함께 신약에서 두드러지게 인용되었으며 예수 그리스도를 바라보는 책이다.

7. 현대인을 위한 적용

신명기는 과거 광야를 지나 가나안 입성을 앞둔 이스라엘에게 주어진 말씀이지만, 오늘날 성도들에게도 여전히 깊은 울림을 준다. 첫째, 신명기의 핵심 명령인 "마음과 뜻과 힘을 다해 하나님을 사랑하라"(신 6:5)는 쉐마의 말씀은 신앙이 단순한 의무가 아닌 전인격적 헌신임을 일깨운다. 현대의 바쁜 삶 속에서도 하나님 중심의 삶을 재정립해야 한다. 둘째, 신명기의 교육 명령은 가정이 신앙교육의 1차 기관임을 강조한다. 부모 세대가 먼저 하나님의 말씀에 순종하고 그 말씀을 자

녀에게 삶으로 가르쳐야 한다. 교회에서는 다음 세대를 위한 신앙 계승 사역에 온 공동체가 힘을 모아야 한다. 셋째, 신명기의 '중앙 성소' 개념은 오늘날 교회의 본질을 되새기게 한다. 교회는 단순한 모임이 아닌, 하나님의 이름을 두신 공동체로서, 혼합주의와 타협을 경계하며 예배와 말씀 중심의 정체성을 회복해야 한다. 넷째, '땅'에 대한 신명기의 가르침은 하나님의 은혜로 주어진 삶의 자리에서의 청지기적 삶의 스타일을 상기시킨다. 신앙인은 자신이 누리는 물질과 환경이 하나님의 은혜의 선물임을 기억하고 정직과 정의로 살아야 한다. 신명기는 오늘을 살아가는 그리스도인들에게도 언약 백성으로서의 정체성과 책임 있는 삶을 묻는 살아 있는 말씀이다.

8. 깊은 연구를 위한 질문

1) 신명기에 기록된 사건들은 언제 발생했는가? 신명기와 고대 히타이트 조약과의 상관성은 무엇인가?

2) 신명기는 어떤 역사적, 지리적 배경 속에서 기록되었는가?

3) 신명기가 어떻게 모세오경과 역사서를 연결시키고 있는가?

4) 십계명이 어떤 방식으로 신명기에 기록된 율법들의 구조를 제공하고 있는가?

5) 신명기의 율법과 출애굽기의 율법 사이에 어떤 차이점들이 있는가?

9. 심화학습을 위한 독서 목록

김영욱. 『신명기 III』. 서울: 솔로몬, 2019.
J. G. 맥콘빌. 『신명기』. 강대이 역. 서울: 부흥과개혁사, 2019.
크리스토퍼 라이트. 『신명기』. 전의우 역. 서울: 성서유니온, 2017.
Biddle, Mark E. *Deuteronomy*. Smyth & Helwys Bible Commentary. Macon, GA.: Smyth & Helwys, 2003.
Block, Daniel I. *Deuteronomy*. The NIV Application Commentary. Grand Rapids: Zondervan, 2012.
Christensen, Duane L. *Deuteronomy 1-11*, Word Biblical Commentary 6A. Dallas: Word, 1991.

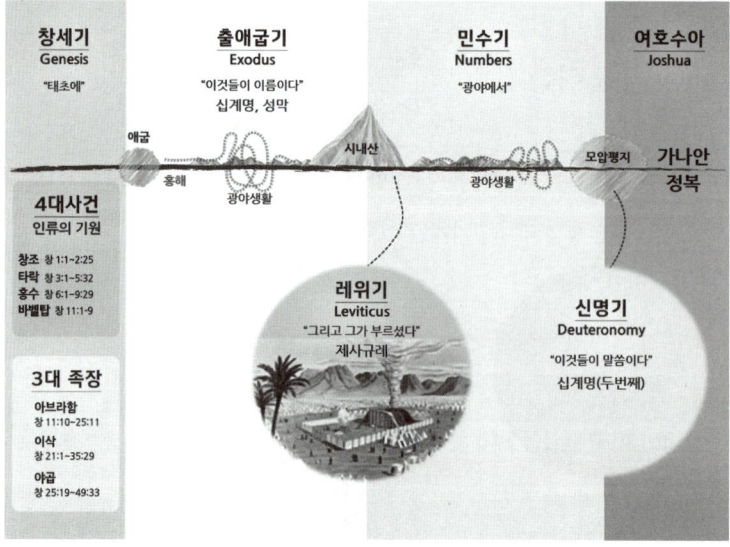

여호수아

1. 목적

여호수아서는 하나님의 언약 성취의 정점인 동시에 새로운 시작을 알리는 책이다. 하나님께서 아브라함, 이삭, 야곱에게 땅을 주시겠다고 약속을 하셨고(창 12:7; 15:18-21; 28:4), 이스라엘 백성들이 애굽에서 노예 생활을 할 때도 약속하신 땅을 주시기 위해 그곳에서 기적적으로 이끌어 내셨다(출 3:8, 17). 출애굽 후 모압 평지에 이른 출애굽 2세대들에게도 가나안 땅을 기업으로 주시겠다고 변함없는 약속을 하셨다(신 1:38; 3:28; 4:38). 하나님은 아브라함으로부터 모압 평지의 이스라엘 자손들에 이르기까지 수 세기에 걸쳐 가나안 땅을 주시겠다고 말씀하셨고 드디어 그 땅을 정복하고 분배하는 모습들이 여호수아서에 소개된다. 모세오경이 이스라엘 백성들이 땅을 상속하고 선물로 받을 것이라는 약속에 초점을 맞추었다면 여호수아서는 그 약속이 성취되는 현장을 보여 주면서 하나님은 언약에 신실하신 분임을 소개한다. 하나님께서 아브라함과 그의 후손들에게 하신 약속은 반드시 지키시고 불가능한 상황 속에서도 그 약속을 이루실 수 있는 분이다. 애굽에서 고통 받는 이스라엘 백성들을 향한 하나님의 구원 계획은 출애굽뿐만 아니라 가나안 땅을 정복하고 각 지파들에게 기업으로 분배하는 사건들 속에서 온전히 성취된다. 결국 땅을 주시겠다는 하나님의 약속은 하나도 남김없이 모두 성취되었다(21:45). 그러나 여호수아서는 언약 성취의 새로운 출발점이 되기도 한다. 이스라엘 백성들이 가나안 땅을 차지하는 것만으로 하나님의 언약이 완성되었다고 볼 수는 없다. 그들은 정복의 과정에서뿐만 아니라 그 후에도 하나님의 말씀에 따라 그 땅에서 지속적으로 순종의 삶을 살아야 한다. 그래서 여호수아서는 시작과 결론 부분에 여호와의 말씀에 대한 순종의 중요성을 강조하고 있는 것이다(1:7; 23:6).[1] 이스라엘 백성들은 전쟁의 기술로 싸우는 것이 아니다. 하나님의 말씀에 대한 순종 여부가 백성들의 정복 전쟁의 승패를 가르는 것처럼 지속적인 순종이 가나안 땅에서 성공적인 정착 생활의 원리가 된다. 히브리 성경의 배열을 통해 볼 때 여호수아서는 전선지서(여호수아, 사사기, 사무엘상하, 열왕기상하)의 시작이다. 전선지서는 가나안 정착에서부터 백성들이 포로로 끌려가는 순간까지의 이스라엘 역사를 기록하고 있다. 여호수아서는 전선지서를 해석하는 하나의 틀을 제공해 준다. 가나안 땅에서 살아가는 백성들에게 하나님의 언약에 충실한 삶을 지속적으로 살아가도록 원리를 제시하여 가나안 땅에서의 새로운 출발을 언약 순종의 관점으로 보여 주고 있다.

---

[1] 수 1:7, "오직 강하고 극히 담대하여 나의 종 모세가 네게 명령한 그 율법을 다 지켜 행하고 우로나 좌로나 치우치지 말라 그리하면 어디로 가든지 형통하리니." 수 23:6, "그러므로 너희는 크게 힘써 모세의 율법 책에 기록된 것을 다 지켜 행하라 그것을 떠나 우로나 좌로나 치우치지 말라."

2. 저자

여호수아서의 저자를 파악하는 것은 쉬운 문제는 아니다. 왜냐하면 본문이 저자를 명확하게 소개하고 있지 않기 때문이다. 그러나 본문의 여러 증거들을 통해 다양한 논의는 가능하다. 여호수아 5:1에서는 "여호와께서 요단 물을 이스라엘 자손들 앞에서 말리시고 우리를 건너게 하셨음을 듣고…", 6절에서는 "그들의 조상들에게 맹세하여 우리에게 주리라고 하신 땅 곧 젖과 꿀이 흐르는 땅"이라고 하며 일인칭 복수 대명사를 사용한다. 이 구절들은 발생한 사건을 목격하고 경험한 자들 중에 저자가 있었음을 암시한다. 여호수아가 여호수아서의 많은 부분을 기록했다는 본문의 증거들이 있다. 여호수아는 가나안 땅의 지형을 그려 자신에게로 가져오게 했고(18:5), 열두 지파의 경계선을 상세하게 묘사했다는 것은 당시 지형을 가장 잘 아는 여호수아가 저자였음을 뒷받침해 주고 있다(15-19장). 또한 여호수아는 세겜에서 백성과 언약을 맺고 그들을 위해 법도를 제정하였을 뿐만 아니라 모든 말씀을 율법책에 기록하였다(24:25, 26).[2] 이런 몇몇 근거로 인해 중세 유대인 주석가들은 여호수아서의 저자가 여호수아라고 본다. "오늘까지"(to this day)란 어구는 사건이 발생한 이후에 비록 긴 시간은 아니지만 저자의 시기에서 일정한 시간이 지났음을 말해 주기도 한다 (4:9; 5:9; 6:25; 7:26; 8:28-29; 9:27; 10:27; 13:13; 15:63; 16:10).[3] 저자가 있

---

2 수 24:25, 26, "그 날에 여호수아가 세겜에서 백성과 더불어 언약을 맺고 그들을 위하여 율례와 법도를 제정하였더라. 여호수아가 이 모든 말씀을 하나님의 율법책에 기록하고 큰 돌을 가져다가 거기 여호와의 성소 곁에 있는 상수리나무 아래에 세우고."

3 레이몬드 딜러드·트렘퍼 롱맨, 『최신구약개론』, 163.

었던 시대에 라합도 살아있었다(6:25). 다음과 같은 경우에는 여호수아 이외의 다른 저자의 존재를 말해 준다. 여호수아의 죽음과 장사에 관한 기록은 여호수아 사후에 다른 저자가 기록했을 가능성을 열어둔다(24:29-31).[4] 또한 여호수아 24:31은 여호수아 죽음 이후 상당한 기간이 지났고 여호수아 외에 다른 저자가 기록했음을 보여 준다. "이스라엘이 여호수아가 사는 날 동안과 **여호수아 뒤에 생존한 장로들 곧 여호와께서 이스라엘을 위하여 행하신 모든 일을 아는 자들이 사는 날 동안 여호와를 섬겼더라**"(24:31). 여호수아의 본문 가운데 여호수아 후대에 삽입이 된 것으로 보이는 것도 있다. 예를 들면 단 지파가 팔레스타인 최북단인 레셈으로 옮긴 사건(19:47; 삿 18:27-29), 옷니엘이 드빌 성을 정복한 것(15:15-19; 삿 1:11-15) 등이다. 사건이 발생한 후 일정한 기간이 지난 시점에 저자가 이전의 사건들을 기록한 문서(예. 야살의 책)를 참조하여 기록하기도 했다(10:13). 여호수아의 상당 부분은 여호수아가 기록했고 나머지 부분은 그가 죽은 후 여러 자료들을 바탕으로 이스라엘의 지도자에 의해 추가되었을 것이다.

눈의 아들이며 엘리사마의 손자인 여호수아는 모세의 후계자이다(민 13:8; 대상 7:26). 그 이름의 뜻은 "여호와께서 구원하신다"이며 헬라어로는 "예수"에 해당하는 이름이다. 그는 모세의 뒤를 이어 이스라엘 백성들을 이끌어 가나안 땅으로 들어간 지도자이다(민 27:12-23; 신 31:1-8). 그는 모세를 섬기는 종으로 항상 모세 곁에서 그를 도와 이스라엘 백성들을 지도하였다(민 11:28). 그는 출애굽 이후에 아말렉과의

---

[4] 수 24:29-30, "이 일 후에 여호와의 종 눈의 아들 여호수아가 백십 세에 죽으매 그들이 그를 그의 기업의 경내 딤낫 세라에 장사하였으니 딤낫 세라는 에브라임 산지 가아스 산 북쪽이었더라."

전투에서 승리를 거두었고(출 17:8-14) 모세와 같이 하나님의 사명을 감당하기 전에 할례를 행하였다(5:2-9). 여호수아는 오랜 세월 동안 모세와 동행하였고 이스라엘의 출애굽, 광야 생활뿐만 아니라 시내산과 모압 평지에서 모세를 통해 전달되는 율법에 대해서도 익히 알고 있었다. 그렇기에 여호수아는 가나안 정복 전쟁의 선두에 서서 이스라엘 백성들을 지휘할 수 있었고 여호수아서의 대부분을 기록했을 것이다.

3. 기록 연대와 배경

여호수아서는 모세가 죽은 후에 이스라엘 백성들이 가나안 땅에 들어가 땅을 차지하고 분배하는 일련의 사건들을 기록한다. 이러한 사건들은 출애굽 후 40년의 세월이 지나서 발생했고 여호수아가 지도자로 있었던 약 25년 정도의 역사를 포함하고 있다. 이 시기는 대략 주전 1406-1381년 동안의 이스라엘 역사를 다루고 있다. 여호수아서의 저작권에 대해서는 애매모호한 부분이 있지만, 역사적 사건의 배경에 대해 알 수 있는 다양한 고대 근동의 자료들이 있다. 아마르나 문서는 당시 시리아 팔레스타인(가나안) 지역의 정치적인 상황에 대한 정보를 제공해 준다.[5] 이 지역에 있는 이집트 봉신들이 바로 왕에게 보낸 약 350통의 편지들을 살펴보면 당시 시리아 팔레스타인 지역은 서로 언제든지 전쟁할 수 있는 31개의 작은 도시-국가들로 나누어져 있었다(12:9-14). 따라서 이스라엘 백성들의 침입에 대해 서로 연합해

---

5 Van De Mieroop, *A History of the Ancient Near East: ca. 3000-323 BC* (Malden, MA: Blackwell Publishing, 2007), 134-37.

서 대항하지 못했다. 이 지역은 명목상으로는 애굽의 지배하에 있었고 주변의 여러 나라들은 가나안 문제에 크게 관여하지 않았다. 애굽은 이 지역의 주된 무역로와 주둔지에 관심이 있었고 이것들이 위협을 받을 때만 관여하였다. 애굽의 힘이 약해진 기간에 팔레스타인 백성들은 독립적인 생활을 유지할 수 있었다. 가나안 땅은 종교, 윤리적인 면에서 볼 때 상당히 타락한 지역이었다. 이 지역에서 흥행한 바알 종교는 풍요와 다산을 추구하여 종교 의식에 인간의 쾌락을 가미하였다. 가나안 지역은 성적인 방종이 만연했으며 심지어 인신 제사까지 행해지고 있었다. 이방 종교의 강력한 유혹이 도사리고 있는 이 지역에 들어가는 이스라엘 백성들은 하나님의 언약을 믿고 거룩한 전쟁을 치러야 했다.

4. 여호수아서 구조

여호수아서의 전체 구조를 핵심적으로 파악할 수 있도록 간략하게 제시하면 다음과 같다.

주제	본문	주도권	핵심단어
입성	1:1-5:12	하나님: 요단강을 건너라	건너라(עבר)
정복	5:13-12:24	하나님: 여리고를 취하라	취하라(לקח)
분배	13:1-21:45	하나님: 땅을 나누라	나누라(חלק)
미래	22:1-24:33	여호수아: 여호와를 섬기라	섬기라(עבד)

표 12 여호수아서 핵심구조

여호수아서는 크게 네 부분으로 나누어질 수 있다. 첫 번째 부분은 1:1–5:12이며 가나안 땅 입성을 위해 준비하는 내용이며 하나님께서 이스라엘 백성들에게 요단강을 건너라고 명령하신다(1:11, 14; 3:6; 4:5). 핵심적인 단어는 "건너라"(עבר)이다. 두 번째 부분은 5:13–12:24이며 가나안 정복 전쟁을 주된 주제로 삼고 있다. 하나님께서 이스라엘 백성들에게 여리고를 취하라고 하셨고 그들이 가나안 땅을 정복하는 과정을 그리고 있다. 이 부분의 핵심 단어는 "취하라"(לקח)이다 (8:12; 11:16, 19, 23). 세 번째 부분은 13:1–21:45이며 가나안 땅을 이스라엘 각 지파들에게 분배하는 모습을 소개하고 있다. 하나님께서 기업으로 주신 땅을 나누고 분배한다. 이 부분의 핵심 단어는 "나누라"(חלק)이다(13:7; 14:4, 5; 15:13; 17:2; 18:2, 5, 6, 7, 9, 10; 19:9, 51). 마지막 부분은 22:1–24:33이며 여호수아가 세겜에서 언약을 갱신하면서 이스라엘 백성들에게 오직 여호와만을 섬기라고 명령한다. 이스라엘 백성들이 정복한 가나안 땅에서 하나님과 맺은 언약 관계를 유지하며 장차 하나님의 은혜를 누리기 위해서는 하나님 한 분만을 전심으로 섬겨야 한다. 이 부분의 핵심 단어는 섬겨라(עבד)이다(22:2 4, 5, 27; 23:7, 16; 24:2, 14–29). 여호수아서의 전체 개요는 다음과 같이 상세하게 표현할 수 있다.

I. 가나안 땅 입성

  A. 가나안 땅 입성 준비(1:1–2:24)

  B. 요단강 도하(3:1–5:1)

  C. 길갈에서 할례(5:2–12)

II. 가나안 땅 정복

A. 주님의 군대장관(5:13-15)

B. 여리고성 정복(6:1-6:27)

C. 아이성 전투(7:1-8:29)

D. 에발산과 그리심산에서 언약 갱신(8:30-35)

E. 남부 동맹군과 전투(9:1-10:43)

F. 북부 동맹군과 전투(11:1-23)

G. 정복한 왕들의 명단(12:1-24)

III. 가나안 땅 분배

A. 요단 동편 땅: 르우벤, 갓, 므낫세 반지파(13:1-33)

B. 요단 서편 땅(14:1-5)

C. 갈렙의 기업(14:6-15)

D. 유다의 기업(15:1-63)

E. 에브라임과 므낫세의 기업(16:1-17:18)

F. 다른 지파들의 기업(18:1-19:51)

G. 도피성과 레위지파(20:1-9)

H. 레위지파(21:1-45)

IV. 여호수아의 마지막 연설과 죽음

A. 요단 동편 지파들이 돌아감(22:1-9)

B. 제단의 정화(22:10-34)

C. 지도자들에게 언약적 권면(23:1-16)

D. 세겜에서 언약 갱신(24:1-28)

E. 여호수아의 죽음(24:29-33)

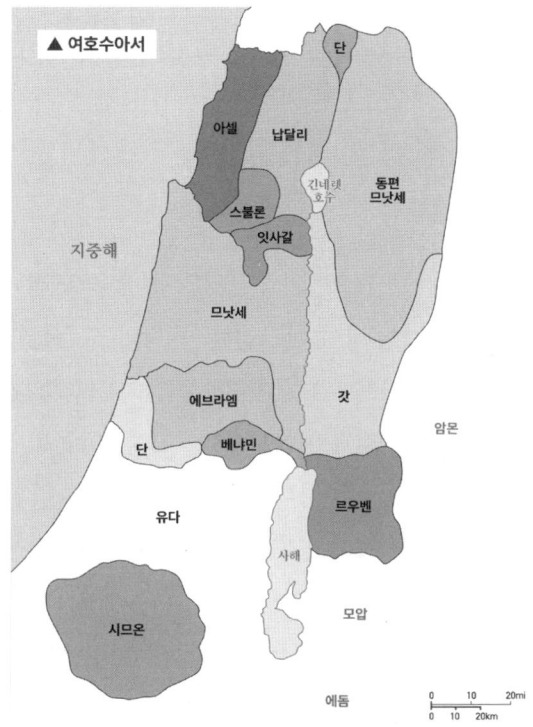

그림 11 가나안 땅 분배 지도[6]

5. 신학적 내용

여호수아서는 하나님께서 이스라엘 백성들에게 땅을 선물로 주시는 과정들을 소개한다. 이 과정들은 하나님 편에서는 자신의 신실하심을 보여 주는 과정이며 이스라엘 백성들은 거룩한 전쟁을 치르는 과

---

6   출처 https://m.blog.naver.com/bbss007/221893443152.

정이다. 여호수아서의 신학적 내용은 하나님의 신실하심, 거룩한 전쟁, 헤렘 등이 있다.

1) 하나님의 신실하심

여호수아서는 언약에 신실하신 하나님의 성품을 드러내 보여 주고 있다. 약속의 땅은 하나님께서 아브라함과 그의 후손들과 맺으신 언약의 한 부분이다(창 12:1-3, 7; 13:15-17; 15:17-21; 17:8; 22:17). 약속의 땅에 들어가는 것은 하나님께서 아브라함, 이삭, 야곱과 맺으신 약속을 성취하는 것이며, 그 땅은 하나님의 선물이다. 하나님은 땅을 선물로 주시겠다는 약속을 성취하기 위해 가나안 정복 전쟁을 앞둔 이스라엘 백성들과 함께하시겠다고 약속하신다(1:5, 9, 17). 하나님은 과거 이스라엘 백성들을 애굽에서 인도한 모세와 함께하셨던 것과 같이 이제 약속의 땅으로 이스라엘 백성들을 인도할 여호수아와 함께하시겠다고 말씀하신다. 하나님은 자신의 언약을 이루시기 위해 신실하게 일하신다. 하나님께서 이스라엘 백성들과 함께하시는 가시적인 표현은 언약궤이다. 제사장들이 언약궤를 메고 백성들 앞에 먼저 행하였고 궤를 멘 제사장들의 발이 요단강 물 가에 잠기자 강이 갈라졌다(3:14-17). 하나님께서 여리고 왕과 군사들을 이스라엘 백성들의 손에 넘겨주셨고(6:2), 하나님께서 이스라엘을 위해 친히 싸우셨다(23:3). 이스라엘 백성들에게 가나안 땅을 약속하셨을 뿐만 아니라 정복 전쟁 과정에서도 그들과 신실하게 함께하셨다.

2) 거룩한 전쟁

애굽에서 구원하여 이스라엘 백성들을 가나안 땅으로 인도하신 하나님은 거룩한 용사이신 하나님이시다. 출애굽기 15:3에서 "여호와는 용사시니 여호와는 그의 이름이시로다"라고 모세가 여호와를 노래한다. 애굽 땅에 열 재앙을 내려 애굽의 모든 신들을 심판하셨고 바로의 병거와 군대들을 홍해 바다에 던지신 용사이시다. 이스라엘 백성들이 법궤와 함께 시내산을 떠날 때 모세는 "여호와여 일어나사 주의 대적들을 흩으시고 주를 미워하는 자가 주 앞에서 도망하게 하소서"라고 말했다. 이는 전쟁에 출전하는 거룩한 용사이신 하나님을 묘사한 것이다. 여호수아가 정복 전쟁을 하려고 여리고에 가까이 이르렀을 때 칼을 든 여호와의 군대 장관이 여호수아 앞에 섰다(5:13, 14). 그리고 여호수아에게 "네 발에서 신을 벗으라 네가 선 곳은 거룩하니라"라고 말했다. 발에서 신을 벗는 행위를 통해 여호수아가 가나안 정복 전쟁의 주체가 아니라 하나님께서 친히 싸우시고 여호수아는 종의 자세로 그의 말씀에 순종해야 함을 말해 주고 있다. 하나님께서 이스라엘 백성들과 함께 싸우시며 전쟁의 승패는 백성들의 거룩함과 순종에 달려 있다. 그래서 하나님은 여호수아에게 사명을 맡기실 때부터 율법을 지켜 행하는 것의 중요성을 말씀하셨다(1:7; 23:6).

3) 헤렘

하나님께서 이스라엘 백성들에게 장차 정복할 가나안의 도시들과 거민들을 어떻게 다루어야 할지를 신명기 7:1-11과 20:10-18에서 미리 법으로 규정하셨다. 이스라엘 백성들은 가나안 족속들을 진멸해야 하고 그들과 어떤 언약도 맺지 말고 불쌍히 여기지도 말아야 한다. 이러한 규정을 헤렘(חרם)이라고 한다. 헤렘은 "어떤 물건이나 사람을 성전을 위한 영구적이며 최고의 예물로 성별하는 것이다. 또는 전쟁에서 도시와 그 거민을 성별하고 파괴를 행하는 것"을 의미한다.[7] 헤렘은 이스라엘 백성들이 가나안 정복 전쟁에서 원주민들을 완전히 진멸시키는 행위를 말한다. 이 법은 또한 여호수아 6:17-19에서 다시 언급된다. 여리고 성안의 물건들은 절대로 손대지 말고 취하지 말아야 한다. 왜냐하면 하나님께 구별되어 온전히 드려진 것이기 때문이다. 여리고 성은 여호와께 바쳐져 진멸되어야 했고 이스라엘 백성들도 여호와께 바쳐진 자들이다. 이스라엘 백성들이 아이성 전투에서 패배한 것은 아간의 범죄 때문이다. 아간이 헤렘법을 어겨 하나님께 바쳐진 물건들을 탐내어 자신이 소유하려고 했기에 하나님의 진노가 임한 것이다.

6. 신약과의 관계

여호수아는 예수 그리스도의 모형이다. 히브리어 이름인 여호수아의 뜻은 '여호와는 구원이시다'이며 이를 헬라어식으로 표기하면 '예수'이다. 여호수아는 이스라엘 백성들을 지휘하여 약속의 땅 가나안으로 인도했다(신 3:20; 12:10; 25:19; 수 1:13, 15; 14:15; 21:44; 22:4; 23:1). 가나안 땅은 정복을 마치고 모든 적들로부터 안식을 누리는 장소였

---

[7] Jakie A. Naudé, "חרם" in *NIDOTTE* 2:276.

다. 그러나 가나안 땅의 정복은 부분적이었으며 안식도 일시적이었다. 얼마 후에는 주변의 이방 민족들에게 공격을 받아야 했다. 여호수아의 인도 하에 주어진 안식은 장차 예수 그리스도께서 주시는 영원한 안식을 바라보고 있다(벧전 1:3-5). 예수님은 여호수아가 가져다 주지 못했던 완전한 하늘의 안식을 주시며 이는 결코 빼앗기지 않는 영원한 기업이다(히 3:11, 18; 4:1-11). 예수 그리스도는 새 이스라엘을 영원한 기업으로 인도하신다. 여호수아가 가나안 정복 전쟁의 일선에서 진두지휘하였고 예수 그리스도는 하나님의 거룩한 용사이시며 자기의 백성을 위해 싸우시는 하나님의 군대장관이시다(수 5:13-15; 계 19:11-16).[8] 이스라엘 백성들이 출애굽 이후 가나안 정복 전쟁에 임하였듯이 예수님의 제자들은 십자가의 죽음과 부활 승천이후 복음으로 세상을 정복하기 위해 나아간다. 사도행전은 복음으로 하나님의 나라를 이 땅에 확장하는 그리스도 제자들의 세상 정복 이야기이다(행 1:8).

> **내용 요약**
> 1. 여호수아서는 하나님의 언약 성취의 정점인 동시에 새로운 시작을 알리는 책이다.
> 2. 여호수아서는 하나님께서 이스라엘 백성들에게 땅을 선물로 주시는 과정들을 소개한다.

---

[8] 레이몬드 딜러드·트렘퍼 롱맨, 『최신구약개론』, 177.

> 3. 여호수아서의 신학적 내용은 하나님의 신실하심, 거룩한 전쟁, 헤렘 등이 있다.
> 4. 여호수아는 예수 그리스도의 모형이다.

7. 현대인을 위한 적용

여호수아서는 하나님의 약속은 반드시 성취된다는 진리를 증거하며, 그 언약에 대한 인간의 응답으로 '순종'과 '헌신'의 삶을 요청한다. 현대인은 삶의 불확실성과 도전 앞에서 방향을 잃기 쉽지만, 하나님 말씀에 의지하며 담대히 나아갈 때 길이 열리고 승리가 주어진다. 신자는 삶의 변화와 도전 앞에서 두려움에 떨지 말고 말씀에 근거한 결단으로 강하고 담대하게 나아가야 한다. 가나안 정복 전쟁은 단지 군사적 정복이 아니라 하나님의 언약을 따라 약속의 땅을 회복하는 거룩한 싸움이었다. 현대의 신자들도 각자의 삶 속에서 세속적 가치, 죄의 유혹, 믿음 없는 문화, 영적 무관심 등과 매일같이 싸우고 있다. 하나님의 말씀을 붙들고 성령의 인도하심을 따라 영적 순종의 삶을 살 때 승리를 경험할 수 있다. 여호수아의 가나안 정복이 하나님의 나라가 지상에 부분적으로 실현되는 사건이었다면, 오늘날 그리스도인의 복음 전파는 하나님의 나라가 전 세계로 확장되는 과정이다. 사도행전에서 제자들이 성령의 능력을 힘입어 복음을 전하며 세상 곳곳으로 나아간 것처럼 현대 신자들도 직장, 가정, 학교, 문화 속에서 복음으로 세상을 정복하는 사명을 가진다. 따라서 여호수아서를 읽는 신자들은 하나님의 약속을 신뢰하며, 세상 속에서 복음으로 싸우는

'거룩한 군사'로 부르심을 받았다는 정체성을 확고히 해야 한다.

8. 깊은 연구를 위한 질문

1) 모세와 여호수아의 공통점은 무엇이라고 생각하는가?

2) 여호수아 시대의 주변국의 상황은 어떠했는가?

3) 이스라엘 백성들은 왜 가나안 족속들을 완전히 진멸해야 하는가?

4) 가나안 정복 전쟁이 거룩한 전쟁인 이유는 무엇인가?

5) 신약과의 관계성 속에서 여호수아를 어떻게 이해해야 하는가?

9. 심화학습을 위한 독서 목록

Hess, Richard. *Joshua*. Nashville: Broadman, 1999.

Howard David, *Joshua*. Downers Grove, Ill.: InterVarsity Press, 1996.

Longman, Tremper, III, and Dan Reid, *God Is a Warrior*. Grand Rapids: Zondervan, 1995.

Woudstra, Marten. *The Book of Joshua*. Grand Rapids: Eerdmans, 1981.

Younger, Lawson, *Ancient Conquest Accounts*. JSOT 98. Sheffield, England: JSOT Press, 1990.

사사기

1. 목적

사사기는 역사서의 두 번째 책이며 또한 히브리어 성경 전선지서의 두 번째 책이기도 하다. 사사기의 영어 제목은 "Judge"이다. 영어 의미로 "Judge"는 법률적인 문제에 대해 판결을 내리는 재판관을 말한다.[1] 그러나 히브리어 성경의 사사기의 제목은 "쇼페팀"(שֹׁפְטִים)이며 이는 군사적인 지도자로서 적의 공격으로부터 구원하는 구원자의 역할을 하는 자이다(2:16-17).[2] 사사들은 평상시에는 백성들 가운데 갈등을 해결하는 재판관의 역할을 했을 뿐만 아니라 전쟁 시에는 이스라엘 백성들을 원수들에게서 보호하고 구원하는 군사적 지도자들이다.

사사기는 여호수아 사후부터 왕정 수립 전까지 이스라엘 백성의

---

[1] 칠십인역에서 사사기 제목은 "크리타이"(KRITAI)이며 라틴 벌게이트역의 제목은 "리베르 쥬디쿰"(LIBER JUDICUM)이다.

[2] 삿 2:16, 17, "여호와께서 사사들(שֹׁפְטִים)을 세우사 노략자의 손에서 그들을 구원하게 하셨으나 그들이 그 사사들에게도 순종하지 아니하고 오히려 다른 신들을 따라가 음행하며 그들에게 절하고 여호와의 명령을 순종하던 그들의 조상들이 행하던 길에서 속히 치우쳐 떠나서 그와 같이 행하지 아니하였더라."

역사와 신학을 조명한 책이다. 여호수아는 임종 직전에 세겜에서 이스라엘 백성들에게 하나님의 언약에 신실한 삶을 살 것을 권고하며 언약을 갱신하였다. 그러나 백성들은 지속적으로 우상을 섬기며 율법에 불순종하는 삶을 살았다. 이 시대의 이스라엘 백성들의 삶을 묘사하는 특징적인 두 개의 구절이 있다. 하나는 "이스라엘 자손이 여호와의 목전에 악을 행하여"(2:11; 3:7, 12; 4:1; 6:1; 10:6; 13:1)이다. 이 구절은 이 시대의 이스라엘 백성들이 배교와 불순종의 삶을 살았고 하나님의 언약으로부터 멀어진 모습을 묘사하고 있다. 또 다른 구절은 "그 때에는 이스라엘에 왕이 없었으므로 사람마다 자기 소견에 옳은 대로 행하였더라"(17:6; 21:25. 참조. 18:1; 19:1)이다. 이 두 구절은 사사기의 목적을 시사한다. 이스라엘 백성들은 여호수아의 죽음 이후에 율법을 어기며 지속적으로 악을 행하였고 여호와께 대한 불순종으로 자신들의 민낯을 드러내었다. 하나님은 언약을 어기고 다른 신들을 따르는 이스라엘 백성들을 심판하시고 징벌하셨다. 백성들은 비록 안식의 땅 가나안에 들어왔지만 죄로 인하여 안식을 누리지 못하고 오히려 하나님의 징계를 받게 된다. 그러나 하나님의 징계와 심판의 고통 가운데 백성들이 부르짖을 때 하나님은 긍휼과 자비로 사사들을 세우시고 도탄에 빠진 백성들을 원수들의 압제에서 구원하신다. 사사기는 언약 백성들이 죄로 인한 언약 관계의 위기 속에서 우상을 버리고 주께로 돌아오라는 메시지를 전하기 위해 기록되었다. 또한 사사기는 각 지파로 나누어진 이스라엘 가운데 진정한 지도자가 없음을 지적하며 중앙집권적 왕권의 필요성을 제시하고 있다. 백성들이 율법이 아닌 자기의 소견에 옳은 대로 행동하는 것은 그들 가운데 왕이 없었기 때문임을 알려 왕정 체제 안에서 국가적인 리더십을 가진 왕의 필요성을 언급하기 위해 기록되었다.

2. 저자

사사기의 저자에 대해서는 본문의 명확한 언급이 없다. 유대인 전승인 탈무드(Baba Bathra, 14b)에서는 비록 특별한 증거는 없지만 사사기가 사무엘의 작품이라고 간주한다. 그러나 최근 학자들의 공통된 견해는 사사기 내러티브의 대부분은 사건들이 발생했을 당시에 기록이 되었고 후에 편집자가 신학적이며 문학적 정황을 구성하였다고 한다.[3] 예를 들면 사사기 후반부에서 반복되는 "그 때에는 이스라엘에 왕이 없었으므로 사람마다 자기 소견에 옳은 대로 행하였더라"(17:6; 18:1)란 기록이 있다. 이와 같은 구절은 저자가 발생한 사건들을 왕정 체제 이전의 상황들을 염두에 두고 기록한 것이라 볼 수 있다. 따라서 저자는 왕정체제가 시작된 이후에 살았던 인물로 볼 수 있다. 성령의 영감을 받은 익명의 저자가 이스라엘 역사의 암흑기에 발생한 사건들의 신학적 중요성을 제시하기 위해 기록하였다고 볼 수 있다.

3. 기록 연대와 배경

사사기는 여호수아의 죽음으로부터 시작한다. 만약 출애굽의 연대를 초기 연대설인 1446년으로 본다면 사사기의 연도는 대략 주전 1390년부터 1050년경까지이다(철기시대 I과 후기 청동기 II). 사사기의 편집 연도는 확실하지 않으나 본문의 증거들을 통해 본다면 다윗의 예루살렘

---

[3] Andrew E. Hill and John H. Walton, *A Survey of the Old Testament* (Grand Rapids: Zondervan, 2000), 192.

정복 이전의 왕정 초기인 주전 1050-1000경에 기록이 되었을 것으로 추정된다. 본문에 자주 등장하는 "그 때에는 이스라엘에 왕이 없었으므로"(17:6; 18:1; 19:1; 21:25)라는 문구는 사사기가 왕정 시대에 기록된 것으로 볼 수 있는 근거가 되고 "여부스 족속이 베냐민 자손과 함께 오늘까지 예루살렘에 거주하니라"(1:21)는 말씀은 다윗이 약 주전 990년에 예루살렘을 정복하기 전에 기록된 것으로 간주할 수 있다(삼하 5:6-10). 사사기 당시 국제 정세는 강대국들이 서로 연합하여 거대한 권력 구조를 이루며 교류하였으나 끊임없는 경쟁 관계였다.[4] 한때 이집트와 미타니가 시리아-팔레스타인 지역을 놓고 경쟁하였고 1340년 이후에는 이집트와 하티가 그 지역을 놓고 경쟁하였다. 주전 13세기 말에는 지중해 지역의 바다 사람들(Sea People)이 고대 근동 지역을 침공하였고 이들 가운데 하나인 블레셋 사람들은 팔레스타인의 남쪽 해안 지역에 정착하게 되었다. 이 시대의 종교적 배경을 살펴보면 이스라엘 백성들은 바알과 각종 우상들을 섬겼을 뿐만 아니라 하나님과 맺은 언약을 파기하였다.

4. 사사기 구조

사사기의 구조는 이중 서론(1:1-3:6), 각종 사사들을 소개하는 본론(2:6-16:31); 그리고 두 개의 이야기로 구성된 이중 결론(17:1-21:25)으로 구성되어 있다.

---

[4] Mieroop, *A History of the Ancient Near East*, 129-34.

I. 이중 서론(1:1-3:6)

　　A. 가나안 정복 전쟁 실패(1:1-2:5)

　　B. 가나안 우상숭배(2:6-3:6)

II. 소사사들(3:7-5:31)

　　A. 사사 옷니엘(3:7-11)

　　B. 사사 에훗(3:12-30)

　　C. 사사 삼갈(3:31)

　　D. 사사 드보라와 바락 (4:1-5:31)

III. 사사 기드온과 아비멜렉 (6:1-9:57)

　　A. 기드온 내러티브 (6:1-8:32)

　　B. 아비멜렉 내러티브 (8:33-9:57)

IV. 소사사들(10:1-5)

　　A. 사사 돌라(10:1-2)

　　B. 사사 야일(10:3-5)

V. 사사 입다(10:6-12:7)

　　A. 이스라엘의 타락(10:6)

　　B. 암몬족속의 위협(10:7-9)

　　C. 이스라엘의 기도(10:10-16)

　　D. 입다를 통한 구원(10:17-12:6)

　　E. 입다 사후 이스라엘(12:7)

VI. 소사사들(12:8-15)

    A. 입산(12:8-10)

    B. 엘론(12:11-12)

    C. 압돈(12:13-15)

VII. 사사 삼손(13:1-16:31)

    A. 삼손의 출생(13:1-25)

    B. 삼손의 결혼(14:1-20)

    C. 삼손의 복수(15:1-20)

    D. 삼손의 죽음(16:1-31)

VIII. 결론(17:1-21:25)

    A. 미가의 우상숭배(17:1-18:31)

    B. 베냐민의 정복전쟁(19:1-21:25)

사사기를 큰 틀에서 보면 전쟁으로 시작해서 전쟁으로 마치는 구조를 가진다. 사사기 서론부에서는 가나안과 전쟁을 소개하고(1:1-2:5), 결론부에서는 이스라엘 내부의 베냐민 지파와의 전쟁으로 마무리한다(19:1-21:25). 사사기는 연대순으로 기록한 것이라기보다는 일정한 패턴을 따라 기록된 것임을 알 수 있다. 사사기가 보여 주는 패턴의 원리는 다음과 같다.[5] 첫째, 이스라엘이 우상을 섬기고 죄를 범한다(2:11; 3:7, 12; 4:1; 6:1; 10:6; 13:1). 둘째, 하나님의 징계로 이방 민

---

[5] 이동수, 『사사기의 구속사적 읽기』 (서울: 그리심, 2012), 21.

족의 위협과 지배를 받게 된다(2:14; 3:8; 4:2; 10:9). 셋째, 이스라엘 백성들이 회개하고 도움을 구한다(3:9, 15; 6:6-7; 10:10). 넷째, 하나님께서 사사를 세워 구원하신다(2:16; 3:9, 15; 10:1, 12). 다섯째, 사사가 통치하는 동안에는 평안이 임하나 사후에는 백성들이 다시 죄악에 빠진다(3:10-11; 8:28-32; 10:2-5; 12:9-15). 이런 패턴은 사사기에 반복적으로 나타나고 점점 악화되는 방향으로 진행된다.

5. 신학적 내용

사사기의 구조는 신학적 교훈을 전달하기 위한 장치이다. 사사기는 언약을 어기고 점점 죄악에 빠져드는 백성들과 그럼에도 불구하고 언약에 신실하신 하나님과의 대조를 잘 보여 준다. 사사기에 나타난 신학은 다음과 같다.

1) 이스라엘의 배교

이스라엘 백성들이 가나안 땅을 완전히 정복하지 못한 이유는 그들이 하나님의 약속의 말씀을 신뢰하지 못하고 가나안의 신들을 좇았기 때문이다(2:1-3, 20-22). 이스라엘 백성들은 하나님의 언약적 요구에 부응하지 못했다. 여호수아가 지도자로 생존한 동안과 그 뒤에 생존한 장로들이 사는 날 동안에는 하나님을 잘 섬겼다(2:7). 그러나 여호수아와 그 세대의 사람들이 다 죽고 그 후에 일어난 다음 세대는 여호와를 알지 못했다. 새로운 세대들은 오히려 여호와 하나님을 버리고 다른 신들 곧 그들의 주위에 있는 이방 민족의 신들을 추종하였다(2:12, 13; 3:7, 12; 4:1; 6:1; 10:6; 13:1). 이스라엘 백성들은 유일신 하나님을 섬겨야 했다. 그러나 하나님의 구원과 기적을 체험하지 못했던 세대들은 가나안 종교의 범신론과 다신론 사상에 함몰되어 점점 가나안화 되어 갔다. 또한 사사기 곳곳에는 이스라엘 백성들의 우상 숭배(6:25-32; 8:32-9:6; 17-18), 미신(11:30-35), 강간(19:22-26; 21:20-23), 살인(9:4-5)과 같은 백성들의 불순종의 모습이 나타난다. 사사기 시대가 영적으로 암흑 시대인 이유는 이스라엘의 배교와 불순종 때문이었다.

2) 하나님의 은혜

하나님은 이스라엘 백성들의 불순종을 징벌하시기 위해 그들을 주변 이방 민족들의 손에 넘겨 압제를 당하게 하셨다. 하나님은 언약 백성들의 죄악을 그냥 넘어가시지 않고 반드시 징계를 하신다. 하나님은 의로우시기 때문이다. 그러나 사사들이 온전하지 못하고 백성들은 점점 타락해도 자신의 백성들을 구원하기 위한 하나님의 계획은 지속된다. 절대주권자시며 은혜로우신 하나님의 구원 계획을 인간의 죄가 가로막지 못한다. 하나님은 언약을 신실하게 지키시고 자비를 베풀어 주시기 때문이다. 사사기에 나타난 순환 주기 구조는 하나님의 주권과 은혜를 잘 드러내 준다. 이스라엘 백성들이 반복적으로 불순종하여 하나님을 멀리했으나 하나님은 부르짖는 백성들에게 응답하시고 사사들을 보내 위기의 순간에 그들을 구원하신다. 주변 이방 민족들의 침입이 여호와의 징계의 표현이라면, 사사들을 보내시는

것은 은혜와 긍휼의 표징이다.[6]

3) 여호와의 영

사사들이 전쟁에 나갈 때에 여호와의 영이 그들 위에 임하여 승리를 도왔다. 여호와의 영은 주로 전쟁이 시작할 무렵에 사사들에게 임하여 그들이 특정한 사명을 감당할 수 있도록 해 주었다. 옷니엘(3:10), 기드온(6:34), 입다(11:29)에게 여호와의 영이 임하였고, 삼손의 경우에는 여호와의 영이 세 번이나 임했다고 기록한다(14:6, 19; 15:14). 삼손에게 여호와의 영이 강하게 임하여 사자를 찢어 죽이거나 팔에 묶인 밧줄을 끊어버렸고, 나귀 턱뼈로 천명의 블레셋 사람들을 죽이기도 했다. 사사들에게 임한 여호와의 영은 내면적 변화나 삶의 열매를 위한 것이라기보다는 특정한 전쟁을 수행할 수 있는 능력을 부여받은 것이다. 사사들이 전쟁에서 승리한 것은 그들 자신의 힘과 지혜가 아닌 여호와의 영의 능력과 권위를 부여 받았기 때문이다. 여호와의 영은 사사들이 이스라엘을 위한 위대한 구원 사건을 이루도록 배후에서 활동하셨다.

6. 신약과의 관계

사사기는 죄에 빠진 인간들을 다루시는 하나님의 은혜와 긍휼을 증거

---

[6] 필립 세터트웨이트·고든 맥콘빌, 『역사서』 김덕중 역 (서울: 성서유니온선교회, 2009), 172.

한다. 하나님은 언약에 신실하지 못하고 주기적으로 죄를 범하는 백성들을 구원하시기 위해 인간 사사들을 구원자로 보내셨다. 신약에서 예수 그리스도는 타락한 인류를 구원하기 위해 하나님께서 보내신 구원자시다. 이스라엘의 사사들은 불완전하고 흠이 있는 인간들이었지만 예수 그리스도는 흠이 없으신 하나님의 아들로서 죄와 죽음을 이기시고 흑암의 권세에서 택한 백성들을 구원하셨다(골 1:13, 2:15; 고전 15:57). 이스라엘의 여러 사사들은 궁극적으로 자기 백성들을 죄에서 구원하시기 위해 이 땅에 오신 그리스도를 바라보게 한다. 사사기는 백성들 가운데 왕이 없기 때문에 그들이 자기의 소견에 옳은 대로 행동하였다고 증언한다(삿 17:6, 18:1, 19:1, 21:25). 타락한 인간들은 자율적으로 공동체의 질서를 유지하며 살아가기 힘들다. 끊임없는 자기만족을 위한 무질서와 혼돈의 사회를 만들어 갈 뿐이다. 사사기가 고대하는 궁극적 왕은 다윗의 후손으로 오실 예수 그리스도이다. 세상은 예수 그리스도의 주권 아래 있고 그분을 왕으로 모시며 통치를 받아야 한다. 세상 속에서 왕이신 그리스도의 통치가 온전히 행해질 때 평강과 희락의 하나님 나라가 온전히 구현된다.

내용 요약

1. 사사기는 역사서의 두 번째 책이며 또한 히브리어 성경 전선지서의 두 번째 책이다.
2. 사사기는 여호수아의 죽음 이후와 왕정 체제 등장까지의 시대를 살아가는 이스라엘 백성들에게 어떤 일들이 일어났는지에 대한 역사적이며 신학적인 기술을 한 책이다.
3. 사사기는 언약을 어기고 죄에 빠진 인간들을 다루시는 하나님의 은혜와

> 궁휼을 증거하며 변함없이 언약에 신실하신 하나님과의 대조를 잘 보여 준다.
> 4. 이스라엘의 여러 사사들은 궁극적으로 자기 백성들을 죄에서 구원하시기 위해 이 땅에 오신 그리스도를 바라보게 한다.

7. 현대인을 위한 적용

현대 사회는 포스트모던 철학의 영향으로 개인의 자율성과 감정, 문화적 상대주의를 중시한다. "자기 소견에 옳은 대로 행하던" 사사기 시대의 모습은 오늘날에도 반복되고 있다. 하나님의 말씀이라는 기준이 약화될 때, 교회와 개인은 세속화와 혼란에 빠지게 된다. 첫째, 사사기의 핵심 교훈은 회개와 회복의 순환 구조이다. 인간의 반복되는 타락과 하나님의 징계, 회개의 외침, 그리고 구원은 오늘날 그리스도인의 삶에도 동일하게 적용된다. 하나님은 여전히 회개하는 자를 향해 궁휼과 자비를 베푸신다. 따라서 현대 신자들은 자신의 삶 속에서 죄와 불순종을 직시하고, 회개함으로 하나님의 은혜 안에 머물러야 한다. 둘째, 사사들은 불완전한 인간들이었지만 하나님께서 그들을 사용하셔서 백성을 구원하셨다. 하나님은 오늘날에도 여전히 부족한 사람을 통해 역사하신다. 자신의 연약함에도 불구하고 하나님께 헌신할 때 하나님은 성도들을 통해 가정, 교회, 사회에서 구원의 도구로 사용하신다. 셋째, 사사기에 반복되는 '여호와의 영'의 임재는 성령 하나님께서 하나님의 사역을 위해 능력을 주심을 보여 준다. 신약 시대 이후 모든 신자에게 내주하시는 성령은 오늘날에도 영적 전쟁의 능력과 분별력을 공급하신다. 성도는 성령의 충만함으로 영적 싸움에 승리해야 한다(엡 6:10-18). 마지막으로, 사사기는 무질서한 시대 가운데 '왕 되신 하나님'에 대한 갈망을 보여 준다. 이는 우리가 왕이신 예수 그리스도의 통치 아래 살아가야 함을 교훈한다. 진정한 평안과 정의는 인간 정치가 아니라 예수 그리스도의 다스림 안에 있다.

8. 깊은 연구를 위한 질문

1) 사사기의 순환 구조는 독자들에게 어떤 신학적 메시지를 전하는가?

2) 사사기에 소개된 여호와의 영과 신약의 성령 사이에는 어떤 면에서 연속성과 불연속성이 있는가?

3) 사사 시대가 영적 암흑기가 된 이유는 무엇이라 생각하는가?

4) 사사기에는 하나님과 이스라엘 백성들과의 언약 관계가 어떤 식으로 소개되는가?

5) 사사기에서 사사들의 역할은 무엇인가?

9. 심화학습을 위한 독서 목록

박유미. 『내러티브로 읽는 사사기』. 서울: 새물결플러스, 2018.
이동수. 『사사기의 구속사적 읽기』. 서울: 그리심, 2015.
Beldman, David J. H., *Judges*. Grand Rapids: Eerdmans, 2020.
Block, Daniel I. *Judges, Ruth*. NAC 6. Nashville: Broadman, 1999.
Boling, Robert. *Judges*. Garden City, N.Y.: Doubleday, 1975.

룻기

1. 목적

룻기는 사사 시대의 영적인 암흑기 속에 진주와 같이 빛나는 한 이방 여인의 믿음 이야기를 담았다. 총 4장으로 구성되었고 전체 85절로 이루어진 간단한 분량이면서도 짜임새 있는 책이다. 룻기는 하나님과 맺은 언약을 어기고 배교하는 당시 이스라엘 백성들과 혼돈의 상황과는 강하게 대조되는 한 신실한 가정을 통해 하나님의 중단 없는 구속 사역이 어떻게 진행되는지를 소개한다. 룻기에 나타난 등장인물들, 극적인 사건 전개와 이야기 구성은 감동적인 구속의 드라마로 독자들을 안내한다. 룻기는 문학적으로 보면 아주 정교하게 구성된 내러티브 장르에 속한다. 그렇다고 해서 일부 학자들이 주장하는 것처럼 룻기는 허구적인 단편 소설이 아니다. 역사적 사건과 사실을 기반으로 룻기는 사사 시대와 왕정 시대를 잇는 가교 역할을 한다. 사사기 후반부에는 이스라엘에 왕의 리더십이 없어 백성들이 자기 소견에 옳은 대로 행하였다고 했고 사무엘서는 사울 왕과 다윗 왕의 출현을 알리고 있다(삼상 9:16; 삼하 2:4). 룻기의 사건들은 왕이 부재한 사사 시대와 왕이 등장하는 사무엘서 사이에 발생했고, 이스라엘의 왕이 신실한 룻과 보아스를 통해 준비되는 과정을 극적으로 보여 주고 있다. 사백년 동안의 불신앙과 배교의 시대 속에서도 하나님은 언약에 신실한 자들을 보존하셨고 이들을 통해 다윗 왕의 가문을 세워가셨다. 룻기는 모든 사건들의 배후에 하나님의 보이지 않는 손길이 있고, 하나님의 계획이 기근이나 인간의 죄악에 의해 멈춰지지 않으며 오히려 하나님의 주권적 의도와 계획은 반드시 성취됨을 말해 준다. 또한 룻기 4장에는 다윗 왕의 족보가 소개되는데 이를 통해 다윗 왕의 조상이 누구이며 다윗이 왕이 되는 과정을 알리기 위한 목적으로 기록되었다.[1]

2. 저자

룻기는 저자에 대해 그 어떤 단서를 제공하지 않으며 저자 또한 자신에 대한 언급을 전혀 하고 있지 않다. 유대교 전통의 바벨론 탈무드는 룻기의 저자를 사무엘로 제시하나 이에 대해서는 다양한 견해가 있다.[2] 대부분의 학자들은 사무엘의 저작권에 대해 회의적이다. 왜냐하면 사무엘은 다윗 보다 앞선 시기에 살았고 그가 죽은 후 수년이 지나서야 다윗 왕이 통치를 시작했기 때문이다.[3] 룻기의 저자는 다윗

---

[1] R. L. Hubbard Jr., *The Book of Ruth*, NICOT (Grand Rapides: Ederdmans, 1988), 39–42.
[2] 바벨론 탈무드는 "사무엘이 자신의 이름을 따른 책과 사사기와 룻기를 기록했다"고 전한다(*Baba Babthra* 14b). 룻기 4장은 다윗을 그 당시에 잘 알려진 인물로 묘사하기에 사무엘 저작권은 가능성이 희박해 보인다.
[3] 레이몬드 딜러드·트렘퍼 롱맨, 『최신구약개론』, 194; F. W. Bush, *Ruth, Esther*, WBC (Dallas, TX: Word, 1996), 25–35.

왕가에 대해 익히 알고 있었음이 분명하고 사무엘은 다윗이 왕이 되기 이전에 벌써 죽었기 때문에 다윗에 대한 충분한 정보를 기록할 수 없었다고 생각한다(삼상 28:3). 그러나 일부 학자들은 사무엘의 저작권의 가능성을 타진하기도 한다. 사무엘이 비록 다윗의 통치 이전에 죽었을지라도 사무엘은 하나님께서 다윗을 이스라엘의 통치자로 선택하셨다는 것을 미리 알고 있었다.[4] 또한 사사기, 룻기, 사무엘상은 공통적으로 이스라엘의 왕권이란 주제를 가지고 있고 다윗 왕을 이스라엘의 참된 왕이며 하나님의 선택된 왕임을 보여 주고 있다. 따라서 신학적인 측면에서 보면 이 세 권의 책은 동일한 저자가 다윗 왕조에 대한 통일성 있는 관점으로 기록했을 가능성이 있다.[5] 아무튼 룻기의 저자를 찾아내는 것은 쉽지 않다. 구약 성경은 많은 부분에서 저자를 익명으로 제시하고 있으며 특정 저자 개인을 초월한 본문 자체의 메시지를 전하는 데 더욱 관심이 있다.[6]

3. 기록 연대와 배경

룻기의 기록 연대에 대한 학자들의 견해는 서로 일치하지 않는다. 20세기의 많은 비평학자들은 룻기가 포로기 이후의 기록물이라고 간주한다.[7] 그러나 대부분의 보수주의 학자들이 주장하듯이 룻기의 기

---

[4] 존 여, "룻기", 『성경신학적 구약개론』 조휘 역, 417.
[5] 존 여, "룻기", 『성경신학적 구약개론』 조휘 역, 417-19.
[6] F. W. Bush, *Ruth, Esther*, WBC (Dallas: Word Book, 1996), 45.
[7] 포로기 이후로 보는 이유는 룻기의 언어가 아람어의 영향을 받았고, 에스라와

록 연대와 역사적 정황은 포로기전으로 볼 수 있다. 룻기 1:1은 "사사들이 치리하던 때에 그 땅에 흉년이 드니라"로 시작하면서 룻기의 사건이 사사기 시대를 배경으로 기록되었다는 것을 암시하고 있다(주전 1390-1050년). 또한 룻기 4장의 종결 부분에서 소개되는 다윗의 족보는 저자가 룻기를 기록했을 당시 청중들은 다윗에 대해 익히 알고 있었을 것이라고 짐작해 볼 수 있다. 룻기에서 소개되는 계대 결혼법의 풍습도 역시 포로기 이전의 기록 연대를 뒷받침해 준다. 룻은 모압 여인이다. 모압은 롯의 큰 딸의 근친상간 범죄로 탄생한 비극적인 민족이다(창 19:37). 모압은 몰렉과 그모스 신을 섬겼으며 제의 과정에서 어린 자녀들을 불태워 바치는 가증한 일을 행하였다(민 21:29). 사사 에훗이 통치하던 시기에 모압 왕 에글론이 이스라엘을 18년 동안 압제한 적이 있었다. 모압은 서쪽으로는 사해바다와 연접해 있고 위쪽으로는 아르논강 아래쪽으로는 세렛강이 흐르고 있어 비교적 비옥한 지역이다. 포도를 비롯한 각종 농산물 재배와 목축업에 적합한 땅이기도 하다. 유다 베들레헴의 엘리멜렉의 가정이 예루살렘의 기근을 맞이하여 모압으로 이주한 것은 현실적으로 불가피한 선택이었으나 믿음의 행동은 아니었다.

4. 룻기 구조

룻기는 문학적 탁월성을 지닌 저자에 의해 정교하게 기록된 내러티브

느헤미야 시대의 통혼에 관한 주제가 나오기 때문이며, 유대인 히브리 성경의 세 번째 부분인 성문서(Ketubim)에 포함되어 있기 때문이라고 주장한다.

장르이다. 독일의 문호 괴테는 룻기를 구약에서 가장 아름다운 단막극이라고 불렀다. 저자는 단어 반복, 언어유희, 수미쌍괄식, 파토스, 암시, 족보 결론 등 다양한 문학적 기법을 사용한다. 간략한 서론과 더불어 등장인물들 간의 대화를 집중적으로 조명하며 전체 내용을 드라마틱하게 전개시킨다. 룻기는 저자가 전달하고자 하는 주제가 분명히 있으나 이를 흥미진진한 내러티브 방식으로 소개한다.

I. 서막: 엘리멜렉 가정의 비극과 재난(1:1-5)

II. 1막: 베들레헴으로 귀환한 나오미와 룻(1:6-22)

III. 2막: 룻과 보아스의 만남(2:1-23)

IV. 3막: 나오미의 계획과 성공(3:1-18)

V. 4막: 보아스와 룻의 결혼과 출산(4:1-17)

VI. 종막: 다윗의 족보(4:18-22)

5. 신학적 내용

룻기는 일부 학자들의 주장과 같이 한 남녀의 결혼 단편 소설 정도로 오해하기 쉽다. 룻기에는 기적이나 하나님의 직접적인 계시가 소개되지 않아 단순한 윤리 이야기로 오해될 수 있다. 그러나 이 책은 하

그림 12 모압 땅[8]

---

[8] 출처. IBC 성서문화교육원.

나님이 의도하신 신학적인 메시지가 담겨져 있다.

1) 하나님과 인간의 헤세드

룻기에는 언약백성들을 신실하게 다루시는 하나님의 은혜와 사랑을 표현하는 히브리어 헤세드란 단어가 여러 번 나타난다(1:8; 2:10, 20; 3:10). 룻기에서 이 단어는 하나님과 인간의 차원에서 모두 사용되었다. 나오미는 하나님께서 두 며느리들을 선대(헤세드)하길 원한다고 말하며 그들을 축복하였다(1:8). 두 며느리들을 보낼 때 하나님의 변함없는 사랑과 자비에 그들을 의탁한 것이다. 반면에 룻은 하나님과 시어머니에게 헌신할 것을 약속한다(1:16-17). 룻은 보아스가 자기 밭에서 이삭을 줍도록 허락해 줌을 감사하며 "어찌하여 내게 은혜(헤세드)를 베푸시며 나를 돌보시나이까"라고 말하며 그를 칭송한다(2:10). 나오미도 룻에게 은혜(헤세드) 베풀기를 아끼지 않는 보아스를 칭찬한다(2:20). 보아스도 룻이 시어머니와 죽은 남편에게 베푼 인애를 알고 있었고 룻이 베푼 인애(헤세드)를 칭송한다. 룻기는 사사 시대의 영적, 도덕적 붕괴라는 어두운 터널을 통과하는 가운데 언약에 신실하신 하나님과 룻과 보아스의 헤세드의 향연을 보여 주고 있다. 하나님은 혼란과 혼돈의 영적 암흑기 속에도 신실한 자들에게 은혜를 베푸시고 복을 내려 주신다.

2) 배후에 계시는 하나님

룻기에 나타난 사건들은 배후에서 섭리하시는 하나님의 주권에 관해 증언한다. 나오미가 모압 땅에서 가나안 땅으로 돌아오게 된 원인은 하나님께서 자기 백성들을 권고하시고 그 땅에 양식을 주셨기 때문이다(1:6). 하나님은 자신의 언약 백성들을 방관하시는 분이 아니고 그들 가운데 개입하시어 자비를 베풀어 주신다. 룻이 보아스를 만난 사건도 마찬가지이다. 그녀가 엘리멜렉의 친족 보아스의 밭에 우연히 이르렀다고 기록하고 있으나 이는 그들의 만남이 인간의 인위적 조작으로 이루어지지 않았다는 것을 강조한다(2:3). 보이지 않는 하나님의 섭리가 룻의 발걸음을 인도한 것이다. 배후에서 일하시는 하나님의 손길은 보아스와 룻의 결혼 후에 자녀 출생에서도 나타난다. 물론 결혼한 부부가 자녀를 가지는 것은 당연한 결과이지만 본문은 "여호와께서 그에게 임신하게 하시므로 그가 아들을 낳았다"고 기록하고 있다(4:13). 룻기의 저자는 하나님의 직접적인 말씀이나 현현을 소개하지는 않았으나, 헤세드의 삶을 사는 평범한 가정 속에서 일하시는 하나님과 그의 주권적 섭리를 내러티브 안에서 암시하고 있다.

3) 이방인의 포용

룻은 모압 여인으로 자기 백성과 그들이 섬기는 신을 떠나 이스라엘의 하나님을 알고 믿은 자이다. 본문은 룻이 모압 여인임을 반복적으로 언급한다(1:2, 4, 6, 22; 2:2, 6, 21; 4:5, 10). 이는 모압 여인도 하나님께 신실할 수 있으며 하나님과 언약 관계를 맺으며 살아갈 수 있음을 보여 준다. 룻은 다말, 라합, 나아만, 요나시대의 니느웨 백성들과 같이 이방인으로서 하나님을 섬겼던 인물들의 대열에 서 있다. 하나님은 이스라엘 백성이 아닌 자들도 기꺼이 하나님의 언약 백성의 공동체에 속하게 하신다. 하나님의 언약적 은혜와 사랑은 성별, 인종, 민족에 제한되지 않는다.

6. 신약과의 관계

기업 무를 자(kinsman-redeemer)가 된 보아스가 룻에게 보여 준 자비와 친절은 예수 그리스도의 구속을 예표하는 행동이다.[9] 만약 한 가정의 기업인 땅이 다른 사람에게 팔렸다면 그 가정의 친족 혹은 기업 무를 자가 그 땅을 다시 되살 수 있는 법이 있다(신 25장). 이를 통해 이스라엘의 각 가정이 분배받은 기업을 영속적으로 보존할 수 있었고 하나님은 이러한 제도를 통해 위기의 상황 속에 처한 가정의 재산과 생명을 구원하고 보호하길 원하셨다. 친족의 밭을 대신 사주어 어려움에서 구해준 자를 기업 무를 자라고하며 이 같은 제도를 히브리어로 '고엘' 제도라고 한다. 보아스가 보여 준 행동은 이방 여인 룻이 하나님의 언약적 축복에 참여하고 메시아의 계보에 포함될 수 있는 길을 열어주었다. 하나님은 이스라엘을 위한 '고엘'이시며 이러한 사상은 신약에서 예수 그리스도에게 적용이 된다. 예수 그리스도는 모든 대가를 치르시고 죄악에 빠진 인간들을 구원하시기 위해 이 땅에 오신 '고엘'이시다. 룻기 4장은 다윗과 관련된 계보를 제공한다. 이는 창세기 49:8-12에서 유다 족속을 통해 메시아가 출현하겠다는 약속 성취의 한 과정이다. 이방 여인 룻의 후손으로 오벳, 이새, 다윗이 출현하게 되고, 마태복음 1장에서 룻은 예수님의 계보에 나오는 4명의 이방 여인 중 한 명으로 소개가 된다.

---

9 Bruce K. Waltke, *An Old Testament Theology: An Exegetical, Canonical, and Thematic Approach* (Grand Rapids: Zondervan, 2007), 868.

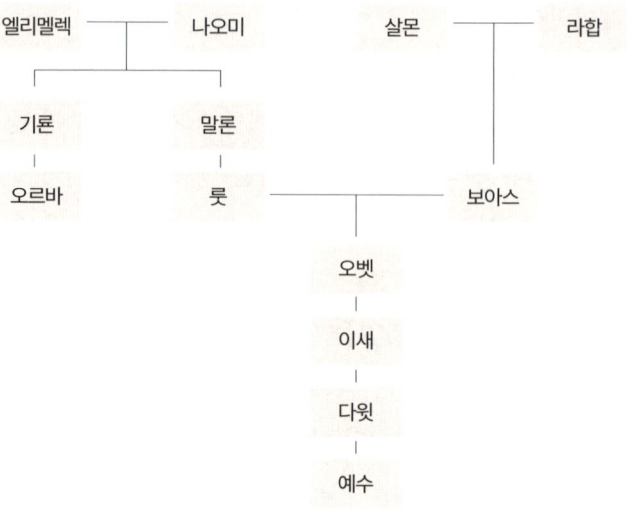

표 13 룻의 가계도

내용 요약

1. 룻기는 사사 시대의 영적인 암흑기 속에 진주와 같이 빛나는 한 이방 여인의 믿음 이야기를 담았다.
2. 룻기 4장에는 다윗 왕의 족보가 소개되는데 이를 통해 다윗 왕의 조상이 누구이며 다윗이 왕이 되는 과정을 알리기 위한 목적으로 기록되었다.
3. 룻기는 문학적 탁월성을 지닌 저자에 의해 정교하게 기록된 내러티브 장르이다.
4. 룻기에는 언약백성들을 신실하게 다루시는 하나님의 은혜와 사랑을 표현하는 히브리어 '헤세드'란 단어가 여러 번 나타난다
5. 기업 무를 자(kinsman-redeemer)가 된 보아스가 룻에게 보여 준 자비와 친절은 예수 그리스도의 구속을 예표하는 행동이다.

7. 현대인을 위한 적용

룻기는 혼돈과 배교의 시대에도 하나님의 섭리와 은혜가 어떻게 신실한 자들의 삶을 통해 실현되는지를 보여 준다. 룻은 이방 여인이었고, 사회적으로는 약자였지만, 하나님을 향한 믿음과 시어머니 나오미에 대한 충성으로 하나님 나라의 역사 속에 쓰임 받았다. 이는 오늘날 우리에게도 중요한 메시지를 전한다. 첫째, 하나님은 외적 조건보다 마음의 중심과 신실함을 보신다. 신자는 재산, 외모, 성별, 인종으로 사람을 평가하지 말아야 한다. 그리스도 예수 안에서 남자나 여자나, 귀한 자나 비천한 자나 이방인이나 모두 하나이다. 둘째, 룻의 삶을 통해 하나님은 보이지 않지만 항상 일하시는 섭리의 하나님임을 알 수 있다. 우리의 일상 속에도 '우연처럼 보이는 일'들 가운데 하나님의 인도하심이 있음을 믿고 신뢰해야 한다. 하나님은 기적보다 일상의 섬김과 충성 속에서 역사하시는 분임을 깨달아야 한다. 셋째, 룻기에서 강조되는 '헤세드'는 오늘날 신자들이 가족과 공동체, 교회 안팎에서 실천해야 할 사랑과 충성, 신실함을 보여 준다. 헤세드의 성품을 지닌 하나님께서는, 헤세드의 삶을 살아가는 성도들을 통해 은혜의 선순환을 이루어 가신다. 하나님은 오늘도 그런 평범한 성도들의 일상을 통해 구속사의 역사를 계속 써 내려가고 계신다.

8. 깊은 연구를 위한 질문

1) 룻기에 나타난 기업 무를 자 사상의 배경이 되는 율법은 무엇인가?

2) 배후에서 역사하시는 하나님의 섭리가 어떤 방식으로 소개가 되는가?

3) 룻기에는 헤세드 사상이 어떤 방식으로 소개가 되는가?

4) 룻기 4장에 소개된 족보는 구속사적 관점에서 어떤 기능을 하는가?

5) 보아스와 예수 그리스도는 어떤 관계가 있는가?

9. 심화 학습을 위한 도서 목록

김지찬. 『룻기, 어떻게 설교할 것인가: 본문주해에서 설교까지』. 서울: 생명의말씀사, 2018.
양성규. 『내러티브 룻기』. 서울: 좋은땅, 2013.
Block, Daniel. *Judges, Ruth*. NAC. Nashville: B&H, 1999.
Bush, Frederic. *Ruth/Esther*. Dallas: Word, 1996.
Hubbard Jr., Robert I., *The Book of Ruth*. Grand Rapids: Eerdmans, 1988.
Younger, K. L., Jr. *Judge, Ruth*. NIVAC. Grand Rapids: Zondervan, 2002.

사무엘상하

1. 목적

사무엘상하는 원래 히브리어 성경에서 한 권의 책이었으나 주전 3세기 후반에 히브리어 성경을 헬라어로 번역한 칠십인경에서 이를 두 부분으로 나누었다. 칠십인경은 히브리어 성경의 사무엘서를 1, 2 왕국서(*Basileion*)로 나누었고 열왕기는 3, 4 왕국서로 분류했다.[1] 이와 같은 구분은 라틴어 성경에서 사용하였고 현재 영어 성경과 한글 성경에서 그대로 반영하고 있다. 사무엘서는 사사 시대에서 왕정 시대로 전환하는 시기에 발생한 주된 사건들과 인물들을 소개한다. 이스라엘에 왕이 없으므로 백성들이 자기 소견에 옳은 대로 행했던 사사 시대 이후 백성들은 왕에 대한 열망이 점점 커졌다. 사무엘서는 어떻게 왕정 체제가 세워지는지를 다루면서 이 시기에 중심이 되는 킹메이커 사무엘, 초대 왕 사울, 언약의 주인공 다윗에 대한 내용들을 주로 담고 있다. 사무엘서는 누가 진정한 이스라엘의 왕인지에 대한 질문에

---

1 유진 H. 메릴, 마크 F. 루커, 마이클 A. 그리산티, 『현대인을 위한 구약개론』, 494.

답을 한다. 또한 하나님의 구속사에서 결정적인 사건인 이스라엘의 왕정 체제의 구축은 백성들이 원해서가 아니라 이스라엘을 위한 하나님의 구속사적인 계획이었다는 점도 기술한다. 사무엘서는 역사적 사건들과 인물들을 내러티브 형식으로 서술하고 있지만 단지 역사를 위한 역사를 기록한 것은 아니다. 또한 단순히 인물들의 자서전을 제공하는 것도 아니다. 이 책은 내러티브 형식의 역사 서술을 통해 저자가 말하고자 하는 다음과 같은 신학적인 의도가 있다.

첫째는 왕정 체제와 관련된 하나님의 계획이다. 하나님은 족장들에게 장차 왕들이 그들의 후손들 가운데 출현할 것을 미리 말씀하셨다(창 17:6, 16; 35:11). 아브라함에게는 장차 여러 왕들이 네게로부터 나오리라고 하셨고, 야곱에게는 그의 아들 유다와 그의 후손들에게 왕의 규가 떠나지 않고 왕으로 상징되는 통치자의 지팡이가 나오게 될 것이라고 약속하셨다(창 49:8-12). 이스라엘에 왕이 세워지는 것은 이전부터 하나님의 계획과 목적 안에 있었다. 신명기는 이스라엘의 미래 왕이 지켜야 하는 규례들을 제시한다(신 17:14-20).[2] 신정주의 국가를 이루기 위해 이스라엘의 왕들이 절대주권자이시며 궁극적 왕이신 하나님께 순종해야 하는 구체적 지침들이다. 이스라엘의 왕의 출현은 이미 족장들과 모세에게까지 계시되었고 하나님의 구속사의 계획안에서 이루어지는 것이다.

둘째, 하나님께서 사울을 버리고 다윗을 택한 이유를 제시하기 위

---

2 신 17장에서 제시하는 이스라엘의 왕들을 위한 규례는 다음과 같다. 첫째, 병마를 많이 두지 않고, 병마를 얻으려고 그 백성을 애굽으로 가게 하지 말아야 한다. 둘째, 아내를 많이 두어 그의 마음이 미혹되게 하지 말아야 한다. 셋째, 자기를 위해 은금을 많이 쌓지 말아야 한다. 넷째, 왕위에 오르면 율법서의 복사본을 기록하여 평생에 자기 옆에 두고 읽어 여호와 경외하기를 배워야 한다.

함이다. 백성들은 사울을 택했으나 하나님은 주권적으로 다윗과 그의 가문을 택하시고 이스라엘에 다윗 왕조를 세우셨다. 유다 지파 출신의 다윗은 하나님의 마음에 합한 자였고(삼상 13:14) 하나님의 왕권을 인정한 자였다(시 145:1). 사울은 이스라엘의 초대 왕이었으나 자신을 위한 왕권을 추구하였고 결국 하나님께 불순종하여 버림을 받았다(삼상 15:10-31). 물론 다윗도 죄를 범하고 불순종했으나 하나님은 그를 버리지는 않았다. 그는 자신의 죄를 인정하고 회개했을 뿐만 아니라 자신의 죄에 대한 상당한 보응도 받았다(삼하 12:13).

셋째, 하나님의 주도하에 맺어진 다윗 언약의 중요성을 알리고자 하는 의도이다. 창세기는 창조언약, 노아언약, 아브라함 언약을 소개하고 출애굽기는 시내산에서 맺은 모세 언약을 말한다. 창세기에서부터 발전된 언약의 흐름은 사무엘하 7장에 나타난 다윗 언약 안에서 그 절정을 이룬다. 사무엘서는 다윗 언약의 배경, 내용을 소개하고 언약을 어긴 다윗에게 임한 하나님의 징계에 대해서도 여과 없이 기술한다. 이를 통해 언약관계를 통해 일하시는 하나님의 성품과 언약의 속성을 제시하려는 목적이 있다.

2. 저자

고대 전승들은 사무엘서의 일부는 사무엘 선지자에 의해 기록되었을 것이라고 간주한다. 주후 6세기의 바벨로니안 탈무드(the Babylonian Talmud) 바바 바트라(Baba Bathra)는 "선지자 사무엘은 자신의 이름을 딴 사무엘서와 사사기 및 룻기를 기록하였다"(14b-15a)고 말한다.³ 물론 사무엘은 자신의 사망 전의 기록물인 사무엘상 1:1-24:22까지의 내용을 기록했거나 이에 대한 다양한 정보를 제공했을 가능성은 있다. 그러나 사무엘상 25:1과 28:3은 사무엘의 죽음을 기록하고 있기에 사무엘상 25-31장과 사무엘하는 다른 선지자들이나 저자가 기록했다고 보아야 할 것이다. 이를 뒷받침해 주는 근거는 역대상 29:29, 30이다.

> 다윗 왕의 행적은 처음부터 끝까지 선견자 사무엘의 글과 선지자 나단의 글과 선견자 갓의 글에 다 기록되고 또 그의 왕 된 일과 그의 권세와 그와 이스라엘 온 세상 모든 나라의 지난 날의 역사가 다 기록되어 있느니라.

사무엘서와 역대기서 사이에는 병행구절이 많이 있다. 역대기 저자는 사무엘의 글과 나단의 글과 갓의 글과 또 다른 역사적 자료들을 참조로 하여 역대기를 기록했을 것이다. 나단 선지자는 적어도 다윗 왕궁에서 일어난 일들은 익히 알고 있었을 것이기에 다윗과 밧세바 사건뿐만 아니라 이후의 왕궁과 관련된 여러 사건을 그가 기록했을 가능성이 크다.⁴ 갓 선지자는 다윗이 사울을 피하여 도망했을 때 그를 도와주었고 사무엘서에 나오는 대부분의 사건들을 알고 있었을 것이다(삼상 22:5). 따라서 갓 선지자도 사무엘서의 일부를 기록했을 것이다. 사무엘상 27:6에 "아기스가 그 날에 시글락을 그에게 주었으므

---

3 유진 H. 메릴, 마크 F. 루커, 마이클 A. 그리산티, 『현대인을 위한 구약개론』, 494.
4 Bill T. Arnold, *1 & 2 Samuel*, NIV Application Commentary (Grand Rapids: Zondervan, 2003), 25.

로 시글락이 오늘까지 유다 왕에게 속하니라"는 기록에서 "유다 왕"은 히브리어 원문에서 "유다 왕들"이다. 이는 분열 왕국 시대에 남유다 왕들을 언급하고 있다고 보아야 할 것이다. 이러한 기록은 사무엘서가 솔로몬 이후 왕국분열 시기에 완성되었음을 시사한다. 아마도 편집자 겸 기록자가 선지자의 글들을 모아 배열했고 다른 자료를 사용했을 수도 있을 것이다. 예를 들면 사무엘하 1:18에는 다음과 같은 기록이 있다. "명령하여 그것을 유다 족속에게 가르치라 하였으니 곧 활 노래라 야살의 책에 기록되었으되." 사무엘서의 저자는 다윗의 슬픈 노래(삼하 2:19-27)를 야살의 책에서 인용하였다. 세 선지자들의 글과 야살의 책은 사무엘서 저작과 깊은 관련이 있다. 위에서 소개한 다양한 자료들이 있음에도 불구하고 사무엘서의 형성 과정을 정확하게 복원하는 것은 힘들다.

3. 기록 연대와 배경

사무엘상은 사무엘의 출생과 소명(주전 1150년경)으로 시작하여 사울의 죽음(주전 1010년경)에 이르기까지 약 140년간의 시기를 다루고 있다. 사무엘하는 사울과 요나단의 죽음에 대한 다윗의 애가로 시작하여 다윗의 유언과 아라우나의 타작마당에서 제단을 쌓는 사건으로 마무리되고 있다. 적어도 이 시기에는 다윗이 살아 있었기 때문에 사무엘하는 주전 1010-970년경의 사건들을 다루고 있다고 추정할 수 있다. 그러나 사무엘상하의 최종 형태는 사건들이 발생한 시기에 모두 기록되었다고 보이지는 않는다. 본문의 여러 가지 증거들로 볼 때 사무엘서의 최종 본은 사건이 발생한 후 일정 기간이 지난 다음에 완성이 되었다는 점을 알 수 있다. 첫째, 사무엘하는 주전 722년에 발생한 북 이스라엘의 수도 사마리아의 함락에 대해 아무런 언급이 없다. 이는 사무엘서가 적어도 그 사건 발생 이전에 기록되었다고 간주할 수 있을 것이다. 둘째, 사무엘서에 나타난 "오늘까지"란 어구는 저자가 본문을 기록했을 때보다 먼저 사건들이 발생했다는 것을 말해 준다(삼상 5:5; 6:18; 27:6; 30:25; 삼하 4:3; 6:8; 18:18). 셋째, 앞에서 언급했듯이 "시글락이 오늘까지 유다 왕(들)에게 속하니라"(삼상 27:6)는 언급 때문에 사무엘서는 적어도 주전 931년 솔로몬 통치 이후 왕국분열 시기에 유다의 왕들이 통치한 기간 동안에 기록이 되었을 것이다. 넷째, 사무엘하 5:5에서 다윗의 총 통치 기간을 기록한다. "헤브론에서 칠 년 육 개월 동안 유다를 다스렸고 예루살렘에서 삼십삼 년 동안 온 이스라엘과 유다를 다스렸더라." 그런데 사무엘하의 마지막 장에서는 아직도 다윗의 통치 기간 동안의 사건을 다루고 있다. 이는 사무엘서의 최종 편집은 다윗의 통치 후에 진행되었다는 점을 시사한다. 따라서 일부 비평학자들이 주장하듯이 사무엘서의 기록 연대를 포로기나 포로 후기로 볼 필요는 없어진다. 아마도 사무엘서의 기록 연대는 솔로몬의 통치에서부터 적어도 사마리아 성의 함락 이전까지의 기간인 주전 9-8세기경 일 것이다.

사무엘서의 배경이 되는 중요한 사건들 가운데 하나는 고대 근동의 한 민족인 블레셋 사람들이 끈질기게 이스라엘 백성들을 공격하고 괴롭히는 사건이다.[5] 블레셋의 공격으로 중앙 성소가 있었던 실로가 파괴되었고 언약궤가 탈취당하는 일까지 벌어졌다. 이 시기에 사무

---

5 이집트 왕들의 계곡 근처 메디나 하부에 있는 무덤 사원 벽면에서 출토된 부조.

엘은 백성들에게 회개를 촉구하였고 이스라엘을 위해 끊임없이 기도했다(삼상 7:3-9). 이스라엘의 초대 왕 사울은 길보아산에서 블레셋과의 전투 중에 죽임을 당한다(삼상 31:1-13). 블레셋 사람들은 다윗이 왕위에 오른 뒤에야 비로소 제어가 되기 시작했다.

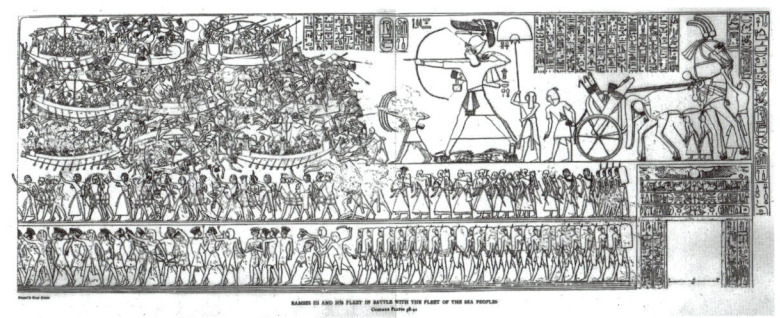

그림 13 이집트 람세스 3세와 해상민족들과의 해상 전투

블레셋[6]

1. 명칭

블레셋의 명칭은 히브리어로 '플리쉬팀'에서 유래했고 구약에서 288번 사용되었다. 칠십인역에서는 주로 '이방인들'로 번역이 되었고 영어 성경에서는 '상스러운' 또는 '교양 없는'이란 의미로 사용되기도 한다.

---

6 데이빗 M. 하워드, "블레셋인", 『고대 근동 문화: B.C. 3000년경~B.C. 323년』 신득일, 김백석 역 (서울: 기독교문서선교회, 2012), 333-61.

2. 기원

창세기는 블레셋인이 주전 3천 년기 말 또는 2천 년기 초 어간에 가나안에 나타난 것으로 말하고, 아브라함과 이삭이 서너 번 블레셋 사람들과 마주친 사건을 기록하고 있다. 블레셋인들은 아나톨리아와 크레타 섬을 포함한 에게해의 섬들과 연안지역에서 가나안으로 왔으며, 서로 다른 민족들의 혼합 민족이었다(창 10:13-14; 암 9:7). 성경 외적 자료에서 블레셋인은 이집트의 파라오 람세스 3세에 의해 처음으로 언급된다. 그의 통치 8년에 이집트인과 "해양민족(Sea People)"이라 불렀던 민족들 간에 지상전과 해전이 있었는데 그 민족들 가운데 '펠레셋(Peleset)'으로 알려진 한 민족이 블레셋이다. 애굽은 "해양민족들"의 공격을 효과적으로 물리쳤고 이들은 소아시아의 지중해 연안 지역에 흩어져 정착하게 되었다. 특히 호전적인 블레셋인들은 지중해 해안 연안의 펜타폴리스라고 불리는 가나안의 다섯 도시들(가드, 아스돗, 아스글론, 가사, 에글론)에 거주하게 되었다.

3. 역사

블레셋인은 주전 1150-1000년 동안 이스라엘의 주적이었다. 가나안에 정착한 블레셋 사람들은 철제 무기를 사용하였고 이스라엘 백성들에게 위협적인 존재가 되었다. 사사 삼갈은 소를 모는 막대기로 블레셋인 600명을 죽였고 삼손도 여러 차례 블레셋과의 싸움에서 승리를 거두었으나 11세기 중엽에 이르러는 이스라엘에 대한 결정적 군사적 우위를 차지했다. 이스라엘의 마지막 사사였던 사무엘은 미스바 근처에서 블레셋인의 침입을 물리치고 승리를 거두었으나 사울은 그의 통치 기간 내내 블레셋인과 충돌하였고 결국 블레셋과의 전투에서 전사하였다. 블레셋의 위협은 다윗의 통치 기간 동안에도 지속되었으나 다윗은 효과적으로 제압하였다. 다윗 이후에 블레셋은 히스기야, 여호사밧, 여호람, 웃시야, 아하스의 대적이 되었지만 주요세력으로 일어서지는 못했다.

4. 종교

블레셋에는 다곤, 아스다롯, 바알세불의 신들이 있었다. 다곤은 블레셋의 주신이고, 아스다롯은 사랑과 전쟁의 여신이며, 바알세불은 '파리들의 주'를 뜻하는 에글론의 신이다. 블레셋에는 다른 민족들과 마찬가지로 점쟁이와 복술가들이 있었고 신전에서 신들을 숭배하는 다신론 국가였다.

4. 사무엘서 구조

사무엘서의 전반적인 장르는 내러티브이며 그 중간에 종종 다음과 같은 다양한 문학적 장르들이 배치되어 있다. 기도(삼상 2:1-10), 시(삼상 15:22-23), 예언(삼하 7:4-17), 환영송(삼상 18:7; 21:11; 29:5), 전쟁목록(삼하 8:1-14), 비유(삼하 12:1-4), 명단(삼하 20:23-26; 23:8-39), 애가(삼하 1:17-27; 3:33-34)등이다. 사무엘서의 저자는 사사 시대로부터 초기 왕정 시대까지의 역사적 내용들을 모두 소개하지는 않는다. 그는 이 시기의 중심이 되는 세 명의 인물 사무엘, 사울, 다윗에 초점을 맞추어 기술한다. 따라서 사무엘서의 전체 구조는 사무엘에 관한 기록(1:1-7:17), 사울에 관한 기록(삼상 8:1-15:35), 다윗에 관한 기록(삼상 16:1-삼하 24:25)으로 크게 세 부분으로 나누어 제시할 필요가 있다.

I. 선지자 사무엘(삼상 1:1-7:17)
    A. 사무엘의 출생과 봉헌(1:1-2:11)
    B. 버림받은 엘리 제사장 가문(2:12-36)
    C. 소명을 받은 사무엘(3:1-4:1a)

D. 블레셋과 법궤 내러티브(4:1b-7:2)

E. 사무엘의 통치와 블레셋을 제압(7:3-17)

II. 이스라엘의 초대 왕 사울(삼상 8:1-15:35)

    A. 왕을 요구하는 이스라엘(8:1-22)

    B. 사울이 선택받고 기름 부음 받음(9:1-10:27)

    C. 야베스 성을 구원하는 사울(11:1-11)

    D. 길갈에서 왕으로 추대되는 사울(11:12-15)

    E. 사무엘의 마지막 연설(12:1-25)

    F. 사울의 왕권(13:1-14:52)

        a. 사울과 블레셋과의 전투(13:1-23)

        b. 요나단과 블레셋과의 전투(14:1-46)

        c. 사울의 업적과 집안(14:47-52)

    G. 사울의 불순종과 하나님의 후회(15:1-35)

III. 다윗 왕(삼상 16:1-삼하 25:25)

    A. 다윗이 왕으로 기름 부음 받음(16:1-23)

    B. 다윗과 골리앗(17:1-58)

    C. 사울의 사위가 된 다윗(18:1-30)

    D. 사울이 다윗을 죽이려하다(19:1-24)

    E. 다윗과 요나단(20:1-42)

    F. 피신하는 다윗: 놉, 갓, 아둘람, 미스바, 엔게디(21:1-24:22)

    G. 다윗과 아비가일(25:1-44)

    H. 사울을 또 살려주는 다윗(26:1-25)

    I. 블레셋 땅에서 다윗(27:1-29:11)

a. 다윗이 블레셋 땅으로 피신(27:1-28:2)

　　　b. 엔돌의 신접한 여인과 사울(28:3-25)

　　　c. 블레셋에게 버림받은 다윗(29:1-11)

J. 다윗과 아말렉 전투(30:1-31)

K. 사울과 요나단의 죽음과 다윗의 반응(삼상 31:1-삼하 1:27)

L. 다윗의 집과 사울의 집(2:1-4:12)

M. 다윗의 통일왕국(5:1-25)

N. 다윗의 언약궤 역(6:1-23)

O. 다윗 언약(7:1-29)

P. 다윗의 승리(8:1-10:19)

Q. 다윗의 범죄(11:1-12:31)

　　　a. 다윗과 밧세바(11:1-27)

　　　b. 나단의 책망(12:1-31)

R. 다윗 가정에 임한 불행한 사건들(13:1-18:33)

　　　a. 암논과 다말(13:1-22)

　　　b. 압살롬의 복수, 음모, 반역(13:23-15:37)

　　　c. 다윗과 시바, 시므이의 저주(16:1-14)

　　　d. 후새와 아히도벨의 계략(16:15-17:29)

　　　e. 압살롬의 죽음(18:1-33)

S. 다윗의 귀환과 여러 문제들(19:1-21:22)

T. 다윗의 승전가(22:1-51)

U. 다윗의 마지막 말과 그의 용사들(23:1-39)

V. 다윗의 인구 조사와 그 결과(24:1-25)

5. 신학적 내용

사무엘서는 다양한 문학 장르를 포함한 역사적 전기적 내러티브로 구성되어 있고 하나님의 구속사와 관련하여 중요한 신학적 메시지를 제공해 주고 있다. 사무엘서를 통해 왕권, 언약궤, 다윗 언약 등의 신학적 메시지를 생각해 볼 수 있다.

1) 왕권

사무엘서의 핵심 내용은 왕권 기관의 수립에 대한 것이다. 이 책에는 '왕'(히. 멜렉)이란 단어가 약 350회 이상 사용되었다. 이스라엘의 왕권의 가장 중요한 개념은 하나님께서 그들의 왕이시며 과거나 현재나 미래나 영원토록 그들을 통치하신다는 것이다. 여호와께서 보좌에 앉아 영원토록 자신의 백성들을 다스리신다(시 10:16; 29:10; 95:3). 이스라엘의 왕은 왕이신 하나님께 전적으로 순종하고 그의 말씀의 원리에 따라 나라를 다스려야 한다. 이스라엘 백성들이 가나안 땅에 들어가기 전부터 하나님은 그들에게 왕권에 대한 약속을 하셨다(창 17:6; 35:11; 49:8-12; 신 17:14-20). 따라서 왕권이 이스라엘 가운데 세워지는 것은 하나님의 구속사 계획의 한 부분이었다. 그런데 사무엘 시대에 이스라엘 백성들이 왕을 요구한 것은 부당했다고 평가를 내린다. 왜 그러한가? 백성들이 왕을 구하는 동기가 잘못되었기 때문이다. 사무엘상 8:5에는 백성들이 왕을 요구하는 이유에 대해 기록한다. "그에게 이르되 보소서 당신은 늙고 당신의 아들들은 당신의 행위를 따르지 아니하니 모든 나라와 같이 우리에게 왕을 세워 우리를 다스리게 하소서 한지라." 백성들은 주변 모든 나라들과 같은 왕을 요구하였다. 열방과 같이 인간 왕이 백성들을 다스리고 그들을 위해 전쟁에서 싸워 주기를 바란 것이다.[7] 그런데 그들의 요구에는 왕이신 하나님의 존재와 역할이 배제되었다. 백성들이 왕을 요구한 것 자체는 문제가 아니다. 문제는 왕을 구하는 그들의 동기가 이기적이고 자기중심적이었다는 것이다. 이스라엘의 진정한 왕은 하나님의 신정주의 왕국의 수종자가 되는 자이다.

2) 언약궤

시내산에서 하나님께서 주신 설계도에 따라 만들어진 언약궤는 하나님의 임재와 통치의 상징이다(출 25:22). 영적 암흑기를 지나고 있는 사사 시대에는 언약궤에 대해 관심이 전혀 없었다. 언약궤에 대한 무관심은 하나님의 통치에 대한 백성들의 무관심과 같다. 사무엘 시대에는 블레셋의 공격으로 언약궤가 이곳저곳으로 이동해야 하는 수난을 맞이하게 되었다. 실로(삼상 4:1-5)에 있었던 언약궤가, 에벤에셀(삼상 5:1, 2), 아스돗(삼상 5:2), 가드(삼상 5:8), 에그론(삼상 5:10), 벧세메스(삼상 6:12-14)로 이동하였고 결국 기럇여아림 아비나답의 집(삼하 7:1-2)에 머물게 되었다. 언약궤가 블레셋에 의해 탈취되고 옮겨지는 것은 하나님께서 이스라엘을 떠나셨기 때문이다. 그러나 다윗은 하나님의 언약궤 찾기를 간절히 사모하였고(시 132), 언약궤 앞에서 주님의 뜻을

---

[7] 참조. 삼상 8:19, 20, "백성이 사무엘 말 듣기를 거절하여 이르되 아니로소이다 우리도 우리 왕이 있어야 하리니 우리도 다른 나라들 같이 되어 우리의 왕이 우리를 다스리며 우리 앞에 나가서 우리의 싸움을 싸워야 할 것이니이다 하는지라."

묻고 통치하는 신정주의 국가를 이루고자 한 왕이었다. 다윗은 왕이 되자 아비나답의 집에 20년 동안 머물렀던 언약궤를 다윗성으로 이동하고자 했다(삼하 6:1-2). 그런데 언약궤를 수레에 싣고 이동하는 중에 웃사가 흔들리는 언약궤를 붙들었다가 하나님의 진노를 사서 그 자리에서 죽임을 당한다(삼하 6:6-8). 이 사건으로 인해 다윗은 여호와의 언약궤를 오벧에돔의 집으로 보냈고 언약궤는 그곳에서 머물게 된다. 언약궤가 오벧에돔의 집에 석 달을 머무는 중에 하나님께서 오벧에돔과 그의 온 집에 복을 주셨다(삼하 6:11, 12). 다윗은 오벧에돔의 집에 복을 주시는 하나님의 은총을 확인하고 율법에서 정한 절차와 방법에 따라 결국 법궤를 다윗 성으로 옮기게 된다. 언약궤는 그 안에 어떤 미신적인 힘이 있는 물건이 아니다. 하나님은 언약궤와 함께하실 수 있고 또 떠나실 수도 있다. 언약궤는 하나님의 주권하에 운영된다. 다윗이 언약궤를 찾고 다윗 성으로 옮기는 것은 단지 의식적인 절차가 아니다. 그는 언약궤 앞에서, 하나님의 임재 앞에서 이스라엘을 통치하길 원했다. 언약궤는 다윗의 신정주의 국가 통치의 상징이다.

3) 다윗 언약

사무엘하 7장의 다윗 언약은 구약 신학에서 하나님의 구속사와 언약의 절정을 이루는 부분이다. 다윗 언약이 맺어진 배경은 다윗이 언약궤를 다윗 성으로 옮긴 후 하나님의 성전을 지어 드리길 원하는 마음에서 시작한다. 다윗은 자신이 백향목 왕궁에 평안히 사는데 하나님의 궤는 휘장 안에 있는 것이 몹시 불편했다(삼하 7:2). 그래서 그는 하나님께 성전을 건축해 봉헌하고자 했으나 하나님은 "No"라고 말씀하셨다. 그러나 하나님은 성전 건축을 향한 다윗의 진실한 마음을 받으시고 언약을 베푸시고 그에게 네 가지를 약속하신다. 첫째, 하나님은 다윗과 함께하시고 그의 이름을 위대하게 만들어 주시겠다고 약속하신다(삼하 7:9). 둘째, 하나님께서 다윗에게 안식을 주시고 그를 위해 집을 지어주신다는 것이다(삼하 7:11). 사사 시대에는 주변 국가들이 이스라엘을 괴롭혔으나 다윗 시대에는 그들의 위협으로부터 평안을 주시겠다고 약속하신다. 다윗을 위한 집은 다윗으로 시작된 다윗 왕조를 의미한다. 셋째, 하나님은 다윗의 몸에서 나오는 씨를 세워 주시겠다는 것이다(삼하 7:12). 후손, 즉 씨에 대한 약속은 아브라함 언약의 핵심적인 부분이며 다윗에게도 주어진다. 다윗의 왕권은 그의 후손들에게 이어지고 그들이 다윗 왕국을 견고하게 할 것이다. 또한 그들은 하나님의 이름을 위하여 성전을 건축할 것이다(삼하 7:13). 넷째, 다윗 언약은 조건성과 무조건성을 모두 포함하고 있다. 다윗에게 주어진 언약은 하나님의 주권에 의해 맺어진 무조건적인 언약이다. 그러나 그 언약은 동시에 언약 당사자의 순종을 요구하고 있다. 다윗의 후손들은 언약에 신실한 자들이 되어야 한다. "나는 그에게 아버지가 되고 그는 내게 아들이 되리니 그가 만일 죄를 범하면 내가 사람의 매와 인생의 채찍으로 징계하려니와"(삼하 7:14)라고 말씀하신다. 하나님과 다윗 왕조의 왕들과의 관계는 부모와 자식과의 관계이다. 만약 그들이 언약에 순종하지 않으면 징계가 뒤따를 것이다. 다윗 언약은 이스라엘의 역사 속에서 여러 왕들에 대한 평가 기준이 되었고 예루살렘 함락과 더불어 언약의 소망이 사라지는 듯했다. 그러나 다윗 언약은 훗날 이상적인 다윗 왕(the Ideal Davidic king)인 메시아의 출현을 통해 다시 회복이 되었다.

6. 신약과의 관계

이스라엘의 초대 왕 사울은 비극적인 종말을 맞이했다. 그는 자신의 왕국을 추구했고 하나님의 말씀에 불순종하여 실패한 왕의 모델이 되고 말았다. 반면에 다윗은 "하나님의 마음에 합한 사람"이었다(삼상 13:14; 행 13:22, 23). 그는 블레셋의 골리앗과의 싸움에서 오직 하나님만을 신뢰하는 믿음으로 승리했고, 왕이 되고 나서 언약궤를 다윗 성으로 모시고 하나님의 임재 안에서 나라를 통치하길 원한 자였다. 그는 하나님의 뜻을 알기를 원했고 하나님을 왕으로 모시는 신정주의 국가를 세우기 위해 본을 보인 자이다. 다윗은 이 땅에 하나님 나라를 세우고자 하는 하나님의 대리인이였다. 이스라엘에게 메시아란 개념은 다윗과 같이 정의롭고 위대한 승리를 이룬 이상적인 왕의 개념으로부터 나왔다. 히브리어로 메시아는 "기름 부음을 받은 자"를 의미한다. 사무엘상하에는 "하나님의 기름부은 자"라는 주제가 반복적으로 나타난다(삼상 16:3, 6, 12-13; 24:6; 26:9, 11, 16, 23; 삼하 1:14, 16; 3:39; 19:21). 특히 사무엘상 2:1-10에서 소개되는 한나의 노래에서 한나는 "여호와께서 땅 끝까지 심판을 내리시고 자기 왕에게 힘을 주시며 자기의 기름 부음을 받은 자의 뿔을 높이시리로다"라고 기도한다. "기름 부음을 받은 자"는 하나님의 마음에 합한 다윗을 가리키는 것으로 보인다. 사무엘하 22장의 다윗의 승전가에서 다윗은 "여호와께서 그의 왕에게 큰 구원을 주시며 기름 부음 받은 자에게 인자를 베푸심이여 영원하도록 다윗과 그 후손에게로다"라고 고백한다. 사무엘상하는 "기름 부음 받은 자"란 주제가 시작과 끝을 장식하며 이 주제를 강조하고 있다. "기름 부음 받은 자"는 일차적으로 다윗을 가리키지만 장차 이 땅에 메시아로 오실 예수 그리스도를 멀리서 바라본다. 한나의 노래에 나타나는 메시아에 대한 기대와 소망은 누가복음 1장에서 마리아에게 전해지는 천사의 말과 그녀의 찬가에서 재현된다(눅 1:32, 33, 46-55). 다윗과 그의 통치는 신약에서 메시아의 출현을 기대하게 하였다.

내용 요약
1. 사무엘상하는 원래 히브리어 성경에서 한 권의 책이었으나 주전 3세기 후반에 히브리어 성경을 헬라어로 번역한 칠십인경에서 이를 두 부분으로 나누었다.
2. 고대 전승들은 사무엘서의 일부는 사무엘 선지자에 의해 기록되었을 것이라고 간주한다.
3. 사무엘상은 사무엘의 출생과 소명(주전 1150년 경)으로 시작하여 사울의 죽음(주전 1010년경)에 이르기까지 약 140년간의 시기를 다루고 있다.
4. 사무엘하는 사울과 요나단의 죽음에 대한 다윗의 애가로 시작하여 다윗의 유언과 아라우나의 타작마당에서 제단을 쌓는 사건으로 마무리되고 있다.
5. 사무엘서를 통해 왕권, 언약궤, 다윗 언약 등의 신학적 메시지를 생각해 볼 수 있다.
6. 다윗과 그의 통치는 신약에서 메시아의 출현을 기대하게 하였다.

7. 현대인을 위한 적용

사무엘서의 핵심 메시지는 "누가 참된 왕인가?"에 대한 질문이며, 이는 지금 우리에게도 동일하게 적용된다. 사울은 외적으로는 강인하고 능력 있어 보였지만, 하나님의 말씀에 순종하지 않았고 결국 버림받았다. 반면 다윗은 연약한 점이 있었지만 하나님의 뜻을 따르려는 진실한 마음이 있었고, 회개할 줄 아는 사람이었다. 이는 오늘날 성도의 삶에서도 적용된다. 하나님은 완벽한 사람보다 자신의 뜻을 따르려는 겸손한 자를 찾고 계신다. 또한 언약궤 사건을 통해 볼 때, 신앙의 본질은 외적인 형식이나 도구가 아니라 하나님과의 관계이다. 형식적인 종교 생활보다는 하나님의 임재와 말씀에 집중하는 신앙이 필요하다. 다윗이 언약궤 앞에서 예배하며 통치했던 것처럼 삶의 중심에 하나님을 왕으로 모시는 것이 참된 성도의 자세이다. 다윗 언약은 메시아 예수 그리스도를 예표하며, 하나님 나라의 완성을 향한 희망을 보여 준다. 우리가 사는 이 시대는 여러 권력과 가치들이 경쟁하는 시대이지만, 사무엘서를 통해 우리는 하나님이 여전히 역사의 주권자이시며, 모든 인생의 생사화복을 주관하시는 분임을 믿을 수 있다. 하나님 나라를 소망하며 살아가는 현대 그리스도인은 다윗처럼 하나님 앞에 정직하고 충성된 삶을 살아야 할 것이다.

8. 깊은 연구를 위한 질문

1) 탈무드에 의하면 누가 사무엘서를 기록했는가? 이런 주장의 문제점은 무엇인가?

2) 이스라엘 백성들이 왕을 세워달라고 요청한 것이 왜 잘못되었는가?

3) 하나님께서 사울을 폐하시고 다윗을 왕으로 삼으신 이유가 무엇인가?

4) 다윗 언약의 조건성과 무조건성의 내용은 무엇인가?

5) 다윗의 예루살렘 정복이 중요한 이유가 무엇인가?

6) 다윗이 밧세바와 동침한 죄가 그의 삶과 통치에 어떤 결과들을 만들었는가?

9. 심화학습을 위한 독서 목록

김홍전. 『이스라엘의 왕이신 하나님. 사무엘상·하 강해』. 서울: 성약 출판사, 2008.
요한 레드, 유진 메릴. 『룻기, 사무엘상·하』. 문동학 역. 서울: 두란노서원, 2016.
Bergen, Robert. *1 and 2 Samuel*. Nashville: Broadman and Holman, 1996.
Gordon, Robert P. *I and II Samuel: A Commentary*. Grand Rapids: Zondervan, 1986.
McCarter, P. Kyle. *1 Samuel*. Garden City, N.Y.: Doubleday, 1980.
_____. *2 Samuel*. Garden City, N.Y.: Doubleday, 1984.

열왕기상하

1. 목적

열왕기상하는 사무엘서에서 시작된 이스라엘의 왕정체제의 역사를 지속적으로 기술하고 있다. 이 책은 솔로몬의 위대한 통일왕국으로 시작하여 분열된 남왕국과 북왕국의 역사를 거쳐 예루살렘 멸망을 소개하며 마무리한다. 평화와 번영에서 시작하여 멸망으로 끝나기에 책의 시작과 끝이 명백하게 대조가 된다.[1] 칠십인경은 열왕기상하를 역사서로 분류했으나 히브리어 성경에서는 전선지서(여호수아, 사사기, 사무엘서, 열왕기서)에 속한다. 또한 70인역에서는 열왕기상하를 둘로 나누어 제3왕국서, 제4왕국서로 불렀으나 히브리어 성경에서는 열왕기상하가 한 권의 책으로 구성되었고 그 이름을 '멜라킴'(왕들, Kings)이라 하였다.

열왕기서의 목적을 이해하기 위해서는 다음과 같은 질문을 생각해 보아야 한다. "왜 하나님의 택한 백성이 바벨론 땅에서 포로 생활

---

[1] 김지찬, 『여호와의 날개 아래 약속의 땅을 향하여: 구약 역사서 이해–문예적 신학적 서론』 (서울: 생명의말씀사, 2016), 713.

을 해야 하는가?" "과연 이방 땅에서 포로 생활을 하는 이스라엘 백성에게 소망이 있는가?" 이것들은 암울한 역사적 상황 속에서 백성들이 바벨론 강가에서 한 질문들이다. 성전이 파괴되고 국가는 멸망한 상황 속에서 실의에 빠진 백성들은 이와 같은 의문을 가지지 않을 수 없었다. 따라서 열왕기서 저자는 이들의 신학적 질문에 답변하고 포로 귀환의 소망을 품게 해 줄 필요가 있었다. 이스라엘 백성들의 신학적 질문에 답하기 위해서는 다윗 이후 일어난 왕들이 과연 언약에 충실했는지를 살펴볼 필요가 있다. 왜냐하면 이스라엘의 종교적 방향을 결정 짓고 나라의 흥망성쇠를 가늠하는 기준은 왕들의 순종여부에 달려 있기 때문이다. 이스라엘의 왕은 백성의 대표이며 언약 순종의 모델이어야 한다. 따라서 열왕기상하는 다윗 통치 말기부터 예루살렘 멸망까지 약 400년 기간 동안 왕들의 행위와 그들에 대한 신학적 평가를 이야기하고 있다. 이 과정에서 저자는 다음과 같은 의도를 가지고 열왕기서를 기록한다.

첫째, 이스라엘 백성들이 바벨론의 포로가 된 원인을 말하기 위한 목적이 있다. 북이스라엘과 남유다가 모두 몰락하고 백성들이 포로 신세가 된 이유는 왕들이 하나님과 맺은 언약과 모세의 율법을 어겼기 때문이다. 하나님과 맺은 언약, 특히 다윗 언약의 파괴는 국가의 비극적인 종말을 불러왔다. 따라서 하나님의 심판은 정당하며 언약에 근거한 것이었다.

둘째, 포로기 백성들이 다시는 과거의 잘못된 전철을 밟지 않고 고국으로 귀환할 수 있는 기회를 잡을 수 있도록 하기 위해 기록했다. 열왕기서는 이스라엘 백성들이 과거 역사를 돌이켜보며 하나님께 회개하고 다시 회복의 소망을 가지고 미래를 기대하도록 하려는 의도가 있다. 아마도 이런 예언적 관점 때문에 히브리어 성경에서 열왕기상하는 전선지서에 포함되었을 것이다.

셋째, 이스라엘의 실패한 왕들의 역사를 기술하며 이스라엘의 참된 왕, 하나님의 마음에 합한 왕의 필요성을 역설하기 위함이다.[2] 이스라엘의 실패에도 불구하고 하나님은 여전히 자신의 언약에 신실하실 뿐만 아니라 인간 역사를 주관하시고 택한 백성들을 통치하신다. 하나님께서 다윗과 맺은 언약에서 그의 왕권을 영원히 세우시겠다고 하셨다(삼하 7:16). 이를 이루기 위해서는 메시아가 출현해야 한다. 다윗의 후손으로 오실 메시아는 역사 속의 인간 다윗 왕조의 왕들을 뛰어넘고 다윗 언약을 온전히 성취하는 종말론적인 왕이시다.

2. 저자

대부분의 구약 역사서들이 그런 것 같이 열왕기상하의 저자도 미상이다. 그럼에도 불구하고 전통적으로 이 책의 저자는 예레미야 선지자라는 주장이 제시되어왔다. 유대인 전승이 기록되어 있는 바벨로니안 탈무드 바바 바트라는 "예레미야가 자신의 이름을 딴 책과 열왕기 및 애가를 기록하였다"고 전한다.[3] 이와 같은 주장을 하는 이유 가운데 하나는 아마도 예레미야 52장과 열왕기하 24-25장이 거의 유사하기 때문일 것이다. 또한 예레미야는 예루살렘의 파괴를 목격한 당사자였고 이스라엘 백성들이 바벨론에 포로로 끌려갔을 때에도 그는

---

[2] 윌리엄 풀리러브, "열왕기상하", 『성경신학적 구약개론』 방정열 역, 229.
[3] 유진 H. 메릴, 마크 F. 루커, 마이클 A. 그리산티, 『현대인을 위한 구약개론』, 517.

살아있었기에 여러 자료를 참고로 유다에 대한 역사를 기록했을 것이라고 주장한다. 그런데 예레미야가 열왕기상하를 기록했다는 본문의 구체적 증거는 찾아보기 힘들다. 예레미야는 열왕기하의 마지막 사건인 여호야긴 왕의 석방 사건(주전 560) 전에 이미 사망했을 것이다(왕하 25:27-30). 따라서 대부분의 학자들은 이런 접근법을 추측에 근거한 주장이라고 간주한다.

열왕기상하의 저자는 적어도 다음과 같은 자질은 갖추었다고 판단된다. 첫째, 그는 신명기 내용에 대해 정통한 인물이다. 신명기 신학이 열왕기상하의 기술에 상당한 영향을 미치고 있기 때문이다. 신명기는 오직 유일하신 하나님 한 분만을 예배하고 그분의 말씀에 순종할 것을 명령하고 있다. 만약 이스라엘 백성들이 하나님을 떠나 다른 신들을 섬긴다면 그들에게 저주가 임하고 언약 파기에 대한 비극적 종말을 맞이하게 될 것을 명시하고 있다(신 7:4; 8:19-20; 11:16-17; 28:1-68). 이와 같은 신학 사상은 열왕기상하 전반에 흐르고 있다(왕상 11:4-13; 14:9-11; 왕하 17). 예를 들면 열왕기하 17:7, 8은 이러한 신학적 경향을 잘 반영하고 있다.

> 이 일은 이스라엘 자손이 자기를 애굽 땅에서 인도하여 내사 애굽의 왕 바로의 손에서 벗어나게 하신 그 하나님 여호와께 죄를 범하고 또 다른 신들을 경외하며 여호와께서 이스라엘 자손 앞에서 쫓아내신 이방 사람의 규례와 이스라엘 여러 왕이 세운 율례를 행하였음이라.

둘째, 책의 저자는 이스라엘의 역사를 잘 알고 있었을 뿐만 아니라 다양한 자료들을 섭렵하여 기술하였다. 익명의 저자가 이 책을 기록했을 때는 북왕국 이스라엘이 멸망한 지 약 150년이 지난 후였다. 따라서 그는 이 시기에 대한 기술을 할 때 다음과 같은 자료들을 사용했다. (1) 솔로몬의 행장. "솔로몬의 남은 사적과 그의 행한 모든 일과 그의 지혜는 솔로몬의 행장에 기록되지 아니하였느냐"(왕상 11:41). (2) 유다 왕 역대지략. "르호보암의 남은 사적과 그가 행한 모든 일은 유다 왕 역대지략에 기록되지 아니하였느냐"(왕상 14:29). 유다 왕 역대지략은 열왕기상하에서 15번이나 언급되고 있다. 그만큼 열왕기서의 저자는 이 자료를 많이 참조했다. (3) 이스라엘 왕 역대지략. "여로보암의 그 남은 행적 곧 그가 어떻게 싸웠는지와 어떻게 다스렸는지는 이스라엘 왕 역대지략에 기록되니라"(왕상 14:19). 이스라엘 왕 역대지략은 18번이나 언급되고 있어 이 자료에 대한 저자의 의존도도 높다는 것을 보여 준다. 이러한 자료들은 왕실의 서기관들에 의해 보존되었던 이스라엘과 유다의 왕국 역사 자료들이었을 것이다. 열왕기상하 저자는 적어도 주전 6세기의 예루살렘 파괴를 목격한 인물이었을 것이다. 저자는 이스라엘 역사에 대한 선지자적인 안목과 신명기 신학에 대한 확고한 지식을 가지고 있었다. 또한 그는 하나님과 이스라엘 백성들 사이의 언약적 관계의 본질을 이해하고 북이스라엘과 남유다 왕들의 행적을 신학적 안목으로 평가할 수 있었던 선지자적 인물이었을 거라고 추정된다.

3. 기록 연대와 배경

열왕기상하는 다윗의 통치 말기에서부터 예루살렘이 바벨론에 함락당한 기간까지 이스라엘 역사에 대한 선별적인 사건들을 기록한 책이다. 열왕기상에 기록된 사건들은 약 120년 동안에 발생한 사건들을 기록하고 있다. 주전 970년 다윗의 죽음에서부터 주전 853년경 남유다의 여호사밧과 북이스라엘의 아하시야의 통치 기간까지 왕들의 행적과 백성들이 겪은 여러 사건들을 소개한다. 이 기간은 이스라엘의 격동의 시기였다. 솔로몬의 통치하에 이스라엘은 번영과 전성기를 누렸으나 그의 죽음 이후 통일왕국은 남과 북으로 갈라져 분열 왕국 시대에 돌입하게 된다. 내부적으로는 여러 갈등들과 외부적으로는 이방 국가의 위협이 지속되었다. 열왕기하는 주전 853년 아합의 죽음 이후부터 주전 586년 예루살렘 멸망의 사건과 유다 백성들이 바벨론에서 포로 생활 기간 중 발생한 사건들을 기록한다. 북왕국은 주전 722년 앗수르의 침략에 의해 무너졌고 남왕국은 생존하였으나 주전 586년 바벨론의 느브갓네살 왕에 의해 멸망을 당하게 된다. 열왕기하에 기록된 마지막 사건은 여호야긴 왕이 바벨론 감옥에서 풀려나는 사건이다. 여호야긴 왕은 바벨론에 포로로 끌려가 주전 597년에 투옥되었고(왕하 24:8-17), 그 후 37년 째 되던 해에 풀려나게 된다(왕하 25:27-30). 바벨론 포로에서 귀환은 주전 538년이며 열왕기상하에는 포로 귀환과 그 이후에 관한 내용은 나타나지 않는다. 이와 같은 사건들을 종합해보면 열왕기상하는 주전 560-538년 사이에 기록되었을 것이라고 추정할 수 있다. 이 책에는 분열 왕국 시기에 남유다의 왕들과 북이스라엘의 왕들에 대한 소개가 연대기적으로 기록되어 있다. 남왕국 유다는 주전 930년 르호보암의 통치시기부터 주전 586년 예루살렘 함락까지 약 345년간 다윗의 후손들 20명이 왕으로 통치하였다. 북왕국 이스라엘은 여로보암의 통치가 시작된 주전 930년경에서부터 앗수르의 공격을 받아 함락된 시기인 주전 722년까지 약 210년간 9개 왕조 20명의 왕들이 있었다. 이를 모두 소개하면 다

음과 같다.⁴

북이스라엘		남유다	
여로보암	930-909	르호보암	930-913
나답	909-908	아비얌	913-910
바아사	908-886	아사	910-869
엘라	886-885		
시므리	885		
오므리	885-874		
아합	874-853	여호사밧	872-848
아하시야	853-852		
여호람	852-841	여호람	848-841
예후	841-814	아하시야(여호아하스)	841
		아달랴	841-835
여호아하스	814-798	요아스	835-796
요아스	798-782	아마샤	796-767
여로보암 2세	793-753	웃시야	792-740
스가랴	753		
살룸	752		
므나헴	752-742	요담	750-732
브가히야	742-740		

---

4 Bill T. Arnold and Bryan E. Beyer, *Encountering the Old Testament* (Grand Rapids: Baker Academic, 2015), 205. 왕들의 통치 기간은 연대기 시스템에 대한 학자들의 관점에 따라 다양하다. 이 문제에 대해서는 다음을 참조하라. J. Wiseman, *1 and 2 Kings: An introduction and Commentary.* Tyndale Old Testament Commentary (Downers Grove, IL: InterVarsity, 1993), 26-35.

베가	752-732	아하스	735-715
호세아	732-722	히스기야	727-698
		므낫세	696-642
		아몬	642-640
		요시야	640-609
		여호아하스	609
		여호야김	608-598
		여호야긴	598-597
		시드기야	597-586

표 14 분열 왕국 시대의 왕들 연대표

4. 열왕기상하의 구조

열왕기상하는 왕들을 중심으로 한 이스라엘 역사에 대한 신학적인 역사 서술이다.[5] 저자가 본문을 기록할 때 남왕국과 북왕국 왕들의 모든 역사를 다 기록한 것은 아니고 본인의 신학적 의도와 목적에 따라 어떤 내용을 포함시키고 뺄지에 대해 선별하였다. 열왕기상하는 중요한 왕들의 업적과 실패, 국제 동맹, 왕궁과 성전 건축, 군사적 승리와 패배, 왕위 계승 등과 같은 내용들을 전하며 신학적으로 해석한다. 책의 전체 구조를 단순화하면 다음과 같다. (1) 솔로몬 통치(왕상 1:1-11:43), (2) 분열 왕국: 북왕국 멸망까지(왕상 12:1-왕하 17:41), (3) 유다 왕국: 히스기야에서 바벨론 포로까지(왕하 18:1-25:30). 이를 내용에 따

---

[5] 이희성, "개혁신학과 고대 근동 연구: 구약의 역사적 해석 원리에 대한 고찰", 「개혁논총」 34 (2015): 45–46.

라 좀 더 세분화하면 다음과 같다.

I. 다윗 통치 말기 왕위 계승 갈등(왕상 1:1-2:46)

    A. 아도니야의 반역(1:1-10)

    B. 솔로몬이 왕위에 오름(1:11-53)

    C. 솔로몬을 위한 다윗의 유언(2:1-12)

    D. 견고해지는 솔로몬의 왕위(2:13-46)

II. 솔로몬 왕권 시대(왕상 3:1-11:43)

    A. 솔로몬의 지혜(3:1-28)

    B. 솔로몬 왕국의 위엄(4:1-34)

    C. 솔로몬의 성전 건축(5:1-7:51)

    D. 솔로몬의 성전 봉헌식(8:1-66)

    E. 솔로몬에게 임한 말씀(9:1-9)

    F. 솔로몬의 각종 업적들(9:10-10:29)

        a. 솔로몬과 히람(9:10-28)

        b. 스바 여왕의 방문(10:1-13)

        c. 솔로몬의 재산과 지혜(10:14-29)

    G. 솔로몬의 타락(11:1-43)

III. 이스라엘과 유다의 왕들: 아합 시대까지(왕상 12:1-16:34)

    A. 이스라엘 왕 여로보암(12:1-14:20)

    B. 유다 왕 르호보암(14:21-33)

    C. 유다 왕 아비야(15:1-8)

    D. 유다 왕 아사(15:9-24)

E. 이스라엘 왕 나답(15:25-32)

　　　F. 이스라엘 왕 바아사(15:33-16:7)

　　　G. 이스라엘 왕 엘라(16:8-14)

　　　H. 이스라엘 왕 시므리(16:15-20)

　　　I. 이스라엘 왕 오므리(16:21-28)

　　　J. 이스라엘 왕 아합(16:29-34)

Ⅳ. **엘리야와 엘리샤의 선지자 사역(왕상 17:1-왕하 10:36)**

　　　A. 엘리야와 아합 왕(17:1-22:40)

　　　　a. 엘리야와 바알(17:1-18:46)

　　　　b. 호렙산의 엘리야(19:1-18)

　　　　c. 엘리사의 소명(19:19-21)

　　　　d. 아합과 아람의 갈등(20:1-43)

　　　　e. 나봇의 포도원(21:1-29)

　　　　f. 아합의 죽음(22:1-40)

　　　B. 유다 왕 여호사밧(22:41-50)

　　　C. 이스라엘 왕 아하시야(왕상 22:51-왕하 1:18)

　　　D. 엘리야 승천(2:1-18)

　　　E. 엘리사(2:19-8:15)

　　　F. 유다 왕 여호람(8:16-24)

　　　G. 유다 왕 아하시야(8:25-29)

　　　H. 이스라엘 왕 예후(9:1-10:36)

Ⅴ. **이스라엘과 유다의 왕들: 북이스라엘 멸망까지(왕하 11:1-17:41)**

　　　A. 이스라엘 왕 요아스(11:1-12:21)

B. 이스라엘 왕 여호아하스(13:1-9)

C. 이스라엘 왕 요아스(13:10-25)

D. 유다 왕 아마샤(14:1-22)

E. 이스라엘 왕 여로보암 2세(14:23-29)

F. 유다 왕 아사랴(15:1-7)

G. 이스라엘의 마지막 왕들: 스가랴, 살룸, 므나헴, 브가히야, 베가(15:8-31)

H. 유다 왕 요담(15:32-38)

I. 유다 왕 아하스(16:1-20)

J. 이스라엘 마지막 왕 호세아(17:1-6)

K. 사마리아 함락과 신학적 평가(17:7-41)

VI. 유다의 왕들: 예루살렘 함락까지(왕하 18:1-25:30)

A. 유다 왕 히스기야(18:1-20:21)

  a. 히스기야의 통치(18:1-16)

  b. 산헤립의 위협(18:17-37)

  c. 히스기야의 기도와 구원(19:1-37)

  d. 히스기야의 질병과 바벨론 사절단(20:1-21)

B. 유다 왕 므낫세(21:1-18)

C. 유다 왕 암몬(21:19-26)

D. 유다 왕 요시야(22:1-23:30)

E. 유다의 마지막 네 왕들(23:31-24:20)

  a. 여호아하스(23:31-35)

  b. 여호야김(23:36-24:7)

  c. 여호야긴(24:8-17)

  d. 시드기야(24:18-20)

G. 예루살렘 함락(24:21–25:26)

　　H. 여호야긴 석방(25:27–30)

5. 신학적 내용

열왕기상하는 남유다와 북왕국 이스라엘의 왕들의 역사를 소개하면서 동시에 하나님의 성품, 계획, 행위에 대한 신학적 지표를 제시하는 책이다. 모세 언약과 다윗 언약은 열왕기상하의 신학적 메시지를 받치고 있는 두 개의 중요한 신학적 기둥들이다. 특히 이스라엘과 유다의 왕들을 평가하는 기준은 모세 언약을 담고 있는 신명기 신학과 다윗 언약에 기반을 두고 있다.

1) 중앙 성소 이탈

하나님은 신명기 12장에서 중앙 성소 제도를 말씀하신다. 이스라엘 백성들이 가나안 땅에 들어가면 예배의 중앙화를 이루고 산당을 제거하라고 명령하신다. 당시 가나안 땅 도처에서 이방 제사와 우상 숭배를 산당에서 행하고 있었기에 강하게 금한 것이다. 12지파가 가나안 땅 여러 곳에 흩어져 정착하지만 "하나님 여호와께서 택하신 곳"에서 희생 제사, 제물들을 드려야만 했다(신 12:5, 11, 14, 18, 21, 26). 이는 여호와 중심의 예배의 통일성과 순수성을 유지하기 위함이었다. 그런데 솔로몬은 하나님을 사랑했으나 산당에서 제사하며 분향하는 것을 멈추지 않았다(왕상 3:3, 4). 그는 이방 여인들과 통혼을 했을 뿐만 아니라 예루살렘 앞 산에 산당을 지었고 그곳을 우상 숭배의 온상지가 되게 하였다(왕상 11:6, 7). 이후로 산당 척결의 여부는 유다 왕들을 평가하는 기준이 되었다. 북이스라엘에서는 여로보암이 왕이 되자 그는 정치적인 이유로 단과 벧엘에 금송아지 신상을 세우고 새로운 예배의 처소를 만들었다(왕상 12:25-30). 남유다 예루살렘으로 예배하러 가는 백성들의 민심을 잡기 위한 조치였으나 이로 인해 종교적 혼합주의가 북이스라엘 왕국을 심각하게 물들게 하였다. 여로보암의 중앙 성소 이탈 죄는 이후의 이스라엘의 악한 왕들을 평가하는 기준이 되었다. 열왕기상하는 왕들의 군사적이며 정치적인 성공에 관심을 가지기 보다는 오히려 그들이 중앙 성소 제도를 잘 따랐는지에 더 많은 관심을 가지고 그들을 평가한다.

2) 언약

열왕기상하의 주된 신학적 주제인 왕들에 대한 평가는 언약의 원리를 기초로 제시된다. 왕정 체제가 세워지기 전에 이미 신명기 17장에서 왕들의 규례가 제시되었다. 이 규례를 비롯한 신명기 언약의 핵심 내용은 유일하신 하나님에 대한 충성과 여호와 신앙을 지키는 것이다. 이스라엘과 하나님과의 관계의 기초이며 삶의 원리는 언약이었다. 사무엘하 7장의 다윗 언약도 마찬가지이다. 하나님은 다윗의 집을 견고하게 하시고 그의 후손들을 통해 다윗 왕조를 세우시겠다고 약속하셨다. 그러나 다윗 언약에는 하나님과의 언약 관계를 유지하기 위한 조건들이 제시되었다. 다윗의 후손들은 이방 신들을 섬기는 대신에 오직 여호와 하나님께 충성되고 그의 계명과 가르침에 순종해야 했다. 만일 다윗의 자손들이 범죄하면 하나님은 인생 막대기와 사람 채찍으로 그들을 징계하실 것이라고 하셨다. 언약에 순종하는 것이 다윗 왕조의 왕들에게 요구되는 가장 중요한 자질이었다. 이러한 언약적 요구는 신명기의 핵심적 신학과 일맥상통한다. 역대 이스라엘 왕들의 왕권유지 및 계승은 왕들의 언약적 신실함과 연결되어 있다.[6] 왕들이 하나님의 언약에 순종하고 규례를 지킬 때 왕조는 오랫동안 유지되고 견고하게 세워질 것이다. 그런데 이스라엘 왕들 가운데 모세 언약과 다윗 언약을 준수한 왕들은 일부에 불과하며 대부분 언약을 위반한 자들이었다. 왕들의 우상숭배와 하나님께 대한 언약의 불이행은 국가적 재난을 초래하였다. 북이스라엘 왕과 백성들은 우상을 숭배하고 하나님과 맺은 언약을 버렸기 때문에 앗수르의 포로가 되었고 사마리아는 함락되었다(왕하 17:7-40). 남유다도 역사 속에서 동일한 전철을 밟는다.

3) 선지자들

이스라엘 왕들의 통치 사역은 선지자들의 예언 사역과 함께 진행되었다. 열왕기상하는 왕들이 하나님의 말씀에 순종하며 통치하도록 하나님께서 보내신 선지자들의 사역을 함께 엮어 기술하고 있다. 선지자들이 전하는 말씀이 실제적으로 성취되는지의 여부는 열왕기서 저자의 중요한 관심사였다. 왜냐하면 왕들이 주변 민족들을 따라 우상을 섬기지 못하게 하기 위해서 하나님 말씀은 강력하고 반드시 성취 된다는 점을 확신시켜 주어야 하기 때문이다. 선지자들은 그들이 전하는 예언 말씀의 성취 여부에 따라 참선지자와 거짓 선지자로 분

---

6 레이몬드 딜러드·트렘퍼 롱맨, 『최신구약개론』, 244.

류가 된다. 신명기 18:22에서 "만일 선지자가 있어 여호와의 이름으로 말한 일에 증험도 없고 성취함도 없으면 이는 여호와께서 말씀하신 것이 아니요 그 선지자가 제 마음대로 한 말이니 너는 그를 두려워하지 말지니라"고 기록하고 있다. 열왕기서 저자는 신명기 말씀을 기반으로 참선지자들의 말의 성취 여부를 "그 종 선지자들로 하신 말씀과 같이"라는 문구를 반복하며 소개한다(왕상 13:1-2, 5, 21, 26, 32; 15:29; 왕하 1:17; 7:1; 9:26, 36; 10:17).[7] 하나님은 자신의 말씀이 성취되도록 역사 속에서 일하신다. 바벨론 포로 사건은 선지자들을 통해 전하신 하나님의 말씀이 진실이었다는 것을 확인시켜 주는 것이었다. 다음은 열왕기상하에 나오는 선지자들에 대한 정리이다.[8]

선지자	남유다 왕	북이스라엘 왕	성경구절
나단	다윗, 솔로몬		왕상 1
아히야	솔로몬, 여로보암		왕상 11:26-40; 14:1-16
"하나님의 사람"		여로보암	
"거짓 선지자"		여로보암	
예후		바아샤, 엘라	왕상 16:1-4, 12-13
엘리야		아합, 아하시야, 여호람	왕상 16:29-19:21 왕하 1:1-2:12
엘리사		아하시야, 여호람, 예후, 여호아하스, 요아스	왕하 2:13-8:15; 왕하 13:14-21

---

[7] 레이몬드 딜러드·트렘퍼 롱맨, 『최신구약개론』, 245.
[8] 참고. E. Hill and H. Walton, *A Survey of the Old Testament*, 234.

시드기야와 거짓 선지자들	여호사밧	아합	왕상 22:5-12
미가야	여호사밧	아합	왕상 22:13-28
요나	여로보암 2세		왕하 14:25
이사야	히스기야		왕하 19-20
훌다	요시야		왕하 22:14-20

표 15 열왕기에 등장하는 선지자들

6. 신약과의 관계

예수 그리스도는 왕, 제사장, 선지자의 직임을 가지고 이 땅에 오셨고, 그의 생애 속에서 이 직분들을 궁극적으로 성취하셨다. 열왕기상하에는 수많은 왕들과 제사장들 그리고 선지자들이 소개된다. 이스라엘의 역대 왕들이 실패한 사건들은 신약에서 다윗의 후손으로 오실 왕이신 예수 그리스도를 바라보게 한다(마 1:1, 6, 17, 20; 9:27; 12:23; 15:22). 다윗 왕조의 인간 왕들은 결국 실패하나 다윗의 후손으로 오시는 예수 그리스도의 주권과 통치는 영원하다. 또한 열왕기상하에 소개된 제사장 아비아달(왕상 1:7-25), 사독(왕상 1:32-45), 여호야다(왕하 11:15), 우리야(왕하 16:11) 등과 같은 여러 제사장들은 불완전하나 예수 그리스도는 그들보다 우월하시고 완전하신 대제사장이다(히 4:14-16; 7:22-27). 엘리야 및 엘리사 선지자와 세례 요한과 예수 그리스도의 사역과 삶은 유사하다. 세례 요한은 엘리야가 다시 오게 될 것이라는 말라기 선지자의 예언을 성취한 인물이다(말 4:5; 마 11:14; 17:12). 허리에 가죽띠를 메고 다녔던 털이 많은 엘리야의 모습은 약대 털옷을 입고 허리에 가죽띠를 띠고 사역한 세례 요한의 모습을 상기시킨다(왕하 1:7, 8; 마 3:4). 엘리사 선지자의 사역은 여러 기적을 수반하였다. 수넴 여인의 죽은 아들을 살렸고(왕하 4:32-37; 8:4, 5), 나아만 장군의 문둥병을 치유했고(왕하 5장), 자연 법칙을 초월하는 기적(왕하 6:1-7)을 일으켰다. 하나님의 사람 엘리사 선지자는 신약에서 각종 기적을 일으키시고 하나님 나라를 전파하신 예수 그리스도의 사역을 바라보게 한다. 모세는 율법을, 다윗은 왕들을, 엘리야는 선지자들을 대표한다. 그런데 예수 그리스도는 모세, 다윗, 엘리야보다 더 큰 분이시며 모든 율법과 선지자들은 예수 그리스도를 증언 한다(눅 24:27, 44; 요 5:39, 46).[9]

내용 요약

1. 열왕기상하는 왕들을 중심으로 한 이스라엘 역사에 대한 신학적인 역사 서술이다.
2. 이스라엘의 실패한 왕들의 역사를 기술하며 이스라엘의 참된 왕, 하나님의 마음에 합한 왕의 필요성을 역설하고 있다.
3. 열왕기상하는 다윗의 통치 말기에서부터 예루살렘이 바벨론에 함락 당한 기간까지 이스라엘 역사에 대한 선별적인 사건들을 기록한 책이다.
4. 열왕기상하는 남유다와 북왕국 이스라엘의 왕들의 역사를 소개하면서 동시에 하나님의 성품, 계획, 행위에 대한 신학적 지표를 제시하는 책이다.
5. 이스라엘의 역대 왕들이 실패한 사건들은 신약에서 다윗의 후손으로 오실 왕이신 예수그리스도를 바라보게 한다.

---

[9] 레이몬드 딜러드·트렘퍼 롱맨, 『최신구약개론』, 251.

7. 현대인을 위한 적용

열왕기상하은 인간 왕의 실패와 더불어 하나님 나라의 참된 왕을 바라보게 만든다. 정치적 번영과 외형적 성공이 아닌, 언약에 대한 충성과 말씀에 대한 순종이 진정한 리더십의 기준임을 가르친다. 솔로몬은 처음에는 성전을 건축했지만, 말년에는 우상숭배에 빠졌다. 예배 중심의 삶이 무너지면 우상이 중심 자리를 차지하게 된다. 교회의 예배도 화려한 구조나 시스템이 아닌 은혜와 진리 위에 세워져야 한다. 또한 열왕기서에 반복되는 주제인 중앙 성소 이탈과 우상 숭배는 오늘날 신자들에게 예배의 중심성과 순결성을 되돌아보게 한다. 하나님 중심의 예배와 삶에서 벗어나 물질, 성공, 인기 등의 산당을 세우고 있지는 않은지 점검해야 한다. 엘리야와 엘리사처럼 선지자적 사명을 감당하는 자들은 오늘날 교회 내 말씀 사역자들과 지도자들이다. 이들은 말씀에 대한 담대함, 시대를 분별하는 통찰력, 그리고 하나님의 말씀 성취에 대한 신뢰를 가져야 한다. 결국 열왕기서의 왕들의 모든 실패에도 불구하고 하나님은 언약에 신실하신 분으로서 메시아 예수를 통해 결국 다윗 언약을 성취하셨다. 이 사실은 오늘날의 교회와 성도들에게 절망 중에도 소망을 붙들고 다시 시작할 수 있는 은혜의 메시지로 다가온다. 하나님은 여전히 역사하시고, 말씀은 이루어지며, 예수 그리스도를 통해 그의 나라를 완성해 가신다. 이 은혜 안에 거하는 것이 오늘 우리에게 주어진 신앙의 길이다.

8. 깊은 연구를 위한 질문

1) 열왕기상하에 나타난 선지자들의 예언과 왕권과는 어떤 관계가 있는가?

2) 열왕기상하가 이스라엘의 역사 가운데 왕들의 역사에 초점을 맞추는 이유는 무엇인가?

3) 열왕기상하를 기록한 저자의 의도는 무엇이라고 생각하는가?

4) 솔로몬이 죽은 후 통일왕국이 분열하게 된 이유가 무엇인가?

5) 북이스라엘이 포로로 끌려가게 된 가장 큰 이유는 무엇인가?

6) 전문적인 거짓 선지자들과 참선지자들과의 차이점은 무엇인가?

9. 심화학습을 위한 독서 목록

매튜 헨리. 『열왕기상.하』. 정충하 역. 고양: 크리스챤다이제스트, 2009.
Cogan, Mordechai, and Hayim Tadmor. *2 Kings: A New Translation with Introduction and Commentary*. Anchor Bible 11. Graden City, NY: Doubleday, 1988.
Bergen, Robert. *1 and 2 Samuel*. Nashville: Broadman and Holman, 1996.
House, Paul R. *First and Second Kings*. NAC. Vol. 8 Nashville: Broadman & Holman, 1995.
Long, Burke O. *1 Kings*. FOTL. Vol. 9. Grand Rapids: Eerdmans, 1984.
_____. *2 Kings*. FOTL. Vol. 9. Grand Rapids: Eerdmans, 1991.

Wiseman, Donald J. *1 and 2 Kings: An Introduction and Commentary*. Tyndale Old Testament Commentary. Downers Grove: InterVarsity, 1993.
Wood, L. J. *Israel's United Monarchy*. Grand Rapids: Baker, 1979.

역대상하

1. 목적

역대상하는 열왕기상하와 같이 원래 한 권의 책이나 칠십인경에서 두 권으로 나뉘게 되었다. 칠십인경에서는 역대기가 사무엘서나 열왕기서에 대한 보충적인 사건들을 기록했다고 생각하고 '남겨진 것들, 나머지 일들'(파랄레이포메논, *Paraleipomenon*)이라는 제목으로 불렀다.[1] 라틴어 성경 번역자 제롬은 역대기를 '거룩한 역사 전체의 연대기'란 의미를 가진 '크로니콘'(*chronikon*)이라 하였고 영어 성경에서는 이를 따라 'Chronicles'이라고 하게 되었다. 역대기의 히브리어 성경의 이름은 '그 날들의 사건들'이란 의미를 가진 '디브레에 하야밈'이다.[2] 히브리어 성경에서 역대기는 성문서에 속하고 정경의 제일 마지막에 위치해 있다. 그러나 한글과 영어 성경에서 역대기는 역사서로 분류되었고 열

---

[1] 레이몬드 딜러드·트렘퍼 롱맨, 『최신구약개론』, 252.
[2] '디브레 하헤아림'이란 용어는 대상 27:24에 "역대지략"이란 용어로 나타난다. "스루야의 아들 요압이 조사하기를 시작하고 끝내지도 못해서 그 일로 말미암아 진노가 이스라엘에게 임한지라 그 수효를 다윗 왕의 역대지략에 기록하지 아니하였더라."

왕기상하와 에스라-느헤미야서 사이에 위치해 있다. 역대기는 바벨론 포로에서 귀환한 유대 민족이 성전과 성벽 재건을 마친 후 오랜 세월이 지난 후 과거 역사를 돌이켜보며 기록한 책이다. 역대기는 사무엘서와 열왕기서에 대한 보충적인 자료를 제시하기 위해 기록된 책은 아니다. 포로 귀환 이후 약 100여 년의 세월이 지났지만 포로 귀환 공동체에는 그럴듯해 보이는 온전한 회복이 이루어지지는 않았다. 이러한 시대를 살아가는 포로기 공동체인 제2, 3세대의 후손들에게는 다음과 같은 질문들이 있었다. "이스라엘은 아직도 하나님의 언약 백성인가?", "하나님의 언약은 아직도 유효한가?", "어떻게 회복을 경험할 수 있을까?"라는 질문들이다. 이 질문들에 대한 대답은 역대기의 기록 목적을 이해하는 데 필수적이다.

첫째, 역대기 저자는 절망 가운데 있는 포로 귀환 공동체에게 정체성을 확립시켜 주기 위해 역대기를 기록하였다. 역대상 1-9장은 아담으로부터 시작된 족보를 소개한다. 이를 통해 포로 후기 공동체의 민족적 뿌리를 점검해 주고 하나님의 선택 받은 백성의 정체성을 고취시켜 주려는 목적이 있다.

둘째, 비록 지연이 되고 있지만 아직도 다윗 언약은 유효하다는 것을 확인시켜 주기 위함이다. 역대상은 총 29장 가운데 19장이 다윗에 관한 기록이다. 그 만큼 역대기 저자는 다윗 왕조에 초점을 맞추어 기록한다. 이를 통해 포로 후기 백성들이 다윗과 그의 후손들에게 약속하신 언약을 붙들고 언약 백성으로서 소망과 미래를 간직하도록 하게 하는 의도가 있다.

셋째, 백성들의 회복은 성전 중심의 삶과 예배의 회복에 있음을 알리기 위함이다. 성전은 하나님의 임재의 처소이며 복이 임하고 용서와 회복의 진원지이다. 그러므로 온전한 회복을 바라는 포로 후기 공동체에게 길을 제시해 주려는 기록 목적이 있다.

2. 저자

유대 전통은 역대기의 주요 저자를 에스라와 느헤미야라고 본다. 바벨로니안 탈무드(Babylonian) 바바 바트라(Baba Bathra 15a)는 "에스라는 그의 이름을 딴 책(에스라와 느헤미야서)과 함께 자신의 시대까지 역대기 계보를 기록하였다. 그렇다면 그것(역대기)을 완성한 자는 누구인가? 하가랴의 아들 느헤미야이다"라고 말한다.[3] 그런데 이러한 주장을 뒷받침할 만한 근거는 희박하고 최근 여러 학자들은 에스라-느헤미야서의 저자는 별도로 존재한다고 말한다. 왜냐하면 역대기와 에스라-느헤미야 사이에는 주제, 신학, 저자의 관점이 상당히 다르기 때문이다. 역대기에서는 에스라-느헤미야에서 심각하게 다루었던 통혼의 문제나 안식일 준수의 중요성을 거의 다루지 않는다(스 9:10-12; 느 10:30, 13:23-31; 느 9:14; 10:31; 13:15-22). 또한 문학적 형식이나 어휘에 있어서도 많은 차이점을 보이고 있다.[4] 그럼에도 불구하고 역대기와 에스라-느헤미야서 사이에는 연결되는 부분도 있다. 역대하 36:22-23이 에스라 1:1-3에서 반복된다. 이러한 배열은 서로 독립적으로 존재했던 역대기와 에스라-느헤미야를 의도적으로 연결시키려 했던

---

3 유진 H. 메릴, 마크 F. 루커, 마이클 A. 그리산티, 『현대인을 위한 구약개론』, 534.
4 유진 H. 메릴, 마크 F. 루커, 마이클 A. 그리산티, 『현대인을 위한 구약개론』, 535.

저자의 의도가 반영된 것으로 이해할 수 있다. 역대기서는 저자에 대해 명시적으로 언급을 하지 않는다. 역대기 저자는 포로 후기의 이름을 알 수 없는 한 인물로 볼 수 있고 저자에 대해 다음과 같은 추론은 할 수 있을 것이다.[5] 첫째, 역대기의 저자는 포로 후기의 이스라엘 지도층의 한 인물이었을 것이다. 왜냐하면 다양한 문서 자료를 사용하였기 때문이다. 예를 들면, 사무엘서와 열왕기서, 이스라엘 왕조 실록(대상 9:1), 선지자 나단의 글과 선견자 갓의 글(대상 29:29), 선지자 스마야와 선견자 잇도의 족보책(대하 12:15), 선견자 잇도의 주석책(대하 13:22)들이 있다.[6] 둘째, 역대기 저자는 레위 지파 출신의 제사장들 가운데 한 사람이었을 것이다. 왜냐하면 역대기의 주된 관심은 레위인의 희생 제사와 성전에 있었기 때문이다.

3. 기록 연대와 배경

역대기는 저자에 대해 구체적으로 밝히고 있지 않기에 본문의 증거를 통해 기록 연대와 배경을 파악할 수밖에 없다. 역대하 36:22, 23은 다음과 같은 구절로 마무리 되고 있다.

---

5 리처드 프랫, "역대상하", 『성경신학적 구약개론』 방정열 역 (서울: 부흥과개혁사, 2018), 553.

6 대상 9:1, "온 이스라엘이 그 계보대로 계수되어 그들은 **이스라엘 왕조실록에** 기록되니라…."
대상 29:29, "다윗 왕의 행적은 처음부터 끝까지 **선견자 사무엘의 글과 선지자 나단의 글과 선견자 갓의 글에** 다 기록되고."
대하 12:15, "르호보암의 처음부터 끝까지의 행적은 선지자 스마야와 **선견자 잇도의 족보책에** 기 록되지 아니하였느냐…."

바사의 고레스 왕 원년에 여호와께서 예레미야의 입으로 하신 말씀을 이루시려고 여호와께서 바사의 고레스 왕의 마음을 감동시키시매 그가 온 나라에 공포도 하고 조서도 내려 이르되 바사 왕 고레스가 이같이 말하노니 하늘의 신 여호와께서 세상 만국을 내게 주셨고 나에게 명령하여 유다 예루살렘에 성전을 건축하라 하셨나니 너희 중에 그의 백성된 자는 다 올라갈지어다 너희 하나님 여호와께서 함께 하시기를 원하노라 하였더라.

역대하는 고레스 왕이 유다 백성들에게 본국으로 돌아가 예루살렘 성전을 건축하라는 조서로 마무리가 되고 있다(주전 538). 고레스 조서를 근거로 할 때 분명한 것은 역대상하는 포로 후기 유다 공동체를 배경으로 하고 있다는 점이다. 역대상 9:1-34에는 포로 생활에서 돌아온 백성들 가운데 예루살렘에 재정착한 이들의 명단을 소개하고 있고, 이와 같은 명단은 느헤미야 11:1-12:26에서도 나타난다. 이는 역대기가 에스라-느헤미야의 개혁 후에 기록되었다는 증거를 제시한다(주전 450-430). 이 시기에 유다는 여전히 바사 제국의 통치 하에 있었고 유다 지역은 어느 정도 정치적 자율성을 부여받고 있었다. 그러나 학개와 스가랴 선지자들을 통해 예언된 메시아 왕국의 도래는 지연되었고 에스라-느헤미야의 개혁의 효과는 그리 길게 영향을 미치지 못했다(느 6:1-14; 13:4-28). 이러한 상황 속에서 유다 백성들은 미래의 희망 대신에 절망과 낙심 가운데 빠져 있었다. 비록 이 시대가 암울했지만 역대기 저자는 언약적 희망과 소망의 메시지를 선포한다.

4. 역대상하 구조

역대기서는 사무엘서, 열왕기서와 마찬가지로 다양한 자료들과 문학적 장르들을 사용하였다. 역대기에 나타나는 장르에는 족보(1-9장), 기도(대상 4:10; 29:10-19; 대하 6:12-42), 감사 찬양(대상 16:7-36), 명단(대상 24:7-26:32), 선지자의 예언(대하 15:1-7; 25:7, 8), 내러티브(대하 1:2-2:18), 건축 보고(대하 3:15-4:22) 등이 있다. 역대기서는 크게 다음과 같이 나눌 수 있다. 족보(대상 1-9장), 다윗과 솔로몬의 통치하의 통일왕국(대상 10장-대하 9장), 분열 왕국의 남유다(대하 10-36장).

I. 족보(대상 1:1-9:44)
    A. 아담에서 족장들까지(대상 1:1-2:2)
    B. 유다 지파(대상 2:3-4:23)
    C. 시므온 지파(4:24-43)
    D. 르우벤, 갓, 므낫세 지파(5:1-26)
    E. 레위 지파(6:1-81)
    F. 잇사갈, 벤자민, 납달리, 에브라임, 아셀 지파(7:1-40)
    G. 사울(8:1-40)
    H. 예루살렘의 포로 귀환자 명단(9:1-44)

II. 통일왕국: 다윗의 통치(대상 10:1-29:30)
    A. 사울의 죽음(대상 10:1-14)
    B. 다윗의 왕위 즉위와 왕권(대상 11:1-12:40)
    C. 법궤의 귀환(13:1-16:43)
    D. 다윗 언약(17:1-27)

E. 다윗의 군사적 승리(18:1-20:8)

　　F. 다윗의 인구 조사(21:1-22:1)

　　G. 다윗의 성전 건축 준비와 왕권 이양(22:2-29:9)

　　H. 다윗의 감사기도와 죽음(29:10-30)

III. 통일왕국: 솔로몬의 통치(대하 1:1-9:31)

　　A. 솔로몬의 지혜, 부, 권세(대하 1:1-17)

　　B. 솔로몬의 성전 건축(2:1-5:1)

　　C. 솔로몬의 성전 봉헌(5:2-7:22)

　　D. 솔로몬의 업적들(8:1-18)

　　E. 스바여왕의 방문과 솔로몬의 죽음(9:1-31)

IV. 분열 왕국: 남유다의 역사(대하 10:1-36:23)

　　A. 르호보암과 왕국분열(대하 10:1-14)

　　B. 아비야(대하 13:1-14:1)

　　C. 아사(대하 14:2-16:14)

　　D. 여호사밧(대하 17:1-21:1)

　　E. 여호람(대하 21:2-20)

　　F. 아하시야(대하 22:1-9)

　　G. 아달랴의 반란(대하 22:10-23:21)

　　H. 요아스(대하 24:1-27)

　　J. 아마샤(대하 25:1-28)

　　K. 웃시야(대하 26:1-23)

　　L. 요담(대하 27:1-9)

　　M. 아하스(대하 28:1-27)

N. 히스기야(대하 29:1-32:33)

    a. 성전정화(대하 29:1-36)

    b. 유월절 준수와 예배 갱신(대하 30:1-31:21)

    c. 산헤립의 공격(대하 32:1-23)

    d. 히스기야의 병, 교만, 죽음(대하 32:24-33)

O. 므낫세(대하 33:1-20)

P. 암몬(대하 33:21-25)

Q. 요시야(대하 34:1-36:1)

    a. 요시야의 종교개혁과 율법책 발견(대하 34:1-33)

    b. 요시야의 유월절 준수(대하 35:1-19)

    c. 요시야의 죽음(대하 35:20-36:1)

R. 여호아하스(대하 36:2-4)

S. 여호야김(대하 36:5-8)

T. 여호야긴(대하 36:9-10)

U. 시드기야(대하 36:11-16)

V. 예루살렘 함락과 바벨론 포로(36:17-23)

5. 신학적 내용

역대기는 포로 후기 절망 가운데 있는 유다 공동체를 향한 희망의 메시지를 전달한다. 역대기의 신학적 중심 주제는 하나님의 신실하심을 기반으로 한 언약적 소망이며 이를 제시하기 위해 다양한 자료들을 선택, 배열, 구조화하였다.

1) 다윗 왕조

역대기는 다윗과 솔로몬에 특별한 관심을 가지면서 이스라엘의 역사를 다윗 언약이라는 렌즈를 통해 전개시킨다. 역대상하 전체 65장 가운데 다윗과 솔로몬의 행적에 초점을 맞추어 기록된 내용이 28장이나 차지한다. 역대기의 다윗과 솔로몬에 대한 관점은 사무엘서와 열왕기서의 것과는 다르다. 사무엘서나 열왕기서에는 이 두 왕에 대한 부정적인 차원을 여과 없이 제시하나 역대기에는 이 왕들의 긍정적인 측면만을 주로 부각시킨다. 예를 들면 다윗의 인구 조사 사건을 제외하고(대상 21장), 다윗과 밧세바의 동침 사건, 압살롬과 아도니야의 반역 사건 등은 생략한다. 솔로몬이 이방 여인들과 결혼하고 이방 신전을 세운 일들과 다윗의 적들에 대한 복수를 한 일들은 삭제할 뿐만 아니라 왕국분열의 원인을 솔로몬에게 돌리지도 않는다. 오히려 역대기는 다윗과 솔로몬이 모세의 율법에 순종했을 뿐만 아니라 순종의 삶의 모델로 소개한다(대상 15:15; 12:12, 13; 대하 8: 13, 14; 23:18; 33:7, 8; 35:3, 4).[7] 이와 같은 역사 기술의 의도는 다윗 왕조를 이상화시키고 이와 같은 통치 시대가 다시 회복될 것이라는 소망을 가지게 하기 위함이다. 역대기 저자는 포로 후기 백성들이 온전한 회복을 경험하기 위해서 다윗과 솔로몬처럼 율법에 순종하는 삶을 살아갈 것을 권고한다.

---

[7] 리처드 프랫, "역대상하",『성경신학적 구약개론』방정열 역 (서울: 부흥과개혁사, 2018), 562.

2) 성전과 예배

원래 이스라엘은 성전 중심의 삶을 사는 예배 공동체로 부름을 받았다. 포로 후기 공동체의 정체성 확립과 영적 회복을 위해 시급한 것은 성전과 예배의 회복이었다. 이를 위해 역대기 저자는 예루살렘 성전과 레위인들의 역할에 대해 특별한 관심을 가진다. 예루살렘은 하나님의 임재의 장소이며(대상 23:25), 하나님의 이름을 두신 곳(대하 6:6, 20; 33:7)이며 예배의 터전으로 소개된다. 다윗은 왕이 된 후 처음으로 법궤를 다윗 성으로 가져왔고 그 앞에서 여호와께 묻고 주님의 임재 가운데 나라를 통치하길 원했다. 본인이 비록 성전을 건축할 수 없었지만 아들 솔로몬이 성전을 건축할 수 있도록 모든 준비를 철저하게 했다(대상 22-27장). 다윗의 주된 관심사는 성전에서 여호와 하나님을 예배하는 것이었다. 솔로몬은 다윗에게서 받은 성전 설계도에 따라 예루살렘 성전을 건축하였고 영광 가운데 성전 봉헌식을 하였다. 히스기야 왕은 북이스라엘 백성들까지 초청하여 유월절 절기를 지켰고 예배를 정화하였다(대하 29:1-31:21). 요시야 왕은 성전을 보수하다가 율법책을 발견하였고 율법에 따라 예배와 유월절 절기를 회복하였다(대하 34:1-35:19). 다윗, 솔로몬, 히스기야, 요시야 왕은 역대기 저자가 소개하는 성전과 예배 회복 사역의 중심적인 왕들이다. 레위인들은 제사장, 성전 문지기 그리고 성전에서 악기를 연주하고 찬양하는 찬양대의 임무를 부여받았다(대상 24:1-26:32). 성전과 예배는 하나님과 이스라엘 백성들이 언약 관계를 유지하는 데 필수적인 요소이다.

3) 기도

역대기는 기도에 대한 특별한 관심을 기울이며 주요 인물들의 기도와 응답에 대해 소개하고 있다. 첫째는 야베스의 기도다(대상 4:9, 10). 유다 자손들의 명단이 소개되는 가운데 야베스의 기도문이 등장한다. 고통 가운데 출생한 야베스의 간구를 하나님께서 들으시고 그의 간구를 허락하셨다. 둘째, 다윗의 기도다(대상 17:16-27). 다윗은 나단 선지자에게 하나님의 언약을 전해 들은 후에 여호와 하나님께 나아가 감사와 간구 기도를 드렸다. 셋째, 솔로몬의 기도이다(대하 6:12-42). 성전을 완성한 후 봉헌식 때 여호와의 제단 앞에서 백성들과 마주 서서 손을 펴 기도를 드렸다. 솔로몬의 기도 후에 하늘에서 불이 내려와 번제물을 사르고 여호와의 영광이 성전에 가득했다. 넷째, 여호사밧의 기도다(대하 20:5-30). 모압과 암몬 자손들과의 전쟁에서 여호사밧 왕은 여호와의 전 새 뜰 앞에서 기도했다. 기도 후에 여호와께 경배하고 찬송하니 여호와께서 복병을 두어 암몬 자손과 모압과 세일산 주민들을 멸하셨다. 다섯째, 히스기야의 기도다(대하 32: 20-23). 앗수르의 산헤립 왕이 쳐들어와 국가적 위기에 처했을 때 히스기야 왕은 이사야 선지자와 더불어 하나님께 부르짖어 기도했다. 기도의 응답으로 여호와께서 한 천사를 보내어 앗수르 진영을 멸하셨다. 여섯째, 므낫세의 기도다(대하 33:10-13). 앗수르 왕의 군대 지휘관들이 쳐들어와 므낫세 왕을 쇠사슬로 결박하여 바벨론으로 끌고 갔다. 이런 환란 가운데 므낫세 왕은 여호와께 겸손하게 간구했으며 하나님은 그의 기도를 들으시고 그를 다시 왕위에 앉게 하셨다. 역대기는 야베스를 비롯한 왕들의 기도를 소개하면서 포로 후기 백성들이 환란 가운데 전능한 하나님께 기도하여 구원을 경험하라는 메시지를 전달하고 있다.

6. 신약과의 관계

역대기는 교회 역사 속에서 큰 관심을 받지 못했던 책이다. 그러나 이 책에는 신약과 관련된 풍성한 신학적인 주제들을 소개하고 있다.

첫째, 역대기의 주된 관심인 다윗과 그의 왕조는 궁극적으로 다윗의 후손으로 오실 예수 그리스도를 바라보게 한다. 하나님은 다윗과 맺은 언약을 기억하며 다윗 왕조의 견고함과 구원을 약속하셨다. 그러나 다윗의 자손들인 남유다의 왕들은 하나님의 언약을 어기고 계명에 불순종하여 그들의 왕권이 위협 받고 예루살렘 멸망이라는 심판을 경험하게 된다. 비록 이 땅의 눈에 보이는 다윗 왕조는 단절되고 소망이 없으나 하나님은 다윗의 자손으로 오실 하나님 나라의 메시아이신 예수 그리스도를 이 땅에 보내셨다. 하나님은 인간의 불순종에도 불구하고 자신의 언약을 지키시고 이루신다.

둘째, 역대상 1-9장에는 족보가 소개된다. 족보는 포로 후기 백성들의 뿌리와 정체성을 확인시켜 준다. 이와 마찬가지로 마태복음 1장에는 예수 그리스도의 족보가 소개된다. 이를 통해 아브라함과 다윗에게 주신 언약과 예수 그리스도의 오심을 연결시킨다. 또한 거시적인 관점에서 보면 역대기의 족보들은 하나님 백성의 목록인 생명책에 들어가길 원하는 성도들의 소망을 대변해 준다(빌 4:3; 계 3:5; 13:8).

셋째, 솔로몬 성전은 자기 백성들 가운데 거하시길 원하시는 하나님의 임재의 처소이다. 하나님은 자기 백성들 가운데 거하시길 원하신다. 하나님의 백성들이 계명에 순종한다면 하나님은 그들 가운데 함께 거하시며 즐거움으로 그들에게 복을 주신다. 하나님은 신약에 이르러 육체의 몸을 입고 이 땅에 오셨고 백성들 가운데 함께 거하셨다(요 1:14). 그래서 그의 이름을 임마누엘이라 한다(마 1:23). 하나님의 은혜와 진리가 충만한 예수 그리스도의 육체가 성전이다(요 2:21). 임마누엘로 오신 예수 그리스도께서 부활 후 승천하시자 대신 그리스도의 영을 보내시어 우리 안에 거하게 하셨다. 성령님께서 성도들의 몸을 성전 삼아 우리 안에 거하신다. 신약에서 사도 바울은 세 번이나 성도들의 몸을 성전이라 하였다(고전 3:16, 17; 6:19, 20; 엡 2:19-22).

용어 해설
제롬: 초대 교회 성경 주석가이며 교부이다. 라틴어 성경인 불가타 성경의 번역자이다.

내용 요약
1. 칠십인경에서는 역대기가 사무엘서나 열왕기서에 대한 보충적인 사건들을 기록했다고 생각하고 '남겨진 것들, 나머지 일들'이라는 제목으로 불렀다.
2. 역대상 1-9장은 아담으로부터 시작된 족보를 소개한다. 이는 이스라엘 백성의 민족적 뿌리를 점검해 주고 하나님의 선택 받은 백성의 정체성을 확인시켜 준다.
3. 유대 전통은 역대기의 주요 저자를 에스라와 느헤미야라고 본다.
4. 역대기는 포로 후기 절망 가운데 있는 유다 공동체를 향한 희망의 메시지를 전달한다.

5. 역대기는 다윗과 솔로몬에 특별한 관심을 가지면서 이스라엘의 역사를 다윗 언약이라는 렌즈를 통해 전개시킨다.
6. 역대기의 주된 관심인 다윗과 그의 왕조는 궁극적으로 다윗의 후손으로 오실 예수 그리스도를 바라보게 한다.

7. 현대인을 위한 적용

역대기서는 바벨론 포로 귀환 후 정체성과 희망을 잃었던 공동체에게 기록된 책이다. 이 책은 과거 역사를 통해 현재를 재조명하고 미래의 소망을 제시한다. 역대기서에서 찾을 수 있는 중요한 교훈과 적용점은 다음과 같다. 첫째, 견고한 신앙 공동체 세우기이다. 역대기서의 족보는 이스라엘 백성이 하나님의 언약 백성이라는 정체성을 확고히 한다. 개인주의가 만연하고 영적 뿌리를 잃어가는 현대 사회에서, 교회는 흔들리지 않는 신앙적 정체성을 확립하도록 도와야 한다. 둘째, 예배 회복을 통한 하나님의 임재를 경험하는 삶이다. 역대기서의 핵심은 성전 중심의 예배 회복이다. 성전은 단순한 건물이 아닌 하나님의 임재와 언약의 상징이었으며, 왕들이 예배를 회복할 때 공동체의 영적 생명도 되살아났다. 오늘날 예배는 여전히 하나님과의 만남이 일어나는 가장 중요한 통로다. 교회는 하나님의 임재를 깊이 경험하고 죄를 고백하며 용서를 받는 회복의 예배 설계에 힘써야 한다. 셋째, 다음 세대 준비를 위한 헌신적 희생이다. 다윗은 자신이 성전을 직접 건축하지 못했지만, 아들 솔로몬이 성전 건축을 성공적으로 완수하도록 모든 재료와 인력을 철저히 준비했다. 이는 다음 세대가 신앙의 사명을 감당하도록 현재 세대가 헌신하고 준비해야 함을 보여주는 좋은 모델이다. 교회와 가정은 다음 세대가 신앙 안에서 견고하게 서도록 신앙적, 영적, 정서적 유산을 물려주는 책임을 다해야 한다. 교회가 교육 시스템을 강화하고 다음 세대 사역에 전폭적으로 지원하며, 부모는 자녀에게 신앙 교육의 최우선적인 책임자로서 기도와 말씀으로 양육해야 한다. 다윗처럼 다음 세대를 위해 기꺼이 자신을 희생하고 준비하는 것은 하나님 나라 확장을 위한 필수적인 자세이다.

8. 깊은 연구를 위한 질문

1) 역대기의 히브리어 성경의 이름은 무엇인가?

2) 역대기는 히브리어 성경의 어느 부분에 위치하고 그 이유는 무엇인가?

3) 역대상 1-9장에 족보가 소개되는 이유가 무엇인가?

4) 사무엘상하와 열왕기상하에서 다윗과 솔로몬을 소개하는 것과 역대기에서의 이들을 소개 하는 것은 어떤 차이가 있는가?

5) 역대기 저자가 성전을 중심으로 기술하는 이유가 무엇이라고 생각하는가?

6) 역대기에서 소개되는 기도의 인물들은 누구이며 저자는 왜 기도에 관심을 가지는가?

9. 심화학습을 위한 독서 목록

송영찬. 『(역대기의 메시지) 다윗왕국과 언약』. 서울: 깔뱅, 2006.

Allen, Leslie C. *1, 2 Chronicles*. Communicator's Commentary 10. Waco: Word, 1987.

Braun, R. *1 Chronicles*. WBC Vol. 14. Waco: Word, 1986.

DeVries, S. J. *1-2 Chronicles*. FOTL. Vol. 11. Grand Rapids: Eerdmans, 1989.

Selman, Martin J. *1, 2 Chronicles*. TOTC. Vols 12a, 10b. Downers Grove: InterVarsity Press, 1987.

Williamson, H. G. M. *1 and 2 Chronicles*. New Century Bible Commentary. Grand Rapids: Eerdmans, 1982.

에스라-느헤미야

1. 목적

고대 히브리어 성경과 칠십 인경에서는 에스라서와 느헤미야서가 한 권의 책으로 간주되었다. 그런데 초대 교회 교부 오리겐(주후 185-253년)이 원래 한 권이었던 에스라서와 느헤미야서를 두 권으로 나누었고, 제롬의 라틴어 성경인 불가타 역본(the Vulgate)도 각각 두 부분으로 나누었다.[1] 오랜 교회의 관습에 따라 한글 성경과 영어 성경에서도 이 책들을 둘로 나누어 다루고 있다. 히브리어 성경(맛소라 사본)에서는 에스라-느헤미야서가 성문서(케투빔)에 속하고 히브리어 성경의 맨 마지막 책인 역대기 앞에 위치해 있다. 그런데 한글 성경에서는 칠십 인경을 따라 에스라-느헤미야서를 역사서로 분류하고 역대기 뒤에, 에스더서 앞에 배열시킨다.

에스라서와 느헤미야서는 포로 후기 시대에 살고 있는 하나님 백성들의 중요한 역사를 전하고 있다. 에스라서는 주전 538년 바사 왕

---

[1] 마크 푸타토, "에스라-느헤미야", 『성경신학적 구약개론』 방정열 역 (서울: 부흥과개혁사, 2018), 539.

고레스의 칙령으로 시작하고(스 1:1-4), 느헤미야서는 주전 433년 예루살렘에서 느헤미야의 개혁 활동으로 마무리 한다(느 13:1-31). 이 기간 동안 발생한 중요한 역사적 사건들이 저자의 의도에 따라 선별적으로 기록되어 있다. 에스라서와 느헤미야서는 다음과 같은 목적으로 기록되었다.

첫째, 포로 후기 백성들을 구원하시고 돌보시는 하나님의 구원 사역을 소개하기 위해서다. 하나님은 예레미야 선지자를 통해 칠십 년 동안의 바벨론 포로 생활을 말씀하셨다(렘 25:11). 결국 하나님께서 약속하신 기간이 다하자 하나님은 바사 왕 고레스의 마음을 감동시키시고 이스라엘 백성들의 귀환을 허락하셨다. 이뿐만 아니다. 하나님은 성전과 성벽 건축을 위해 바사 왕 다리오와 아닥사스다의 마음까지도 움직이셨고 유다 백성들을 돕게 하였다. 자신의 언약 백성들을 위해 언약을 지키시는 하나님의 신실하심과 섭리 가운데 역사하시는 하나님을 소개함으로 포로 후기 공동체에 소망을 불러일으켜 주고 있다.

둘째, 포로 후기 공동체의 지도자 에스라와 느헤미야의 사역과 리더십을 소개하기 위해서이다. 학사 겸 제사장인 에스라는 포로 귀환 공동체의 성전 건축 사역뿐만 아니라 백성들의 영적 각성 운동에 헌신했고, 왕의 술관원장이었던 느헤미야는 무너진 예루살렘 성벽 재건 사역을 진두지휘했다. 이들의 헌신된 사역과 강한 리더십 그리고 하나님을 신뢰하는 믿음을 통해 예루살렘이 현실적으로 또한 영적으로 어떻게 회복이 되어 가는지를 잘 보여 주고 있다.

셋째, 포로 후기 공동체의 실패와 회복의 삶의 모습을 소개하기 위해서다. 유다 백성들의 포로 귀환은 소수 지도자들의 인도 하에서 진행이 되었다. 그러나 본토에 정착하고 성전을 건축하고 성벽을 재건하는 사역은 포로 귀환 공동체 전체의 몫이었다. 유다 백성들은 하나님의 신실하심과 은혜로 귀환했으나 대적들의 공격과 방해로 쉽게 낙심에 빠지고 사명을 포기하는 모습을 보였다. 그러나 백성들은 에스라의 말씀을 듣고 다시 회개하였다. 성벽을 재건할 때에도 대적들의 방해가 있었으나 온 유다 백성들은 하나의 공동체를 이루어 충실히 재건 사업을 완수하였다. 포로 후기 공동체의 회복은 지도자 몇 사람만의 힘으로 되는 것이 아니라 온 유다 공동체가 함께 임무를 수행할 때 가능하다는 것을 보여 주기 위함이다.

2. 저자

히브리어 성경에 에스라서와 느헤미야서가 한 권의 연결된 책으로 구성이 되었기에 저자에 대해서도 같이 논의하는 것이 유용하다고 본다. 최근 대부분의 학자들은 에스라와 느헤미야뿐만 아니라 역대상하도 동일한 편집자가 기록했을 것이라고 추정한다.[2] 왜냐하면 역대하 36:22-23와 에스라 1:1-4이 고레스의 칙령으로 반복되고 역대기의 결론이 에스라-느헤미야의 서론으로 연결이 되기 때문이다. 에스라 7-10장과 느헤미야 8장은 에스라가 일인칭으로 기록한 회고록을 담고 있다. 또한 느헤미야 1-7장과 12:27-13:25도 일인칭 회고록이다. 이 부분들은 적어도 각각 에스라와 느헤미야가 기록했을 것이란 점은 의심의 여지가 없다. 전통적으로 에스라서와 느헤미야서는 에스라가 편집 및 기록했다고 간주하나 이에 해당하는 증거가 부족하여

---

2 E. Hill and H. Walton, *A Survey of the Old Testament*, 268.

단정하기는 어렵다. 아마도 미상의 한 편집자가 이 두 회고록 이외에도 다른 자료들(조서, 각종 서신, 족보, 명단 등)을 엮어 에스라-느헤미야서를 한 권으로 기록했을 것이다.

3. 기록 연대와 배경

에스라와 느헤미야서는 주전 538년 유대인들의 포로 귀환에서 시작하여 포로 귀환 생활 100년 동안의 기간의 역사를 다루고 있다. 구약의 거의 마지막 사건들을 다루고 있는 것이다. 에스라서는 약 80년 동안 발생한 일들에 대해 소개한다. 에스라 1-6장은 1차 포로 귀환과 성전재건에 관한 내용이 주를 이룬다. 주전 538년에 세스바살, 스룹바벨, 여호수아의 지도하에 총 49,697명이 1차로 바벨론에서 귀환하였다. 주전 458년에는 에스라의 인도 하에 총 1,758명이 2차 귀환을 한다. 주전 445년에는 느헤미야의 지휘 하에 3차 귀환이 일어난다. 에스라-느헤미야서의 가장 최근의 사건들은 주전 538년 이후와 주전 423년 아닥사스다 왕의 사망 이전 어느 시점에 발생했다.[3] 그러므로 에스라-느헤미야서는 주전 400년경에 최종 형태에 이르렀을 것이다.[4]

---

[3] 마크 푸타토, "에스라-느헤미야", 『성경신학적 구약개론』, 542.
[4] 마크 푸타토, "에스라-느헤미야", 『성경신학적 구약개론』, 542.

연대(주전)	사건	성경구절
539년	바벨론 멸망 - 벨사살 왕의 죽음	단 5:30, 31
538년	고레스 칙령	스 1:1-4
538년	스룹바벨의 인도로 1차 귀환	스 1:11
537년경	제단을 세움	스 3:1
537년	성전 기초 공사(스룹바벨, 여호수아)	스 3:8
536-520년	성전 공사 중단(다리오 2년까지)	스 4:1-5, 24
520-515년	성전 완공	학 1:14-15; 스 6:15
	대적이 성읍 건축 방해	
458년	에스라 인도로 2차 귀환 - 아닥사스다 7년	스 7:1, 8
445년	느헤미야 인도로 3차 귀환 - 아닥사스다 20년	느 2:1
444년	느헤미야가 예루살렘 도착	느 2:11
엘룰월 25일	느헤미야 성벽 완성	느 6:15
433년	느헤미야가 잠시 바사에 갔다가 귀환	느 13:6-7

표 15 포로 후기 각종 사건 연대기

4. 에스라-느헤미야 구조

에스라-느헤미야가 히브리어 성경에서는 한 권의 책으로 구성되었을 뿐만 아니라 그 안에는 다양한 장르의 자료들이 포함되어 있다. 에스라가 일인칭으로 소개된 에스라 회고록(스 7-10장), 느헤미야의 회고록(느 1-7장; 12:27-13:4-31)이 있다. 또한 기도(스 1:5-11; 7:27-28; 느 1:5-11), 귀환자 명단(스 2:3-69; 8:1-14; 10:18-44; 느 7:6-72), 각종 명단(느 3:1-32; 10:1-27; 11:3-12:26), 족보(7:1-5), 서신(스 4:7-10, 11-16,

17-22; 5:7-17; 6:6-12; 7:11-26) 등이 있다. 또한 당시 국제 공용어였던 아람어로 기록된 부분도 있다(스 4:8-6:18; 7:12-26). 다양한 자료들이 신학적 목적에 따라 배열되었다.

I. 1차 포로 귀환: 스룹바벨 인도(스 1:1-6:22)
    A. 일차 포로 귀환(스 1:1-2:70)
        a. 고레스 칙령(스 1:1-4)
        b. 포로 귀환 준비 과정(스 1:5-11)
        c. 귀환자 명단(스 2:1-70)
    B. 번제단 재건과 제사(스 3:1-6)
    C. 성전 재건축(스 3:7-13)
    D. 성전 재건축 방해(스 4:1-24)
    E. 성전 재건축 재개(스 5:1-17)
    F. 다리오의 조서(스 6:1-12)
    G. 성전 봉헌과 유월절 준수(스 6:13-22)

II. 2차 포로 귀환: 에스라 인도(스 7:1-10:44)
    A. 에스라의 예루살렘 귀환(스 7:1-10)
    B. 아닥사스다 왕의 조서(스 7:11-28)
    C. 귀환자 명단(스 8:1-14)
    D. 예루살렘 귀환 과정(스 8:15-36)
    E. 백성들의 통혼 문제(스 9:1-15)
    F. 백성들의 회개(스 10:1-17)
    G. 통혼자들 명단(스 10:18-44)

III. 느헤미야의 귀환과 성벽 재건(느 1:1-7:4)

    A. 느헤미야의 기도(느 1:1-11)

    B. 아닥사스다 왕의 허락(느 2:1-10)

    C. 느헤미야의 성벽 시찰(느 2:11-20)

    D. 성벽 재건자들(느 3:1-18)

    E. 성벽 재건 방해자들(느 4:1-23)

    F. 가난한 백성들의 원성(느 5:1-13)

    G. 느헤미야의 청렴한 총독직(느 5:14-19)

    H. 느헤미야에 대한 음모(느 6:1-14)

    I. 성벽 재건 완공(느 6:15-7:4)

IV. 포로귀환 공동체 재건 사역(느 7:5-13:31)

    A. 포로 귀환자 명단(느 7:5-72)

    B. 에스라의 율법 낭독(느 7:73-8:18)

    C. 백성들의 회개(느 9:1-38)

    D. 언약 갱신(느 10:1-39)

    E. 예루살렘의 새 거주자들(느 11:1-36)

    F. 제사장과 레위인들(느 12:1-26)

    G. 성벽 봉헌식(느 12:27-47)

    H. 느헤미야의 마지막 개혁(느 13:1-31)

5. 신학적 내용

에스라-느헤미야서는 바벨론 포로에서 귀환하고 성전과 성벽을 재건하는 사건들 속에서 역대기와 버금가는 신학적 메시지 즉 주권자 하나님, 총체적 회복과 모세의 율법이 있다.

1) 주권자 하나님

유대 백성들의 포로 귀환과 에스라와 느헤미야의 재건 사역은 언약을 이행하시는 하나님의 언약 성취의 결과이다(렘 31:23-24; 33:6-7). 하늘의 하나님은 열방과 역사의 주관자이시다(스 1:2; 5:11; 6:9). 하나님은 예레미야 선지자로 하신 말씀을 이루시기 위해 바사의 고레스 왕의 마음을 감동시키셨고(스 1:1), 유대 백성들이 성전을 건축할 수 있도록 아닥사스다 왕의 마음도 움직이셨다(스 7:27). 또한 하나님께서 바벨론에서 귀환하는 자들의 마음을 감동시키셨기 때문에 그들이 그곳에서의 삶의 터전을 포기하고 돌아올 수 있다(스 1:5). 언약을 지키시는 하나님께서 귀환하는 에스라를 모든 순간마다 도우셨고 그의 기도에 응답하셨다(스 7:6, 28). 왕의 술관원장 느헤미야도 하나님의 선한 손의 도움으로 아닥사스다 왕의 허락을 받아 본토로 갈 수 있었다(느 2:8).[5] 느헤미야의 예루살렘 성벽 재건 사역도 결국 하나님께서 그의 마음속에 주신 것이다(느 2:12). 에스라-느헤미야서에 기록된 백성들의 귀환과 재건 사건들은 주권자 하나님께서 역사 속에 개입하시고 일하신 결과임을 가르쳐 준다.[6]

---

5 에스라-느헤미야서에는 "하나님의 선한 손"이라는 표현이 9번 정도 사용되었다 (스 7:6, 9, 28; 8:18, 22, 31; 느 1:10; 2:8, 18).

6 이희성, 『왕의 명령: 예루살렘 성벽재건 이야기』(서울: 익투스, 2019), 94-97.

2) 총체적 회복

주전 538년 고레스 왕이 내린 조서에는 이스라엘 하나님 "여호와의 성전"을 건축하라는 내용이 있다. 여기서 "성전"은 히브리어로 "바이트"란 용어가 사용되었으며 "집"으로 번역될 수 있다. 여호와의 성전, 즉 여호와의 집 재건은 에스라-느헤미야서 전체의 확장된 의미에서 예루살렘 성전, 성벽, 그 안에 거주하는 백성들을 모두 포함한다.[7] 성전의 재건은 하나님 백성의 총체적인 회복이라는 에스라-느헤미야서의 중요한 신학적 주제이다. 스룹바벨을 통해 제단이 회복되고, 에스라를 통해 하나님의 성전이 완공되었으며, 느헤미야를 통해 예루살렘 성벽이 완성되었다. 에스라와 느헤미야는 협력 사역을 통해 백성들의 영적 각성 운동을 일으켰다. 이와 같은 회복의 사역은 포로 기간 70년이 차면 백성들이 본토로 돌아와서 성전을 재건하고 회복의 삶을 살게 될 것이라는 하나님의 계획이 이루어진 것이다.

3) 모세의 율법

에스라와 느헤미야의 재건 사역은 모세의 율법에 근거하여 진행이 되었다. 스룹바벨과 그의 형제들은 제단을 재건한 후에 모세의 율법에 기록한 대로 번제를 드렸다(스 3:2). 성전 재건을 주도한 에스라는 모세의 율법에 익숙한 학자였고 율법을 연구하고 준행하며 이스라엘 백성들을 가르쳤다(스 7:8, 10). 에스라는 하나님의 말씀에 대한 경외심

---

[7] Tamara Cohn Eskenazi, *In an Age of Prose: A Literary Approach to Ezra-Nehemiah*, SBLMS 36 (Atlanta: Scholars Press, 1988), 2.

을 가지고 이를 준행한 자였고 모세의 율법에 따라 이방 여인과 통한 백성들을 책망하고 바른 길로 인도하였다(스 10:3). 에스라는 수문 앞 광장에 모인 백성들에게 모세의 율법책을 읽어 주었고 이 때 백성들 가운데 회개와 결단의 역사가 일어났다. 느헤미야는 모세의 율법을 근거로 기도하였고, 그가 공동체를 개혁할 때 삼은 기준은 모세의 율법이었다(느 1:4-11; 12:44; 13:3). 모세의 율법은 백성들이 하나님과 맺은 언약 관계를 새롭게 하고 공동체의 삶의 변화를 이끌어가는 원동력이었다(느 9:3; 10:29-39). 이스라엘 백성들이 바벨론에 포로로 끌려간 가장 근본적인 이유는 하나님의 율법을 어기고 불순종했기 때문이다. 따라서 포로 후기 유대 공동체가 회복을 경험할 수 있는 가장 신속한 길은 모세의 율법에 따라 순종하는 것이다.

6. 신약과의 관계

에스라-느헤미야서에서 하나님의 집의 회복은 성전, 성벽, 그리고 하나님 백성들의 총체적인 회복이다. 스룹바벨을 통한 성전의 재건은 신약에서 성막과 성전으로 오신 예수 그리스도에 의해 온전히 성취된다(요 1:14; 2:18-22). 하나님은 모든 충만으로 예수 그리스도 안에 거하게 하셨고 예수 그리스도는 우리 가운데 거하신다. 사도 바울은 예수 그리스도께서 성전의 모퉁이돌이시고 하나님의 백성은 서로 연결이 되어 하나님께서 거하실 처소로 지어진다고 했다.[8] 에베소서

---

8 마크 푸타토, "에스라-느헤미야", 『성경신학적 구약개론』, 548.

2:20-22은 이렇게 기록하고 있다.

> 너희는 사도들과 선지자들의 터 위에 세우심을 입은 자라 그리스도 예수께서 친히 모퉁잇돌이 되셨느니라 그의 안에서 건물마다 서로 연결하여 주 안에서 성전이 되어 가고 너희도 성령 안에서 하나님이 거하실 처소가 되기 위하여 그리스도 예수 안에서 함께 지어져 가느니라.

에스라와 느헤미야를 통해 하나님의 집이 회복되고 세워졌듯이 신약에서는 예수 그리스도를 중심으로 교회와 성도들이 세워진다. 하나님의 집 회복의 완성은 장차 새 하늘과 새 땅이 열릴 때 새 예루살렘성에서 온전히 이루어진다.

에스라-느헤미야서에 나타나는 공동체 정결 운동은 신약의 교회 안에서의 정결과 회개의 사역과 밀접한 관련이 있다. 신약에서 사도 바울은 교회 공동체의 거룩함을 매우 중요시했다. 고린도전서 5장에서 바울은 음행한 자를 공동체에서 출교시키고, '적은 누룩이 온 덩어리를 부풀게 한다'고 하며 교회의 정결함을 강조한다(고전 5:6-7). 이는 에스라와 느헤미야가 보여 준 공동체 정화 노력과 본질적으로 유사하다. 에베소서 5:26-27에서도 그리스도께서 교회를 말씀으로 깨끗하게 하셔서 거룩한 신부로 세우시는 장면이 그려지며, 이는 공동체 정결의 신학적 완성을 보여 준다.

용어 해설
맛소라 사본(Masoretic Text): 히브리어 구약 성경의 표준사본. 원래 히브리어 성경은 자음으로만 기록되어 있었으나 맛소라 학자들이 모음 부호와 악센트를 추가하여 기록한 사본.

회고록: 일인칭 화법으로 쓰인 글이며 자신이 관찰했거나 참여했던 사건들을 기록한 것.

통혼: 영어로는 inter-marriage. 순수한 유다 백성들이 이방인과 결혼하는 것.

내용 요약

1. 에스라서와 느헤미야서는 포로 후기 백성들을 구원하시고 돌보시는 하나님의 구원 사역 을 소개하고 있다.
2. 에스라서와 느헤미야서는 주전 538년 유대인들의 포로 귀환에서 시작하여 포로 귀환 생활 100년 동안의 기간의 역사를 다루고 있다.
3. 에스라서와 느헤미야서에서 하나님의 집의 회복은 성전, 성벽, 그리고 하나님 백성들의 총체적인 회복이다.
4. 에스라와 느헤미야를 통해 하나님의 집이 회복되고 세워졌듯이 신약에서는 예수 그리스도를 중심으로 교회와 성도들이 세워진다.

7. 현대인을 위한 적용점

에스라-느헤미야서는 포로생활 이후의 귀환 공동체가 어떻게 무너진 예루살렘을 재건하고, 하나님의 말씀과 언약을 회복하는지를 보여 주는 이야기이다. 무너진 신앙의 재건은 단순한 감정적 결단이 아닌, 하나님의 말씀과 은혜 안에서 철저히 회개하고 순종하는 삶을 통해 이루어진다. 에스라가 율법을 가르칠 뿐 아니라 자신이 먼저 연구하고 순종했듯이, 현대 신자들도 말씀에 대한 경외감과 실천이 동반된 삶을 살아야 한다. 또한 느헤미야처럼 사회적 정의와 공동체 회복을 위해 기도하고 행동하는 책임감 있는 신앙도 필요하다. 무엇보다 중요한 것은, 이 모든 회복의 중심에 하나님의 주권과 인도하심이 있다는 사실이다. 백성들의 귀환, 성전과 성벽 재건, 영적 각성은 모두 하나님께서 마음을 감동시키시고 문을 여셨기 때문에 가능했다. 오늘날에도 우리는 혼란한 세상과 영적 무기력 속에서 자신의 힘이 아니라, '하나님의 선한 손'에 의지하며 일상의 자리에서 믿음을 회복해야 한다. 교회 공동체의 갱신과 세상의 회복은 탁월한 리더 한 사람의 힘으로 되는 것이 아니라, 하나님을 향한 한마음 한뜻의 공동체적 순종을 통해 일어난다. 에스라–느헤미야서는 하나님 나라를 위한 재건 사역이 오늘날에도 여전히 필요하다는 사실을 상기시킨다.

8. 깊은 연구를 위한 질문

1) 에스라–느헤미야서가 한 권의 책이라는 주장의 근거가 무엇인가?

2) 에스라는 어떤 인물이고, 그가 행한 가장 중요한 일은 무엇인가?

3) 느헤미야는 어떤 인물이고, 그가 행한 가장 중요한 일은 무엇인가?

4) 포로 후기 공동체에서 이방인과의 통혼이 왜 심각한 죄였는가?

5) 하나님의 집은 무엇을 의미하는가?

9. 심화학습을 위한 독서 목록

이근호. 『에스라, 느헤미야 속으로』. 서울: 대장간, 2013.

Breneman, Mervin. *Ezra, Nehemiah, Esther*. NAC. Nashville: Broadman & Holman, 1993.

Clines, David J. A. *Ezra, Nehemiah, Esther*. New Century Bible Commentary 9. Dallas: Word, 1996.

Kinder, Derek. *Ezra and Nehemiah*. TOTC. Downers Grove: InterVarsity Press, 1979.

Fensham, F. C. *The Books of Ezra and Nehemiah*. NICOT. Grand Rapids: Eerdmans, 1982.

Williamson, H. G. M. *Ezra, Hehemiah*. WBC. Vol. 16. Waco: Word, 1985.

에스더

1. 목적

에스더서는 위기에 빠진 바사 제국의 유대인들이 어떻게 구원을 받았는지를 극적으로 기술한 책이다. 이 책의 히브리어 성경의 이름은 "에스테르"이며 칠십인역에서는 "에스더"(Esther)로 표현된다. 에스더서의 특이한 점은 하나님이 한 번도 언급되지 않고 언약이나 제사에 관한 내용도 전혀 없다는 것이다. 또한 에스더서는 신약 성경에서 한 번도 인용되지 않았고 에스더란 인물도 언급되지 않았다. 이러한 이유로 인해 에스더서가 66권 정경에 들어갈 가치가 있는지에 대한 오랜 논쟁이 있었다. 심지어 1세기경 한 랍비는 이 책이 "더러운 손으로 만들어진 책"이라고까지 말했다. 하지만 에스더서는 자신의 백성들을 돌보시는 하나님의 절대 주권과 섭리에 관해 탁월한 문학적 기법을 사용하여 전하고 있다. 에스더서는 초기 기독교 교회에서 광범위하게 받아들여졌고 주후 4세기 말경에는 정경으로 확정되었다.

에스더서의 기록의 목적은 다음과 같다. 첫째, 유대인들이 바사 제국에 살면서 목숨의 위협을 받는 위기와 슬픔을 어떻게 기쁨과 승리로 변화시켰는지 기술하기 위해서이다. 둘째, 위기의 상황 속에 빠진 자신의 백성들을 구원하시는 하나님의 보이지 않는 섭리와 배후에서 역사하시는 하나님의 손길에 대해 교훈하기 위해서이다. 하나님은 역사의 주인이시며 자신의 언약 백성들을 보호하시겠다는 약속을 이루시는 분이시다(출 17:16). 셋째, 유대인들의 승리의 날을 기념하여 제정한 부림절에 대해 소개하기 위해서이다.

2. 저자

에스더서는 구약의 다른 많은 책들과 마찬가지로 저자에 대해 명확하게 기록하고 있지 않다. 미쉬나(*Megilla 7a*)에서는 "70인 대의회"(Men of the Great Assembly)가 에스더를 기록했다는 이상한 주장을 한 것을 제외하고는 초기 유대교 전승에서는 저자에 대한 언급이 거의 없다.[1] 전통적으로 일부 학자들은 모르드개가 에스더서를 기록했다고 주장한다. 에스더서 안에는 궁중의 공식적인 기록들인 궁중 일기(2:23), 역대 일기(6:1), 메대와 바사 왕들의 일기(10:2)에 대한 기록들이 있다. 이러한 기록물에 접근할 수 있었던 사람은 모르드개일 것이기 때문이다. 또한 부림절을 제정할 때 모르드개가 바사의 유대인들에게 보낸 글이 에스더서 안에 수록되어 있다(9:20, 23, 29-32). 이러한 내용들을 고려하여 모르드개가 기록자일 것이라고 추정한다. 그런데 에스더서에는 모르드개에 대한 평가와 객관적 기술들이 제시되고 있는 것을 보면 모르드개가 저자일 가능성에 의문을 제기할 수 있다(6:11;

---

[1] 유진 H. 메릴, 마크 F. 루커, 마이클 A. 그리산티, 『현대인을 위한 구약개론』, 568.

8:15; 9:4; 10:3). 에스더서의 저자는 약속의 땅 밖에서 살고 있었던 유대인이며 수사와 바사 왕궁에 대해 익히 알고 있었던 사람이라고 추측할 수 있다.

3. 기록 연대와 배경

주전 538년 고레스 왕의 칙령으로 유다 백성들이 본국으로 1차로 귀환한 후에 에스더와 모르드개는 바벨론 땅에 포로민으로 남아 있었다. 이 시기에 에스더와 모르드개가 바사 제국에서 겪은 여러 위협들을 극복한 이야기가 에스더서에 실려 있다. 바사의 수산 궁에 거주한 아하수에로 왕(Xerxes I, 주전 486-465년)이 거의 각 장에 언급되고 있는 것을 보면 에스더서는 적어도 이 시기보다 먼저 기록되었을 수는 없을 것이다. 에스더 10:2에 "왕의 능력 있는 모든 행적과 모르드개를 높여 존귀하게 한 사적이 메대와 바사 왕들의 일기에 기록되지 아니하였느냐"라고 언급되어 있다. 이는 에스더서가 적어도 아하수에로 왕이 죽은 후인 주전 464년 이후에 기록되었다는 것을 말해 준다. 또한 에스더서 안에는 일부 바사 제국의 언어가 발견되는 반면에 헬라

				에스더서 사건들 (주전 483-471년)			느헤미야서 사건들 (주전 444-433년)	
550	525	500		475	450	425		400
	에스라서의 사건들(주전 539-458년)							
1차 포로 귀환 (주전 538년)				2차 포로 귀환 (주전 458년)				

표 16 에스라, 에스더, 느헤미야의 시대

어에 대한 흔적이 전혀 없기에 헬라 제국 이전(주전 330년)에 기록되었을 것이다.

4. 에스더서 구조

에스더서는 내러티브에 속하고 다양한 문학적, 수사학적 기법을 통해 역사적 사건을 극적으로 전개시키고 있다. 이 책안에는 "연설"(2:2-4), "전기"(2:5-7), "보고"(2:8-20, 21-23; 4:1-3; 8:1-2; 9:1-10), "일화"(5:9-14), "조서"(8:9-17; 9:20-28)와 같은 다양한 문학 장르가 나타난다.[2] 또한 에스더서에는 "잔치"라는 주제가 전체 사건 전개에 중요한 부분을 차지한다(1:2-9; 2:18; 3:15; 5:1-8; 7:1-10; 8:16-17; 9:17-19).

I. 위협받는 유대인들(1:1-5:14)

    A. 와스디 왕후의 폐위 (1:1-22)

    B. 에스더가 왕후가 됨(2:1-18)

    C. 모르드개가 음모를 밝힘(2:19-23)

    D. 하만의 유대인 말살 음모(3:1-15)

    E. 모르드개의 요청과 에스더의 결단(4:1-17)

    F. 에스더의 잔치와 하만의 음모(5:1-14)

II. 역전을 경험한 유대인들(6:1-9:19)

---

[2] R. E. Murphy, *Wisdom Literature: Job, Proverb, Ruth, Canticles, Ecclesiastes, and Esther*, FOTL (Grand Rapids: Eerdmans, 1981), 158-70.

A. 잠을 못 이루는 왕과 높임 받는 모르드개(6:1-14)

B. 에스더의 두 번째 잔치와 하만의 몰락(7:1-10)

C. 유다인을 위한 왕의 조서와 기쁨(8:1-17)

D. 유다인의 승리(9:1-19)

III. 부림절 제정(9:20-32)

A. 모르드개의 첫째 편지(9:20-28)

B. 에스더와 모르드개의 둘째 편지(9:29-32)

IV. 역전을 경험한 모르드개(10:1-3)

5. 신학적 내용

에스더서 안에는 하나님에 대한 언급이 전혀 없기에 이 책의 신학적 메시지를 논의하는 것이 적절해 보이지 않을 수도 있다. 하지만 에스더서에는 암시적이긴 하지만 하나님의 약속이 하나님의 주권과 섭리를 통해 성취된다는 점을 보여 주고 있다. 에스더서의 신학적 메시지는 성경 전체의 문맥 안에서 볼 때 더 잘 이해할 수 있다.

1) 하나님 섭리

바벨론에서 오랜 세월 동안 포로 생활을 했던 일부 백성들은 고레스 왕의 칙령으로 본토로 돌아가게 되었다. 그러나 이방 땅에 남아 있는 유다 백성들은 여전히 하나님의 돌보심에 대한 의구심을 떨쳐 버릴 수 없었다. 그러나 에스더서는 하나님께서 바사 제국에 남아 있는 자신의 언약 백성들도 여전히 보호하시고 계심을 보여 준다. 이 책에는 비록 하나님의 이름이 나타나지 않으나 하나님의 임재와 역사하심은 모든 사건 가운데 녹아져 있다.[3] 하나님의 섭리와 인간의 행동들 사이에 밀접한 상호 작용이 나타난다(1:10-12; 2:17, 21-23; 4:14; 6:1-3). 왕이 모든 여인들보다 에스더를 더욱 사랑하여 그녀에게 은총을 베푼 일(2:17), 모르드개가 대궐 문에서 우연히 왕을 암살하려는 음모를 들은 사건(2:21), 왕이 잠이 오지 않아 역대 일기를 읽었을 때 모르드개가 암살 음모를 밝힌 부분을 읽은 것 등은 모두 배후에서 섭리하시는 하나님의 손길을 보여 준다. 여러 사건들은 우연의 일치인 것 같지만 역사를 주관하시는 하나님의 통치와 섭리의 일부이다.

2) 역전의 은혜와 부림절

위기에 처한 유대인들을 구원하시는 하나님의 은혜가 반전기법(peripety)을 통해 소개되고 있다. 모르드개와 하만 사이에 운명의 역전이 그 대표적인 예이다. 교만한 하만은 유대인들을 멸절시키려고 다양한 음모를 꾸몄으나 자신이 그 음모에 말려들게 된다. 에스더는 하만과 모르드개 사이의 운명의 역전을 다양한 문학적 기법을 통해 소개한다. 왕의 반지(3:10과 8:2), 왕의 조서(3:12과 8:9), 유다인 멸절(3:13과 8:11), 조서의 초본(3:14과 8:13), 수산성의 상태(3:15과 8:14), 모르드개의 옷(4:1과 6:11), 나무에 매달린 자(5:14과 6:13). 이와 같은 반전 기

---

[3] 에스더서에는 하나님에 대한 언급이 단 한 번도 없으나 이방 페르시아 왕은 전체 167구절 안에 1909번이나 언급이 되어 있다.

법은 하나님께서 자신의 백성들을 보호하시고 역전의 은혜를 베풀어 주신다는 점을 강조하고 있다. 부림절은 하나님께서 자신의 백성들을 구원하시고 신실하게 돌보셨음을 기념하는 절기로 제정되었다. "부림"(Purim)의 뜻은 '제비(뽑기)'이며 2월 말이나 3월 초에 지켰다. 이날은 유대인들이 원수들의 손에서 풀려난 기쁨의 날이며 역전의 날이다.

3) 이스라엘과 아멜렉 족속 갈등[4]

에스더서에서 모르드개와 하만은 원수 관계로 소개된다. 모르드개는 사울의 아버지 기스 집안 출신의 베냐민 족속이고(2:5), 하만은 아말렉 족속의 왕 아각의 후손이다(3:1). 이스라엘 백성과 아말렉 족속과의 갈등 관계는 출애굽 시절부터 시작되었다. 이스라엘 백성들이 르비딤에 이르렀을 때 아말렉 족속이 공격하였고 이 전쟁으로 인해 하나님은 "여호와가 아말렉으로 더불어 대대로 싸우리라"고 하셨다(출 17:16). 신명기 25:17에서는 "너는 천하에서 아말렉에 대한 기억을 지워버리라"고 했다. 아말렉과의 전투에서 사울은 하나님의 명령에 불순종하여 패배하게 되고 왕위에서 물러나게 된다. 긴 역사 속에서 이스라엘과 아말렉과의 관계는 모르드개와 하만과의 관계에서 절정을 이루게 된다. 결국에는 바사 제국에 남아 있는 유대인의 대표격인 모르드개의 승리로 마무리된다. 하나님은 출애굽 당시 자신의 백성들에게 약속하신 것을 여전히 기억하시고 지키시는 분이시다.

---

4 레이몬드 딜러드·트렘퍼 롱맨, 『최신구약개론』, 291.

6. 신약과의 관계

신약 성경에는 에스더서와 관련된 기록이 거의 없다. 그러나 구속사의 거시적인 관점에서 보면 하나님의 구원역사는 결코 중단 없이 진행이 된다는 점을 시사한다. 에스더서의 중심 주제는 하나님께서 유대인들이 존속할 수 있도록 보호하셨다는 것이지만 신약과의 관계에서 본다면 구속자 메시아가 등장하도록 하나님께서 역사 속에 개입하셨다는 것을 알 수 있다. 에스더서가 없었다면 유대인으로 오신 메시아 그리스도의 등장도 없었을 것이다.[5] 하나님은 예수 그리스도를 이 땅에 보내심으로 유대인과 이방인과의 장벽을 허무시고 인종이나 성별이나 신분에 차별 없이 구원의 길에 오를 수 있는 길을 여셨다(갈 3:28).

> **용어 해설**
> 미쉬나: 구전된 유대인들의 율법을 다루고 있는 유대인 법전
> 반전기법: 예상되는 이야기의 결과를 뒤집는 사건들로 내용전개

> **내용 요약**
> 1. 에스더서는 위기에 빠진 바사 제국의 유대인들이 어떻게 구원을 받았는지를 극적으로 기술한 책이다.

---

[5] 피터 리, "에스더", 『성경신학적 구약개론』, 516.

2. 에스더서는 자신의 백성들을 돌보시는 하나님의 절대 주권과 섭리에 관해 탁월한 문학적 기법을 사용하여 전하고 있다.
3. 에스더서에는 암시적이긴 하지만 하나님의 약속이 하나님의 주권과 섭리를 통해 성취된다는 점을 보여 주고 있다.
4. 에스더서는 비록 하나님의 이름이 나타나지 않으나 하나님의 임재와 역사하심이 모든 사건 가운데 녹아져 있다.
5. 에스더서의 신약과의 관계에서 본다면 구속자 메시아가 등장하도록 하나님께서 역사 속에 개입하셨다는 것을 알 수 있다.

7. 현대인을 위한 적용

에스더서는 하나님이 보이지 않는 시대, 말씀도 선지자도 없는 시대에 하나님의 백성이 어떻게 살아야 하는지를 보여 준다. 오늘날 우리도 하나님의 직접적인 개입이나 기적을 보기 어려운 현실 속에서 살아간다. 그러나 에스더서는 "보이지 않지만 일하시는 하나님"을 신뢰하라고 말한다. 에스더는 침묵하시는 하나님 아래서 '죽으면 죽으리이다'라는 신앙적 결단으로 위기의 순간을 돌파했고, 하나님은 그 선택을 통해 자기 백성을 구원하셨다. 우리 역시 삶의 위기와 불확실성 속에서 하나님이 침묵하시는 것처럼 느껴질 때가 많다. 그러나 에스더서가 증언하듯 하나님은 여전히 역사하시고, 때로는 인간의 용기 있는 결단과 책임 있는 행동을 통해 하나님의 뜻을 이루신다. 현대의 신자는 그리스도 안에서 '왕 같은 제사장'으로 부름받았으며, 세상 한복판에서 자신이 처한 자리를 하나님의 섭리의 자리로 받아들이고, 믿음으로 반응할 책임이 있다. 에스더처럼, 지금 내가 처한 자리가 바로 '이 때를 위함'일 수 있음을 기억해야 한다(4:14). 나아가 교회가 지역사회, 역사 속 특정 시점에 존재하는 이유는 하나님의 목적이 있기 때문이다. 각 믿음의 공동체는 시대적 상황 속에서 자신의 위치와 믿음의 역할을 자각해야 한다.

8. 깊은 연구를 위한 질문

1) 에스더서에 하나님의 이름이 나타나지 않는 이유는 무엇이라 생각하는가?

2) 에스더의 인격과 역할이 구약의 여성 이해에 어떤 기여를 하는가?

3) 에스더서의 사건들은 바사 제국의 어느 왕 시대에 일어난 사건들인가?

4) 에스더서 안에서 운명 역전의 이야기가 어떻게 나타나고 있는가?

5) 에스더서에서 찾을 수 있는 유대인 절기는 무엇인가?

9. 심화학습을 위한 독서 목록

이언 두기드. 『에스더·룻기』. 황의무 역. 서울: 부흥과개혁사, 2018.
웨인 바트후이젠. 『무대 뒤에 계신 하나님: 에스더』. 송동민 역. 고양: 이레서원, 2018.

Baldwin, Joyce G. *Esther: An Introduction and Commentary*. Tyndale Old Testament Commentary. Downers Grove, IL: InterVarsity, 1984.

Clines, David J. A. *Ezra, Nehemiah, Esther*. Grand Rapids: Eerdmans, 1984.

Moore, Carey. *Esther*. New York: Doubleday, 1971.

Fox, Michael. *Character and Ideology in the Book of Esther*. Columbia, S.C.: University of South Carolina Press, 1991.

Baldwin, Joyce G. *Esther: An Introduction and Commentary*. Tyndale Old Testament Commentary. Downers Grove, IL: InterVarsity, 1984.

욥기

1. 목적

욥기는 문학적인 면과 인간 존재의 근본적인 질문을 다루는 면에서 탁월하다. 시대와 지역을 초월하는 인간의 고난의 문제를 풀어가는 욥기의 신학적 가치는 문학적 가치 이상이다. 성경에서 욥의 명성 또한 대단하다. 주전 6세기 에스겔 선지자는 의로운 욥에 대해 알고 있었고(겔 14:14, 20), 주전 1세기 야고보는 욥의 인내를 기억하고 있었다(약 5:11). 욥기의 주인공 욥은 비록 이스라엘 사람은 아니었지만 욥기서는 오랜 세월 동안 히브리어 성경의 정경에 포함되었다. 그만큼 욥기는 영감된 정경으로서 인정을 받았고 많은 사랑을 받아온 책이다. 히브리어 성경에서 욥기는 성문서에 속하고 시편, 욥기, 잠언, 전도서 순서로 배열되어 있다. 욥기는 잠언, 전도서와 함께 구약의 지혜서로도 분류된다.

    욥기는 대부분 욥과 친구들과의 대화체로 쓰였기 때문에 책의 목적에 대해 직접적인 언급을 하지는 않는다. 따라서 욥기를 이해하기 위해서는 고난 가운데 있는 욥의 고뇌와 질문을 먼저 생각해야 한다. 욥은 정직하고 순전한 자라고 평가받은 인물이었다(1:8; 2:3). 그는 엄청난 고난을 자초할 정도의 악한 행동은 하지 않았다. 그렇기에 욥은 자신에게 닥친 고난에 대해 번민하며 다음과 같은 질문들을 한다. "왜 나에게 이러한 고난이 찾아왔는가?", "하나님께서 의로우시다면 과연 이런 고난을 허락하실 수 있는가?" 이러한 질문은 신학적으로 신정론(theodicy)에 관한 것이다. 이러한 질문을 염두에 두면서 다음과 같은 욥기의 목적을 생각해 볼 수 있다.

첫째, 의인도 고난을 당할 수 있다는 현실을 교훈하기 위함이다. 하나님께서 욥의 순전함에 대해 칭찬하셨음에도 불구하고 욥에게는 감당할 수 없는 고난의 바람이 불어 닥쳤다. 욥의 친구들은 욥의 고난이 그의 숨겨진 죄 때문이라고 지적하며 회개를 요구했다. 그들은 개인의 죄가 모든 고통의 원인이라는 전통적인 인과응보의 교리에 따라 욥을 평가한 것이다. 그러나 욥기의 저자는 의인에게도 고난이 찾아올 수 있다는 점을 분명히 밝히고 있다.

둘째, 고난에 대한 하나님의 섭리는 인간이 다 헤아릴 수 없다는 것을 가르치기 위함이다. 욥기의 이야기 전개는 두 개의 무대에서 동시에 이루어지고 있다.[1] 하나는 이 땅이고 다른 하나는 천상이다. 이 땅에서 욥은 의로운 자였으나 이해할 수 없는 엄청난 고난이 그에게 찾아 왔다. 천상에서는 욥의 고난에 영향을 미치는 일들이 벌어지고 있었다. 지상의 욥은 천상에서 벌어지고 있는 하나님과 사단과의 대화를 다 알 수 없었다. 우주의 통치자이시며 절대주권자이신 하나님께서는 자신의 행동에 있어서 자유로우시며 인간의 예측을 뛰어 넘

---

[1] 다니엘 에스테스, 『지혜서와 시편 개론』 강성열 역 (고양: 크리스찬다이제스트, 2007), 28.

는다.[2]

셋째, 하나님의 전능하심과 선하심에 대해 변호하기 위함이다. 욥의 고난을 바라보며 하나님의 전능하심과 선하심에 대해 다음과 같은 질문을 할 수 있을 것이다. 만약 하나님께서 선하시다면 이 세상에 어떤 형태의 악이라도 허락하지 않으실 것이다. 하나님께서는 완벽히 선하신 분인데 이 세상에는 어떻게 해서 다양한 형태의 악이 존재하는가? 이는 온 세상을 통치하시는 하나님의 능력에 한계가 있는 것은 아닌가? 하나님은 전지전능하신 분이 아닌 것인가? 만약 하나님께서 선하시다면 어떻게 이 세상에 악을 허용하실 수 있는가? 하나님은 사랑이 없으신 분은 아닌가? 하나님께서 인간들을 돌보지 않는 것은 아닌가? 그러나 욥기는 하나님께서 전능하시며 고통 가운데 있는 욥을 돌보신다는 점을 보여 주고 있다.

2. 저자

욥기의 저자는 누구인지 분명하지 않다. 어떤 학자들은 욥이 저자라고 주장하기도 하고, 다른 학자들은 욥기가 족장 시대를 배경으로 하고 있기에 모세가 저자라고 말하기도 한다.[3] 또 다른 학자들은 솔로몬 시대에 이스라엘의 지혜 문학이 전성기를 이루었기 때문에 솔로몬이 저자라고도 한다. 그 외에도 히스기야, 에스라, 또는 선지자들이 기

---

2 다니엘 에스테스, 『지혜서와 시편 개론』, 29.
3 Gleason Archer, *A Survey of Old Testament Introduction*, 2nd ed. (Chicago: Moody Press, 1974), 456.

록자라고 간주하기도 한다. 어떤 이들은 모세 시대로부터 바벨론 포로기까지의 기간 동안 익명의 기록자들이 욥기를 기록했다는 주장도 있다. 이처럼 욥기 저자에 대한 모호성 때문에 다양한 견해들이 제시되었다. 그러나 어느 주장도 확증할 수 없고 다만 추측만 가능할 뿐이다. 아마도 욥기는 오랜 세월 동안 구전이나 일부 기록 형태로 전해지는 이방인 욥의 이야기가 영감을 받은 한 이스라엘의 저자에 의해 문서로 기록되어 현재의 형태로 전해졌을 것이다. 욥기는 여전히 저자 미상으로 남아 있다. 그렇다면 욥은 어떤 인물인가? 욥은 실제 인물이며 이스라엘 역사 속에서 널리 알려진 존재이다(겔 14:14, 20; 약 5:11). 그는 의롭고 정직하여 주변 사람들에게 칭찬과 존경을 받았을 뿐만 아니라 부유한 자였다(1:1-3). 욥은 우스 땅에 살았던 것으로 보아 이스라엘 사람은 아니고 에돔 지역에 거주했던 부유한 이방인이었을 것이다. 그는 에돔 사람이었지만 에돔의 신들을 섬기지 않고 하나님을 믿고 섬겼던 신앙을 가진 인물이었다. 그는 하나님을 "전능한 하나님"으로 믿고 섬겼고, 하나님은 욥을 "내 종 욥"이라고 불렀다(1:8; 2:3; 42:8).

3. 기록 연대와 배경

욥기에 기록된 사건들은 족장 시대를 배경으로 하고 있다. 이를 뒷받침해 주는 단서들이 본문에 있다. 첫째, 욥은 제사장적인 기능을 담당한 인물이다. 마치 노아나 아브라함이 제사장의 도움 없이 스스로 제사를 드렸듯이 욥도 대가족의 가장으로 자녀를 위해 제사를 드렸다(욥 1:5; 창 8:20; 12:8). 또한 욥기에는 율법에 대한 언급도 전혀 없다. 이는 제사 제도나 율법이 세워지기 이전의 모습이다. 둘째, 당시 관행에 따라 욥의 부를 측정하는 기준으로 가축들과 하인의 수가 사용되었다. 욥에게는 양이 칠천 마리, 낙타가 삼천 마리, 소가 오백 겨리, 암나귀가 오백 마리이며 종도 많이 있었다(1:3; 42:12). 족장 시대에 부의 기준은 주로 가축과 집안에서 거느리는 종이었다(창 13:2, 6; 14:14; 32:5). 셋째, 욥은 고난을 통과한 후에도 백사십 년을 살았고 그의 수명은 창세기의 홍수 이후 시대의 수명을 상기시킨다(42:16). 넷째, 욥기에는 창세기에서 주로 많이 사용된 "전능하신 하나님"(엘 샤다이)이라는 하나님의 이름이 많이 사용되었다(창 17:1; 28:3; 35:11; 43:14).[4] 이와 같은 증거들은 욥기의 내용이 노아의 홍수 이후나 족장 시대가 배경이 된다는 것을 알 수 있다.

4. 욥기의 구조

욥기의 전체 구조는 욥기의 메시지를 이해하는 데 중요한 역할을 한다. 욥기는 내러티브로 이루어진 서론(1:1–2:13)과 결론(42:7-17), 그리고 서론과 결론 사이에는 욥과 세 친구들과의 대화, 욥의 독백, 엘리후의 말, 하나님의 현현이 시적 담화(poetic discourse)로 소개되고 있다. 서론에서는 욥의 삶과 천상에서의 하나님과 사단의 대화, 지상에서 욥에게 닥친 시련들을 소개한다. 서론은 욥기의 신학적 논쟁을 이해

---

[4] 욥 5:17; 6:4, 14; 8:3, 5; 11:7; 13:3; 15:25; 21:15, 20; 22:3, 17, 23, 25, 26; 23:16; 24:1; 27:2, 10, 11, 13; 29:5; 31:2, 35; 32:8; 33:4; 34:10, 12, 17; 35:13; 37:23; 40:2.

하는 데 필수적인 내용이다. 본론 부분에는 욥과 세 친구들의 대화가 세 번의 대화 주기로 소개된다. 28장은 막간극(interlude)의 역할을 하고 독자들을 하나님의 지혜에 초점을 맞추게 한다.[5] 29-31장의 욥의 두 번째 독백에서 욥은 자신의 의로움을 변호하면서 하나님의 판단을 촉구한다. 32-37장에서는 엘리후가 등장하여 욥과 친구들의 잘못을 지적하고 다음에 소개될 하나님의 현현을 예비한다. 38:1-42:6에서는 오랫동안 침묵하셨던 하나님께서 나타나 욥에게 하신 말씀이 소개된다. 42:7-17은 욥기의 결론에 해당하고 욥의 회복과 고난의 아름다운 결말이 나타난다.

I. 서론(1:1-2:13)

    A. 욥의 인격(1:1-5)

    B. 욥의 첫 번째 시험(1:6-22)

    C. 욥의 두 번째 시험(2:1-10)

    D. 욥의 세 친구들 방문(2:11-13)

II. 욥의 탄식(3:1-26)

III. 욥과 세 친구들과의 대화(4:1-27:23)

    A. 첫 번째 대화 사이클(4:1-14:22)

      a. 엘리바스(4:1-5:27)

      b. 욥의 대답(6:1-7:21)

---

[5] 다니엘 에스테스, 『지혜서와 시편 개론』, 24.

            c. 빌닷(8:1-22)

            d. 욥의 대답(9:1-10:22)

            e. 소발(11:1-14:22)

            f. 욥의 대답(12:1-14:22)

        B. 두 번째 대화 사이클(15:1-21:34)

            a. 엘리바스(15:1-35)

            b. 욥의 대답(16:1-17:16)

            c. 빌닷(18:1-21)

            d. 욥의 대답(19:1-29)

            e. 소발(20:1-29)

            f. 욥의 대답(21:1-34)

        C. 세 번째 대화 사이클(22:1-27:23)

            a. 엘리바스(22:1-30)

            b. 욥의 대답(23:1-24:25)

            c. 빌닷(25:1-6)

            d. 욥의 대답(26:1-14)

            e. 욥의 친구들에 대한 욥의 마지막 말(27:1-23)

IV. 욥의 첫 번 째 독백: 지혜가 발견되는 곳(28:1-28)

V. 욥의 두 번 째 독백: 욥의 마지막 변호(29:1-31:40)

VI. 엘리후의 말(32:1-37:24)

    A. 첫 번째 말(32:1-33:33)

    B. 두 번째 말(34:1-37)

C. 세 번째 말(35:1-16)

D. 네 번째 말(36:1-37:24)

VII. 하나님의 현현과 욥의 반응(38:1-42:6)

A. 하나님의 첫 번째 말씀(38:1-40:2)

B. 욥의 첫 번째 반응(40:3-5)

C. 하나님의 두 번째 말씀(40:6-41:34)

D. 욥의 두 번째 반응(42:1-6)

VIII. 결론(42:7-17)

5. 신학적 내용

지혜서에 해당하는 욥기는 삶의 의미와 관련된 다양한 문제를 다루고 있다. 욥기는 하나님의 속성에 대한 심오한 진리를 가르치면서 동시에 인간의 고난에 대한 문제를 심도 있게 논의하고 있다. 욥기는 문학적으로 탁월할 뿐만 아니라 신학적 깊이에 있어서도 탁월한 책이다. 욥기의 신학적 내용은 하나님, 인간, 사탄으로 분류해서 생각해 볼 수 있다.

1) 하나님 경외

욥기는 지혜서에 속하기 때문에 욥기의 신학적 주제는 먼저 지혜의 관점에서 고찰할 필요가 있다. 욥기의 여러 교훈들 가운데 인간의 이해를 초월하는 하나님의 통치에 대한 주제가 있다. 욥기 1-2장의 서론에는 하나님과 사탄과의 천상의 대화가 소개된다. 이 대화 후 지상에 살고 있는 욥과 그의 가정에 엄청난 시련이 몰아닥친다. 욥은 천상의 대화의 내용을 알지 못한 상태에서 고난의 바다 속으로 던져진다. 욥이 당한 고난은 그의 이해를 초월한다. 그런데 욥의 친구들과 욥의 대화는 "누가 더 지혜로운가?"라는 주제로 서로 논쟁한다.[6] 모두 자기가 지혜롭다고 주장하고 있지만 폭풍 속에서 말씀하시는 하나님의 최종 판결을 통해 그 진위가 드러나게 된다. 욥기에서 자주 등장하는 하나님의 이름은 전능하신 하나님이다. 하나님께서 전능하시다는 것은 하나님께서 모든 것을 아시고 절대 주권을 가지고 행동하신다는 것이다. 유한한 인간은 하나님의 행하심을 모두 알 수 없다. 비록 욥의 고난의 원인에 대해서 욥 자신과 친구들은 알 수 없지만 전능하신 하나님의 주권적 통치 아래 있다는 점은 분명하다. 하나님은 온 우주 만물을 자신의 무한한 지혜로 다스리시고 돌보신다. 그러므로 인간은 어떤 고난의 상황 속에서도 하나님을 경외하는 지혜를 배워야 한다. 욥기에 나타난 지혜의 주제는 하나님 경외의 신앙이라는 최종 결론에 이른다.

2) 의인의 고난

욥이 당한 고난은 욥기의 내용을 전개 시키는 중심 주제이다. 욥기 1:1에서 "우스 땅에 욥이라 불리는 사람이 있었는데 그 사람은 온전

---

[6] 레이몬드 딜러드·트렘퍼 롱맨, 『최신구약개론』, 308.

하고 정직하여 하나님을 경외하며 악에서 떠난 자더라"라고 말하며 욥의 의로움을 평가하고 있다. 그런데 의로운 욥에게 말로 형용할 수 없는 어려운 고난이 찾아 왔다. 욥은 자신에게 찾아온 고난에 대해 "왜 나에게 이러한 고통이 찾아왔는가?" 끊임없이 질문한다. 그러나 욥기는 의인도 고난을 받을 수 있다는 점을 말한다. 그러나 욥이 당하는 고난의 원인에 대해서는 답변을 하지 않는다. 욥이 당하는 고난의 이유에 대해서는 신비로 남겨둔다. 다만 욥의 고난은 하나님께로부터 왔다는 점을 말할 뿐이다. 의인이 고난을 당하는 것은 결코 하나님으로부터 분리되었기 때문이 아니다. 욥기 38-42장에서 하나님은 욥에게 나타나셔서 말씀하신다. 욥이 자연의 신비를 다 이해할 수 없듯이 의로운 욥의 고난은 그의 이해의 범주를 넘어서는 것이라고 주의를 환기시킨다.[7] 그러나 하나님의 사랑과 자비가 여전히 욥을 돌보고 있다는 점에서 고난 중에 있는 욥이지만 여전히 위로와 희망을 발견할 수 있다.

3) 하나님의 공의와 보복

욥에게 찾아온 고난을 해석할 때 하나님의 공의와 분리시켜 이해할 수 없다. 고디스(Gordis)는 개인의 삶에서 하나님의 공의가 어떻게 실현되는지가 욥기의 주된 관심사라고 했다.[8] 고대 이스라엘의 전통

---

[7] Carol A. Newsom, *The Book of Job*. The New Interpreter's Bible (Nashville: Abingdon Press, 1996), 336-38.
[8] 어니스트 루카스, 『시편과 지혜서』 박대영 역 (서울: 한국성서유니온선교회, 2008), 243.

적인 신학은 하나님은 의인에게는 상과 복을 주시고 악인에게는 벌과 저주를 내리신다는 것을 가르친다. 욥을 위로하러 왔던 욥의 친구들은 욥과의 대화 속에서 욥에게 고난을 허락하신 하나님의 공의를 변호한다. 고난은 욥의 그릇된 행위를 증명하는 것이며 욥이 오직 죄를 회개해야 고난에서 벗어날 수 있다고 주장한다. 그러나 욥은 하나님께 자신의 무죄함을 호소한다(10:1-7; 13:13-18). 심지어 하나님께서 부주의하여 온전한 자와 악인을 모두 멸하고 있다고까지 주장한다(9:22). 그러나 욥이 무죄하다고 해서 하나님이 잘못되었다고 말하지는 않는다. 전통적인 보복 신학은 구약이 가르치는 하나님의 공의의 성품을 반영한다. 그러나 욥기는 하나님의 공의와 보복의 원리가 모든 상황과 개인들에게 천편일률적으로 다 적용되는 것은 아니라고 말하며 전통 신학을 교정해 준다. 인간은 하나님의 공의와 보복의 원리가 언제 그리고 어떻게 작동하는지 예측할 수 없다고 말한다. 욥기에서 하나님께서 말씀하시는 우주와 세상의 운용의 원리는 '하나님의 공의'라기 보다는 오히려 '질서'와 '혼돈'이다.[9] 하나님은 혼돈에 빠진 욥의 삶에 현현하셔서 회복과 질서를 가져다 주셨다.

4) 사탄

사탄은 욥기의 서론인 1-2장에 출현한다. 히브리어에서 "사탄"의 뜻은 "고소자, 고발자"이다. 욥기에서 사탄은 욥의 의로움에 대항하여 하나님께 고소하는 일을 한다. 사탄은 땅을 여기저기 두루 돌아다

---

[9] E. Hill and H. Walton, *A Survey of the Old Testament*, 338.

닌 후에 하나님의 아들들과 함께 하나님의 보좌 앞에 섰다(1:7). 하나님께서 욥을 칭찬하고 그와 같이 온전하고 정직하여 하나님을 경외하며 악에서 떠난 자는 세상에 없다고 말씀하시자 사탄은 욥에 대한 하나님의 평가에 반기를 든다. 욥이 하나님을 경외하는 이유는 하나님께서 그에게 복을 주셨기 때문이라고 하며 만일 하나님께서 그를 치신다면 하나님을 욕할 것이라고 했다. 사탄은 욥의 행동 이면에 있는 동기를 드러내려고 했다. 이에 대해 하나님은 사탄에게 그의 소유물을 치되 그의 몸에는 손을 대지 말라고 하셨다(1:12). 사탄의 첫 번째 시험에도 욥이 범죄하지 않고 원망하지 않으니 사탄은 또 다시 욥을 칠 기회를 하나님께 구한다. 하나님은 또 다시 사탄이 욥을 치는 것을 허용하나 그의 생명에는 손을 대지 말라고 하셨다(2:6). 욥기 서론의 내러티브에서 소개되는 사탄은 하나님과 욥을 대적하는 속성을 가지고 있다. 그는 욥에게 엄청난 시련을 가져다 줄 정도로 위력이 있으나 하나님의 주권 아래 있는 존재임을 분명히 하고 있다. 사탄의 활동은 하나님의 허용 범위 안에서만 제한된다.

6. 신약과의 관계

욥기는 의로운 자의 고난의 문제를 다루고 있는 책이다. 야고보서 5:11은 욥의 고난에 대해 다음과 같이 언급한다. "보라 인내하는 자를 우리가 복되다 하나니 너희가 욥의 인내를 들었고 주께서 주신 결말을 보았거니와 주는 가장 자비하시고 긍휼히 여기시는 이시니라"(약 5:11). 야고보 사도는 고난 가운데 인내하는 자의 좋은 모델로 욥을 소개하고 있다. 욥이 고난 가운데 끝까지 오래 참았고 자비로우신 하나님께서 그를 긍휼히 여기사 그의 결말에 큰 복을 주셨음을 말한다. 신약의 성도들은 고난 가운데 욥의 인내를 본받아야 한다. 신약에서 의로운 자의 고난에 대한 문제는 예수 그리스도의 십자가에서 다시 발견된다. 예수 그리스도는 의로우신 하나님의 아들이시며 무죄하게 고난을 당하는 자의 전형적인 모습을 보여 준다. 예수님은 죄가 없으시나 인간의 죄를 대신 짊어지시고 십자가에서 고난 받으시고 죽임을 당했다. 그는 이해할 수 없는 십자가의 고난 속에서도 하나님을 신뢰하고 끝까지 인내하였다. 예수 그리스도를 따르는 신자들은 복음과 그의 교회를 위해 동일한 고난을 받는다(고전 1:3-11; 딤후 1:8). 성도들은 날마다 자기를 부인하고 십자가를 져야 한다. 인내하며 고난을 견디는 자들에게 주님은 하늘의 영광스런 면류관을 예비하셨다(약 1:12).

용어 해설

신정론: 세상의 악과 고통의 문제에 대한 하나님의 의로우심을 변호하는 이론.

보응 신학: 인간의 행위에 따라 하나님께서 즉각적으로 상이나 벌을 내리신다는 신학적 개념이다. 즉, 의인은 복을 받고 악인은 벌을 받는다는 인과응보적 사고에 기초한 신학이다.

엘 샤다이(El Shaddai): 히브리어로 "전능하신 하나님"을 뜻하며, 하나님의 절대적 능력과 보호하심을 강조하는 명칭이다. 창세기에서 아브라함, 이삭, 야곱에게 나타나신 하나님께 주로 사용되었다.

내용 요약

1. 욥기는 문학적인 면과 인간 존재의 근본적인 질문을 다루는 면에서 탁월

하다.
2. 욥기는 잠언, 전도서와 함께 구약의 지혜서로도 분류된다.
3. 지혜서에 해당하는 욥기는 삶의 의미와 관련된 다양한 문제를 다루고 있다.
4. 욥기는 의로운 자의 고난의 문제를 다루고 있는 책이다.
5. 야고보 사도는 고난 가운데 인내하는 자의 좋은 모델로 욥을 소개하고 있다.
6. 신약에서 의로운 자의 고난에 대한 문제는 예수 그리스도의 십자가에서 다시 발견된다.

7. 현대인을 위한 적용

욥기는 오늘날 고난 가운데 살아가는 현대인들에게 깊은 통찰과 위로를 제공한다. 많은 사람들이 이유를 알 수 없는 고통, 질병, 불의, 실패 속에서 "왜 나에게 이런 일이?"라는 질문을 던진다. 욥처럼 신실하게 살아왔음에도 불구하고 삶이 무너질 때, 욥기는 의로운 자도 설명할 수 없는 고난을 겪을 수 있음을 말해 준다. 그러나 욥기는 그 고난이 하나님의 부재나 징벌이 아님을 분명히 한다. 하나님은 고난의 한가운데에서도 우리를 여전히 보고 계시며, 침묵 가운데 일하고 계신다. 하나님의 섭리는 인간의 지혜로 모두 이해할 수 없지만, 그분의 뜻은 선하며 결국 우리를 회복과 생명으로 이끄신다. 이는 십자가에서 가장 깊은 고난을 겪으신 예수 그리스도 안에서 확인된다. 성도는 욥처럼 고난 속에서도 인내하며 하나님을 신뢰해야 한다. 욥기의 마지막 결론처럼 하나님은 고난 가운데 있는 자에게 자신의 임재를 나타내시고, 마침내 회복의 은혜를 주신다. 욥은 고난을 통해 하나님을 "귀로 듣는 것"에서 "눈으로 뵈옵는" 단계로 나아갔다. 오늘 우리도 고난의 시간 속에서 더욱 깊은 신앙의 성숙으로 자라갈 수 있다. 고난은 끝이 아니라, 하나님의 새로운 시작일 수 있다.

8. 깊은 연구를 위한 질문

1) 욥기로 고난을 당하는 성도들을 어떻게 도울 수 있는가?

2) 욥의 고난을 해석하는 욥의 친구들은 어떤 신학적 입장을 취하고 있는가?

3) 욥기는 고난을 당하는 자들이 고난에 대해 어떤 자세를 가질 것을 교훈하는가?

4) 하나님께서 엘리후의 말에 대해 책망하지 않은 이유가 무엇이라고 생각하는가?

5) 욥의 고난과 하나님의 절대 주권은 어떤 상관관계가 있는가?

9. 심화학습을 위한 독서 목록

안근조. 『지혜 말씀으로 읽는 욥기』. 서울: 감은사, 2020.

트렘퍼 롱맨 3세. 『욥기 주석』. 임요한 역. 서울: 기독교문서선교회, 2017.
크레이그 바르톨로뮤. 『하나님께 소리치고 싶을 때: 욥기』. 송동민 역. 고양: 이레서원, 2017.
Anderson, Francis I. *Job*. TOTC. Downers Grove: INterVarsity Press, 1976.
Clines, D. J. *Job 1-20*. WBC. Vol. 17. Waco, Tex.: Word, 1989.
_____. *Job 21-42*. WBC. Vol. 18. Waco, Tex.: Word, 1996.
Hartley, John. *The Book of Job*. NICOT. Grand Rapids: Eerdmans, 1988.
Pope, Marvin H. *Job: Introduction, Translation, and Notes*. 3rd ed. Anchor Bible 15. Garden City, NY: Doubleday, 1973.

시편

1. 목적

시편은 지난 수 세기 동안 유대인과 기독교인들의 공적 예배 중 찬송가나 기도서로 많이 사용된 책이다. 시편에는 여러 저자의 기도문, 찬송, 탄식, 감사 등 다양한 장르가 포함되어 있다. 시편에는 인간이 느낄 수 있는 모든 감정이 다 녹아져 있어 칼빈은 이 책을 "영혼의 해부학"이라고도 했다.[1] 히브리 성경에서 시편의 명칭은 "찬양들"을 의미하는 "테힐림"(*Tehillim*)이다. 칠십인역에서는 히브리어 "미즈모르"(*mizmor*, 노래)란 단어를 번역한 명사 "프살모스"(*psalmos*)를 사용하였다. 영어 성경에서 시편의 이름은 Psalms이며, 이 단어는 '노래' 또는 '찬송가'를 의미하는 헬라어 "프살모이"(*Psalmoi*)에서 유래한다(눅 20:42; 행 1:20).[2] 시편은 히브리어 성경에서 성문서에 속하고 성문서(시편, 욥

---

[1] John Calvin, *Commentary on the Book of Psalms*, trans. Henry Beveridge (Grand Rapids: Baker, 1979), xxxvii.

[2] 시편의 영어 명칭으로 잘 알려진 Psalter는 주후 5세기의 알렉산드리아 칠십인역 사본에서 시편의 제목인 "프살테리온"(*psalterion*, 현악기)에서 유래한다. 참조. C. Hassell Bullock, *An Introduction to the Old Testament Poetic Books* (Chicago: Moody,

기, 잠언, 룻, 아가, 전도서)를 여는 서론적 기능을 한다. 성문서는 하나님의 백성이 어떻게 언약의 빛 안에서 생각하고 살아가야 할지에 대한 가르침들을 제공해 준다.[3] 따라서 성문서에 속한 시편은 하나님의 언약 백성들이 풍성한 삶을 살아갈 수 있도록 교훈하는 기능을 한다. 대부분의 구약 성경은 하나님께서 인간들에게 하신 말씀을 기록했으나 시편은 하나님을 향한 인간의 고백이 인간을 향한 하나님의 말씀으로 전환되어 기록되었다.

시편은 단일한 저자가 특정한 시기에 기록한 작품이라기보다는 오랜 기간에 걸쳐 여러 저자들의 시들을 수집한 모음집이다. 따라서 시편의 목적을 살피기 위해서는 개별적 시편의 목적과 150편으로 편집된 전체 시편의 목적을 함께 생각해야 한다.[4] 개별적 시편의 목적은 각 시편의 장르와 배경에 따라 정해질 수 있으나, 전체 시편의 목적은 시편의 서론이라고 하는 시편 1, 2편에서 고찰해 볼 수 있을 것이다. 시편은 다양한 주제, 상황, 장소, 경험들을 다루고 있으나 궁극적으로 이 모든 것은 한 가지 대주제인 '하나님 자신'과 연결되어 있다. 시편 1편에서는 악인의 길과 복 있는 자의 길을 소개하고 있다. 죄인들은 하나님에게서 멀리 떨어지는 길을 걸어가고 있으나 복 있는 자는 여호와의 교훈을 들으며 그분의 임재와 보호하심 속으로 나아간다. 시편 1, 2편은 두 개의 대조되는 세계를 소개하고 독자들이 하나님께로 나아가는 지혜의 길을 찾을 수 있도록 초청한다. 따라서 시편

1988), 112.

[3] Biblical Training. Lecture 6: Structure of the Christian Bible. https://www.biblicaltraining.org/library/structure-christian-bible/biblical-theology/van-pelt-blomberg-schreiner.

[4] E. Hill and H. Walton, *A Survey of the Old Testament*, 346.

은 모든 피조물들이 익숙한 이 세상과 하나님의 세상 사이를 연결해 주는 다리 역할을 한다.[5] 이를 통해 시편 기자는 이 세상 속에서 비록 고난, 절망, 실패를 경험하나 하나님 안에서 참다운 평안과 위로를 얻고 그분을 찬양하는 길을 가르쳐 주기 위해 기록되었다. 칼빈도 시편의 교훈적 성격을 강조하면서 우리는 시편을 통해 "하나님을 찬양하는 올바른 태도에 대해 가르침을 받는다"라고 하였다.[6]

2. 저자

시편의 저자에 관한 정보는 각 시편의 표제(title)가 말해 주고 있다. 시편의 표제에 관하여는 여러 논란이 있으나 보수주의 학자들은 어느 정도 정확성이 있다고 간주한다. 시편 총 150편 가운데 표제가 있는 시편은 116개가 있고 그 가운데 100개가 음악적인 것과 저자에 관한 정보를 제공해 준다.[7] 표제가 있는 100개의 시편들 가운데 다윗의 시편이라고 언급된 표제가 73개가 있고, 신약에서는 여기에 표제가 없는 시편 2편(행 4:25-26)과 시편 95편(히 4:7)을 다윗의 시라고 언급하고 있다. 또한 신약에서는 다윗이 시편의 저자라고 직접 언급하기도 한다(마 22:43-44; 행 2:25; 4:25; 롬 4:6-8; 11:9). 다윗 외에도 솔로몬(72, 127), 모세(90), 에단(89), 아삽(50, 73-83), 헤만(88), 고라 자손(42, 44-49,

---

5 Willem A. VanGemeren, "Psalms," *Revised Expositor's Bible Commentary*. Vol. V. (Grand Rapids: Zondervan, 2008), 5:23.

6 Calvin, *Commentary on the Book of Psalms*, xxxviii-xxxix.

7 E. Hill and H. Walton, *A Survey of the Old Testament*, 342.

84-85, 87)이 시편의 저자로 알려져 있다. 이를 도표로 제시하면 다음과 같다.[8]

	1권(1-41)	2권(42-72)	3권(73-89)	4권(90-106)	5권(107-150)
모세				90	
다윗	3-32 (9편과 10편을 하나로): 34-41	51-65; 68-71 (70편과 71편을 하나로)	86	101; 103	108-110; 122; 124; 131; 133; 138-145
솔로몬		72			127
아삽		50	73-83		
고라 자손		42-49 (42편과 43편을 하나로)	84-85; 87-88 (고라 자손과 헤만은 88편에 수록)		
헤만			88 (고라 자손과 헤만)		
에단			89		
작자 미상	1-2; 33	66-67		91-100; 102; 104-106	107; 111-121; 123; 125-126; 128-130; 132; 134-137; 146-150

표 17 시편의 저자들

---

8 C. Hassell Bullock, *Encountering the Book of Psalms* (Grand Rapids: Baker Academic, 2001), 26.

3. 기록 연대와 배경

시편에 수록된 시들은 대략 주전 15세기 출애굽 시기부터 주전 5세기 바벨론 포로 귀환 시대에 이르기까지 약 천년의 세월을 걸쳐 시대와 지역을 달리하는 여러 저자에 의해 기록되었다. 전체 시편은 각 시대에 따라 수집과 편집의 과정을 거치면서 주전 4세기 이후에 현재와 같은 5권의 150편 형태로 최종 편집되었다. 따라서 개별 시편의 기록 연대를 파악하는 일은 결코 쉽지 않다. 그러나 전체 시편 가운데 13개의 시편은 역사적 정보를 제공하는 표제가 있다(3, 7, 18, 34, 51, 52, 54, 56, 57, 59, 60, 63, 142).[9]

시편	역사적 표제	해당 본문
시 3	다윗이 그의 아들 압살롬을 피할 때에 지은 시	삼하 15:13-31
시 7	다윗의 식가욘, 베냐민인 구시의 말에 대하여 여호와께 한 노래	삼하 16:5-9; 20:11
시 18	여호와의 종 다윗의 시, 영장으로 한 노래, 여호와께서 다윗을 그 모든 원수와 사울의 손에서 구원하신 날에 다윗이 이 노래의 말로 여호와께 아뢰어 가로되	삼하 22:1-51
시 34	다윗이 아비멜렉 앞에서 미친 체하다가 쫓겨나서 지은 시	삼상 21:10-14
시 51	다윗의 시, 영장으로 한 노래, 다윗이 밧세바와 동침한 후 선지자 나단이 저에게 온 때에	삼하 11-12
시 52	다윗의 마스길, 영장으로 한 노래, 에돔인 도엑이 사울에게 이르러 다윗이 아히멜렉의 집에 왔더라 말하던 때에	삼상 22:6-23

---

9 Bullock, *Encountering the Book of Psalms*, 27.

시 54	다윗의 마스길, 영장으로 현악에 맞춘 노래, 십 사람이 사울에게 이르러 말하기를 다윗이 우리 곳에 숨지 아니하였나이까 하던 때에	삼상 23:19; 26:1
시 56	다윗의 믹담 시, 영장으로 요낫 엘렘 르호김에 맞춘 노래, 다윗이 가드에서 블레셋인에게 잡힌 때에	삼상 21:11-16
시 57	다윗의 믹담 시, 영장으로 알다스헷(파괴하지 말라)에 맞춘 노래, 다윗이 사울을 피하여 굴에 있던 때에	삼상 22:1
시 59	다윗의 믹담 시, 영장으로 알다스헷(파괴하지 말라)에 맞춘 노래, 사울이 사람을 보내어 다윗을 죽이려고 그 집을 지킨 때에	삼상 19:11-17
시 60	다윗이 교훈하기 위하여 지은 믹담, 영장으로 수산에듯에 맞춘 노래, 다윗이 아람 나하라임과 아람소바와 싸우는 중에 요압이 돌아와 에돔을 염곡에서 쳐서 일만 이천인을 죽인 때에	삼하 8:13-14
시 63	다윗의 시, 유다 광야에 있을 때에	삼상 23:14; 24:1
시 142	다윗이 굴에 있을 때에 지은 마스길 곧 기도	삼상 22:1; 24:1-7

표 18 시편의 역사적 제목과 해당 본문

이들 시편의 표제들은 역사적 배경을 제시하고 있으며 시의 내용과도 어느 정도 현실성에 부합하고 있다. 표제가 없는 저자 미상의 시이지만 본문의 내용을 통해 역사적 정황을 알 수 있는 시편도 있다. 시편 137편은 바벨론 포로에 관한 시이며, 시편 126편은 포로에서 귀환할 때의 역사적 배경을 바탕으로 하고 있다. 시편의 역사적 배경을 어느 정도 가늠할 수 있는 이러한 정보들에도 불구하고 대부분의 시편은 구체적인 역사적 정황을 소개하지는 않는다. 오히려 역사적 정황에 대해 모호하기에 시편은 여러 시대에 걸쳐서 하나님 백성들의 공동체나 개인의 예배에 사용될 수 있다.

4. 시편의 구조

시편은 총 5권으로 구성이 되어 있다. 제1권은 1-41편, 제2권은 42-72편, 제3권은 73-89편, 제4권 90-106편, 제5권 107-150편이다. 시편 1편과 2편은 전체 시편의 서론에 해당하고 각 권에는 논점이 있고 전하고자 하는 핵심 주제가 있다. 또한 각 권의 마지막 시편은 전체를 마무리하면서 모두 송영으로 마친다(41:13; 72:18-20; 89:52; 106:48). 시편에는 다양한 장르가 있다. 찬양시(47, 93, 95, 96, 146-150), 애가(22, 57, 70, 102), 감사시(18, 95), 확신의 시(11, 16, 23, 27, 62, 91, 103, 121, 125, 131), 지혜시(1, 19, 45, 73, 119), 제왕시(2, 21, 24, 95, 100, 145), 저주시(69, 109)등이 있다.

I. 제1권(1-41)

    A. 서론(1-2)

    B. 다윗의 노래들(3-41, 저자 미상 33)

    C. 송영(41:13)

II. 제2권(42-72)

    A. 고라자손의 노래들(42-49)

    B. 아삽의 노래(50)

    C. 다윗의 노래들(51-71)

    D. 솔로몬의 노래(72)

    E. 송영(72:18-19)

    F. 결론(72:20)

III. 제3권(73-89)

    A. 아삽의 노래들(73-83)

    B. 고라 자손의 노래들(84, 85)

    C. 다윗의 노래(86)

    D. 고라 자손의 노래들(87, 88)

    E. 에단의 노래(89)

    F. 송영(89:52)

IV. 제4권(90-106)

    A. 모세의 노래(90)

    B. 표제가 없는 노래들(91, 92)

    C. 여호와 왕권에 관한 노래(93-100)

    D. 다윗의 노래들(101, 103)

    E. 표제가 없는 노래들(102, 104-106)

    F. 송영(106:48)

V. 제5권(107-150)

    A. 감사시(107)

    B. 다윗의 노래들(108-110)

    C. 다윗의 노래(111-118)

    D. 율법시(119)

    E. 성전에 올라가는 노래(120-134)

    F. 표제가 없는 노래들(135-137)

    G. 다윗의 노래들(138-145)

    H. 할렐루야 시편(146-149)

I. 송영(150)

5. 신학적 내용

시편은 150편의 개별 시편들이 수집된 것으로 특정한 신학적 주제를 조직적으로 제시하지는 않는다. 시편은 이스라엘 백성들이 하나님께 올려드린 언약의 기도이다. 그러므로 우리는 시편 기자들의 고백과 다양한 시적인 이미지들을 근거로 신학적 메시지를 이끌어낼 수 있다.

1) 하나님의 왕권

시편의 주된 중심 주제는 하나님의 왕권이다. 하나님은 주권자이시며 이 세상과 온 우주를 창조하셨고 통치하시는 왕이다. 하나님의 왕권은 그의 창조에서 시작한다. 하나님은 온 우주와 그 가운데 있는 만물을 창조하셨다(33:15; 74:16-17; 95:5; 96:5; 100:3; 104:19; 136:4-9). 시편 33:9에서 "그가 말씀하시매 이루어졌으며 명령하시매 견고히 섰도다"라고 기록한다. 하나님께서 창조주라는 것은 그가 지으신 모든 것들을 통치하시는 절대 주권자가 되신다는 것이다. 시편 2편에서 하나님을 "하늘에 계신 이"로 소개한다. 시편 47편에서는 "하나님이 온 땅에 큰 왕"이 되시고(2, 7절), "뭇 백성을 다스리며 거룩한 보좌에 앉으셨다"고 한다(8절). 하늘에 있는 하나님의 보좌는 시간과 역사를 초월하는 장소이다.[10] "주의 보좌는 예로부터 견고히 섰으며 주는 영원부터 계셨나이다"(93:2). 하나님은 그의 보좌에서 정의와 공의로 다스리신다. 시편 89:14에서 "의와 공의가 주의 보좌의 기초라 인자함과 진실함이 주 앞에 있나이다"라고 한다. 하나님의 통치 원리는 정의와 공의이며 신실한 자는 신원하시고 악인들은 심판하신다. 하나님은 자신의 왕권을 그의 기름부은 자를 통해 이 땅에 펼치시고(2:7-10; 18:50; 72:8-11), 자신의 형상으로 지은 인간들을 통해 피조세계를 다스리게 하셨다(8).

2) 율법

율법은 시내산에서 이스라엘 백성들에게 주신 하나님의 뜻을 담은 계명들이다. 시편에서 율법은 하나님의 도(119:2-5), 하나님의 말씀, 법(119:34, 103), 하나님의 행사(103:7)라는 세 가지 형태로 표현된다.[11] 시편의 서론의 역할을 하는 시편 1편은 율법을 묵상하는 자의 행복에 대해 소개한다. 율법을 묵상하는 자는 마치 시냇가에 심은 나무가 시절을 따라 과실을 맺는 것과 같고 그 잎사귀가 마르지 아니할 것이라고 했다(1:3). 율법을 사랑하는 자를 시냇가의 심은 나무의 풍성함으로 비유하고 있다. 의인이 걸어가는 지혜의 길은 율법을 묵상하는 삶을 사는 것이며 이를 통해 복된 삶을 누리게 된다. 율법은 인간을 지혜롭게 할 뿐만 아니라 영혼을 살리는 기능을 한다. 율법은 완전하여 그것을 묵상하는 자들의 영혼을 새롭게 살리고, 율법은 확실하여 미

---

10 Bullock, *Encountering the Book of Psalms*, 190.
11 Bullock, *Encountering the Book of Psalms*, 216.

련한 자들을 지혜롭게 하고, 율법은 순결하여서 어두워진 눈을 밝게 한다(19:7-10). 또한 율법은 청년들과 자녀들을 교훈하고 훈계하는 데 귀한 재료이다(119:9). 그래서 율법은 세상의 그 어떤 금은보화나 즐거움보다 더 귀하다(119:72, 103, 127-128). 율법을 지키는 것은 전심으로 여호와를 구하는 것과 같다(119:1-2). 그래서 시편은 하나님을 찬양하는 것뿐만 아니라 그분의 말씀 또한 찬송한다(56:4, 10).

3) 시온

시편에는 하나님의 임재의 장소인 시온에 관한 주제가 많이 출현한다. 시온산은 예루살렘 북쪽 경계선 위에 있는 산이며 이곳에 솔로몬이 성전을 건축하였다. 시온은 '하나님의 성' 또는 '거룩한 산'이라고도 불린다. 예루살렘이 거룩한 땅인 것은 거룩하신 하나님의 임재가 있는 성전이 이곳에 세워졌기 때문이다. 시편에서 시온은 종종 찬양의 대상이 되기도 한다(46, 48). 시편 2편에서 하나님은 자신의 기름 부은 왕을 "내 거룩한 산 시온에 세웠다"라고 말씀한다. 하나님은 시온산에서 자신의 뜻을 이룰 다윗 왕조의 왕들을 세우시겠다고 약속하셨다. 그래서 시온은 하나님의 통치의 상징이 되기도 한다. 하나님은 예루살렘이 주전 586년에 파괴되기 전까지 그의 나라를 통치하는 지상의 장소로 시온을 택하셨다. 그러나 결국 예루살렘은 하나님의 심판 아래 놓이게 되었지만 하나님의 참된 도성으로서의 시온을 향한 자신의 목적은 변하지 않았다. 궁극적으로 시온은 천만 천사와 성도들이 장차 들어가게 될 하늘의 예루살렘 도성을 바라본다(히 12:22-25).

6. 신약과의 관계

예수 그리스도는 시편의 내용을 성취하신 메시아이시다. 예수 그리스도께서 부활하신 후에 누가복음 24:44에서 제자들에게 시편 해석의 중요한 원리를 가르치셨다.

> 또 이르시되 내가 너희와 함께 있을 때에 너희에게 말한 바 곧 모세의 율법과 선지자의 글과 시편에 나를 가리켜 기록된 모든 것이 이루어져야 하리라 한 말이 이것이라 하시고.

예수님은 시편이 자신에 대해 말하고 있으며 자신이 이 땅에 옴으로 인해 시편의 약속을 성취하셨다고 말씀한다. 예수 그리스도는 다윗의 후손으로, 메시아로 이 땅에 오셨다. 신약의 수 많은 저자들은 이를 입증하기 위해 시편의 말씀을 인용한다. 예수 그리스도는 시편 1편의 의로운 자의 전형적인 모범이시고 시편 2편의 다윗 왕조의 후손들과 맺은 언약을 궁극적으로 성취하신 분이시다. 고난 중에 있는 다윗은 시편 22:1에서 "내 하나님이여 내 하나님이여 어찌하여 나를 버리셨나이까 어찌 나를 멀리 하여 돕지 아니하시오며 내 신음 소리를 듣지 아니하시나이까"라고 고백하였다. 다윗이 하나님께 버림받았다고 느끼는 모든 아픔을 예수 그리스도께서도 경험하셨다(마 27:46). 신약 성경은 반복적으로 시편의 내용이 예수 그리스도의 삶과 사역에서 성취되었다고 확인해 준다(마 13:34-35; 21:16, 42; 요 2:17; 15:25; 19:24, 28, 36; 행 2:25-35; 13:32-37; 롬 15:3; 고전 15:25-27; 벧전 2:7). 시편은 신약의 성도들이 어떻게 살아야 할지에 대해 교훈하고, 위대한 왕이시며 절대주권자이신 하나님의 통치와 그의 아들 예수 그리스도에 대해 알려 주고 있다.

> **내용 요약**
> 1. 시편에는 인간이 느낄 수 있는 모든 감정이 다 녹아져 있어 칼빈은 이 책을 "영혼의 해부학"이라고도 했다.
> 2. 시편의 저자에 관한 정보는 각 시편의 표제(title)가 말해 주고 있다.
> 3. 시편 기자는 이 세상 속에서 비록 고난, 절망, 실패를 경험하나 하나님 안에서 참다운 평안과 위로를 얻고 그분을 찬양하는 길을 가르쳐 준다.
> 4. 시편의 주된 중심 주제는 하나님의 왕권이다.
> 5. 시편은 신약의 성도들이 어떻게 살아야 할지에 대해 교훈하고, 위대한 왕이시며 절대주권자이신 하나님의 통치와 그의 아들 예수 그리스도에 대해 알려 주고 있다.

7. 현대인을 위한 적용

시편은 오늘날을 살아가는 현대인들에게 매우 실질적인 영적 자원이다. 첫째, 시편은 우리의 삶 속에서 겪는 다양한 감정과 상황―기쁨, 두려움, 분노, 억울함, 감사―을 솔직하게 하나님 앞에 표현하는 예배의 모델을 제공한다. SNS나 미디어에 감정을 쏟아 놓는 시대에, 시편은 우리의 감정이 하나님과의 관계 안에서 치유되고 변화될 수 있음을 가르쳐 준다. 성도의 삶의 상황이 좋을 때만 하나님께 나아가는 것이 아니라, 탄식과 분노조차도 기도가 되는 것이 신앙임을 알아야 한다. 성도가 가지는 감정의 스펙트럼 전체를 하나님 앞에 드러내는 기도를 할 수 있어야 한다. 둘째, 시편은 하나님의 주권과 왕권을 강조하며, 불안정한 사회와 정치, 윤리적 혼란 속에서 믿는 이들이 어디에 소망을 둘 것인가를 다시금 묻는다. 시편 2편이나 93, 96편과 같은 왕권 시편은 하나님께서 여전히 온 우주와 역사의 주인이심을 선포하며, 그분을 경외함이 참된 평안과 복의 길임을 보여 준다. 왕이신 하나님은 또한 성도들의 피난처이시다. 따라서 교회는 성도들이 왕이신 하나님을 '피난처'로 경험할 수 있도록 돕는 돌봄 공동체가 되어야 한다. 삶의 불안과 위험 속에서 하나님의 돌보심을 신뢰하는 메시지가 지속적으로 전해져야 한다. 셋째, 시편은 말씀 묵상의 삶을 강조한다. 시편 1편은 율법을 즐거워하며 주야로 묵상하는 자를 복 있는 사람으로 소개한다. 정보 과잉과 주의 분산이 극심한 시대에, 시편은 깊은 내적 묵상과 말씀 중심의 삶이 열매 맺는 신앙의 길임을 보여 준다. 마지막으로, 시편은 그리스도를 바라보게 합니다. 시편 22편, 110편 등은 고난받는 메시아와 부활, 승귀하신 그리스도를 예언하며, 우리로 하여금 고난 중에도 소망을 품게 한다. 그러므로 시편은 단순한 기도문이 아니라, 오늘날 성도들의 삶을 변화시키는 영적 해석학의 텍스트이자, 하나님 나라를 향해 걸어가는 순례자의 안내서이다.

8. 깊은 연구를 위한 질문

1) 시편의 전체 구조는 어떻게 구성되어 있는가?

2) 시편에는 어떤 유형들이 있는가? 각 유형의 특징들을 설명해 보라.

3) 시편 1, 2편이 전체 시편에서 어떤 기능을 하는가?

4) 시편에 나타나는 저주시를 어떻게 이해해야 하는가?

5) 시편은 메시아로 오실 예수 그리스도에 대해 어떻게 소개하고 있는가?

9. 심화학습을 위한 독서 목록

데렉 키드너. 『키드너 시편 주석: 상권』 김경태 역. 서울: 다산 글방, 2020.
이태훈. 『시편 어떻게 읽을 것인가』. 서울: 성서유니온, 2006.
트렘퍼 롱맨 III. 『어떻게 시편을 읽을 것인가』. 한화룡 역. 서울: 한국기독학생회 출판부, 1989.
Broyles, Craig C. *Psalms*. New International Bible Commentary. Peabody, MA: Hendrickson, 1999.
Bullock, C. Hassell. *Encountering the Book of Psalms*. Grand Rapids: Baker Academic, 2001.
Ross, Allen P. *A Commentary on the Psalms*. Vol. 3 (90-150). Grand Rapids: Kregel Publications, 2016.
VanGemeren, W. A. "Psalms." *EBC*. Vol. 5. Grand Rapids: Zondervan, 1991. 3-860.

잠언

1. 목적

잠언은 히브리어로 "미쉴레"라고 하고(1:1), 이 단어는 '속담', '격언', '비유'란 뜻을 가진 "마샬"의 복수형이다. 잠언의 영어 제목은 Proverbs이다. 이 영어 제목은 라틴어 성경 제목인 "*Proverbia*"에서 유래했다. 잠언은 이스라엘의 지혜자들 또는 현자들의 격언, 속담, 지혜로운 말들의 모음이며 이들의 문학적 전통을 대표한다. 이 책은 어떤 면에서 보면 하나님의 구속사, 제사 제도, 또는 언약에 대한 내용이 없어 세속적인 좋은 말들의 모음집 정도로 이해하기도 하였다. 그러나 잠언은 하나님의 언약 백성들의 지혜로운 삶의 원리를 제공해 주는 영감된 하나님의 말씀이다.

잠언은 경험과 사회 현상에 대한 관찰로부터 얻은 고대 이스라엘의 지혜들을 수집하여 삶의 바른 길과 안목을 제공하여 여호와를 경외하는 삶으로 인도하기 위한 것이다. 잠언은 독자들의 인격을 형성하고 삶의 덕을 고양시키는 기능을 가지고 있다. 잠언의 목적은 잠언 1:2-6에서 구체적으로 소개한다.

이는 지혜와 훈계를 알게 하며 명철의 말씀을 깨닫게 하며 지혜롭게, 공의롭게, 정의롭게, 정직하게 행할 일에 대하여 훈계를 받게 하며 어리석은 자를 슬기롭게 하며 젊은 자에게 지식과 근신함을 주기 위한 것이니 지혜 있는 자는 듣고 학식이 더할 것이요 명철한 자는 지략을 얻을 것이라 잠언과 비유와 지혜 있는 자의 말과 그 오묘한 말을 깨달으리라.

위의 구절은 표제, 잠언의 목적, 중심 주제를 소개하는 잠언의 서론적 말씀이다. 잠언은 어리석은 자를 슬기롭게 하고 젊은 자에게 지식을 주어 바른 길을 걸어갈 수 있도록 해 준다. 잠언을 통해 지혜 있는 자는 학식이 더하고 명철한 자는 문제의 본질을 간파하고 통달하는 능력을 얻게 된다. 무엇보다 잠언에 있는 모든 교훈의 말씀들은 여호와를 경외하며 신뢰하는 삶을 살고 이 땅에서 정의와 공의를 구현하는 인생이 되도록 인도해 준다.

2. 저자

잠언에는 다양한 저자들에 대한 언급이 있다. 첫째, 잠언에는 솔로몬에 대한 언급이 종종 나타난다(1:1; 10:1; 25:1). 잠언의 기록에서 솔로몬의 역할이 그만큼 지대하다는 것을 말해 준다. 솔로몬은 하나님께 지혜를 구하여 받았고(왕상 3:1-15), 열왕기서 저자는 그를 지혜 있는 자로 평가하고 있다.

하나님이 솔로몬에게 지혜와 총명을 심히 많이 주시고 또 넓은 마음을 주시되 바닷가의 모래 같이 하시니 솔로몬의 지혜가 동쪽 모든 사람의 지혜와 애굽의 모든 지혜보다 뛰어난지라 그는 모든 사람보다 지혜로워서 에스라 사람 에단과 마홀의 아들 헤만과 갈골과 다르다보다 나으므로 그의 이름이 사방 모든 나라에 들렸더라(왕상 4:29-31).

솔로몬은 삼천 가지의 잠언과 천다섯 편의 노래를 지었다(왕상 4:32). 또한 그는 두 여인이 한 아기에 대해 서로 자신의 것이라고 주장한 사건을 판결하여 자신의 지혜를 입증해 보였다(왕상 3:16-28). 솔로몬의 통치 시대에 주변 나라에서 사람들이 소문을 듣고 그의 지혜를 들으러 왔다. 따라서 잠언에 기록된 대부분의 내용들은 솔로몬과 상관성이 있음을 결코 부인할 수 없다. 둘째, 잠언에는 "지혜 있는 자들"의 잠언이라고 소개한다(22:17; 23:23). 잠언에서 말하는 "지혜 있는 자들"은 아마도 일련의 지혜자들의 집단이라고 할 수 있을 것이다. 아마도 왕의 궁전에서 일하는 전문 학자 혹은 지혜자들의 그룹일 것이다.[1] 셋째, 히스기야의 신하들이다(25:1). 이 그룹은 잠언을 직접 기록했다기 보다는 주전 720년경 히스기야의 신하들이 솔로몬의 다른 잠언들을 필사했거나, 개정 및 배열을 했을 것이다(25-29장). 넷째, 아굴과 르무엘 왕이다. 성경에서 이들의 이름은 오직 잠언 30:1과 31:1에서만 한번 나타나고 두 인물에 대해 알려진 바는 없다. 아마도 이들은 이스라엘 사회의 지도층을 구성하는 왕, 제사장, 선지자와 함께 백성 중 지혜자의 그룹에 속한 자들일 것이다(렘 18:18; 겔 7:26-27).[2]

---

1 레이몬드 딜러드·트렘퍼 롱맨, 『최신구약개론』, 355.
2 유진 H. 메릴, 마크 F. 루커, 마이클 A. 그리산티, 『현대인을 위한 구약개론』, 823.

3. 기록 연대와 배경

잠언의 주요 부분은 솔로몬에 의해 기록이 되었다. 솔로몬은 이스라엘의 지혜자의 전형적인 인물이다(마 12:42). 그가 잠언을 기록한 시기는 주전 950년경이며 그 후에 잠언을 수집하고 편집, 배열하는 과정이 몇 세기에 걸쳐 진행되었다. 잠언 25:1에서 "이것도 솔로몬의 잠언이요 유다 왕 히스기야의 신하들이 편집한 것이니라"고 기록한다. 히스기야의 신하들이 편집한 시기는 대략 주전 720년경이다. 적어도 2세기가 넘는 기간 동안 잠언은 수집되고 편집되었다. 잠언 30장의 아굴과 31장의 르무엘에 대해서는 알려진 바가 전혀 없다. 따라서 잠언 전체에 대한 최종 편집은 누가, 언제, 어디서 진행했는지 정확히 알 수 없다.

지혜에 대한 전통은 고대 이스라엘뿐만 아니라 주변 국가들에게서도 찾아볼 수 있다. 고대 수메르인들은 주전 2500년경에 잠언을 수집하였고, 바벨론인들도 잠언의 목록들을 복사하고 교육하였다.[3] 애굽의 고위층에서는 자녀들을 출세시키기 위해 자녀들에게 지혜의 가르침들을 즐겨 행하였고, 대표적으로는 "한 사람이 그의 아들을 위해 만든 교훈"(The instruction which a Man made for his son)과 "아메네모페의 30개의 가르침"(Thirty instructions of Amenemope)이 있다.[4] 이 지혜의 가르침들 가운데에는 일부는 잠언 22:17-24:34과 유사한 내용도 있으나 잠언에서는 지혜의 삶을 여호와를 경외하는 것과 연결시키고 있다는 점

---

[3] 빌렘 벤게메렌, "잠언", 『성경신학적 구약개론』, 390.
[4] 빌렘 벤게메렌, "잠언", 『성경신학적 구약개론』, 390.

에 있어서 서로 분명한 차이가 있다.[5]

4. 잠언의 구조

잠언의 구조는 다음과 같이 나누어질 수 있다. 잠언 1:1-7은 서론으로 잠언을 기록한 목적을 말한다. 잠언 1:8-9:18은 잠언의 주요 단원의 시작이며 책 전체의 도입부이다. 이 부분은 잠언 전체의 해석적인 틀을 제시해 준다. 많은 부분에서 "내 아들아"라는 구절로 시작하고(1:8; 2:1; 3:1, 21; 4:1, 10, 20; 5:1; 6:20; 7:1), "지혜로운 길"과 "미련한 길"이라는 두 가지를 소개한다. 잠언 10:1-22:16은 특별히 정해진 순서 없이 375개의 솔로몬의 개별 잠언으로 구성된다. 잠언 22:17-24:22은 지혜자들의 30개의 말씀들이며, 잠언 24:23-34은 지혜자들의 부가적인 말씀들이다. 잠언 25:1-29:27은 솔로몬의 잠언이며 히스기야 신하들이 편집한 것이다(25:1). 잠언 30장은 아굴의 잠언이며 숫자를 사용한 잠언이 소개되고, 잠언 31장은 르무엘의 어머니의 잠언(31:1-9)과 현숙한 여인(31:10-31)에 대해 소개한다. 현숙한 여인에 대한 소개는 잠언에서 말한 모든 지혜의 요소들을 현숙한 여인으로 의인화 시킨 것이다.

    I. 제목과 서론(1:1-7)

    II. 지혜를 품으라는 권고(1:8-9:18)

---

[5] 빌렘 벤게메렌, "잠언", 『성경신학적 구약개론』, 390.

A. 죄인들의 초청(1:8-19)

B. 지혜의 초청(1:20-33)

C. 지혜의 보상(2:1-4:27)

D. 음행에 대한 경고(5:1-23)

E. 미련에 대한 경고(6:1-19)

F. 음행에 대한 경고(6:20-35)

G. 음녀에 대한 경고(7:1-27)

H. 지혜의 초청(8:1-36)

I. 지혜와 어리석음의 초청(9:1-18)

III. 솔로몬의 잠언(10:1-22:16)

IV. 지혜자들의 30개 말씀들(22:17-24:22)

V. 지혜자들의 추가적인 말씀들(24:23-34)

VI. 솔로몬의 추가적인 말씀들(25:1-29:27)

VII. 아굴의 잠언(30:1-33)

VIII. 르무엘 어머니의 잠언(31:1-9)

IX. 후기: 현숙한 여인(31:10-31)

5. 잠언의 문학적 형식

잠언은 어떤 사건들을 서술하는 내러티브 형식으로 구성되어 있지 않다. 잠언에는 비유, 상징, 직유, 반복 등 다양한 문학적 기법들을 사용한다. 그 문체는 간결하고 짧은 문장을 사용하여 교훈을 전달하는 특징을 가지고 있다. 잠언의 대부분의 구절은 두 문장으로 구성된 2행(distich) 잠언이다. 1행과 2행이 서로 평행을 이루며 한 구절을 구성하고 있다. 예를 들면,

1행 지혜를 얻는 것이 금을 얻는 것보다 얼마나 나은고 //
2행 명철을 얻는 것이 은을 얻는 것보다 더욱 나으니라(16:16).

1행과 2행 사이에는 서로 평행을 이루고 있고 두 행 사이에는 동의, 반의, 종합, 예시, 비교, 상징 등 다양한 평행 관계가 형성되고 이를 평행법이라고도 한다. 동의적 평행법은 1행과 2행 사이에 유사한 내용이 반복이 되거나 1행의 내용을 더욱 강조할 때 사용된다.

1행 거짓 증인은 벌을 면하지 못할 것이요 //
2행 거짓말을 하는 자도 피하지 못하리라(19:9).

반의적 평행법은 1행과 2행 사이에 서로 반대되는 내용이 소개되는 경우이다.

1행 의인은 그 이웃의 인도자가 되나 //
2행 악인의 소행은 자신을 미혹하느니라(12:26).

종합적 평행법은 2행이 1행의 내용을 완성하거나 보강해 주는 경우이다.

1행 왕의 진노는 사자의 부르짖음 같으니 //
2행 그를 노하게 하는 것은 자기의 생명을 해하는 것이니라(20:2).

대부분의 잠언 구절의 형식은 평행법으로 구성이 되어 있고, 1행과 2행 사이의 관계를 통해 의미를 전달한다.

6. 신학적 내용

잠언은 단지 고대의 좋은 격언들의 모음집이 아니다. 따라서 단지 좋은 교훈을 얻기 위해 개별 잠언들을 절대화시키기보다는 성경 전체의 신학적 맥락과 교훈 속에서 이해되어야 한다.[6] 잠언은 하나님의 언약 백성들이 세상 속에서 어떻게 살아가야 할지에 대한 지혜의 원리를 제공해 준다. 잠언 해석과 이해의 출발점은 신학적 이해이다.

1) 하나님 경외

잠언을 대할 때 하나님 경외라는 신학적인 전제를 바탕으로 읽고 해석해야 한다. 잠언은 "하나님 경외"라는 신학적 주제로 시작하

---

[6] 레이몬드 딜러드·트렘퍼 롱맨, 『최신구약개론』, 368.

고 또한 마무리 한다. 잠언 1:7에서 "여호와를 경외하는 것이 지식의 근본이거늘 미련한 자는 지혜와 훈계를 멸시하느니라"고 한다. 잠언 31:30에서는 "고운 것도 거짓되고 아름다운 것도 헛되나 오직 여호와를 경외하는 여자는 칭찬을 받을 것이라"고 기록한다. 잠언은 여호와를 경외하는 태도를 시작과 마무리에 소개하여 이를 잠언 해석의 틀로 제시하려는 의도이다. 뿐만 아니라 잠언 중간에도 하나님 경외의 신앙을 "지혜"(9:10)와 "정직한 삶"(14:2, 27)과 연결시키고 있다.[7] 따라서 잠언에서 소개하는 지혜와 다양한 윤리적 가르침들은 하나님을 경외하는 신앙의 태도에서 자연스럽게 흘러나오고 있다는 점을 기억해야 한다. 지혜가 하나님 경외하는 것을 근본으로 삼고 있다면, 지혜자의 삶은 하나님의 전지하심과 절대주권을 의식하면서 살아가는 것이다(16:1-3, 9). 따라서 하나님을 경외하는 삶은 인과관계의 기계적 원리에 함몰되지 않고 오히려 다 이해할 수 없는 하나님의 행하심에 신비로움을 간직하며 사는 것이다.[8] 구약에서 하나님에 대한 지식은 여호와와 맺은 언약 관계를 깨닫고 경험하고 확인하는 것이다(호 6:1-3).[9] 하나님과의 신실한 언약 관계를 통해 하나님을 아는 자들이 숨겨진 지혜의 보물을 찾을 수 있을 것이다.

---

7 여호와 경외에 대한 구절이 잠언 전반에 반복되어 나타난다. 예) 1:7; 2:5; 8:13; 9:10; 10:27; 14:27; 15:33; 19:23; 22:4.
8 E. Hill and H. Walton, *A Survey of the Old Testament*, 361.
9 E. Hill and H. Walton, *A Survey of the Old Testament*, 361. 잠언은 하나님을 세상의 통치자(10:30-32; 16:1-9), 공급자(2:6-8), 심판자(3:11-12; 5:21; 6:16-19; 10:3, 29; 11:1, 28; 12:2), 진리 계시자(2:6; 6:23; 8:22-36)로 제시한다. 참조. Paul House, *Old Testament Theology* (Downers Grove: InterVarsity, 1998), 440.

2) 두 가지 길

잠언에는 윤리적 삶에 대한 은유적 표현으로 "길"이 소개된다. "길"은 다른 말로 표현하면 삶의 방식이다. 잠언에서 소개하는 삶의 방식에는 항상 두 가지가 있다. 지혜자의 길과 미련한자의 길, 의로운 길과 악한 길, 지혜로운 여인의 길과 음녀의 길 등이다. 길은 인간의 인격과 생각의 결과로 선택되며 길의 마지막 종착지점에서는 그 선택에 대한 책임과 평가를 받게 된다. 종말론적 심판의 관점에서 볼 때 길의 종착역은 심판과 구원, 생명과 죽음이다. 잠언은 모든 사람들이 자신의 행동의 결과에 책임을 지고 정당한 심판을 받는다는 보응신학을 가르친다. 이는 신명기 율법의 인과응보 신학을 전제로 한다(신 28:1-66; 잠 10:2-3, 6-7, 25, 27, 30; 11:4-6). 하나님의 율법에 순종하면 축복이지만 불순종하면 저주가 찾아온다. 에덴동산에서 아담과 하와 앞에 생명나무와 선악과가 있었듯이 하나님의 백성들의 삶에는 두 가지 길이 존재한다. 모세가 신명기에서 말한 생명과 사망과 복과 저주의 길이다(신 30:29, 30).

3) 지혜

지혜는 히브리어로 "호크마"이며 "전문적인 기술", "좋은 감각", "경험" 등을 의미한다.[10] 출애굽기에서 이 단어는 성막을 만들 때 장인의 전문적인 기술(출 28:3; 31:6)을 의미할 때 사용되었고 그 외에도

---

10 Gerald H. Wilson, "חכמה," in *NIDOTTE*, 2:130-31.

마술적 기교(출 7:11), 통치의 능력(왕상 5:7, 21), 판결의 기술(왕상 3:28; 사 11:1-6) 등을 표현하기도 한다. 지혜는 사물과 현상에 대한 지식과 분리해서 생각할 수 없다. 어떤 현상, 행동, 결과 등에 대한 지적, 감정적, 영적 상태를 파악하고 이를 통해 모든 경험에 대해 통달하는 것이다.[11] 지혜로운 삶은 도덕적이며 영적인 지식에 대한 내면화를 기반으로 행동하는 것이다(1:2; 2:1-5).[12] 또한 지혜는 하나님과 이웃과 자신과의 조화로운 관계를 이루는 것이다. 하나님에 대해서는 창조주에 대한 경외와 경배에서 시작하고, 이웃에 대해서는 창조주 하나님의 형상을 반영하는 인간의 본질을 알고 이웃을 사랑하는 것이다.[13] 자신에 대해서는 행동과 결정에 상응하는 결과가 있음을 알고 모든 상황에서 말과 행동에 대해 인격적 성장을 추구해야 한다.

7. 신약과의 관계

신약에서는 잠언서를 직접적으로 인용하지는 않는다. 그러나 신약에서 예수 그리스도를 지혜와 연결시키고 있다. 잠언 8:22-31에서 소개하는 창조와 지혜와의 관계는 요한복음 1:1-5의 예수 그리스도의 존재와 상관성이 있다. "여호와께서 그 조화의 시작 곧 태초에 일하시기 전에 나를 가지셨으며 만세 전부터, 태초부터, 땅이 생기기 전부터 내가 세움을 받았나니"(8:22-23. 참조 3:19, 20). 지혜가 창세전부

---

11 Bruce K. Waltke, *An Old Testament Theology*, 913.
12 Bruce K. Waltke, *An Old Testament Theology*, 913.
13 빌렘 벤게메렌, "잠언", 『성경신학적 구약개론』, 399-401.

터 하나님과 함께 했듯이, 말씀이신 예수 그리스도도 태초에 하나님과 함께 계셨다(요 1:1, 2). 만물이 지혜로 세움을 입었듯이 또한 예수 그리스도로 말미암아 세움을 입었다. 요한은 하나님의 지혜가 성육신으로 나타난 분이 예수 그리스도라고 증언한다. 사도바울은 예수 그리스도께서 하나님의 지혜이심을 서신서에서 분명히 언급한다. "예수는 하나님으로부터 나와서 우리에게 지혜와 의로움과 거룩함과 구원함이 되셨으니"(고전 1:30). "그 안에는 지혜와 지식의 모든 보화가 감추어져 있느니라"(골 2:3). 예수님의 어린 시절에 키가 자라면서 지혜도 함께 자라셨다(눅 2:52). 시바 여왕이 솔로몬의 지혜를 들으려고 그를 찾아왔으나, 예수 그리스도는 솔로몬보다 더 큰 분이시다(마 12:42). 예수님 자신이 하나님이시기 때문이다. 신약에서 지혜는 예수 그리스도와 관련하여 그분의 신성과 구속사역의 범주 안에서 묘사하고 있다. 하나님은 성도들에게 구원의 지혜와 총명을 허락하시어 예수 그리스도 안에 있는 하나님의 구원의 신비를 알게 하신다(엡 1:7-10). 잠언에 나타난 하나님의 말씀과 행위는 신약에서 예수 그리스도 안에서 성취되고 표현되었다.

내용 요약

1. 잠언은 이스라엘의 지혜자들 또는 현자들의 격언, 속담, 지혜로운 말들의 모음이며 이들의 문학적 전통을 대표한다.
2. 잠언은 하나님의 언약 백성들의 지혜로운 삶의 원리를 제공해 주는 영감된 하나님의 말씀이다.
3. 잠언의 주요 부분은 솔로몬에 의해 주전 950년경에 기록이 되었다.

4. 잠언에 나타난 하나님의 말씀과 행위는 신약에서 예수 그리스도 안에서 성취되고 표현되었다.

8. 현대인을 위한 적용

잠언은 오늘날의 그리스도인들에게도 여전히 삶의 지혜와 방향을 제시해 준다. 현대 사회는 빠르게 변화하며 사람들은 정보의 홍수 속에 길을 잃기 쉽다. 잠언은 이러한 시대 속에서 무엇이 진정한 지혜인지, 어떻게 살아야 올바른지를 보여 준다. 핵심은 "여호와를 경외하는 것"이다. 이는 단순한 종교적 감정이 아니라, 삶의 모든 영역에서 하나님을 의식하며 그분의 말씀을 기준 삼는 태도이다. 잠언은 인간의 모든 영역―말, 관계, 돈, 성, 일, 연예, 가정―에 대해 실천적 지혜를 제공한다. 예를 들어, '온유한 대답은 분노를 쉬게 한다'(15:1)는 말씀은 갈등이 잦은 현대 사회에서 공동체를 지키는 원리를 말해 준다. 또 '부지런한 자의 손이 부하게 된다'(10:4)는 교훈은 일에 대한 책임감을 회복시키고, '음녀의 길'을 경계하라는 경고는 윤리적 절제가 필요한 시대에 절실한 메시지이다. 또 잠언서는 언어의 능력을 매우 중요하게 여긴다. 말은 관계, 공동체, 영혼을 세우거나 무너뜨리는 힘을 가진다. 공동체 내 비난, 험담, 무책임한 말 대신 세움의 언어, 진리의 언어를 훈련해야 한다. 하나님께서 기뻐하시는 생명의 언어를 사용해야 한다. 잠언은 단순한 도덕적 교훈이 아니라, 하나님과의 바른 관계에서 흘러나오는 언약 백성의 삶의 방식으로서 신자들이 세상 속에서 하나님의 지혜로 살아가도록 인도한다. 교회는 신앙생활과 삶의 기술이 분리 되지 않도록 성도의 삶 속에서 하나님을 경외하는 실천적 신앙 교육을 해야 한다.

9. 깊은 연구를 위한 질문

1) 잠언을 기록한 목적이 무엇인가?

2) 잠언을 신학적으로 해석해야 하는 이유가 무엇인가?

3) 잠언에서 지혜를 여성으로 소개하는 이유가 무엇인가?

4) 잠언과 신약의 예수 그리스도는 어떤 점에서 상관성이 있는가?

5) 잠언 31장에서 현숙한 여인에 대해 소개하는 이유는 무엇인가?

10. 심화학습을 위한 독서 목록

트램퍼 롱맨. 『잠언 주석』. 임요한 역. 서울: 기독교문서선교회, 2015.
브루스 월트키. 『잠언 1, Proverbs 1–15』. 황의무 역. 서울: 부흥과개혁사, 2020.
두에인 개릿. 『잠언·전도·아가』. 황의무 역. 서울: 부흥과개혁사, 2019.
Kidner, Derek. *The Proverbs: An Introduction and Commentary*. TOTC. London: Tyndale, 1964.
Mouser, W. E. *Walking in Wisdom: Studying the Proverbs of Solomon*. Downers Grove: Intervarsity Press, 1983.

Murphy, R. E. *Proverbs*. WBC. Nashville: Word. 1999.
Waltke, B. K. *The Book of Proverbs: Chapters 1-15*. NICOT. Grand Rapids: Eerdmans, 2004.
_____. *The Book of Proverbs: Chapters 15-31*. NICOT. Grand Rapids: Eerdmans, 2005.

전도서

1. 목적

전도서는 욥기, 잠언과 함께 구약의 지혜서로 분류되며 지혜의 말씀의 보고이다. 전도서는 영어로 Ecclesiastes이며 헬라어 "에클레시아"(*ekklesia*, 회중, 집회)에서 파생한 "에클레시아스테스"(*ekklesiastes*, 회중에게 말하는 자)에서 기인한다. 히브리어 성경의 전도서 제목은 "코헬렛"이다. 이 용어는 히브리어 '카할'(*qhl*, 집회를 소집하여 모으다)에서 나왔고 '전도자', 또는 '설교자'로 번역되기도 한다.[1] 자신의 이름을 구체적으로 밝히지 않은 '전도자'(코헬렛)는 인생과 삶에 대한 여러 질문들을 다루고 있다. 인생의 참된 의미는 무엇인가? 과연 모든 것이 헛된가? 전도서는 인간의 회의적인 생각들을 수용할 수 있는 공간을 제공한다. 전도서 본문 안에 인생에 대한 회의적인 시각으로 인해 주전 1세기의 일부 유대 랍비들은 전도서를 정경으로 인정하기를 주저했다.

---

[1] 히브리어 '카할'은 열왕기상 8장의 성전 봉헌식 본문에 나타난다. 솔로몬이 백성들을 모아 새로 건축한 성전을 봉헌하는 장면에서 사용된다(왕상 8:1-2, 14, 22, 25).

결국 유대 랍비들은 주전 2세기경에 전도서를 정경으로 인정했고 히브리 성경의 성문서에 속하게 되었다. 전도서는 지혜에 대한 또 다른 차원의 접근을 제시하는 영감된 하나님의 말씀이다. 전도서의 목적은 세상의 모든 삶이 헛되다는 실상을 보여 주기 위함이다. 전도자는 해 아래에서 그 어떤 것도 삶에 의미를 줄 수 있는 것은 없다고 말한다. 이를 "헛되고 헛되며 헛되고 헛되니 모든 것이 헛되도다"라는 구절로 대변한다(1:2). 전도서의 핵심적인 히브리어는 '헛되다'라는 의미를 지닌 '헤벨'이다.[2] 전도자는 이 용어를 반복적으로 사용하여 인생의 무상함을 가르치고 있다(1:12-18; 2:1-11). 인간의 지식에는 한계가 있고 하나님이 하시는 일들과 그 이유를 다 알 수는 없다. 인간이 경험하는 모든 사건과 문제들 가운데 인간 스스로 제어할 수 있는 것이 그리 많지 않다. 비록 인간이 어떤 목적을 달성하고 자아 성취를 이루었다 하여도 종국적으로는 죽음이 그를 기다리고 있다. 따라서 전도서는 현재의 삶에 만족하고 삶을 즐기는 행복한 삶을 살아갈 것을 권면한다(7:10).

전도서의 또 다른 목적은 하나님을 경외하는 삶과 순종하는 삶을 살라는 교훈을 전하기 위함이다.[3] 전도서에는 하나님의 주권과 섭리에 대한 메시지가 종종 등장한다(2:26; 3:14; 7:13-14). 하나님은 자신이 기뻐하는 자들에게 지혜, 희락을 주시고 삶을 누리게 하신다. 세상의 부와 권력은 영속하는 즐거움을 주지는 못하나 하나님의 손으로

2　히브리어 '헤벨'이란 용어의 의미는 '기운', '바람', '신비', '수수께끼' 등 다양하다. 전도서에서 38회 사용되고 이는 구약 전체에서 사용되는 횟수의 절반을 넘는다.
3　Garrett, *Proverb, Ecclesiastes, Song of songs*, NAC (Nashville: Broadman & Holman, 1993), 278.

부터 나오는 선물이기도 하다. 따라서 삶의 행복 자체를 추구하기보다는 그 행복을 선물로 주시는 하나님을 중심으로 살아가야 한다(5:7; 12:13). 기쁠 때나 슬플 때나 형통할 때나 불통할 때나 하나님을 경외해야 한다. 해 아래에서 헛되지 않는 삶은 하나님에 대한 믿음을 가지고 그분을 경외하는 삶이다. 전도서는 인생에 대한 회의와 부정적인 관점에서 출발하나 하나님을 경외하는 삶으로 결론을 내린다.

2. 저자

전도서는 구약의 다른 많은 책들과 마찬가지로 우리에게 저자에 대해 분명하게 말해 주지 않는다. 그럼에도 불구하고 전도서의 저자를 밝히려는 많은 노력들이 있었다. 전도서 1:1은 "다윗의 아들 예루살렘 왕 전도자의 말씀이라"로 시작한다. 전통적으로 전도자(히. 코헬렛)는 솔로몬이라고 생각했고 이를 뒷받침해 주는 단서들이 있다. 첫째, 전도자가 자신을 "다윗의 아들 예루살렘 왕"이라고 했을 때 이는 지혜의 왕으로 널리 알려진 솔로몬일 가능성이 있다. 둘째, 코헬렛이란 용어는 솔로몬의 성전 봉헌식과 관련이 있다. 앞서 소개한 바와 같이 코헬렛은 '카할'(집회를 소집하여 모으다)에서 파생하였고, 열왕기상 8장에서 솔로몬이 성전 봉헌식 때 백성들 앞에서 연설하는 장면을 연상케 한다. 따라서 설교자 코헬렛은 솔로몬일 가능성이 있다. 셋째, 솔로몬은 전도서 본문에서 언급하는 지혜, 부, 명예, 쾌락을 경험한 당사자였을 것이다. 솔로몬은 지혜에 탁월한 왕이었고(왕상 10:1-13; 전 1:16), 왕이 되어 부와 명예를 소유했고(왕상 10:14-29; 전 2:4-10), 육신적 쾌락을 추구한 자였다(왕상 11:1-13; 전 2:1-3). 솔로몬의 생애는 전도서 본문이 기술하는 전도자의 특징과 조화를 잘 이룬다.

이와 같은 전통적인 견해에 대한 반론을 제기하는 보수주의 학자들도 있다. 루터는 솔로몬이 전도서를 기록했다는 것을 인정하지 않았고 그 외에 왈트키(B. K. Waltke), 델리취(F. Delitzsch), 영(E. J. Young)과 같은 보수주의 학자들과 비평학자들도 솔로몬의 저작설에 의문을 제기했다.[4] 이 학자들은 전도서의 히브리어가 포로 후기 시대의 언어적 특성을 반영한다고 주장하고 심지어 코헬렛의 언어가 헬라사상을 드러낸다고까지 말한다.[5] 또한 전도자가 자신의 시대가 비극적이고 암울하다고 하는 묘사는 포로 후기 시대를 암시하는 내용들이라고 주장한다. 만약 전도자가 솔로몬이라면 굳이 자신의 이름을 공개하지 않을 이유가 없다는 것에 질문을 제기하기도 한다. 이와 같은 주장은 코헬렛을 솔로몬과 연결시키는 일에 의심을 일으킨다. 그러나 여러 학자들의 반론에도 불구하고 코헬렛을 솔로몬이라고 하는 것이 불가능한 것은 아니다. 다니엘 프레드릭스(Daniel Fredericks)은 전도서의 언어는 포로 후기 시대의 것이 아니고 오히려 솔로몬 시대의 방언을 표현하는 것이라고 설득력 있게 설명한다.[6] 본문에는 코헬렛이 저자가 아니라고 암시하는 본문도 있다. 전도서 7:27에서 "전도자가 이르되 보라 내가 낱낱이 살펴 그 이치를 연구하여 이것을 깨달았노라"고 기록한다. 익명의 저자가 전도자를 3인칭으로 소개하고 전도자의 목소

---

4 레이몬드 딜러드·트렘퍼 롱맨, 『최신구약개론』, 374.

5 Waltke, *An Old Testament Theology*, 947; A. Lauha, *A Kohelet* (BKAT 19; Neukirchener Verlas, 1978), 3; James L. Crenshaw, *Ecclesiastes: A Commentary* (philadelphia: Westminster, 1987), 51-52.

6 D. Fredericks, *Qohelet's Language: Re-evaluating Its Nature and Date* (Lewiston, NY: Edwin Mellen, 1988).

리를 일인칭 화법으로 직접 들려준다. 또한 전도서의 결론 부분에는 자신을 밝히지 않은 익명의 저자가 코헬렛에 관한 간략한 이력을 소개하고 그의 메시지를 요약해 준다. 전도서의 서론(1:1-11)과 결론 부분(12:8-14)은 익명의 지혜자가 기술하였고 본문의 연설 내용(1:12-12:7)은 코헬렛이 담당했을 가능성도 있다. 이와 같은 증거들은 전도서 안에는 코헬렛 뿐만 아니라 또 다른 나레이터가 있음을 암시한다. 어느 익명의 한 지혜자는 코헬렛의 교훈과 말들을 수집하고 잘 배열하였다(12:9-14). 코헬렛이 한 개인의 이름인지, 익명의 저자의 표현인지, 직책의 명칭인지에 대해서는 확실하지 않고 베일에 감추어져 있다. 성경은 이에 대해 잠잠하고 있다. 하지만 코헬렛의 지혜로운 목소리는 나레이터의 설명과 함께 분명히 전도서에서 들리고 있다.

3. 기록 연대와 배경

전도서의 기록 연대에 대해서는 여러 이론들이 제시되어 왔다. 어떤 이들은 페르시아어에서 차용한 단어가 히브리어 본문에 반영되어 있다고 간주하여 전도서가 솔로몬 시대에 기록되지 않았다고 주장한다. 또 다른 이들은 전도서의 회의주의는 그리스 철학의 영향을 받았기 때문이라고 주장한다. 그러나 앞에서 언급했던 것처럼 전도서의 언어가 솔로몬 시대의 방언일 가능성이 있다. 또한 고대 근동의 문학 가운데 전도서와 유사한 내용을 보이는 작품들도 있다. 예를 들면 메소포타미아 문학에서 염세주의의 대화(the Dialogue of Pessimism), 애굽 문학에서는 인생을 즐기라는 하퍼의 노래들(the Harper's Songs)이다.[7] 고대 근동의 문학 작품들은 전도서의 배경 연대를 굳이 후대로 보지 않아도 된다고 말한다. 전도자를 솔로몬으로 간주한다면 전도서의 기록 연대는 대략 주전 930년경일 것이다. 그러나 익명의 나레이터를 포함하여 전도서의 저자에 대한 다양한 의견들이 제시되는 상황 속에서 이 책의 기록 연대를 정확하게 말하는 것은 무리가 있어 보인다.

4. 전도서의 구조

전도서는 크게 세 부분으로 나누어져있다. 간략한 표제와 서론(1:1-11), 전도자의 긴 독백으로 이루어진 본론(1:12-12:8)과 결론(12:9-14)이다. 서론과 결론에는 전도자를 3인칭으로 언급하고 본론에서는 1인칭으로 표현하는 특징이 있다. 서론에서 익명의 나레이터가 이슈를 제기하고 결론에는 전도자를 소개하고 그의 메시지를 요약한다. 또한 전도서의 중심 주제 중의 하나인 "헛되고 헛되며 헛되고 헛되니 모든 것이 헛되도다"라는 문구가 서론(1:2)과 결론(12:8)에서 반복되고 전도자의 연설 부분인 본론을 감싸고 있다. 본론은 전도자의 지혜에 대한 사색(1:12-4:16), 지혜로운 훈계와 관찰(5:1-12:8)로 구성되어 있다.

---

[7] E. Hill and H. Walton, *A Survey of the Old Testament*, 367. "염세주의의 대화"란 작품에서 어떤 한 사람의 종이 지혜롭게 관찰한 다양한 행동에 대한 풍자적인 내용을 담고 있다. 지혜의 격언들은 어떤 주어진 상황 속의 일정한 행동을 합리화시켜 주기 위해 사용된다. 하퍼의 노래들에서는 장차 어떤 일들이 일어날지 알 수 없기에 인생을 즐기라는 내용을 담고 있다.

I. 표제(1:1)와 서론(1:2-11)

II. 전도자의 지혜에 대한 사색(1:12-4:16)

    A. 무의미한 지혜(1:12-18)

    B. 무의미한 쾌락(2:1-11)

    C. 지혜자와 미련한 자의 동일한 종말(2:12-17)

    D. 무의미한 수고(2:18-26)

    E. 모든 것의 때(3:1-22)

    F. 압제, 수고, 명예의 헛됨(4:1-16)

III. 전도자의 지혜 훈계와 관찰(5:1-12:8)

    A. 하나님을 경외하라(5:1-7)

    B. 무의미한 부(5:8-6:12)

    C. 지혜자와 우매자(7:1-8:1)

    D. 왕의 명령에 순종(8:2-8)

    E. 의인과 악인의 헛됨(8:9-17)

    F. 하나님의 주권 아래 있는 모든 인생(9:1-12)

    G. 힘보다 나은 지혜(9:13-10:20)

    H. 투자하고 심는 삶(11:1-6)

    I. 젊음의 날에 창조주를 기억하라(11:7-12:8)

IV. 결론(12:9-14)

5. 신학적 내용

전도서는 염세주의적인 내용으로 인해 책의 정경성에 많은 논쟁이 있었다. 그러나 전도서는 하나님을 경외하는 지혜에 대해서 다양한 신학적 내용을 제공한다. 인생의 의미와 문제에 대한 전통적인 답변이 타당해 보이지 않을 때 전도자는 경험과 관찰을 통해 다른 경로로 그 답을 찾아간다.

1) 하나님

전도서는 삶의 회의주의적인 관점에도 불구하고 인간과 관계하시는 하나님의 역할에 대해 말한다. 본문에는 하나님의 언약적 이름인 '여호와(야훼)' 대신에 주로 일반적인 이름인 '엘로힘'이란 용어가 40회나 사용되었다. 전도서에서 하나님은 창조주(11:5; 12:1, 7; 3:11, 14, 20; 7:14; 8:17), 심판자(3:17-18; 11:9), 모든 사건의 주관자(3:11; 5:18-6:2; 7:13-14), 은혜를 베푸는 자(2:24-26; 3:13; 5:18-20), 경외의 대상(3:14; 5:1-7; 7:18; 12:1), 순종의 대상(5:4; 7:26), 궁극적으로 인간의 이해를 넘어서는 분(3:11; 8:16-9:1)으로 다양하게 소개된다.[8] 전도자는 하나님의 창조와 주권을 인정하지만(2:26; 3:9-18; 7:13-14; 8:16-9:1; 11:5), 사람은 하나님의 모든 계획을 다 알 수 없다고 한다(3:11; 8:16-17). 하나님은 자신의 계획을 다 드러내시지 않기에 예측할 수 없는 분이시다.

---

[8] D. Fredericks, "Ecclesiastes, Theology of," in *New International Dictionary of Old Testament Theology & Exegesis*, vol. 4, ed. W. VanGemeren (Grand Rapids: Zondervan, 1997), 553.

그럼에도 불구하고 전도자는 하나님을 경외하고 순종하라고 결론을 내린다(5:7; 12:13). 또한 세상의 모든 이치를 관찰한 후에 전도자는 하나님의 계명들을 지키라고 명령한다(12:13). 하나님의 계명을 준수하는 것이 인간의 본분이다. 이는 어떤 상황과 환경 속에서도 하나님을 의식하며 조화롭게 사는 것이다. 허무한 인간의 삶은 하나님을 경외하는 삶에서 의미와 가치를 발견할 수 있다. 창조주를 기억하고 계명에 순종하며 사는 것이 행복한 삶이다(12:1, 7).

2) 지혜

전도자는 지혜와 지식을 많이 만나 보았고 지혜를 알고자 열정적인 노력을 했다(1:16, 17). 이를 입증해 주듯이 전도서에는 지혜(히. 호크마)란 용어가 26번 사용되었다.[9] 전도자는 지혜의 다양한 측면을 제시하는데, 지혜의 유익을 말하면서 동시에 지혜 추구의 헛됨도 상기시킨다. 지혜의 우월함에 대해서는 다음과 같이 말한다. "내가 보니 지혜가 우매보다 뛰어남이 빛이 어둠보다 뛰어남 같도다"(2:13). "지혜로운 사람의 책망을 듣는 것이 낫다"(7:5; 9:17), "지혜는 유산 같이 아름답고 햇빛을 보는 자에게 유익이 되도다"(7:11), "지혜가 무기보다 나으니라"(9:18), "지혜는 성공하기에 유익하니라"(10:10). 이같이 전도자는 지혜가 탁월하고 유익함을 칭송하는 반면에 지혜가 '헛되다'라는 역설적인 교훈도 제시한다. "내게 지혜가 있었다 한들 내게 무슨 유익이 있으리요 하였도다 이에 내가 내 마음으로 이르기를 이것

---

[9] 히브리어 '하캄'은 명사/형용사로 22회, 동사 4회가 사용되었다.

도 헛되도다 하였도다"(2:15). 왜냐하면 지혜자도 우매자도 영원히 기억되지 못하고 죽음 앞에서는 모두 공허하기 때문이다(2:16, 17). 구약의 다른 지혜서와는 달리 전도자는 지혜를 하나님을 경외하는 것과 직접적으로 일치시키지는 않는다. 그러나 하나님을 경외하라는 책의 결론적 진술은 진정한 지혜의 길이 무엇인지를 독자들에게 던져 준다(12:13).

3) 헤벨

전도서를 이해하는 데 핵심적인 용어들 가운데 하나는 히브리어 '헤벨'이다. 이 단어는 '기운', '입김', '바람', '신비', 수수께끼', '거품' 등 다양한 의미를 지니고 있다. 구약 성경에서 '헤벨'은 약 69회가 사용되는데 그 가운데 38회가 전도서에서 나타난다.[10] 전도자는 주로 '헤벨'이란 용어를 사용하여 인생의 본질을 기술한다. 영어 성경에서는 '헤벨'을 허영의 의미를 가진 'vanity', 헛된 노력을 의미하는 'futility', 무의미를 의미하는 'meaningless' 등으로 번역한다. 영원한 하나님의 관점에서 볼 때 인간의 모든 일들은 헛되어 바람을 잡는 것과 같다(1:14; 2:11, 17, 26; 4:4, 16; 6:9). 다른 말로 하면 인간의 삶은 일시적이며 스스로가 제어할 수 없는 것이다. 전도자는 해 아래에서의 삶은 '헤벨'의 삶이라고 결론을 내린다. 그렇다면 '헤벨'의 삶을 벗어나는 길은 무엇인가? 인간은 하나님의 절대성과 완전성을 다 이해할 수 없으며 결국 하나님의 뜻에 순종하고 삶의 현실에 순응할 수밖에

---

10 하경택, "전도서의 '헤벨' 연구", 『전도서 어떻게 설교할 것인가』 (서울: 두란노 아카데미, 2009), 89.

없는 존재이다. 모든 일의 주관자이신 하나님을 경외하는 것과 일상의 삶에 만족하고 감사하며 사는 것이 '헤벨'을 극복하는 길이다(2:10; 3:12-13; 5:18; 9:9).

4) 정의

전도자가 세상을 관찰하면서 발견한 것은 불의와 억압이 삶의 현장에 존재하는 것이다. 전도자는 이렇게 말한다. "또 내가 해 아래에서 보건대 재판하는 곳 거기에도 악이 있고 정의를 행하는 곳 거기에도 악이 있도다"(3:16). 전도자는 공의를 행해야 하는 재판에서도 불의와 악을 목격한다. "내가 다시 해 아래에서 행하는 모든 학대를 살펴보았도다 보라 학대 받는 자들의 눈물이로다 그들에게 위로자가 없도다 그들을 학대하는 자들의 손에는 권세가 있으나 그들에게는 위로자가 없도다"(4:1). 삶의 현장에는 불의가 있을 뿐만 아니라 학대받는 자들의 눈물을 동정할 사람조차도 없다. 이런 불의한 현실에 하나님의 보복적 공의가 작동하는지에 대해 전도자는 고민한다. 기본적으로 전도자는 의인과 악인을 하나님이 심판하실 것이라는 믿음이 있다(3:17). 그럼에도 불구하고 하나님의 공의가 모든 상황에 공정하게 적용되지 않는 모습도 발견한다. "자기의 의로움에도 불구하고 멸망하는 의인이 있고 자기의 악행에도 불구하고 장수하는 악인이 있으니"(7:15; 8:12). 전도자는 불의한 삶의 현실을 다양한 측면에서 해석한다. 악한 일에 대해 하나님의 심판이 속히 진행이 되지 않으므로 인생들이 악을 행하는 데 담대하다고 말하지만 결국 악인은 잘되지 못하고 장수하지 못하고 그 날이 그림자와 같을 것이라고 한다(8:13). 전도자는 두 가지의 길을 제시한다. 하나는 중용의 길을 걸어갈 것을 권고한다. 지나치게 의인이 되지 말며 지나치게 지혜자가 되지도 말라고 한다. 행동의 중용과 온건한 삶의 길이 때론 지혜로울 수 있다고 한다(7:15-18). 다른 하나는 하나님을 경외하는 삶이다(8:13). 하나님을 경외하는 자들은 악인의 올무와 지나친 의로움의 교만에서 벗어날 수가 있다. 악인이나 지혜자들의 최종 운명은 하나님의 손 안에 있다(9:1).

6. 신약과의 관계

전도서는 신약에서 한 번도 인용이 되지 않은 책이다. 그럼에도 불구하고 전도서의 메시지는 신약의 예수 그리스도의 복음을 이해하는 데 중요한 신학적 기반을 마련해 준다. 사도 바울은 하나님의 은혜와 사랑에서 멀어진 피조물들의 상태를 '허무한 데 굴복'한 모습과 '썩어짐의 종 노릇'한 상태라고 표현한다(롬 8:20-22). 이는 전도서의 코헬렛이 바라본 세상의 모습과 일맥상통한다. 코헬렛은 하나님이 없는 삶은 절망과 허무가 가득하고 죽음이 그 최종 종착역임을 말한다. 그러나 예수 그리스도는 세상의 헛됨과 허무를 의미와 구원으로 바꾸어 주시는 분이다. 의인도 악인도 죽음 앞에서는 일반이나 죽음이 모든 것의 끝은 아니다. 예수님 자신도 십자가에서 죽음을 경험하셨으나 부활하심으로 말미암아 허무한 세상에서 우리들을 구원하셨다. 전도서는 삶의 실존에 회의적인 의문을 제기하나 예수 그리스도는 부활의 복음으로 삶의 구원, 가치, 영원성을 회복시키셨다. 삶의 진정한 의미를 찾고자 하는 코헬렛의 여정은 길이요 진리요 생명이신 예수 그리스도 안에서 답을 찾을 수 있다. 전도서는 질문하고 예수 그리스도는 답을 주실 것이다. 따라서 전도서를 읽어 내려가는 독자들은 구약 해석의 정점이며 원리가 되시는 예수 그리스도와 그의 복음을 염두에 두어야 할 것이다.

> **내용 요약**
> 1. 전도서는 욥기, 잠언과 함께 구약의 지혜서로 분류되며 지혜의 말씀의 보고이다.
> 2. 전도서는 염세주의적인 내용으로 인해 책의 정경성에 많은 논쟁이 있었다.
> 3. 전도서는 삶의 회의주의적인 관점에도 불구하고 인간과 관계하시는 하나님의 역할에 대해 말한다.
> 4. 전도서는 창조주를 기억하고 계명에 순종하며 사는 것이 행복한 삶이라고 교훈한다.
> 5. 전도서는 삶의 실존에 회의적인 의문을 제기하나 예수 그리스도는 부활의 복음으로 삶의 구원, 가치, 영원성을 회복시키셨다.

7. 현대인을 위한 적용

전도서는 오늘날 불확실성과 무의미 속에서 살아가는 현대인에게 깊은 통찰을 제공한다. 전도자는 "모든 것이 헛되다"고 반복해서 선언하며, 인간의 지식, 노력, 부, 명예가 근본적으로 영원한 의미를 줄 수 없음을 지적한다. 이는 치열하게 살아가면서도 깊은 공허함을 느끼는 현대인의 실존적 상황과 놀랍도록 닮아 있다. 전도서는 삶의 불

합리함, 불공정함, 그리고 죽음이라는 피할 수 없는 현실 앞에서 회피하지 않고 질문을 던진다. 그리고 그 해답을 "하나님을 경외하고 그의 명령들을 지키는 것"에서 찾는다(12:13). 이는 곧 유한한 인간으로서 자신의 한계를 겸손히 인정하고, 모든 것을 주관하시는 창조주 하나님 안에서 주어진 오늘의 삶에 감사하며 기쁨을 누리는 태도이다. 인생은 "헤벨"(바람, 숨결처럼 덧없는 것)처럼 일시적이며 때로는 이해할 수 없는 사건들로 가득하지만, 하나님은 모든 시간과 역사를 주관하시는 분이시다. 특히 전도서는 고난, 불의, 실패, 죽음 등 삶의 어두운 면을 외면하지 않는다. 이는 현대 교회가 성도들의 현실적인 고통을 정직하게 다루고, 신앙이 고통을 회피하는 수단이 아니라 삶의 고통을 이해하고 견뎌낼 수 있는 지혜를 제공해야 함을 시사한다. 결국 현대인은 전도서의 메시지를 통해 삶의 진정한 의미와 목적을 하나님 안에서 발견하고, 궁극적으로는 예수 그리스도 안에서 참된 구원과 영원한 소망을 붙들어야 할 것이다.

8. 깊은 연구를 위한 질문

1) 전도자(코헬렛)를 솔로몬으로 본다면 그 이유는 무엇이 있는가?

2) 전도서는 하나님의 실제에 대해 어떻게 묘사하고 있는가?

3) 잠언과 욥기가 지혜를 소개하는 방식과 전도서의 방식은 어떤 차이가 있는가?

4) 전도서를 신약과의 관계성 속에서 어떻게 해석할 수 있는가?

5) 영생에 대한 기독교 교리는 전도서가 말하는 헛된 세상 가운데서도 기뻐할 수 있는 이유를 어떻게 설명하는가?

9. 심화학습을 위한 독서 목록

대니얼 프레더릭스, 대니얼 에스테스. 『전도서·아가』. 권대영 역. 서울: 부흥과개혁사, 2018.
롤런드 머피, 엘리자베스 휴와일러. 『잠언·전도서·아가』. 전의우 역. 서울: 성서유니온, 2015.
Crenshaw, James L. *Ecclesiastes: A Commentary*. Philadelphia: Westminster, 1987.
Eaton, Michael, *Ecclesiastes*. Downers Grove: Intervarsity Press, 1983.
Fox, M. V. *Qohelet and His Contradictions*. Sheffield: Almond, 1989, 1986.
Longman III, T. *Ecclesiastes*. Grand Rapids: Eerdmans, 1995.

아가

1. 목적

한글 성경에서 아가서는 한자로 雅歌(아가)이며 "아름다운 노래"란 뜻을 가지고 있다. 라틴어 성경은 "칸티쿰 칸티코룸"(Canticum Canticorum)이라 하며 이 제목에서 아가서의 또 다른 영어 이름인 "Canticles"가 유래했다. 히브리어 성경의 제목은 아가서 1:1에서 나온 "쉬르 하시림"(šir haširim)이며 번역하면 "노래들 중의 노래"(Song of Songs)이다. 마치 성막에서 지성소(Most Holy Place)가 가장 거룩한 곳(the Holy of Holies)인 것처럼 아가서는 모든 노래들 가운데 최고의 노래이다. 아가서는 총 117구절로 구성된 사랑의 시이며 대부분 솔로몬과 술람미 여인의 대화이다.

아가서를 읽은 후에 다음과 같은 질문을 한번쯤은 하게 된다. '성적인 내용이 짙은 남녀의 로맨틱한 이야기가 왜 성경에 포함이 되었는가?' 아가서의 관능적인 말씀으로 인하여 역사 속에서 정경성에 대한 수많은 논란이 있어 왔다. 그러나 아가서는 하나님의 창조의 중요한 부분인 남녀의 사랑과 성에 대한 문제를 다룬다. 하나님은 인간을 남성과 여성으로 구분하여 성적인 존재로 창조하셨다(창 1:27). 아담과 하와는 에덴이라는 가정 안에서 서로 감정적, 영적, 육체적 사랑을 나누며 지내도록 지음을 받았다(창 2:18-25). 이들의 사랑은 언약적 사랑이며 하나님과 인간의 관계를 이루는 근간이기도 하다. 그런데 아담과 하와가 하나님께 불순종함으로 부부로서의 사랑의 연합 관계가 깨졌다(창 3:1-21). 그 후로부터 인간의 원죄는 하나님께서 창조하신 남녀의 순결한 사랑과 성을 왜곡시켰다. 모세오경은 인간의 성적 방종과 범죄를 방지하기 위한 규례를 소개한다. 역사서와 선지서는 이스라엘 백성들이 하나님을 떠나 불순종한 것을 영적 간음에 비유하여 책망한다. 언약 백성의 지혜로운 삶을 담은 잠언서는 가정 밖에서의 성적 행위를 '간음'이라하고 엄중하게 경고하고 있다(잠 2, 5, 6, 7장). 아가서는 백성들이 하나님의 창조 세계 안에서 어떻게 생각하고 살아가야 할지를 남녀의 사랑과 성의 관점으로 소개하기 위해 기록하였다. 이 책은 언약의 원리에 따른 신성한 결혼이 아름답고 선하다는 사실을 노래하고 있다. 마일즈 반 펠트는 히브리 성경에서 아가서의 정경적 위치에 대해 다음과 같이 언급한다.[1]

> 히브리어 성경에서의 아가서의 위치는 전략적으로 배치된 것이다. 아가서는 잠언서와 룻기 다음에 나타난다. 잠언서는 31장에서 르무엘 왕이 "현숙한 여인"(문자적으로 "강한 여인/아내")이라는 인물에 대해 말하며 끝난다. 잠언 뒤에 바로 이어지는 지혜의 이야기인 룻기는 룻을 바로 그런 여자로 정의하고 있다(룻 3:11). 아가서에서 노래에 등장하는 여인, 즉 아가서의 주인공이 같은 방식으로 강하고 현숙한 여인으로 이해되고 있다. 다른 말로 하면,

---

[1] 마일즈 반 펠트, "아가", 『성경신학적 구약개론』 문은미 역 (서울: 부흥과개혁사, 2018), 437.

잠언 31장은 좋은 배우자의 중요성을 설명하고, 아가서는 좋은 결혼 관계를 묘사하는 데 중점을 두고 있다.

결혼의 범위 안에서 남자와 여자의 연합은 생육하고 번성하라는 하나님의 명령을 수행하는 데 있어서 가장 중요한 요소이다. 아가서가 제시하는 남녀의 사랑의 연가는 하나님의 창조 질서와 원리에 근거를 둔 아름다운 노래 중의 노래이다.

2. 저자

아가서 1:1은 "솔로몬의 아가라"고 기록한다. 이 책에는 솔로몬의 이름이 일곱 번이나 언급되고 있다(1:5; 3:7, 9, 11; 8:11, 12). 이로 인해 대부분의 전통적인 학자들은 솔로몬이 아가서의 저자라고 간주한다. 솔로몬이 저자임을 뒷받침하는 증거들이 몇 가지가 있다.[2] 첫째, 이 책에는 이스라엘이 남북으로 분열되기 이전의 모습을 보여 준다. 예를 들면 예루살렘, 갈멜, 샤론, 레바논, 엔게디, 헤르몬 및 디르사 등의 이스라엘 남북의 지명이 골고루 언급된다. 둘째, 아가서에는 약 21종의 식물과 15종의 동물이 소개된다. 이는 식물과 동물에 많은 지식을 가지고 있었던 솔로몬의 모습을 보여 준다(왕상 4:33). 셋째, 아가서 1:9에서 술람미 여인이 솔로몬을 "바로의 병거의 준마"에 비유한 것은 솔로몬의 말들을 애굽에서 들여온 것과 조화를 이룬다(왕상 10:28).

---

[2] 유진 H. 메릴, 마크 F. 루커, 마이클 A. 그리산티, 『현대인을 위한 구약개론』, 850.

3. 아가서 해석 역사

아가서는 성경의 다른 책들보다 다양한 해석의 방법들이 제시되어왔다. 많은 학자들은 각자의 분석 방법, 전통 그리고 신학적 입장에 따라 해석의 여러 원리들을 제시했으나 일치된 견해에 이르지는 못했다. 그중 몇 가지를 소개하면 다음과 같다.[3]

첫째, 알레고리적 해석. 이 해석 방법은 가장 오래되고 인기 있는 해석이다. 유대교에서는 솔로몬을 하나님으로 그리고 술람미 여인을 이스라엘로 상징화했고 기독교에서는 남자를 그리스도, 여자를 교회로 상징화하여 해석했다. 이 해석은 솔로몬과 술람미 여인의 사랑의 관계를 통해 영적인 교훈을 도출하고자 했다. 루터, 어거스틴, 칼빈과 같은 학자들은 이 해석법을 따라 아가서를 해석한다. 그러나 알레고리적 해석은 주관적인 해석의 경향이 짙은 점이 큰 단점이다.

둘째, 제의적, 신화적 해석. 아가서가 메소포타미아의 풍요제의 의식을 차용했다는 주장이다. 메소포타미아의 여신 이쉬타르와 그녀의 죽은 남편인 담무스와의 성적 결합을 노래하는 것으로 이해하는 해석법이다. 이러한 결합을 통해 생명과 창조세계에 풍요가 임한다고 보았다. 그러나 이러한 제의 사상은 이스라엘 공동체가 결코 받아드릴 수 없는 것이다.

셋째, 드라마적 해석. 아가서가 고대 이스라엘의 연극 대본이라는 견해이다. 이 해석법은 드라마의 주인공이 솔로몬과 술람미 여인 두 사람이라는 견해와 여기에 목동이라는 제3의 인물이 추가되어 세 사

---

[3] 참조. 유진 H. 메릴, 마크 F. 루커, 마이클 A. 그리산티, 『현대인을 위한 구약개론』, 851-54; E. Hill and H. Walton, *A Survey of the Old Testament*, 376-78.

람이라는 주장이 있다. 세 주인공 드라마에는 술람미 여인이 평생 사랑한 사람이 목동이며 솔로몬은 악당으로 등장한다. 그러나 이 해석은 본문에서 각 인물들의 역할을 정확하게 구분하기가 힘들다는 단점이 있다. 넷째, 문자적 해석. 아가서를 문자적으로 남녀 사랑의 시로 해석하는 관점이다. 남성과 여성의 에로틱한 사랑, 감정과 열정의 표현을 있는 그대로 해석한다. 아가서는 남성과 여성의 관능적 사랑의 아름다움에 대한 시적 묘사를 통해 사랑의 위대함을 찬양할 뿐만 아니라 그 위험성도 경고한다. 아가서는 인간의 성에 대한 경험을 성찰하고 있기에 성경의 지혜 문학의 한 예가 된다.[4]

4. 아가서 구조

아가서는 크게 일곱 개의 단위로 나누어질 수 있고 전체가 교차 대구 구조로 배열되었다.[5] 교차 대구 구조의 핵심과 절정은 솔로몬과 술람미 여인의 결혼식에 대한 부분인 아가 3:6-5:1이다. 아가서의 문학적 장르는 솔로몬과 술람미 여인의 사랑을 노래하는 시들의 모음집이다.

---

[4] 레이몬드 딜러드·트렘퍼 롱맨, 『최신구약개론』, 395.
[5] D. Dorsey, *The Literary Structure of the Old Testament* (Grand Rapids: Baker, 1999), 200; R. Davidson, "The Literary Structure of the Song of Songs Redivivus," *JATS* 14 (2003): 44-65.

A. 사랑의 강렬한 열망(1:1-2:7)
　　　B. 청년이 처녀를 초청함(2:8-17)
　　　　C. 처녀가 밤중에 찾아다님(3:1-5)
　　　　　D. 핵심 부분: 두 사람의 결혼식(3:6-5:1)
　　　　C´. 처녀가 밤중에 찾아다님(5:2-7:11, [히 5:2-7:10])
　　　B´. 처녀가 청년을 초청함(7:12-8:4, [히 7:11-8:4])
　　A´. 서로 사랑하며 원한다는 결론(8:5-14)

5. 신학적 내용

아가서는 자체만 보면 남녀의 사랑의 노래가 주를 이루기에 신학적인 메시지를 논의할 수 없다고 생각할 수 있다. 그러나 이 책은 하나님의 인간 창조에서 중요한 부분을 노래하고 있다. 아가서는 하나님의 창조 질서와 관련하여 신학적 논의의 가치가 있다.

1) 에덴동산

오늘날 우리 사회는 성적 쾌락을 추구하고 있다. 대부분의 현대 문화에서 성은 상품화되고 때론 왜곡되어 대중들의 생각과 눈을 속이고 있다. 인간의 성을 하나님에 대한 믿음으로부터 분리시키고 심지어 우상화까지 만들고 있다. 그러나 아가서는 인간의 성을 하나님에 대한 믿음과 연결시킨다. 아가서에는 하나님의 이름이 한 번도 언급이 되지 않았지만 에덴동산의 이미지가 많이 소개된다(1:13-17; 4:12-16; 5:1; 6:2; 8:13, 14). 솔로몬과 술람미 여인과의 사랑은 인간의 타락 이전의 에덴동산에서 아담과 하와의 관계를 반영하고 있다. 아가서는 창세기 2장에서 소개하는 인간의 결혼 제도에 대한 좋은 샘플로 이해할 수 있다.[6] 가정이라는 테두리 안에서 남편과 아내의 성적 결합은 부끄러움이나 수치가 아니라 성스러운 행위이다. 가나안의 바알 종교에서는 성을 종교화했으나 아가서는 성이 종교적 행위가 아니고 하나님의 창조의 한 부분이란 점을 가르친다.

2) 배타적 사랑

아가서가 말하고자 하는 중요한 점 가운데 하나는 배타적 사랑이다. 남편은 아내에게 아내는 남편에게 전적인 헌신과 사랑을 약속한다. 아가서 본문에서 솔로몬은 6번이나 술람미 여인을 자신의 "신부"로 부른다(4:8, 9, 10, 11, 12; 5:1). 솔로몬과 술람미 여인 사이의 관계에 예루살렘의 딸들, 여인의 형제들이 끼어들거나 간섭할 수 없다. 아가서의 핵심적인 구절인 아가 8:6, 7은 이렇게 말씀한다.

> 너는 나를 도장 같이 마음에 품고 도장 같이 팔에 두라 사랑은 죽음 같이 강하고 질투는 스올 같이 잔인하며 불길 같이 일어나니 그 기세가 여호와의 불과 같으니라. 많은 물도 이 사랑을 끄지 못하겠고 홍수라도 삼키지 못하나니 사람이 그의 온 가산을 다 주고 사랑과 바꾸려 할지라도 오히려 멸시를 받으리라.

---

[6] 유진 H. 메릴, 마크 F. 루커, 마이클 A. 그리산티, 『현대인을 위한 구약개론』, 857.

아가서에서 소개하는 솔로몬과 술람미 여인 사이의 배타적인 사랑은 하나님과 이스라엘 백성들과의 언약적 관계의 속성을 반영한다. 하나님은 이스라엘 백성들을 사랑과 은혜로 선택하셨고 그들에게 전적인 충성을 요구하셨다. 그러나 이스라엘 백성들은 하나님께 반역하고 음행을 저질렀다(렘 2:2; 3:14; 11:10; 겔 16:15-22).

6. 신약과의 관계

아가서는 성적인 사랑에 관한 이미지들로 가득하다. 이 책에는 사랑이라는 단어가 18번 정도 사용되었고, 히브리어 성경을 헬라어로 번역한 칠십인경에서는 이 단어를 "아가페"로 번역했다. 신약에서 그리스도께서 우리들을 향한 사랑을 표현할 때 "아가페"란 단어를 사용하기도 했다(요 13:35; 롬 8:35; 엡 3:18; 벧전 4:8; 요일 3:16). 아가서에 나타난 로멘틱한 사랑은 그 자체로 끝나지 않는다. 이 사랑은 우리를 사랑하사 우리를 위해 독생자 예수 그리스도를 보내신 하나님의 사랑을 바라보게 한다(요 3:16). 아가서에 나타난 남편과 아내의 관계는 신약에서 그리스도와 교회의 언약적 관계와 유사하다. 에베소서 5:22-23에서는 이 둘 사이의 관계를 다음과 같이 언급한다. "아내들이여 자기 남편에게 복종하기를 주께 하듯 하라 이는 남편이 아내의 머리 됨이 그리스도께서 교회의 머리 됨과 같음이니 그가 바로 몸의 구주시니라"(엡 5:22-23). 따라서 아가서의 남편과 아내의 관계를 그리스도와 하나님의 백성들과의 언약 관계로 읽고 해석하는 것은 가능하다.

내용 요약

1. 한글성경에서 아가서는 한자로 雅歌(아가)이며 "아름다운 노래"란 뜻을 가지고 있다.
2. 아가서의 관능적인 말씀으로 인하여 역사 속에서 정경성에 대한 수많은 논란이 있어 왔다.
3. 아가서는 창세기 2장에서 소개하는 인간의 결혼 제도에 대한 좋은 샘플로 이해할 수 있다.
4. 아가서는 성이 하나님의 창조의 한 부분이란 점을 가르친다.
5. 아가서에 나타난 남편과 아내의 관계는 신약에서 그리스도와 교회의 언약적 관계와 유사하다.
6. 아가서에 나타난 로맨틱한 사랑은 그 자체로 끝나지 않는다. 이 사랑은 우리를 사랑하사 우리를 위해 독생자 예수 그리스도를 보내신 하나님의 사랑을 바라보게 한다.

7. 현대인을 위한 적용

오늘날의 성문화는 점점 더 소비적이고 왜곡된 방향으로 치우치고 있다. 성은 쾌락의 수단으로 오해되거나, 반대로 죄악시되어 억압의 대상으로 여겨지는 경우도 많다. 이런 문화 속에서 아가서는 하나님의 창조 질서 안에서 남녀 간의 사랑과 결혼이 얼마나 아름답고 신성한 것인지를 회복시키는 지혜를 준다. 아가서는 결혼 안에서의 성적 사랑을 감추거나 금기시하지 않고, 오히려 정결함 속에서 누릴 수 있는 열정과 친밀함, 배타적 사랑의 가치를 노래한다. 이는 단지 부부 관계를 넘어, 하나님과 그의 백성, 그리스도와 교회 사이의 언약적 사랑을 상기시킨다. 신자는 아가서를 통해 참된 부부간의 사랑은 단지 감정이 아니라 헌신과 책임, 신뢰를 기반으로 하며, 사랑은 무엇보다도 배타적이고 지속적인 언약임을 배운다. 우리는 이 책을 통해, 오늘날 혼란한 성윤리 속에서 하나님의 사랑을 본받는 부부 관계를 이루고, 그 사랑을 통해 그리스도의 신부된 교회의 삶을 더 깊이 체험하도록 부름 받는다. 나아가 교회는 음란문화 속에서 건강하고 성경적인 성 윤리를 가르쳐야 할 책임이 있다.

8. 깊은 연구를 위한 질문

1) 아가서에 대한 다양한 해석들은 무엇이 있는가?

2) 아가서가 대칭적인 구조를 이루고 있음을 어떻게 설명할 수 있는가?

3) 아가서는 인간의 성과 결혼에 대해 어떻게 가르치고 있는가?

4) 인간의 성과 결혼에 대한 아가서의 가르침과 성경의 다른 책들의 가르침을 어떻게 비교할 수 있는가?

5) 아가서를 교회와 그리스도와의 사랑의 언약 관계로 해석할 수 있는 근거는 무엇인가?

9. 심화학습을 위한 독서 목록

김구원. 『가장 아름다운 노래: 아가서 이야기』. 서울: 기독교문서선교회, 2011.

리처드 S. 헤스. 『아가 주석』. 김선종 역. 서울: CLC, 2020.

Fox, M. V. *The Song of Songs and the Ancient Egyptian Love Songs*. Madison: University of Wisconsin Press, 1985.

Keel, Othmar. *The Song of Songs: A Continental Commentary*. Translated by Frederick J. Gaiser. Minneapolis: Fortress, 1994.

Garrett, Duane A. *Proverbs, Ecclesiastes, Song of Songs*. NAC. Vol. 14. Nashville: Broadman, 1993. 347-432.

이사야

1. 목적

이사야서의 문학적 아름다움과 장엄함, 그리고 신학적 깊이는 구약의 그 어떤 책들과 비교할 수 없을 정도로 탁월하다. 이사야서는 신구약 성경의 압축이라 할 정도로 창조, 타락, 구속, 종말에 이르는 광범위한 신학적 메시지를 제공한다. 또한 이 책은 신약에서 600회 이상 암시(allusion) 및 인용(quotation) 되었을 정도로 신약 저자들이 많이 사용한 책이다. 초대 교회는 이사야서를 다섯 번째 복음서로 간주할 만큼 깊은 관심과 사랑을 보여 주었다.¹ 이사야는 영어로는 Isaiah이며 히브리어로는 "에샤야후"(yᵉša'yahu)이다. 그 뜻은 "여호와께서 구원하신다"이다. 이사야서는 이스라엘뿐만 아니라 온 인류와 우주 만물을 향한 하나님의 구원의 대서사시이다. 이 책의 메시지는 구약의 특정한 역사적 상황 속에서 그 시대의 백성들에게 전해졌으나 그 범위는 포로 후기, 예수님의 초림, 교회 시대, 종말론적 새 하늘과 새 땅에까지

---

1 John F. A. Sawyer, *The Fifth Gospel* (New York: Cambridge University Press, 1996).

이른다. 이사야서의 기록 목적은 다음과 같다.

첫째, 하나님의 구원 사역은 신원과 심판으로 나타남을 보여 주기 위함이다. 이사야의 이름이 말해 주듯이 이사야서는 하나님의 구원에 관한 책이다. 이사야 선지자가 전하길 원하는 하나님의 구원의 속성은 두 가지이다. 신원과 심판이다. 하나님의 언약을 어기고 불순종하는 백성에게는 심판으로 보응하시고 하나님을 신뢰하는 백성들은 신원하신다는 메시지가 반복적인 패턴을 통해 소개되고 있다. 하나님의 신원과 심판을 강조하기 위해 이사야서를 시작하는 1장과 마무리하는 66장에서 이 주제가 소개된다. 1장에서는 예루살렘의 죄와 허물에 대한 심판과 돌이키는 자들에 대한 구원을 선언한다(1:24-31). 66장에서는 새 하늘과 새 땅에서 하나님께 예배하는 자들에 대한 신원과 패역한 자들의 영원히 꺼지지 않는 불에서 고통을 당하는 심판을 소개한다(66:22-24).

둘째, 열방과 온 우주를 통치하시는 하나님을 소개하기 위함이다. 이사야 1-12장은 예루살렘의 회복과 심판에 대한 하나님의 통치를 서술한다. 예루살렘 거민들과 지도자들의 현재 상태에 대해 묘사하고 이들의 죄악을 심판할 뿐만 아니라 장차 도래할 구원과 다윗 왕조의 회복을 예언한다. 이사야 13-23장은 열국에 대한 신탁이다. 열방에 대한 심판과 신원의 메시지를 통해 하나님의 통치가 단지 이스라엘뿐만 아니라 온 열방에 미친다는 것을 보여 준다. 이사야 24-27장은 하나님의 통치가 열방의 범위를 넘어 하늘과 땅을 포함한 온 우주에 확립된다는 것을 제시한다. 비록 창조세계가 죄악으로 인해 더럽혀졌지만 하나님께서는 이를 자신에게 돌리시고 구원 역사를 이루심을 말한다. 이처럼 이사야서는 하나님의 통치가 이스라엘을 넘어 열방과 온 우주에 미친다는 것을 선언하기 위한 목적이 있다.

셋째, 이사야서는 언약 백성들이 하나님을 신뢰하도록 격려하고 위로하기 위해 기록되었다. 이사야 1-39장은 주전 8세기 말과 7세기 초 이스라엘을 중심으로 한 앗수르 제국의 심각한 위협을 배경으로 한다. 앗수르로 인해 두려움에 떨고 있는 왕과 백성들에게 이스라엘의 참된 구원자이신 하나님을 신뢰하는 것만이 살 길임을 말하기 위함이다. 이사야 40-55장은 이스라엘 백성이 바벨론 포로에서 해방되는 사건을 배경으로 한다. 하나님은 포로 생활을 하는 이스라엘 백성들을 위로하시기 위해 여호와의 종을 통한 구원 계획들을 말씀하신다. 이사야서는 하나님의 구원과 회복의 드라마를 제시하면서 독자들에게 하나님을 신뢰하는 믿음을 불러일으키고 고난 가운데 있는 자들을 위로하는 책이다.

2. 저자

이사야서의 저자는 이사야 선지자이다. 그는 아모스의 아들이며 그의 대부분의 사역은 예루살렘과 그 주변에서 이루어졌다(1:1; 2:1; 13:1). 이사야 선지자는 결혼하여 자녀가 있으며 그의 아버지 아모스에 대해서는 알려진 바가 거의 없다(8:1-4). 위경인 이사야 승천기(Ascension of Isaiah)의 이사야의 순교(1-5장)부분에서는 이사야가 므낫세 시대에 몸이 잘리는 순교를 당했다고 전한다(히 11:37).[2] 이사야의 이

---

2 유진 H. 메릴, 마크 F. 루커, 마이클 A. 그리산티, 『현대인을 위한 구약개론』, 583. 참조. 히 11:37, "돌로 치는 것과 톱으로 켜는 것과 시험과 칼로 죽임을 당하고 양과 염소의 가죽을 입고 유리하여 궁핍과 환난과 학대를 받았으니." 많은

름은 이사야 1-39장에서 20번이나 사용되었고, 열왕기하에서 12회, 역대하에서 4회 등장한다. 전통적으로 이사야서는 이사야 선지자에 의해 기록되었다고 생각했다. 그러나 18세기 말경부터 비평학자들은 이사야서의 통일성에 대해 의문을 제기하기 시작했다. 이사야 1-39장과 이사야 40-66장 사이에 역사적 정황, 문학적 스타일, 신학적 메시지에 차이가 있다고 주장하면서 이사야 40-66장은 한 무명의 저자인 제2이사야(Deutero-Isaiah 또는 the Second Isaiah)가 바벨론에서 기록했다고 주장했다. 이 책의 전반부인 1-39장은 주전 8세기 앗수르가 고대 근동의 패권을 장악했을 때를 배경으로 하고, 40-66장은 주전 6세기 유다 백성들이 바벨론 포로가 된 시대에 기록이 되었다고 보았다. 비평학자들은 이사야 40-66장에 바벨론 포로, 포로에서 귀환, 고레스 왕의 출현 등이 나타나는 것을 보고 전통적인 견해와는 다른 주장을 한 것이다.

둠(Duhm)이라는 학자는 이사야서의 저자가 세 명이라고 말하면서 제1이사야(1-39장), 제2이사야(40-55장), 제3이사야(56-66장)가 존재했다고 주장했다. 이러한 이론은 오랫동안 폭넓게 받아들여졌다. 그러나 이사야서는 주전 8세기 이사야 선지자에 의해 기록되었다는 전통적인 견해를 지지하는 많은 증거들이 있다. 첫째, 이사야서 본문은 저자를 오직 이사야 선지자 한 명으로 보고 다른 저자들에 대해서는 전혀 언급하지 않는다. 만약 제2이사야가 이사야 40-66장을 기록했거나, 제3이사야가 56-66장을 기록했다면 그의 이름이 이사야서 본문에 기록이 되었을 것이다. 무엇보다 이사야 1:1에서 이사야 선지자

사람들은 '톱으로 켜는 것'이 이사야 선지자의 죽음을 가리킨다고 본다.

를 저자라고 명시하고 있다. "유다 왕 웃시야와 요담과 아하스와 히스기야 시대에 아모스의 아들 이사야가 유다와 예루살렘에 관하여 본 계시라." 둘째, 비평주의학자들은 이사야 40-66장에 포로기, 포로기 귀환, 고레스의 이름이 언급되기에 주전 8세기 예루살렘에서 활동한 이사야가 기록하지 않았다고 주장한다. 이들은 성경의 영감과 성경 예언의 초자연적인 능력을 인정하지 않기에 이런 주장을 한다. 그러나 이사야 40-48장은 하나님께서 장차 일어날 일을 미리 말씀하실 수 있는 전지전능하신 하나님으로 소개한다. "내가 시초부터 종말을 알리며 아직 이루지 아니한 일을 옛적부터 보이고 이르기를 나의 뜻이 설 것이니 내가 나의 모든 기뻐하는 것을 이루리라 하였노라"(46:10). 셋째, 이사야 1-39장과 40-66장 사이에는 중요한 주제나 어휘들의 연결점들이 있다. 예를 들면 "이스라엘의 거룩한 자"란 어휘는 구약에서 총 31회 사용되었고 25회가 이사야서에서 발견된다. 이사야 1-39장에서는 12번, 40-66장에서는 13번이 나타난다. 이외에도 "시온과 예루살렘이 쌍으로 나타나는 점", "소경과 귀머거리"란 표현도 전반부와 후반부에 공통적으로 나타난다(29:18; 35:5; 42:16, 18, 19; 43:8; 52:19; 56:10).[3] 이외에도 이사야서 전체에 공통적으로 나타나는 표현들이 많이 있다. 넷째, 신약의 저자들이 이사야서를 인용할 때 저자를 이사야로 표기한다. 이들은 이사야서 후반부에서 인용을 할 때도 "선지자 이사야를 통하여 하신 말씀"이란 표현을 사용했다.[4] 다섯째, 이사야 40-66장은 저자가 바벨론에 포로로 끌려간 자가 아

---

[3] 레이몬드 딜러드·트렘퍼 롱맨, 『최신구약개론』, 407.
[4] 마 3:3; 4:14; 8:17; 12:17; 13:14; 15:17; 막 1:2; 7:6; 눅 3:4; 4:17; 요 1:23; 12:38, 39, 41; 행 8:28, 30; 28:25; 롬 9:27, 29; 10:16, 20; 15:12.

니라 유다 본토에 거주하고 있음을 보여 주는 내용들이 있다. 이사야서 후반부에는 바벨론의 생활상을 보여 주는 내용들이 거의 없고 오히려 유다 성읍과 예루살렘 성벽이 존재하고 있음을 말해 준다(40:9; 41:19; 44:14; 62:6).[5]

3. 기록 연대와 배경

이사야 선지자는 웃시야, 요담, 아하스, 히스기야 시대에 활동한 선지자다. 웃시야 왕이 죽던 해인 주전 740년경에 예언 사역을 시작했고 주전 680년 므낫세 왕 때 순교하기 전까지 약 60여 년의 기간 동안 선지자로 활동했을 것이다. 이사야 선지자가 사역을 시작할 당시 북이스라엘과 남유다는 정치, 경제적으로 상당한 번영과 전성기를 누리고 있었다. 북이스라엘의 여로보암 2세 때에는 솔로몬 시대의 영토를 회복할 정도로 강성했고 웃시야 왕 시대에는 강력한 국방력을 갖추었다. 그러나 주전 745년 티글랏빌레셀 3세가 앗수르 왕위에 오르면서 서방 진군 정책을 펼쳤다. 이스라엘 왕 베가와 아람 왕 르신은 서로 동맹 관계를 결성하여 큰 위협으로 다가오는 앗수르의 기세를 막아내고자 했다. 이들은 남유다의 아하스 왕에게 동참을 요구했지만 아하스는 친앗수르 정책을 표방하며 앗수르의 우상 제단을 성전에 설치하는 악행까지 서슴지 않았다(사 7:1-10:34; 왕하 16장). 북이스라엘은 티글랏빌레셀 3세의 뒤를 이은 살만에셀 5세(주전 727-722년)와 그

---

[5] 유진 H. 메릴, 마크 F. 루커, 마이클 A. 그리산티, 『현대인을 위한 구약개론』, 588.

의 아들 사르곤 2세(주전 722-705년)의 공격으로 결국 주전 722년에 멸망하였다. 주전 8세기 말에 애굽의 누비아(Nubian)계의 제 25대 왕조가 들어서면서 유다는 원조를 약속받았다. 반면에 앗수르는 갈대아인들이 바벨론에서 소요를 일으키자 잠시 위축을 당하였다. 이 틈을 타서 히스기야 왕은 애굽의 약속을 믿고 앗수르에 반기를 들었고 시리아-팔레스타인 지역의 대부분의 국가들은 친애굽 정책을 표방하였다. 그러자 앗수르 왕 산헤립(주전 705-681년)은 군사들을 이끌고 와서 예루살렘을 포위하였고 유다를 위기와 혼란 속으로 몰아넣었다. 이사야 36-39장은 히스기야 왕이 앗수르 왕 산헤립의 위협을 받아 위기에 처한 상황을 배경으로 한다.

그림 14 티글랏빌레셀 III[6]

---

6 출처. https://en.wikipedia.org/wiki/Tiglath-Pileser_III.

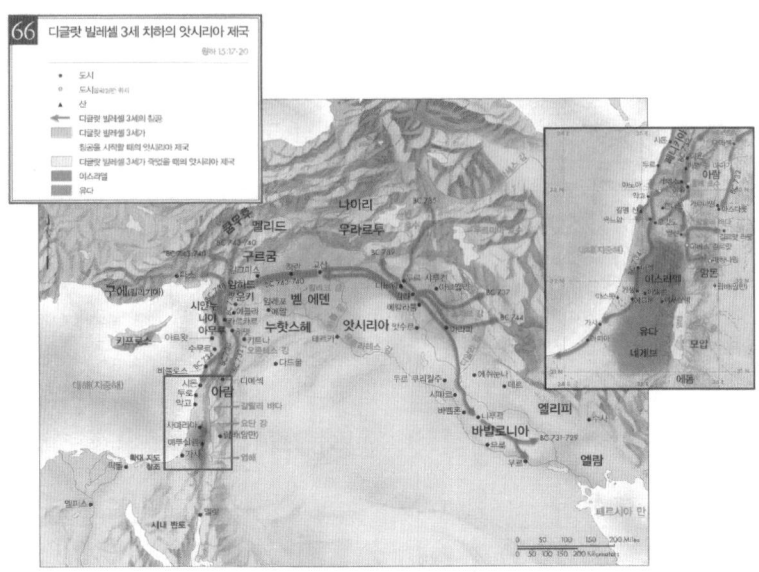

그림 15 티글랏빌레셀 3세 치하의 앗수르 제국[7]

이사야 40-55장은 바벨론 포로 상황 가운데 기록하였다. 바벨론 포로 생활 속에서 과연 하나님께서 자신들을 구원하길 원하는지 또한 과연 구원하실 수 있는 분인지를 의심하는 백성들에게 전해진 말씀이다. 이사야 56-66장은 40-55장과 다른 시대적 배경을 염두에 두고 기록되었다. 이 부분은 백성들의 삶 속에 의로운 삶, 순종하는 삶의 모습이 점점 없어지고 종교적 형식주의에 빠진 상황을 배경으로 한다. 이 부분에는 예루살렘이 언급이 되나 아마도 바벨론 포로에서 돌아와 성벽이 재건된 후의 모습일 것이다. 주전 8세기 선지자 이사야

---

7 지도 출처. 토마스 V. 브리스코, 『두란노 성서지도』, 139.

는 하나님의 말씀을 그 시대에 적용했으나 그의 메시지는 바벨론 포로, 포로 후기, 새 창조에 이르기까지 하나님 백성의 전 역사를 포괄하고 있다.

4. 이사야서 구조

이사야서는 메시지의 강조와 배경에 따라 크게 이사야 1-39장, 이사야 40-55장, 이사야 56-66장으로 나누어질 수 있다. 이를 좀 더 세분화하면 이사야 1-39장은 중심 주제에 따라 1-12장(예루살렘의 죄와 심판), 13-23장(열방신탁), 24-27장(우주적 심판: 소묵시록), 28-35장(여섯 가지 화 선포), 36-39장(히스기야 내러티브)으로 나누어질 수 있다. 1-39장은 주로 심판의 측면이 강조가 되었다. 이사야 40-55장은 40-48장(하나님의 대행자인 종을 통한 구원), 49-55장(고난의 종과 시온의 회복)으로 세분되고 구원과 회복이 강조되었다. 이사야 56-66장은 종들의 신원과 악인들의 심판이란 주제로 종말론적 구원을 소개한다. 이사야 선지자는 신원과 심판이라는 하나님의 구원 사역을 소개하기 위해 전체 본문을 배열하였다.

I. 예루살렘의 심판과 구원(1:1-12:6)

   A. 죄로 가득한 예루살렘(1:1-31)

   B. 예루살렘으로 모여드는 열방(2:1-4)

   C. 예루살렘과 유다 백성의 죄와 심판(2:5-4:1)

   D. 예루살렘을 정결케 함과 회복(4:2-6)

   E. 포도원 노래(5:1-30)

F. 이사야의 환상과 소명(6:1-13)

G. 아하스의 불신앙과 임마누엘(7:1-25)

H. 이사야와 그의 자녀들(8:1-22)

I. 평강의 왕: 메시아(9:1-7)

J. 이스라엘에 대한 진노(9:8-10:4)

K. 주님의 도구 앗수르(10:5-11:16)

L. 구원에 대한 감사 찬송(12:1-6)

II. 열방에 대한 심판(13:1-23:18)

A. 바벨론에 대한 심판 예언(13:1-14:23)

B. 앗수르와 블레셋에 대한 예언(14:24-32)

C. 모압에 대한 예언(15:1-16:14)

D. 다메섹에 대한 예언(17:1-14)

E. 구스에 대한 예언(18:1-7)

F. 애굽에 대한 예언(19:1-20:6)

G. 바벨론, 두마, 아라비아에 대한 예언(21:1-17)

H. 유다에 대한 예언(22:1-25)

I. 두로와 시돈에 대한 예언(23:1-18)

III. 우주적 심판과 소묵시록(24:1-27:13)

A. 온 땅에 대한 심판(24:1-25:5)

B. 여호와께서 베푸시는 연회(25:6-8)

C. 여호와의 날: 심판과 회복(25:9-27:13)

IV. 여섯 가지의 화(28:1-35:10)

  A. 첫 번째 화: 에브라임의 지도자들(28:1-29)

  B. 두 번째 화: 다윗 성(29:1-14)

  C. 세 번째 화: 계획을 숨기려는 자들(29:15-24)

  D. 네 번째 화: 바로의 세력을 의지하려는 자들(30:1-33)

  E. 다섯 번째 화: 애굽을 의지하는 자들(31:1-9)

  F. 의로운 왕의 통치(32:1-20)

  G. 여섯 번째 화: 학대하는 자들(33:1-24)

V. 히스기야 왕과 앗수르 왕(36:1-39:8)

  A. 앗수르 왕 산헤립의 위협(36:1-22)

  B. 히스기야 왕의 요청과 이사야의 말(37:1-38)

  C. 히스기야의 질병과 하나님의 치유(38:1-22)

  D. 히스기야의 교만과 하나님의 책망(39:1-8)

VI. 하나님의 구원 대행자(40:1-48:22)

  A. 내 백성을 위로하라(40:1-31)

  B. 여호와의 종을 통한 사역(41:1-45:25)

    a. 이스라엘(41:1-29)

    b. 이상적 이스라엘, 완고한 이스라엘(42:1-25)

    c. 여호와의 구원 약속(43:1-44:23)

    d. 고레스를 통한 사역(44:24-45:25)

  C. 바벨론과 그 우상에 대한 심판(46:1-47:15)

  D. 새 일을 약속하신 여호와(48:1-22)

VII. 시온의 회복(49:1-55:13)

A. 고난의 종의 사역과 신원(49:1-26)

　B. 고난의 종의 사역과 신원(50:1-11)

　C. 가까운 하나님의 구원(51:1-52:12)

　D. 고난의 종(52:13-53:12)

　E. 시온의 회복(54:1-17)

　F. 잔치로 초대(55:1-13)

VIII. 종들의 신원과 악인들의 심판(56:1-66:24)

　A. 종들과 악인들: 우상숭배, 안식일(56:1-58:14)

　B. 죄, 고백, 하나님의 주동적 구원(59:1-24)

　C. 시온이 회복(60:1-22)

　E. 신원의 날 선포(61:1-63:6)

　F. 종들의 기도와 하나님의 응답(63:7-66:24)

5. 신학적 내용

이사야서에는 중요한 신학적 주제들이 많이 담겨있다. 하나님의 성품과 사역, 메시아 예언, 인간의 죄와 구원 등 심오한 신학적 내용들이 곳곳에 보석처럼 박혀 있다. 이사야 선지자는 하나님의 말씀을 자신의 시대 상황 속에 적절하게 적용하면서 메시지를 전했다.

1) 하나님의 인격과 사역

이사야서는 하나님의 다양한 성품에 대해 소개한다. 첫째, 하나님은 이스라엘의 거룩하신 분이시다. 이사야 선지자는 예루살렘의 죄를 지적하면서 백성들이 이스라엘의 거룩하신 이를 가볍게 여기고 멀리했다고 책망한다(1:4). 또한 선지자는 환상 가운데 여호와의 거룩하심을 찬양하는 그룹 천사들을 목격하였다(6:3). 하나님의 거룩하심은 이사야서 전체에 걸쳐 소개되는 하나님의 성품이다. 하나님은 거룩하시기에 자기 백성들의 불의함과 죄악을 심판하시고 회개하는 자들은 회복시키신다. 둘째, 하나님은 초월적인 절대주권자이시다. 이사야는 환상 가운데 하늘 보좌에 앉아 계시는 주님을 목격하였다(6:1; 33:22). 하나님은 열방과 온 우주 만물을 지으신 창조주이시며 절대주권자이시다. 그는 피조 세계와 구분될 뿐만 아니라 그로부터 어떤 영향도 받지 않으신다. 하나님은 이스라엘의 왕이시며 처음이요 마지막이시다(44:6). 그 외에는 다른 신은 없다. 하나님은 장차 일어날 일들을 미리 말씀하실 수 있는 전지전능하신 분이시며 역사의 주관자이시다. 셋째, 하나님은 우리와 함께하시는 임마누엘의 주님이시다(7:14). 선지자는 초월적인 하나님과 더불어 우리 가운데 거하시는 하나님을 소개한다. 유다 백성들이 앗수르의 위협이나 바벨론 포로 가운데서도 두려워하지 말 것은 하나님께서 함께하시기 때문이다. 하나님은 마음에 통회하고 겸손한 자와 함께하신다(57:15). 하나님의 백성들의 회복은 죄 사함과 그분의 임재에서 시작된다(4:4-6).

2) 메시아

이사야서는 메시아 예언에 대한 보고이다. 이사야서 초반부부터 장차 오실 메시아는 중요한 인물로 소개된다. 주전 8세기 아하스 왕의 불신앙을 통해 이 땅의 다윗 왕조 혈통의 왕에게는 소망이 없음이 확인되었다. 따라서 이사야는 이 땅의 왕이 아닌 장차 왕으로 오실 메시아를 구원의 소망으로 소개한다. 메시아는 "임마누엘"이며(7:14), 한 아기로 태어나실 분으로 "기묘자, 모사, 전능하신 하나님, 영존하신 아버지, 평강의 왕"으로 오시는 분이시다(9:6). 그는 다윗의 왕좌에 군림하시고 "이새의 뿌리에서 나온 한 싹"이며(11:1), "만민의 깃발"(11:10)로 소개된다. 메시아는 다윗의 보좌에 앉아 충실함으로 판결하며 정의를 구하며 공의를 행하시는 분이다(16:5). 그는 공의와 정의로 통치하시는 분이며(32:1), 열방에 정의를 베푸신다(42:1). 이사야서가 소개하는 메시아의 독특한 점은 그가 고난의 종으로 오신다는 것이다. 그는 찔리고, 상하고, 사람들에게 오해를 받고 미움을 당한다(49-53장). 그의 고난과 죽음으로 백성들을 의롭게 한다. 그는 성령의 능력으로 말씀을 선포하고 백성들을 치유하고 회복시키는 구원자시다(61:1-3). 이사야서는 메시아를 왕이면서 동시에 종의 모습으로 소개한다.

3) 죄

이사야서는 하나님의 구원과 회복의 대서사시이다. 이사야서에서 나타난 하나님의 구원은 이스라엘 백성들의 현실적인 위기와 그들의 죄악으로부터 구원이다. 그런데 백성들의 위기의 출발점은 그들의 죄이다. 죄는 특별히 하나님을 거역하고 배반하는 것이다.[8] 하나님은 이스라엘 백성들을 양육하신 아버지이신데 백성들은 하나님을 거

---

[8] John Oswalt, *The Book of Isaiah: Chapter 1-39* (Grand Rapids: Eerdmans, 1986), 38.

역하였다(1:2). 그들의 행위가 부패하여 여호와를 버리며 만홀히 여겼다(1:4). 죄악은 또한 자기 자신을 하나님보다 높이는 교만이다. 유다의 아하스 왕이나 히스기야 왕도 결국 자신의 교만으로 인해 이사야의 책망을 받았다(7:1-25; 39:1-8). 열방들이 심판을 받는 이유도 그들의 교만 때문이다. 특히 바벨론은 "내가 하늘에 올라 하나님의 뭇 별 위에 내 자리를 높이리라", "가장 높은 구름에 올라가 지극히 높은 이와 같아지리라"고 속으로 중얼거렸다(14:13, 14). 이사야는 교만한 에브라임의 면류관이 발에 밟힐 것을 선언하였고(28:3), 하나님의 도구인 앗수르가 교만에 빠진 것을 보고 그들에게도 화를 선포했다(10:5-19; 33:1-6). 이스라엘과 열방의 죄 문제는 이사야 53장의 고난의 종을 통해 해결이 된다. 고난의 종은 백성들의 죄와 허물을 대신하여 고난을 받고 그들을 의롭게 한다(53:4-6). 그의 속죄사역은 이스라엘 뿐만 아니라 열방에도 영향을 미친다(52:15).

4) 남은 자

이사야서의 남은 자(the remnant) 사상은 하나님의 거룩하심으로 인한 죄의 심판과 은혜의 약속 사이에 조화를 이루게 한다.[9] 하나님은 거룩함과 공의의 성품을 가지셨기에 죄에 대해서는 반드시 심판하신다. 그러나 그 심판의 와중에서도 하나님의 은혜를 입어 구원을 경험하는 자들도 있다. 남은 자는 하나님의 심판 가운데 은혜로 택함을 받아 살아남은 자들이다. 그래서 남은 자 사상은 하나님의 심판

---

[9] 레이몬드 딜러드·트렘퍼 롱맨, 『최신구약개론』, 418.

과 은혜의 양면을 모두 보여 준다. 이사야 선지자는 그의 아들 중 하나의 이름을 "스알야숩"이라고 지었고 그 뜻은 '남은 자가 돌아오리라'이다(7:3). 이 아들의 이름은 이스라엘 가운데 징조와 예표로 기능한다(8:18). 하나님께서 앗수르의 손에서 자신의 백성들을 회복하실 때 여호와를 진실하게 의지하는 자들은 그에게로 돌아오게 될 것이다(10:20, 21). 하나님은 앗수르에서 남은 자들을 위하여 큰 길을 마련하실 것이다(11:16). 비록 하나님의 심판이 강렬하여 백성들이 이방 땅에 끌려갔어도 십분의 일은 돌아오게 된다. 마치 밤나무와 상수리나무가 베임을 당해도 그 그루터기에서 새싹이 나오듯이 거룩한 씨가 이 땅의 남은 자들이다(6:13). 감람나무 꼭대기에 과일 두세 개가 남은 것 같이 남은 자들은 자기를 지으신 이를 바라보게 된다(17:6, 7). 이들은 하나님을 배반하지 않고 끝까지 신뢰한 자들이다. 신실한 자들은 하나님의 성품과 계획을 알기에 환란과 고난의 위기 가운데 오히려 하나님을 신뢰하게 된다. 이들은 진실하게 하나님께 회개하는 자들이며(57:15), 여호와의 말씀을 인하여 떠는 자들이고(66:2), 장차 새 하늘과 새 땅을 유업으로 받을 자들이다(65:17-25).

6. 신약과의 관계

이사야서는 시편 다음으로 신약에서 가장 많이 인용된 구약의 책이다. 신약의 저자들은 자신의 시대에 일어난 사건들을 해석하고 설명할 때 이사야서 본문의 내용들을 자주 인용했다. 이는 신약의 저자들이 신약 성경을 기록할 때 이사야서의 메시지에 의존하고 있다는 점을 말해 준다. 특히 신약의 저자들은 예수 그리스도와 관련하여 이사야서를 많이 인용하였다. 이사야 선지자는 임마누엘로 오실 메시아의 탄생에 대해 예언했고(사 7:14; 8:6, 7; 마 1:23), 예수 그리스도께서 다윗의 후손으로 오실 것을 바라보았다(사 11:1, 10; 롬 15:12). 예수께서 스블론과 납달리 지경 해변에 있는 가버나움에 거주하셨는데 이는 이사야 선지자의 말씀을 이루려 함이었다(사 9:1, 2; 마 4:15, 16). 예수께서 안식일에 회당에서 이사야 선지자의 글을 읽으시면서 성령으로 사역하는 자에 대한 예언이 자신이심을 선언하셨다(사 61:1-3; 눅 4:14-21). 이사야 선지자의 종에 대한 메시지는 예수 그리스도의 사역과 연결된다. 마태는 "상한 갈대를 꺾지 아니하며 꺼져가는 등불을 끄지 아니하는" 여호와의 종의 모습을 예수 그리스도에게 적용시켰다(사 42:1-4; 마 12:18, 19). 또한 이사야 53장의 고난 받는 종의 모습은 예수 그리스도의 고난과 동일시되었다. 고난의 종 예수 그리스도는 배척을 당하셨고(사 53:1; 요 12:38; 롬 10:16), 우리의 질고를 담당하셨다(사 53:4; 마 8:7; 벧전 2:24). 빌립 집사는 에티오피아 내시에게 이사야 53장의 "도살장으로 끌려가는 어린 양"과 "굴욕당하는 고난의 종"의 모습으로 시작하여 예수 그리스도의 복음을 가르쳤다(사 53:7, 8; 행 8:32, 33). 요한은 이사야 선지자가 소명을 받았을 때 본 하나님의 영광은 예수 그리스도의 영광을 가리켜 말한 것이라고 했다(사 6:1-3; 요 12:41).

사도 바울은 하나님의 주권과 구원을 말하면서 이사야서의 토기장이(사 29:16; 45:9; 롬 9:20), 남은 자(사 6:13; 10:22; 롬 9:29), 거치는 바위(사 28:16; 롬 9:33)와 같은 비유 구절들을 인용하였다. 예수 그리스도를 통해 이방이 하나님의 백성으로 편입될 것도 이사야서를 통해 말했다(사 11:10; 롬 15:12). 또한 잉태하지 못한 여인의 자녀가 많아지게 될 것이란 선지자의 예언의 말씀을 인용하며 사라가 진정한 언약의 후손의 어머니이며 천상의 예루살렘을 예표한다고 언급했다(사 54:1; 갈 4:27). 바벨론에서 귀환하는 백성들을 위해 광야에 길을 예비하라고 외치는 자의 소리는 하나님의 영광의 임재를 준비하라는 세례 요한의 사역에 적용되었다(사 40:3; 마 3:3; 막 1:3; 눅 3:4-6). 베드로는 이사야가 선포한 하나님 말씀의 영원함을 인용하며 복음의 영원성을 강조하였다(사 40:6-8; 벧전 1:24, 25). 또한 베드로는 이사야 선지자가 바라본 새 하늘과 새 땅의 환상을 신약의 성도들도 동일하게 바라본다고 강조했다(사 65:17; 벧후 3:13).

비록 직접적인 인용은 아니더라도 신약의 저자들은 이사야서에 나타난 주제나 이미지들을 사용하기도 했다. 바벨론은 유다 예루살렘을 멸망시키고 백성들을 포로로 끌고 간 대표적인 원수 나라이다. 이사야 선지자는 바벨론에 대한 심판을 선언하였고(사 13:1-14:23) 요한계시록은 바벨론을 하나님의 백성을 미혹하게 하는 음녀의 이미지로 소개하면서 그의 멸망을 소개하고 있다(계 17, 18장). 좋은 소식을 전하는 아름다운 발(사 52:7; 롬 10:15), 종말의 때에 우주의 대격변(사 13:10; 24:1, 23; 마 24:29; 막 13:24, 25), 지옥의 꺼지지 않는 불(사 66:24; 막 9:48)과 같은 이미지들도 사용했다. 위에 소개한 내용 이외에도 많은 구절들이 신약 성경에서 인용 및 암시가 되고 있다.

> **용어 해설**
>
> 암시(allusion): 문구, 개념, 의도 등을 간접적으로 나타내는 표현법
> 신탁(oracle): 하나님께서 선지자에게 주신 메시지
> 신원(recompence): 하나님께서 갚아주신다.

내용 요약

1. 이사야서는 신구약 성경의 압축이라 할 정도로 창조, 타락, 구속, 종말에 이르는 광범위한 신학적 메시지를 제공한다.
2. 이사야서는 시편 다음으로 신약에서 가장 많이 인용된 구약의 책이다.
3. 이사야 선지자가 전하길 원하는 하나님의 구원의 속성은 두 가지, 신원과 심판이다.
4. 이사야서에는 하나님의 성품과 사역, 메시아 예언, 인간의 죄와 구원 등 심오한 신학적 내용들이 곳곳에 보석처럼 박혀있다.

7. 현대인을 위한 적용

이사야서는 장엄한 문학적 아름다움과 심오한 신학적 깊이로 오늘날 불확실성과 혼돈 속에서 살아가는 현대인에게도 강력한 울림을 선사한다. 첫째, 전능하신 구원자 하나님은 불확실성 속 희망의 근거가 된다. 이사야 선지자는 총체적 위기 속에서 백성들이 의지해야 할 분은 오직 창조주이시며 역사의 주관자이신 하나님뿐임을 강조한다. 오늘날 우리는 전례 없는 팬데믹, 경제 불안, 기후 위기, 그리고 급변하는 기술 발전 속에서 미래에 대한 불확실성과 무력감을 느낀다. 그러나 인간의 노력이나 세상의 권력이 줄 수 없는 진정한 평안과 소망은 오직 하나님의 절대 주권과 구원 능력을 신뢰할 때 얻을 수 있다. 현대인은 눈에 보이는 강대국이나 물질적 풍요가 아닌, 보이지 않으나 모든 것을 주관하시는 하나님께 대한 온전한 신뢰를 회복해야 한다. 둘째, 죄에 대한 정직한 직면과 회개가 진정한 회복의 시작이다. 이사야서는 이스라엘의 불순종과 교만이 하나님의 심판을 자초했음을 끊임없이 지적한다. 하나님을 거역하고 자신을 높이는 죄악은 개인과 공동체의 모든 비극의 근원이 된다. 그러나 이사야서는 우리의 고통이 단순히 외부 요인 때문이 아니라, 하나님과의 관계에서 비롯된 죄로부터 시작될 수 있음을 직시하도록 한다. '거룩하신 하나님' 앞에서 우리 자신의 죄와 교만을 직면하고 끊임없이 회개하며 하나님의 긍휼을 구하는 삶이 개인과 공동체가 영적으로 회복되는 유일한 길이다. 셋째, 고난의 종 예수를 통한 구원이다. 고난의 종은 자신의 백성들의 죄와 허물을 대신하여 찔리고 상하며, 결국 죽음에 이르러 많은 사람을 의롭게 한다(53장). 현대인은 삶의 고통과 죽음 앞에서 좌절하고 의미를 찾지 못하는 경우가 많다. 이사야서는 우리의 고난이 무의미한 것이 아니라, 죄로 인한 고통을 대속하신 예수 그리스도의 고난과 연결될 때 새로운 의미를 찾을 수 있다. 현대 교회가 선포해야 할 가장 강력한 메시지는 바로 예수 그리스도 안에서 주어진 구원과 영원한 소망이다. 이사야서는 단순한 고대 예언서가 아니라, 죄악된 인간을 구원하시고 회복시키시며, 궁극적으로 새 창조를 이루실 하나님의 변함없는 사랑과 능력을 보여 주는 살아 있는 말씀이다.

8. 깊은 연구를 위한 질문

1) 이사야 선지자가 사역을 했던 시대의 유다의 정치, 사회, 종교적 상황은 어떠했는가?

2) 이사야서가 통일성을 가진 한 권의 책임을 어떻게 논증할 수 있는가?

3) 이사야서에서 메시아에 관해 증언하는 본문들은 무엇인가?

4) 이사야 40-55장에 나타나는 종은 어떤 기능을 하는가?

5) 이사야서를 인용하는 신약의 본문들은 무엇인가?

9. 심화학습을 위한 독서 목록

게리 스미스. 『이사야 1』. NAC. 권대영 역. 서울: 부흥과개혁사, 2019.
브리이언 E. 베이어. 『이사야서의 역사적 신학적 강해』. 곽철호, 류근상 역. 고양: 크리스챤, 2009.
알렉 모티어. 『이사야 주석』. 박문재 역. 서울: 솔로몬, 2018.
에즈워드 J. 영. 『이사야서 주석 I, II, III』. 정일오, 장도선, 조휘 역. 서울: CLC, 2008.
존 오스왈트. 『이사야 I, II』. NICOT. 이용중 역. 서울: 부흥과개혁사, 2016.
Childs, B. S. *Isaiah*. Philadelphia: Westminster John Knox Press, 2001.

예레미야

1. 목적

예레미야서는 대선지서 가운데 두 번째에 위치하고 선지서들 가운데 본문이 가장 긴 책이다. 이 책의 이름은 선지자 예레미야의 이름을 그대로 사용한 것이며 뜻은 "여호와께서 높이신다"이다. 예레미야서의 영어 이름은 Jeremiah이며 히브리어 성경의 이름은 "이르메야후"(irmᵉyahu)이다. 이 책은 남유다 역사에서 가장 혼란한 시대에 제사장 힐기야의 아들 예레미야 선지자를 통해 기록된 책이다. 예레미야 선지자는 이사야 선지자보다 약 1세기 후인 요시야 13년(주전 627년)에 소명을 받았고 예루살렘 함락 직후까지 약 40년 동안 사역하였다. 이 기간 동안에 유다 백성들은 3차에 걸쳐 바벨론에 포로로 끌려가는 비극적 일들을 경험해야 했다(주전 605, 597, 586년). 이러한 상황 속에서 예레미야서는 다음과 같은 목적으로 기록되었다.

첫째, 언약을 어기고 죄에 빠진 유다 백성들을 주님께 돌이키도록 하기 위함이다. 예레미야서의 핵심적인 메시지 가운데 하나는 하나님과 반역하는 이스라엘과의 관계성이다. 유다 백성들은 하나님과 언약을 맺은 신부이다. 그들은 초창기에 광야에서 신혼의 때의 사랑으로 하나님을 잘 따랐으나(2:2-3), 예레미야 시대에 와서는 하나님을 버리고 다른 신들을 숭배하였다(2:9-25). 이러한 모습을 바라보면서 예레미야 선지자는 "내게로 돌아오라"라는 여호와의 메시지를 전달한다(3:1-10, 22; 4:1-4). 그들이 만약 하나님께로 돌아오면 하나님께서 고치시겠다고 약속하신다.

둘째, 유다 백성들이 왜 바벨론에 포로가 되었는지를 설명해 주기 위함이다. 하나님의 언약 백성들이 이방인에 의해 이방 땅으로 포로로 끌려가는 것은 치욕적인 사건이었다. 무엇보다 예루살렘 성전이 불에 탄 것은 유다 백성들에게 충격적인 일이었다. 그러나 이러한 일들은 선지자에 의해 미리 경고되었다. 선지자는 북방 민족이 침공해 오는 소리를 들었고 환상을 보았다(1:14, 15; 5:15; 6:22). 백성들이 언약에 신실하지 못하였고 하나님의 말씀을 거부했기 때문이다. 예레미야 39장은 예루살렘 성전 파괴에 대해 기록하고 있으며 예레미야 34-38장은 성전이 파괴되기 전의 상황을 그리고 있다. 특별히 여호야김 왕은 두루마리 책을 칼로 자르고 불살랐고 고관들은 예레미야를 감옥에 가두어 하나님의 말씀을 경멸하였다. 예레미야의 경고의 말씀을 들은 유다 백성들은 전혀 반응이 없었고 오히려 완고하여 목을 곧게 하였다. 이러한 태도는 유다 땅에 재앙을 불러왔다.

셋째, 하나님의 진노 가운데서도 회복과 소망의 메시지를 전하기 위해 기록되었다. 예레미야 선지자는 백성들의 죄를 지적하며 하나님의 진노와 재앙이 다가오고 있음을 눈물로 선포하였다. 예레미야서는 전체적으로 죄 고발과 심판에 관한 메시지가 주를 이루나 예레미야 30-33장은 그 가운데서도 회복과 소망의 메시지를 담고 있다. 예레미야 30-33장은 위로의 책(the Book of Consolation)이라고 한다. 이 장에서는 하나님의 구속사에서 결정적인 새 언약을 소개한다. 유다 역사에서 가장 암흑기에 가장 희망적인 새 언약이 주어진다. 예레미야서는 다윗의 후손으로 오시는 메시아를 통해 온전한 회복과 소망의 새 시대가 열릴 것을 말한다. 넷째, 하나님은 열방의 통치자이시며 온 세상을 주관하시는 절대주권자이심을 선포하기 위해 기록되었다. 예레미야 46-51장은 열방에 대한 메시지를 전한다. 애굽, 블레셋, 모압, 암몬, 에돔, 다메섹, 바벨론 등 주변 국가들에 대한 하나님의 심판이 선언된다. 이들에게 하나님의 진노가 임하는 이유는 하나님을 대적하는 교만 때문이다. 특히 바벨론은 하나님의 백성들과 성전을 무자비하게 짓밟은 악행으로 심판을 받게 된다. 바벨론은 단지 하나님의 도구일 뿐이다. 그는 하나님의 심판의 도구로 사용된 후에 최종적으로 심판을 받게 된다. 이처럼 하나님은 온 열방을 다스리신다.

2. 저자

예레미야서는 이스라엘 역사에 있어서 가장 혼돈과 격변의 시기에 사역한 예레미야 선지자의 메시지를 기록한 책이다. 예레미야는 제사장 힐기야의 아들이며 베냐민 땅 아나돗 출신이다(1:1). 아나돗은 예루살렘에서 북동쪽으로 약 5km정도 떨어진 지역이며 여호수아가 레위인들에게 준 48개의 성읍들 가운데 하나이다. 아나돗 땅은 봄철에 가장 먼저 싹을 내는 아몬드 나무(한국어 성경에는 살구나무)가 많이 자라는 지역으로 알려져 있다. 예레미야는 요시야 왕 13년에 소명을 받고 요시야 왕의 종교개혁에 함께 동참했던 선지자이다(1:2). 그리고 약 20년 이상을 사역한 후인 주전 605년에 하나님은 예레미야 선지자에게 그동안 선포했던 말씀을 기록하라고 명하셨다.

유다 요시야 왕의 아들 여호야김 제 사년에 여호와께로부터 예레미야에게 말씀이 임하니라 이르시되 너는 두루마리 책을 가져다가 내가 네게 말하던 날 곧 요시야의 날부터 오늘까지 이스라엘과 유다와 모든 나라에 대하여 내가 네게 일러 준 모든 말을 거기에 기록하라(36:1, 2).

예레미야 선지자는 하나님의 명령을 받은 후 네리야의 아들 바룩을 불러 자신이 불러 주는 대로 여호와께서 그에게 하신 말씀을 받아 적게 했다(36:4). 바룩에 의해 기록된 두루마리 책은 여호야김 왕 앞에서 낭독이 되었으나 왕은 그 두루마리를 칼로 베어 화로불에 던져서 모두 태워버렸다(36:23). 그러나 하나님께서 예레미야에게 다시 기록하라고 말씀하셔서 두 번째 두루마리가 만들어졌다(36:28, 32). 두 번째 것은 첫 번째 두루마리보다 좀 더 많은 예언의 내용이 추가되었다. 예레미야서는 적어도 한두 차례 이상의 확장이나 추가되는 과정들을 거쳐 오늘날 우리가 읽고 있는 본문으로 전해지게 되었다. 예레미야 51:64은 "예레미야의 말이 이에 끝나니라"로 마무리가 되고 있으나 52장이 다시 소개되고 있다. 이는 바룩이나 다른 서기관이 52장을 후에 추가했을 가능성을 말해 주고 있다.

히브리어 맛소라 사본과 칠십인경 사이에는 서로 다른 버전으로 전해지고 있다. 칠십인경 예레미야 사본은 맛소라 사본보다 대략 1/7 정도가 짧다. 무엇보다 가장 두드러진 차이점은 맛소라 사본에는 열방신탁이 46장부터 51장까지 소개되나 칠십인경에서는 25장 13절 이후에 등장한다. 또한 열방신탁에 나오는 국가들의 목록 순서도 서로 다르다. 비록 둘 사이의 차이점에도 불구하고 두 사본이 전하는 메시

지는 동일하다.[1]

3. 예레미야의 삶과 사역

예레미야 선지자는 므낫세 왕의 통치 말기에 출생하여 그의 나이 16-18세 정도의 소년의 때에 선지자로 부름을 받았다(렘 1:4-6). 그는 하나님 백성들의 삶이 가장 힘들고 어려운 격동의 시기에 살았다. 그는 당시 타락한 정치, 종교 지도자들과 거짓 선지자들을 향해 하나님의 바른 말씀을 전하였다. 그가 전한 메시지로 인해 지도자들과 심지어 고향 사람들에게 오해, 미움, 배척을 당하며 사역을 하였다. 그는 자신을 택하시고 사명을 주신 절대 주권자 하나님의 뜻과 현실 가운데 찾아오는 핍박과 고난 사이에서 자신에게 주어진 소명과 사역에 대한 의구심을 가지며 내적 갈등을 겪었다. 예레미야는 다른 어떤 선지자들보다 자신의 감정을 여과 없이 고백하고 표현한 자이다. 그는 개인적으로 탄식하며 하나님의 신원하심을 구했고 자신을 배척하는 자들에 대해서는 하나님의 공의로운 심판을 요청했다.[2] 그는 핍박 가운데 낙심되어 하나님의 말씀을 전하지 않겠다고 결심을 했으나 그의 마음이 사명에 불붙듯 하여서 견딜 수 없을 정도가 되었다(20:9). 또한 예레미야는 사역을 감당하면서 많은 눈물을 흘렸다. 그는 백성들이

---

1 B. S. Childs, *Introduction to the Old Testament as Scripture* (Philadelphia: Fortress, 1979), 353.
2 예레미야의 개인적인 탄식은 렘 11:18-12:6; 15:10-21; 17:12-18; 18:18-23; 20:7-18에서 소개가 된다.

반역과 죄로 인하여 바벨론에 사로잡혀 가서 심판 받을 생각을 하면 눈물을 흘리지 않을 수 없었다(9:1, 18; 13:17; 14:17). 그는 백성의 아픔을 자신의 아픔처럼 여기며 진실하게 사역을 감당한 사역자였다. 예레미야는 마치 모세처럼 하나님을 거역한 백성들을 위해 눈물로 기도했다. 백성들을 위한 기도는 참 선지자의 증표이기도 하다(출 32:32; 사 53:12). 하나님은 고난받고 외로운 예레미야 선지자에게 결혼을 하지 말라고 명하셨다(16:1-3). 유다 땅에서 죽음과 포로로 인해 많은 사람들에게 이별이 찾아올 것이기 때문에 독신을 명하신 것이다. 예레미야에게 내려진 독신 생활 명령은 하나님께서 자기 백성을 심판하시려는 결정이 돌이킬 수 없는 것임을 보여 주는 신호였다(16:1-4). 예레미야의 40년에 걸친 사역 기간 동안 많은 열매는 없었다. 오히려 그가 전한 말씀대로 예루살렘 성전은 파괴되고 백성들은 포로로 끌려가게 되었다. 그는 자신이 선포한 메시지에 따라 유다 역사에서 가장 비극적인 모습을 목격한 선지자가 된 것이다. 예레미야에게는 영광의 날들보다는 슬픔과 고난의 날들이 더 많았다. 하지만 그는 끝까지 하나님 편에 서서 사명에 신실한 삶을 살았던 참선지자였다.

4. 역사적 배경

예레미야 선지자는 요시야 왕 13년인 주전 627년에 선지자로 부름을 받았다. 이 시기는 앗수르의 마지막 왕인 앗슈르-바니팔(Asshur-Banipal)이 죽고 바벨론의 나보-폴라사르(Nabo-polassar)가 독립을 주장하기 시작한 시기이다. 이때는 고대 근동의 패권이 앗수르에서 바벨론으로 이동하는 국제 정세의 지각 변동을 바라보는 상황이었다. 결국 바벨론은 주전 625년경 앗수르로부터 독립을 쟁취했고 주전 612년에는 니느웨를 함락하면서 고대 근동 지역의 새로운 주인으로 등장했다. 유다 왕 요시야는 앗수르로부터 독립하여 유다를 새롭게 이끌고 갈 준비를 해왔고 므낫세에 의해 더럽혀진 온 나라를 정화하고자 종교개혁을 단행했다(왕상 22-23장; 대하 34-35장). 종교개혁이 진행되는 동안 성전에서 율법책이 발견되어 더욱 힘을 얻게 되었고 이러한 상황 속에서 예레미야, 스바냐 선지자는 종교개혁을 전적으로 지지하고 도왔다. 그러나 요시야의 개혁은 일시적이었고 피상적인 수준에 머물러 백성들의 삶에 진정한 변화를 이끌어 낼 수 없었다. 예레미야는 내적인 변화가 없는 외적인 개혁의 한계를 깨닫고 백성들이 마음으로 하나님께 돌이킬 것을 강하게 권고했다. 그럼에도 불구하고 백성들은 거짓 평안과 잘못된 성전 신학 사상에 도취되어 하나님께서 성전과 국가를 보호해 주실 것이라고 굳게 믿었다. 그러던 중 요시야 왕은 므깃도 전투에서 전사했고 이는 백성들에게 큰 충격을 안겨다 주었다(주전 609년). 바벨론은 갈그미스 전투에서 하란에 있는 앗수르의 망명 정부를 도우려고 올라온 애굽 군대를 물리쳤고 이로 인해 유다는 물론 그 주변의 나라들도 바벨론의 지배하에 들어가게 되었다. 국제정세가 이렇게 요동치는 상황 속에서도 유다 백성들은 생수의 근원이 되시는 하나님을 버리고(2:13), 그들의 마음에는 하나님을 경외함이 전혀 없었다(2:19). 예루살렘 길거리에는 의인 한 사람이 없었고 성전은 타락하여 도적의 굴혈이 되어 가고 있었다(7:4-6; 8:10-12). 예레미야 시대의 주요 사건들을 정리하면 다음과 같다.[3]

---

3 참조. 유진 H. 메릴, 마크 F. 루커, 마이클 A. 그리산티, 『현대인을 위한 구약개론』, 608.

주전 640년	요시야가 유다 왕이 됨
주전 627년	예레미야가 선지자로 부름 받음
주전 622년	요시야의 종교개혁
주전 609년	므깃도 전쟁에서 요시야의 죽음
	여호아하스가 3년 동안 다스림
주전 608년	여호야김이 왕으로 세워짐
주전 605년	바벨론이 갈그미스 전투에서 애굽에 승리
	여호야김이 예레미야 선지자의 두루마리를 불태움
주전 598년	느부갓네살이 예루살렘을 공격함
	바벨론 2차 포로
	여호야김의 죽음
	여호야긴이 왕이 됨. 바벨론으로 사로잡혀 감
	시드기야가 바벨론에 의해 왕으로 세워짐
주전 588년	예레미야가 시드기야에 의해 투옥됨
주전 586년	예루살렘 함락
	그달랴가 유다의 총독으로 지명됨
주전 582년	그달랴가 살해당함
	예레미야가 애굽으로 끌려 감

표 19 예레미야 시대 주요 사건들

4. 예레미야서 구조

예레미야서는 구약의 가장 긴 책으로 산문체와 함께 대부분은 시적인 형식으로 기록되었다. 이 책은 이사야서 못지않게 다양한 문학적 형식과 기교를 보여 준다. "칼과 기근과 전염병"과 같은 효과적인 반복법, 법정 소송 용어(2:5-9, 10-13), 다양한 환상 보고, 상징적 행동, 탄식과 같은 것들을 포함하고 있다.[4] 예레미야서의 구조는 연대기적 순서로 배열된 것이 아니어서 구조에 대해서는 다양한 견해들이 있으나 주제적 강조점에 따라 다음과 같은 구조를 제시할 수 있을 것이다.

I. 예레미야의 소명(1:1-19)

    A. 역사적 배경(1:1-3)

    B. 예레미야의 소명(1:4-10)

    C. 예레미야의 환상: 살구나무, 끓는 가마(1:11-19)

II. 유다의 상태(2:1-20:18)

    A. 실패한 결혼(2:1-3:5)

    B. 부정한 두 자매(3:6-4:4)

    C. 북방에서 오는 재앙(4:5-6:30)

    D. 성전 설교(7:1-10:25)

        a. 무가치한 거짓 종교(7:1-29)

        b. 살육의 골짜기(7:30-8:3)

        c. 죄와 형벌(8:4-9:26)

        d. 하나님과 우상(10:1-16)

---

[4] 환상 보고에는 살구나무(1:11-12), 끓는 가마(1:13-19), 베 띠(13:1-7), 무화과 광주리(24:1-10) 등이 있고, 상징적 행동에는 아나돗의 밭을 사는 행위(32:6-44), 쇠 멍에(27:1-28:17), 토기장이(18:1-12), 책을 강에 던지는 행위(51:59-64) 등이 있다.

            e. 백성의 탄식(10:17-22)

            f. 예레미야의 기도(10:23-25)

    E. 깨어진 언약(11:1-17)

    F. 예레미야의 탄식 1(11:18-12:17)

    G. 베띠와 포도주 가죽부대, 교만 경고(13:1-27)

    H. 가뭄, 기근, 칼(14:1-15:9)

    I. 예레미야의 탄식 2(15:10-21)

    J. 재앙의 날(16:1-17:11)

    K. 예레미야의 탄식 3(17:12-18)

    L. 안식일 준수와 토기장이 비유(17:19-18:17)

    M. 예레미야의 탄식 4(18:18-23)

    N. 깨진 옹기(19:1-15)

    O. 바스훌의 핍박과 예레미야의 탄식 5(20:1-18)

III. 지도자들의 상태(21:1-29:32)

    A. 시드기야의 기도 요청(21:1-14)

    B. 유다 왕의 집에 대한 말씀: 살룸, 여호야김, 여호야긴(22:1-30)

    C. 의로운 가지(23:1-8)

    D. 거짓 선지자들에 대한 말씀(23:9-40)

    E. 좋은 무화과 나무와 나쁜 무화과 나무(24:1-10)

    F. 70년간 바벨론 포로 생활(25:1-14)

    G. 주님의 진노의 술잔(25:15-38)

    H. 성전 뜰 설교와 위협 받는 예레미야(26:1-24)

    I. 거짓 선지자들과 대결(27:1-28:17)

    J. 포로들에게 보내는 편지(29:1-32)

IV. 위로의 책(30:1-33:26)

    A. 이스라엘의 귀환(30:1-24)

    B. 라헬의 눈물, 새 언약(31:1-40)

    C. 아나돗 밭을 구입(32:1-44)

    D. 회복의 약속: 다윗 언약(33:1-26)

V. 예루살렘 파괴 전후의 사건들(34:1-45:5)

    A. 예루살렘 파괴 전의 사건들(34:1-38:28)

        a. 시드기야의 언약 파기: 노비 해방(34:1-22)

        b. 레갑 사람들(35:1-19)

        c. 두루마리 책을 태운 여호야김(36:1-32)

        d. 시드기야 왕의 기도 요청: 옥에 갇힌 예레미야(37:1-21)

        e. 시드기야의 질문과 예레미야의 대답(38:1-28)

    B. 예루살렘 파괴(39:1-18)

    C. 예루살렘 파괴 후의 사건들(40:1-45:5)

        a. 예레미야 석방(40:1-6)

        b. 그달랴 살해 음모와 죽음(40:7-41:18)

        c. 예레미야에 대한 기도 요청과 응답(42:1-22)

        d. 애굽으로 내려가는 백성들(43:1-13)

        e. 애굽의 유다 사람들에게 하신 말씀(44:1-30)

        f. 바룩을 위한 말씀(45:1-5)

VI. 하나님의 구원 대행자(46:1-51:64)

    A. 애굽에 관한 말씀(46:1-28)

    B. 블레셋에 관한 말씀(47:1-7)

    C. 모압에 관한 말씀(48:1-47)

    D. 암몬, 에돔, 다메섹, 게달과 하솔, 엘람(49:1-39)

    E. 바벨론의 심판과 멸망(50:1-46)

    F. 바벨론에 대한 여호와의 말씀(51:1-64)

VII. 첨부: 예루살렘 멸망과 그 이후(52:1-34)

    A. 시드기야의 최후와 예루살렘 파괴(52:1-30)

    B. 여호야긴 석방(52:31-34)

5. 신학적 내용

예레미야서는 예레미야의 눈물의 사역과 하나님과의 역동적 관계를 기반으로 기록되었다. 선지자는 하나님의 말씀을 전하다가 절망적 상황에 빠지기도 했으나 가장 큰 소망을 주는 회복과 새 언약을 선포했다. 예레미야서의 신학적 메시지는 다음과 같다.

1) 예레미야의 하나님

예레미야는 태어나기 전부터 택하심을 입어 온 우주 만물을 다스리시는 하나님의 주권적인 부르심으로 선지자가 되었다. 예레미야 선지자는 하나님께서 모든 피조물에 전적인 주권을 가지신 분임을 말씀을 통해 증거한다. 하나님께서는 생수의 근원이시며(2:13), 천지에 충만하시고(23:24), 이른 비와 늦은 비를 때를 따라 주시며 추수 기한을 정하시는 분이시며(5:24), 칼과 기근과 전염병을 자신의 뜻대로 불러오시는 분(14:12; 21:6; 24:10)이시라고 소개한다. 하나님은 또한 사람들의 마음을 살피시며 각 사람의 행위에 따라 보응하시는 분이다 (17:10). 예레미야 당시 최대강대국인 바벨론의 느브갓네살 왕의 마음도 움직이시는 분이다. 느브갓네살의 강력한 군사력은 하나님으로부터 왔고 그를 불러 유다 땅을 치게 하였다(27:6). 그래서 예레미야서는 느브갓네살을 '하나님의 종'이라고도 한다(27:6; 43:10). 예레미야 선지자는 단지 이스라엘만을 위해 세움을 받은 것이 아니다. 그는 소명을 받을 때부터 열국을 위한 선지자의 사명을 받았다. "보라 내가 오늘 너를 여러 나라와 여러 왕국 위에 세워 네가 그것들을 뽑고 파괴하며 파멸하고 넘어뜨리며 건설하고 심게 하였느니라 하시니라"(1:10). 예레미야 46-51장은 열방을 향한 메시지이며, 하나님의 우주적인 통치에 대해 소개한다. 열방을 향한 하나님의 주권은 토기장이의 집에서 행한 설교에서 분명하게 제시된다(18:1-10). 진흙이 토기장이의 손에 있음같이 열방은 하나님의 절대주권 아래 있다. 예레미야가 경험한 하나님은 거룩하셔서 죄에 대해 철저하게 심판하시는 분이시며 동시에 영원한 사랑과 인자함으로 자신의 백성들을 이끌어 가시는 분이시다(31:3; 33:10-11). 거역한 백성들이 돌아오기를 기다리시며 그들이 회개할 때 긍휼을 베푸시고 노를 한없이 품지 아니하시는 분이다 (3:12; 15:16).

2) 언약 관계

하나님과 이스라엘 백성들 사이의 언약 관계는 예레미야의 메시지의 핵심 기반을 이룬다. 그는 언약 백성으로서 이스라엘 백성들의 위치를 표현하기 위해 다양한 은유적 표현들을 사용한다. 이스라엘은 하나님과 결혼한 신혼부부(2:2), 첫 열매(2:3), 귀한 포도나무(2:21), 하나님은 그들의 남편(3:14), 하나님의 양 떼(13:17), 포도원(12:10), 하나님의 소유(12:7) 등으로 표현된다.[5] 이렇게 다양한 은유적 표현을 사용한 것은 하나님과 이스라엘 백성들 사이의 언약 관계의 풍성함과 소중함을 기술하기 위함이다. 선지자는 백성들이 시내산에서 맺은 언약 관계 속으로 들어와 하나님의 율법에 순종하는 백성들로 살아가도록 촉구했다. 그러나 백성들은 반복해서 죄를 범했고 하나님께 돌아올 수 없는 지경까지 영적으로 어두워졌다. 이스라엘 백성들은 더 이상 하나님의 순결한 신부가 아니었다. 그들은 우상과 행음하고 바알을 따랐으며 성욕에 헐떡이는 암나귀와 같았다(3:1-24). 그래서 하나님은 예레미야 선지자에게 완고한 백성들을 위해 더 이상 기도하지 말라고 하셨다(7:16; 11:14). 하나님과 백성들 사이의 언약 관계의 최대 위기는 새 언약 안에서 반전을 형성한다. 하나님은 이스라엘 백성들이 스스로 언약을 지킬 수 없음을 보시고 그들에게 새 언약을 주신다. 시내산에서 주신 율법은 돌판에 새겼으나 새 언약은 하나님의 계명을 백성들의 마음 판에 새겨 주신다(31:33). 그래서 백성들은 더 이상 하나님의 율법에 대해 가르침을 받을 필요가 없고 본성적으로 율법에 대해 알게 될 것이다(31:34). 새 언약을 주신 하나님은 백성들의 죄악을 용서하시고 그들의 죄를 기억하지도 않으실 것이다(31:34). 예레미야는 하나님의 구속사 안에서 가장 절망적인 상황 속에서 기록이 되었지만 새 언약이라는 새로운 희망의 메시지를 꽃 피운다.

---

5 레이몬드 딜러드·트렘퍼 롱맨, 『최신구약개론』, 451.

3) 거짓 선지자

예레미야 선지자는 유다의 운명에 대해 암울하고 비관적인 메시지를 전했다. 하나님의 언약 백성들은 바벨론에 포로로 끌려가고 심지어 예루살렘 성전은 파괴될 것이라는 충격적인 메시지를 전했다. 선지자는 예루살렘 성전 앞에 서서 "너희는 이것이 여호와의 성전이라, 여호와의 성전이라, 여호와의 성전이라 하는 거짓말을 믿지 말라"고 외쳤다(7:4). 그가 전하는 하나님의 말씀은 당시 많은 사람들에게 인기가 없었고 오히려 그 말씀으로 인해 핍박과 매 맞음과 옥에 갇히는 수난을 겪어야 했다. 그러나 예레미야가 전한 하나님의 말씀과는 정반대의 메시지를 전한 당시 선지자들이 있었다. 이들은 예루살렘의 평안과 번영과 축복의 메시지를 선포했다(14:11-16; 23:9-40; 28:1-17). 이들은 정치권력과 연계되어 하나님께 불순종하는 왕들에게 확신과 평안의 달콤한 소리만을 들려주었다. 거짓 선지자들은 하나님께서 보내지 않았어도 하나님의 이름으로 거짓을 예언하는 자들이다(14:14). 예레미야 선지자를 힘들게 한 것 중 하나는 거짓 선지자들의 잘못된 메시지와 핍박이었다. 예레미야를 대적한 거짓 선지자는 하나냐(28:1-4), 스마야(29:31-32), 아나돗의 고향 사람들이 있다.

6. 신약과의 관계

예레미야서는 다양한 차원에서 신약과 상관성을 보이고 있다. 첫째, 예레미야 선지자는 예수 그리스도와 유사한 사역과 삶의 모습을 보여 준다. 예레미야는 성전에서 설교하며 당시 종교 지도자들과 백성들에게 경고하며 심판의 메시지를 전했다(7:1-11). 선지자는 그들이 성전을 "도둑의 소굴"로 만든다고 질책하였고(7:11), 예수님도 성전을 "강도의 소굴"로 만드는 것에 대해 진노하셨다(마 21:12-13). 예레미야 선지자는 장차 심판받을 백성을 위해 눈물을 흘리며 말씀을 전했고 예수 그리스도도 진노 가운데 있는 예루살렘을 바라보시며 눈물을 흘리셨다(눅 19:41). 예수께서 성전을 정결케 하신 사건은 타락한 성전에서 사역한 예레미야에게서 그 근거를 찾을 수 있다. 아나돗 사람들이 예레미야를 죽이려고 꾀할 때 예레미야는 자신을 "도살당하러 가는 순한 어린 양"과 같다고 고백했다(11:19). 이는 십자가에서 고난과 죽임을 당하신 예수 그리스도에게서 성취가 되었다(행 8:32; 사 53:7). 둘째, 예레미야의 회복과 새 언약의 메시지는 예수 그리스도를 통해 궁극적인 성취가 되었다. 선지자가 회복을 예언할 때 언급한 "다윗의 의로운 가지"는 신약에서 예수 그리스도에게서 최종적으로 성취되었다(23:5; 33:15). 예수 그리스도는 하나님께 다윗의 왕위를 받으시고 세상을 정의와 공의로 통치하시는 분이시다. 예레미야 31:31-34의 새 언약의 예언은 예수 그리스도의 보혈과 성령의 사역을 통해 성취된다(눅 22:20; 고후 3:16; 요일 2:27). 셋째, 예레미야서에서 나오는 열방을 향한 메시지 가운데 바벨론의 심판에 관한 부분은 요한계시록 18장에서 세상 나라 바벨론의 최후 심판에서 최종 성취를 이루게 된다(렘 50, 51장; 계 18:4, 8, 24).

내용 요약

1. 예레미야서는 선지서들 가운데 본문이 가장 긴 책이다. 이 책의 이름은 선지자 예레미야의 이름을 그대로 사용한 것이며 뜻은 "여호와께서 높이신다"이다.
2. 예레미야 선지자는 므낫세 왕의 통치 말기에 출생하여 요시야 왕 13년인 주전 627년에 선지자로 부름을 받았다.
3. 예레미야서의 핵심적인 메시지 가운데 하나는 하나님과 반역하는 이스라엘과의 관계성이다.
4. 예레미야서는 하나님의 구속사 안에서 가장 절망적인 상황 속에서 기록이 되었지만 새 언약이라는 새로운 희망의 메시지를 꽃 피운다.
5. 예레미야 선지자는 예수 그리스도와 유사한 사역과 삶의 모습을 보여 준다.
6. 예레미야의 회복과 새 언약의 메시지는 예수 그리스도를 통해 궁극적으로 성취되었다.

7. 현대인을 위한 적용

예레미야서는 남유다의 가장 혼란스러운 시기, 즉 멸망 직전의 비극적인 상황 속에서 선포된 메시지를 담고 있다. 오늘날 급변하는 세상 속에서 영적 혼란과 도덕적 타락을 경험하는 현대인들은 예레미야서의 가르침에서 다음과 같은 깊은 통찰과 적용점을 발견할 수 있다. 첫째, 죄에 대한 정직한 직면과 회개가 삶의 전환점을 가져다준다. 예레미야 선지자는 유다 백성들이 하나님을 버리고 우상에 빠진 죄악을 지적하며, 이로 인해 임할 심판을 눈물로 경고한다. 백성들의 완고한 죄가 결국 비극적인 포로 생활을 초래했음을 보여 준다. 진정한 변화와 회복은 외부 상황의 개선이 아니라 자신의 죄를 정직하게 인정하는 회개에서 시작된다. "내게로 돌아오라"는 하나님의 눈물 섞인 부르심은 말씀 앞에 서서 자신의 죄를 통회할 때 비로소 삶의 진정한 전환점을 맞이할 수 있음을 가르친다. 둘째, 새 언약의 소망은 고난 속에서도 흔들리지 않는 믿음을 가지게 한다. 예레미야서의 절정은 다가올 새 언약에 대한 예언이다. 이 새 언약은 다윗의 후손으로 오실 메시아, 즉 예수 그리스도를 통해 궁극적으로 성취되었다. 현대 사회는 예측 불가능한 사건들로 가득하며, 고난과 절망의 순간들이 반복된다. 현대인은 이사야와 마찬가지로 예레미야가 보여 주는 메시아 예언과 새 언약을 통해 예수 그리스도 안에서 주어진 영원한 생명과 목적을 붙들어야 한다. 셋째, 핍박의 상황 속에서도 진리를 선포하는 용기 있는 삶을 살아야 한다. 예레미야는 당대 지도자들과 거짓 선지자들의 거짓된 평안 선포에 맞서 하나님의 준엄한 심판의 말씀을 선포했다. 교회와 성도들은 예레미야와 같은 참된 선지자의 용기를 본받아야 한다. 세상의 편안함이나 인기에 영합하지 않고 하나님의 진리를 선포하며 때로는 불의와 타협하지 않는 단호함이 필요하다. 이는 단순히 비판적인 목소리를 내는 것을 넘어 죄에 대한 하나님의 공의와 동시에 사랑과 긍휼을 겸손하게 전하는 것을 의미한다. 또한 예레미야처럼 타락한 세대를 향한 긍휼의 마음으로 눈물 흘리며 중보하고 고난받는 이들과 함께 아파하며, 사랑으로 섬기는 삶을 살아야 한다.

8. 깊은 연구를 위한 질문

1) 예레미야 선지자가 활동하던 시대의 국제정세는 어떠했는가?

2) 예레미야 선지자의 독백과 탄식을 소개하는 본문들은 무엇인가?

3) 하나님께서 예레미야 선지자에게 독신으로 살라고 명령한 이유는 무엇인가?

4) 시드기야 왕과 예레미야와의 관계에 대해 묘사하시오. 시드기야 왕은 예레미야 선지자를 신뢰했다고 생각하는가?

5) 예레미야서에서 "위로의 책"(30-33장)의 기능에 대해 설명해 보시오. 새 언약은 예수 그리스도를 통해 어떻게 성취가 되었는가?

9. 심화학습을 위한 독서 목록

조휘. 『예레미야와 함께: 예레미야서 원전연구 및 주해』. 서울: 그리심, 2019.
크리스토퍼 라이트. 『예레미야 강해: 심판의 끝 은혜의 시작』. 안종희 역. 서울: 한국기독학생회출판부, 2018.
Holladay, William L. *Jeremiah*. 2 vols. Hermeneia: A Critical and Historical Commentary on the Bible. Phildadelphia: Fortress, 1986-1989.
Longman, Tremper, III. *Jeremiah, Lamentations*. NIBCOT 14. Peabody, MA: Hendrickson, 2008.
Thompson, J. A. *The Book of Jeremiah*. NICOT. Grand Rapids: Eerdmans, 1980.

예레미야애가

1. 목적

예레미야애가의 영어 성경 이름은 "Lamentation"이며 라틴어 성경의 제목 "*Threni*"(애가)를 번역한 것이다. 예레미야애가의 히브리어 성경 제목은 "에카"(*'ekah*)이며 그 뜻은 "어떻게(how), "아!(*alas*)"이다. 이 단어는 책에서 처음 나오는 단어를 제목으로 사용하는 유대인의 전통에 따라 예레미야애가 1, 2, 4장을 시작하는 첫 단어 "에카"를 제목으로 삼은 것이다. 예레미야애가는 히브리어 성경의 성문서에 속하고 전도서 다음에, 에스더서 앞에 위치한다. 유대교에서는 매년 아브(*Ab*) 월의 아홉 번째 날에 예루살렘 성전 파괴를 생각하며 이 책을 읽었다.[1]

예레미야애가는 주전 587년 이스라엘 백성들의 삶의 터전이요, 영혼의 고향이었던 예루살렘 파괴에 대한 고난과 슬픔을 기록한 책이다. 예루살렘 성벽은 무너지고, 왕궁과 백성들의 집은 불에 타 폐허

---

[1] E. Hill and H. Walton, *A Survey of the Old Testament*, 433. 역사 속에서 예루살렘의 파괴는 주전 587년에 바벨론의 느브갓네살과 주후 70년 로마에 의해 파괴되었다.

가 되어버렸다. 무엇보다 가장 충격적인 일은 솔로몬 성전이 파괴되고 성전 기구들은 약탈당해 바벨론으로 옮겨졌다는 사실이다. 자녀들은 사방에 뿔뿔이 흩어지고 예루살렘 거주민들은 처참하게 바벨론으로 끌려갔다. 예루살렘 파괴에 대한 역사적 기록은 열왕기하 25장에 기록되었다. 예레미야애가는 예루살렘 파괴에 대한 감정적 슬픔을 시적으로 표현하고 하나님과 깨어진 언약에 대한 파토스를 반영하고 있다. 이를 통해 예루살렘 파괴를 예언했던 선지자들의 말씀이 실제로 성취되었다는 것을 확인시켜 주고 불순종에 대한 언약적 저주가 실제로 현실화되었다는 것을 보여 주기 위해 기록되었다. 예레미야애가는 단지 국가적 재난에 대한 슬픔을 토로하기 위해서만 기록된 것은 아니다. 비극적 상황 속에서도 백성들이 회복을 경험할 수 있는 길은 오직 하나님의 자비와 긍휼을 의지하고 죄를 회개하는 길밖에 없음을 제시하기 위함이다(3:22, 23).

2. 저자

구약의 다른 책들과 마찬가지로 예레미야애가의 저자는 미상이다. 그러나 예레미야가 이 책의 저자임을 뒷받침하는 요소들이 있다. 이를 살펴보면 다음과 같다. 첫째, 칠십인역에서는 예레미야애가에 대한 간단한 서론을 다음과 같이 기록하고 있다. "이스라엘이 포로로 잡혀가고 예루살렘이 황폐한 후 예레미야는 앉아서 슬피 울었고 예루살렘에 대한 이 애가로 탄식하였다"(1:1). 물론 히브리어 성경에는 이 서론 부분은 나와 있지 않으나 칠십인역에서는 간략한 서론에 예레미야가 애가의 시로 탄식했음을 명시하고 있다. 둘째, 라틴 벌게이트,

아람어 탈굼, 페쉬타와 같은 성경 역본과 유대교 전통의 바벨론 탈무드 그리고 오리겐, 제롬과 같은 교부들은 예레미야를 저자로 간주한다.[2] 셋째, 하나님의 진노와 심판에 대해 예레미야 선지자는 슬퍼하며 탄식했고 그의 말씀을 듣는 자들도 함께 탄식할 것을 권고한다(렘 9:10; 7:29). 눈물을 흘리며 슬퍼하는 예레미야 선지자와 예레미야애가 저자의 슬픔의 눈물은 서로 관련이 있어 보인다(렘 9:1; 애 2:11; 3:48). 특히 역대하 35:25에 의하면 예레미야는 요시야 왕의 죽음에 대해 애가를 지었다고 한다. 예레미야 선지자는 국가적 재난과 고난의 상황 속에서 탄식하며 애가를 지은 인물이었다. 넷째, 예레미야애가와 예레미야서 사이에는 유사한 표현들이 종종 나타난다. 예를 들면 다음과 같다. "사랑하던 자들 중에 그에게 위로하는 자가 없고"(애 1:2; 렘 30:14), "하나님의 심판의 술잔"(애 4:21; 렘 49:12), "유다의 처녀 딸"(애 1:15; 2:13), "사방의 두려움"(애 2:22; 렘 6:25; 20:10), "파멸"(애 2:11, 13, 3:47-48; 4:10; 렘 4:20).[3] 이와 같은 이유들로 인하여 예레미야가 예레미야애가의 저자일 가능성이 있다.

3. 기록 연대와 배경

예레미야애가는 주전 586년 바벨론에 의해 유다 예루살렘이 멸망당

---

[2] 유진 H. 메릴, 마크 F. 루커, 마이클 A. 그리산티, 『현대인을 위한 구약개론』, 863.

[3] 유진 H. 메릴, 마크 F. 루커, 마이클 A. 그리산티, 『현대인을 위한 구약개론』, 864.

한 슬픔과 예루살렘 함락 이후의 상황을 기록한 것이다. 따라서 이 책은 느브갓네살에 의해 예루살렘이 함락된 후에 기록되었고 고레스가 유대인들을 본토로 귀환하라고 명한 주전 538년 이전에 완성되었다. 유다와 예루살렘 멸망에 대한 성경의 기록은 열왕기하 24-25장과 역대하 36장에 기록되었다.

4. 예레미야애가의 구조

예레미야애가는 총 다섯 편의 시(5장)로 구성되었고, 파괴된 예루살렘은 여성으로 의인화가 되었다. 1장부터 4장은 예루살렘 파괴의 아픔을 기억하고 감정의 강렬함을 표현하기 위해 알파벳 이합체 시(alphabetic acrostic poem) 형식을 사용하였다. 1, 2, 4장은 "슬프다"(히. 에카, how?)로 시작하는 장송곡 형태의 시이고, 3장은 개인적인 탄식시, 5장은 공동체 탄식시이다.

I. 시온의 탄식: 첫 번째 시(1:1-22)

II. 시온의 파괴와 선지자의 탄식: 두 번째 시(2:1-4:16)

III. 하나님의 가혹함과 자비: 세 번째 시(3:1-66)

IV. 시온의 황폐함과 공포: 네 번째 시(4:1-22)

V. 예루살렘을 기억하는 기도와 탄원: 다섯 번째 시(5:1-22)

5. 신학적 내용

예레미야애가는 하나님 언약 백성의 고통을 다룬 시이다. 예루살렘의 멸망은 유다 백성들이 결코 상상할 수 없었던 치욕스런 사건이었다. 유다 백성들의 영적 고향인 이 거룩한 성의 무너짐은 당시 백성들에게 충격과 더불어 많은 신학적 질문들을 유발하였다.

1) 하나님의 절대주권

하나님 절대주권 사상은 예레미야애가 신학을 떠받치고 있는 기초석과 같다. 예루살렘의 멸망은 주님께서 자기 백성들의 원수가 되어 치신 것이라고 고백한다. 저자는 폐허가 된 성읍의 실상을 바라보면서 동시에 하나님의 진노의 손을 응시하며 탄식한다. 예루살렘이 황폐하게 된 것은 사나운 바벨론의 침략에 의한 것이라기보다는 한때 이 성읍을 자신의 거처로 삼으셨던 절대주권자의 심판의 결과라고 고백한다(2:1; 3:1; 5:22). 하나님의 절대주권을 알기에 저자는 고난 가운데 오직 하나님께로만 향하고 그 분의 자비와 긍휼을 간구한다(2:18-19; 3:32-33). 언약을 파기한 백성을 버리신 분은 하나님이시며 그들을 회복시키실 분도 하나님이시다(5:20, 21).

2) 죄의 심판자이신 하나님

예레미야애가는 하나님을 공격적인 전사로 묘사하는 경우가 있다. 하나님께서 활을 당기시고 그의 오른손을 들고 시온의 딸을 공격하시는 모습이다(2:4). 전사이신 하나님은 예루살렘의 멸망을 통해 자신의 백성을 심판하시는 분임을 분명히 드러내셨다. 하나님께서 자기 백성에게 폭력을 행하시는 것은 하나님께서 폭군이기 때문에 그런 것은 아니다. 이는 율법에 불순종하고 하나님을 거부한 백성들의 죄에 대한 하나님의 반응이다. 레위기 26장과 신명기 28장은 하나님의 계명에 순종하는 자들에게는 복을, 불순종하는 자들에게는 저주를 약속하셨다. 하나님께서 유다 백성들에게 선지자들을 보내어 언약의 말씀을 전했음에도 불구하고 그들은 듣기를 거부했고 오히려 더 하나님을 배반하고 떠났다. 하나님은 자신의 거룩한 성품에 따라 죄를 다루신다. 예레미야애가는 예루살렘의 파괴와 멸망을 백성들의 죄와 연결시킨다(1:5, 8, 18, 22; 2:14; 3:39, 42; 4:6, 13; 5:7, 16). 하나님께서 예루살렘과 그의 언약 백성들을 버리신 것은 이스라엘과 유다의 죄악 때문이다. 죄악은 하나님과 이스라엘 백성들 사이의 관계를 파괴시켰다.

3) 고통

인간의 고통과 아픔은 예레미야애가의 중심적인 주제이다. 만약 하나님께서 예루살렘 파괴를 주도하신 분이라면 백성들이 겪고 있는 고통에 대해 그 누구보다 잘 알고 계심이 분명하다. 인간의 고통을 다룬 욥기서는 의인의 고난에 대해 말하고 있다. 그러나 예레미야애가에서 다루는 인간의 고통의 문제는 또 다른 측면에서 생각을 하게 한다. 인간의 고통은 죄악의 결과임을 말한다. 아담과 하와가 하나님께 불순종하여 선악과를 따 먹은 이후부터 인간들에게는 원죄가 찾아 왔다. 죄는 인간의 삶에 불행과 고통을 안겨다 주었다. 유다 백성들이 무너진 예루살렘을 바라보면 슬픔과 아픔을 금할 수 없을 것이고 죄악은 고통과 아픔을 낳는다. 그렇기에 예레미야애가는 하나님께 불순종했던 삶을 고백하고 아침마다 새로운 하나님의 자비와 긍휼에 의지하여 회복을 간구하게 한다(3:22). 고통의 순간을 글로 표현하고 아픔의 감정을 여과 없이 하나님 앞에 토할 때 치유와 회복의 길로 나아갈 수 있다(시 62:8). 예루살렘 함락의 고통과 교훈을 기억하기 위해 유대인들은 매년 아브월에 예레미야애가를 읽었다. 이는 후대의 자손들이 실패와 고난의 역사를 기억하고 교훈 삼아 역사 속에서 동일한 일들이 반복되는 일이 없도록 하기 위해서다.

6. 신약과의 관계

예레미야애가는 진노하시는 하나님, 자기 백성을 징계하시는 하나님에 대해 기술하고 있다. 하나님은 의인들은 신원하시지만 악인들은 심판하신다. 자신의 백성들이 언약을 어기고 지속적으로 불순종하는 삶을 산다면 하나님의 징계를 피할 수 없다. 하나님은 교회 공동체를 정결하게 하기 위해 징계하신다(벧전 4:17). 마치 아버지가 자녀를 징계하듯이 주님은 자신이 사랑하는 자를 징계하시고 자녀들이 바른 길을 걸어갈 수 있도록 채찍질하신다(히 12:5-11). 하나님의 공의의 속성은 구약이나 신약에도 동일하다. 각 사람은 뿌린 대로 거두게 되는 원리가 적용된다(갈 6:7). 신약에서 하나님의 진노의 절정은 예수 그리스도의 십자가이다. 예수 그리스도께서는 자신의 죄가 아닌 우리들의 죄악을 대신하여 십자가에서 하나님의 진노를 경험하셨다. 예레미야애가 5:20은 이렇게 질문한다. "주께서 어찌하여 우리를 영원히 잊으시오며 우리를 이같이 오래 버리시나이까." 예루살렘의 이 탄식

어린 질문은 이스라엘 백성들이 바벨론 포로에서 회복되고 예수 그리스도께서 부활하심으로 궁극적인 답을 얻었다.

용어 해설

알파벳 이합체 시: 연속되는 각 절이나 행의 첫 문자가 원어의 알파벳 순서로 작성된 시

내용 요약

1. 예레미야애가는 이스라엘 백성들이 그들의 영혼의 고향이자 삶의 터전인 예루살렘 파괴로 인해 당하는 고난과 슬픔을 기록하고 있다.
2. 하나님 절대주권 사상은 예레미야애가 신학의 기초석이다.
3. 인간의 고통과 아픔은 예레미야애가의 중심적인 주제이다.
4. 예레미야애가 저자는 언약을 파기한 백성에 진노하시고 징계하시는 분은 하나님이시며 그들을 회복시키실 분도 하나님이시라고 말한다.

7. 현대인을 위한 적용

예레미야애가는 오늘날 신자들이 겪는 공동체적·개인적 상실과 아픔을 깊이 성찰하게 한다. 삶의 기반이 무너지고 하나님의 임재가 느껴지지 않는 영적 황폐 속에서 우리는 어디로 나아가야 할까? 이 책은 고통을 억누르지 말고 하나님 앞에 진실하게 토로하라고 말한다. 동시에 그 고통이 단순한 우연이나 불운이 아닌 하나님의 주권 아래 있

다는 사실을 깨닫게 한다. 고통은 죄와 불순종의 결과이기도 하며 회복의 출발점이 될 수도 있다. 애가 3장에서 말하듯 "여호와의 인자와 긍휼이 무궁"하다는 믿음은 고난 가운데서도 우리를 하나님께로 이끈다. 성도는 상실과 징계의 순간에도 하나님의 본심은 회복에 있음을 기억해야 한다. 오늘날 교회와 성도는 개인의 죄뿐 아니라 공동체의 타락을 함께 애통해하며 다시 하나님의 긍휼을 사모하는 자리로 돌아가야 할 때다. 예레미야애가는 그런 회개의 길로 우리를 인도한다.

8. 깊은 연구를 위한 질문

1) 이 책이 예레미야에 의해 기록이 되었을 것이라고 보는 근거는 무엇인가?

2) 예루살렘이 멸망하게 된 가장 근본적인 이유는 무엇인가?

3) 알파벳 이합체 시 형식이 예레미야애가에서 사용된 이유는 무엇인가?

4) 예레미야애가에 나타난 죄에 대한 하나님의 심판은 신명기 28장의 축복과 저주의 메시지와 어떤 상관성이 있는가?

5) 예루살렘을 멸망시킨 궁극적인 주체는 누구인가?

9. 심화학습을 위한 독서 목록

찰스 디어. 『예레미야, 예레미야애가』. 김정님 역. 서울: 두란노, 2016.

트렘퍼 롱맨 3세. 『예레미야·예레미야애가』. 이철미 역. 서울: 성서유니온, 2017. 2015.

Derman, J. Andrew. *Jeremiah and Lamentations*. New International Version Application Commentary. Grand Rapids: Zondervan, 2002.

Harrison, R. K. *Jeremiah and Lamentations: An Introduction and Commentary*. Tyndale Old Testament Commentary. Downers Grove: InterVarsity, 1973.

Huey, F. B., Jr. *Jeremiah, Lamentations*. New American Commentary 16. Nashville: Broadman, 1993.

Kaiser, Walter C., Jr. *A Biblical Approach to Personal Suffering*. Chicago: Moody, 1982.

에스겔

1. 목적

에스겔서는 장엄한 환상으로 시작하고 마치는 수수께끼와 같은 책이다. 라틴 교부 제롬은 에스겔서가 난해한 책이어서 다루기 힘들다고 했고, 유대인들은 삼십 세 이하의 사람들에게 에스겔서의 시작과 마지막 부분을 읽지 못하도록 했다.[1] 그러나 에스겔서의 신학적 메시지를 살펴보면 하나님의 구속사에서 중요한 기여를 하고 있는 책임에는 틀림없다. 에스겔서는 히브리어 성경에서는 대선지서에 속하고 예레미야서 다음에 위치한다. 그러나 칠십인경과 한글 성경에서는 예레미야, 예레미야애가서 다음에 나온다. 에스겔서는 에스겔 선지자의 이름을 제목으로 사용하였고 그 뜻은 "하나님께서 강하게 하신다"이다. 이스라엘 역사상 가장 절박한 시기에 사역한 에스겔 선지자는 하나님의 도우심과 강하게 하심이 절실히 필요했다. 에스겔서는 일차

---

1 다음을 참조하라. Shalom Spiegel, "Ezekiel or Pseudo-Ezekiel?" *Harvard Theological Review* 24 (1931): 245-90; 이희성, "네 생물 환상(겔 1:1-28)에 대한 칼빈의 해석: 평가와 제언,"「성경과 신학」92 (2019): 1.

적으로 바벨론에 포로로 끌려간 백성들을 위해 기록되었다. 이 책의 기록 목적은 다음과 같다.

첫째, 예루살렘 멸망이라는 임박한 심판을 앞에 두고 이스라엘 백성들의 완악함과 죄악을 경고하기 위함이다. 하나님께서 에스겔 선지자를 부르신 이유는 마음이 굳은 백성들의 패역함을 드러내기 위함이다(2:1-7). 하나님은 바벨론 포로 가운데 있는 백성들을 가시, 찔레, 전갈과 같이 매섭고 독살스런 식물과 동물에 비유하고 있다. 그들이 완악하여 하나님의 말씀을 들으려고 하지 않기 때문이다. 그럼에도 불구하고 하나님은 에스겔 선지자를 백성의 파수꾼으로 세우시고 그들의 죄악을 부지런히 깨우치게 하셨다.

둘째, 이스라엘 백성들이 각자 자신의 죄에 대한 책임을 가지고 있음을 알리기 위함이다. 바벨론에 끌려온 백성들은 자신들이 포로가 된 것은 조상들의 죄악 때문이라고 원망하며 책임을 그들에게 돌렸다. 그러나 개인은 국가적 재난에 대한 책임을 받아들여야 하고, 자신의 죄에 대한 책임도 반드시 가져야 함을 강조하기 위해 기록하였다(18:20).

셋째, 하나님의 주권적 구원에 대한 소망을 제시하기 위함이다. 선지자는 바벨론 포로들의 구원과 회복의 소망을 제시하기 위해 환상을 소개한다. 에스겔 골짜기의 마른 뼈들이 말씀과 성령의 사역을 통해 군대로 일어서는 비전을 보여 준다(37:1-14). 죄로 인하여 더럽혀지고 파괴된 성전이 다시 세워지고 하나님의 임재로 충만하게 되는 모습도 제시한다(40-48장). 에스겔 선지자는 백성들의 죄악을 질책하는 파수꾼임과 동시에 회개하는 자들에게는 회복을 전달하는 희망의 파수꾼이기도 하다. 종말론적인 다윗 왕이 오실 때 백성들의 회복이 일어나고, 성전에 하나님의 임재가 거할 때 이스라엘의 운명과 땅이 새로운 회복 가운데로 나가게 될 것이다.

2. 저자와 청중

에스겔서의 자서전적인 성격은 이 책의 저자가 에스겔임을 말해 주고 있다. 에스겔은 제사장 부시의 아들이며 주전 598년 느부갓네살 왕이 예루살렘을 공격하여 포로로 끌고 간 약 만명의 포로민 가운데 한 사람이었다(왕하 24:10-17). 그가 선지자로 부름 받았을 때는 여호야긴 왕이 사로잡혀간 후 5년째 되는 해인 주전 593년이며 장소는 바벨론 그발 강가였다(1:1-2). 그때 그의 나이는 삼십 세였다. 만약 그가 예루살렘에 거주했다면 제사장의 직무를 수행했을 나이였으나 바벨론에서 포로 생활을 하였기에 그렇게 할 수 없었다(민 4:3). 그는 적어도 바벨론 땅에서 22년 동안 사역을 하였다(29:17). 에스겔은 예레미야와 유사한 시기에 각각 서로 다른 장소에서 사역을 감당하였고 이들은 공통적으로 바벨론에 항복하라는 메시지를 전했다(12:1-15; 17:1-21; 21:18-32). 에스겔 선지자의 이름은 책 전체에서 오직 두 번만 나타나고(1:3; 24:24) 대부분은 "인자"(the son of man)로 불렸다(2:1).[2] 에스겔은 "선지자"(2:5; 33:33)이외에도 "파수꾼"(3:17; 33:7), "징조" 혹은 "표징"(12:6, 11; 24:24, 27), "애가를 짓는 자"(19:1; 27:1-11, 26-36; 28:11; 32:1)라는 칭호를 가지기도 했다. 에스겔은 사독 계열의 제사장 출신으로 추정되고 결혼은 하였으나 사역 도중에 아내가 죽는 슬픔을 겪

---

[2] 에스겔서 안에서 "인자"라는 용어는 93회 사용되었다. 겔 2:1, 3, 6, 8; 3:1, 3, 4, 10, 17, 25; 4:1, 16; 5:1; 6:2; 7:2; 8:5, 6, 8, 12, 15, 17 등.

어야 했다(24:15-18).

에스겔의 메시지를 듣는 청중들은 바벨론에 포로로 끌려간 유다 지도층의 사람들이었다(왕하 24:10-16; 단 1:1). 에스겔과 유다의 포로들은 그발 강가에 거주했으며 이곳은 오랜 세월 동안 메소포타미아 종교의 중심 도시였던 니푸르와 가까운 곳에 위치해 있었다. 선지자의 메시지를 듣는 청중들은 하나님을 거역하고, 패역하고, 마음이 완고한 자들이었다(2:3-8; 3:7). 이들은 결코 하나님의 말씀을 들으려고 하지도 않았고 오히려 에스겔의 메시지를 듣기 좋은 음악과 같다고 조롱했다(33:32).

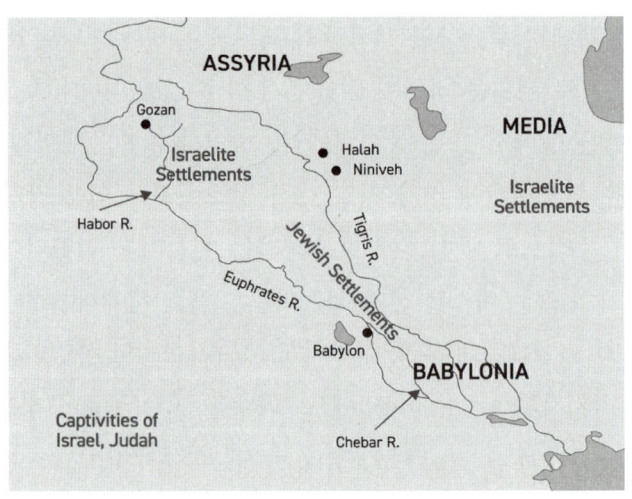

그림 16 바벨론 그발강(Chebar River) 위치[3]

---

3 출처. https://www.biblestudy.org/meaning-names/chebar.html.

3. 기록 연대와 배경

에스겔서는 연대와 함께 역사적 정황을 비교적 상세하게 소개하고 있다. 그는 자기 동족과 함께 바벨론에서 포로 생활을 하면서 예루살렘의 멸망과 회복의 비전을 생생하게 묘사하고 있다. 에스겔 선지자의 사역은 그가 소명을 받은 주전 593년에서 586년의 예루살렘 멸망을 거쳐 그의 마지막 예언의 시기인 주전 571년에까지 이른다. 그는 유다의 역사에서 가장 격동기에 사역을 하였다. 바벨론 왕 느브갓네살은 주전 612년에 앗수르의 도성 니느웨를 쳐서 멸망시켰으나 앗수르의 군대 장관인 아수루발랏은 마지막 결전을 준비하며 갈그미스에 군대를 집결시켰다. 이 시기에 애굽 왕 바로 느고는 바벨론에 위협을 느끼고 앗수르와 동맹을 결심하였다. 요시야 왕은 앗수르를 돕고자 갈그미스를 향해 올라가던 바로 느고를 므깃도에서 저지하다가 목숨을 잃게 되었다(왕하 23:28-30; 대하 35:20-27). 이로 인해 유다는 애굽의 속국이 되었다. 바로 느고는 요시야의 아들 여호아하스(살룸)를 왕위에 세웠으나 반역하여 석 달 만에 애굽으로 그를 끌고 갔다(왕하 23:31-35). 후임 왕으로 여호야김(엘리야김)이 세워졌고 그는 11년간 예루살렘에서 통치하였다(왕하 23:34-24:7). 그러나 여호야김 왕은 우상숭배, 사회적 불의, 말씀을 불태우는 악행을 일삼는 왕이 되었다. 애굽은 앗수르와 동맹하여 고대 근동 지방의 패권을 놓고 갈그미스에서 바벨론과 최후의 전투를 치렀다(주전 605년). 결과는 바벨론의 승리였고 고대 근동의 패권은 바벨론으로 넘어갔다. 느부갓네살은 여호야김이 통치하는 유다를 공격하여 다니엘을 비롯한 포로들을 1차로 끌고 갔다(왕하 24:1). 유다는 바벨론의 속국이 되어 조공을 바쳤다. 주전 601년 느부갓네살이 바로 느고와의 2차 전투에서 승기를 잡지 못하자 여호야김 왕은 친애굽 정책으로 돌아섰다. 이를 알아차린 느부갓네살 왕은 주전 597년에 다시 예루살렘을 공격하였고 여호야김 왕은 바벨론 군대가 도착하기 전에 비참하게 죽어 나귀같이 매장되었다(렘 22:18-19; 36:30-31). 그의 뒤를 이어 여호야긴(고니야)이 왕위에 올랐으나 단지 삼 개월 동안 다스리다가 느부갓네살 왕에게 사로잡혀 가게 되었다(왕하 24:1-17). 이것이 2차 바벨론 포로 사건이고 여호야긴 왕과 에스겔을 포함하여 약 만 명의 유다 귀족들이 포로로 끌려가게 되었다(주전 598년).

	성경구절	연대 (현대력)	사건
1	1:1-3	주전 593년 7월 31일	네 생물 환상
2	3:16	주전 593년 7월 31일	파수꾼의 사명을 받음
3	8:1	주전 592년 9월 17일	성전 환상
4	20:1-2	주전 591년 8월 14일	이스라엘 장로들의 방문
5	24:1	주전 588년 1월 15일	예루살렘 둘째 포위(왕하 25:1)
6	26:1	주전 587년 4월 23일 주전 586년 4월 13일	두로에 대한 심판
7	29:1	주전 587년 1월 7일	애굽에 대한 심판
8	29:17	주전 571년 4월 26일	애굽에 대한 심판
9	30:20	주전 587년 4월 29일	바로에 대한 심판
10	31:1	주전 587년 6월 21일	바로에 대한 심판
11	32:1	주전 585년 3월 3일	바로에 대한 탄식
12	32:17	주전 586년 4월 13일	애굽에 대한 탄식
13	33:21	주전 585년 1월 8일	예루살렘 멸망
14	40:1	주전 573년 4월 28일	새로운 성전 환상

표 20 에스겔서에 나타난 연대와 사건들

4. 에스겔서의 구조

에스겔서는 거시적으로 보면 간단한 구조를 형성하고 있다. 에스겔 1-24장은 유다와 예루살렘의 심판에 관한 메시지, 에스겔 25-32장은 열방신탁, 에스겔 33-48장은 유다와 예루살렘의 회복에 관한 메시지이다.

  I. 유다와 예루살렘에 대한 심판 예언(1:1-24:27)
   A. 선지자의 환상과 소명(1-3장)
   B. 예루살렘 포위에 대한 상징적 행동(4-5장)
   C. 이스라엘 산들에 대한 심판(6:1-14)
   D. 온 땅의 끝에 대한 예언(7:1-27)
   E. 타락한 예루살렘 성전 환상(8:1-11:25)
   F. 상징적 행위: 행장(12:1-20)
   G. 유행하는 속담(12:21-28)
   H. 거짓 선지자와 우상 숭배(13:1-14:23)
   I. 세 개의 알레고리(15:1-17:24)
      a. 포도나무(15:1-8)
      b. 음행하는 아내(16:1-63)
      c. 독수리와 포도나무(17:1-24)
   J. 아버지의 죄악과 아들의 의(18:1-32)
   K. 이스라엘 고관들을 향한 애가(19:1-14)
   L. 애굽에서 인도하신 여호와(20:1-44)
   M. 여호와의 칼과 피흘린 성읍(20:45-22:31)
   N. 오홀라와 오홀리바의 음행(23:1-49)

O. 예루살렘의 포위와 멸망, 에스겔 아내의 죽음(24:1-27)

II. 열방에 대한 신탁(25:1-32:32)

　　A. 암몬(25:1-7)

　　B. 모압(25:8-11)

　　C. 에돔(25:12-14)

　　D. 블레셋(25:15-17)

　　E. 두로(26:1-28:26)

　　F. 애굽(29:1-32:32)

III. 유다와 예루살렘의 회복 예언(33:1-48:35)

　　A. 파수꾼 에스겔(33장)

　　B. 이스라엘의 목자들(34장)

　　C. 에돔에 대한 심판(35장)

　　D. 이스라엘 산들의 회복 예언(36장)

　　E. 마른 뼈 골짜기와 두 막대기 연합(37장)

　　F. 곡과 마곡(38-39장)

　　G. 회복된 예루살렘에 대한 예언(40-48장)

　　　　a. 새 성전 뜰과 문들(40장)

　　　　b. 성소(41장)

　　　　c. 제사장들의 방들(42장)

　　　　d. 하나님의 영광이 돌아옴, 번제단 봉헌(43장)

　　　　e. 레위인들 vs. 사독 자손 레위인들(44:1-31)

　　　　f. 땅의 거룩한 구역(45:1-12)

　　　　g. 제물들에 관한 규례들(45:13-46:24)

h. 성전에서 나오는 생수(47:1-12)

I. 땅의 경계선과 분배(47:13-48:29)

j. 출입구와 성읍 이름(48:30-35)

5. 신학적 내용

에스겔서는 유다 예루살렘의 죄악에 대한 심판과 회복이라는 기본 메시지를 바탕으로 다양한 신학적 주제들이 소개되고 있다. 이 책을 통해 하나님의 주권성, 네 생물 환상을 통한 하나님의 초월성, 하나님의 회복의 은혜, 죄에 대한 책임과 같은 중요한 주제들을 발견할 수 있다.

1) 하나님의 주권

에스겔서에는 "그 때에야 그들이 나를 여호와인 줄 알리라"는 문구가 대략 65회 정도 사용되었다(예. 6:10, 13, 14; 7:4, 27 등). 이는 역사 속에서 일하시는 절대 주권자이신 하나님의 작정과 의도를 강조하는 구절이다. 하나님께서 이스라엘 백성들을 다루시는 과정에서 자신의 영광을 드러내시고 인격을 보여 주셨다. 이스라엘 백성들이 우상숭배의 죄를 지었을 때 하나님은 진노하셨다. 하나님은 만물의 창조주이시며 자신의 영광을 우상들과 함께 나누시지 않기 때문이다. 하나님께서 자신의 거룩한 이름을 인하여 우상 숭배하는 백성들로부터 자신의 얼굴을 돌이키셨다(39:18-21). 결국 이스라엘 백성들은 바벨론에 포로로 끌려가게 되었고 하나님은 자신의 말씀을 성취하심으로써 자신의 영광과 인격을 변호하셨다. 그러나 바벨론 포로 생활을 통한 하나님의 공의와 진노가 실현되고 난 다음에는 하나님의 긍휼이 이스라엘을 모든 더러움에서 깨끗하게 하실 것이다(36:22-25). 인간의 타락과 하나님의 주권적 회복의 이면에는 열방 가운데 하나님이 절대 주권자이심을 알게 하려는 의도가 있다.

2) 네 생물 환상

에스겔서는 첫 장부터 장엄한 환상으로 시작한다. 에스겔 선지자가 본 네 생물의 환상은 전체 에스겔서의 주제를 이해하는 데 중요한 역할을 한다. 네 생물의 환상은 선지자의 소명(1-3장), 예루살렘의 심판(10장), 이스라엘의 회복(43-46장)과 관련하여 소개가 되고 있다. 네 생물은 초월적인 하나님의 영광이 천상의 존재인 천사들을 매개로 나타난 것이다.[4] 에스겔의 네 생물 환상은 하나님의 영광의 현현을 형상화한 것이며 지상의 모든 영역을 다스리시는 하나님의 통치와 주권을 상징한다.[5] 네 생물 각각에는 날개가 있고 그 밑에는 바퀴가 있다. 이는 하나님의 영광이 이동할 수 있음을 보여 준다. 하나님은 초월자이시며 인간의 손으로 지은 성전에 갇혀 있는 분은 아니시다. 자신의 주권적 의지와 뜻에 따라 죄로 더럽혀진 성전을 떠나실 수 있는 분이다. 네 생물은 예루살렘 성전을 떠났으나 새롭게 회복된 성전에 다시 돌아온다(43:1-5).

---

[4] 레이몬드 딜러드·트렘퍼 롱맨, 『최신구약개론』, 496.
[5] 참조. 이희성, "네 생물 환상(겔 1:1-28)에 대한 칼빈의 해석: 평가와 제언", 「성경과 신학」 92 (2019): 1-30.

3) 하나님의 회복

에스겔서 1-24장에서 이스라엘 백성들의 죄악과 타락상을 드러냈다면 에스겔 34-48장은 하나님의 긍휼과 자비로 백성들을 회복시키는 메시지를 소개한다. 이스라엘 백성들의 죄가 하나님의 구속사의 계획과 목적을 결코 무력화시키지 못한다. 하나님은 남은 자들에게 자비와 긍휼을 베푸시고 그들을 포로에서 돌이키실 때에 약속의 땅으로 다시 돌아오게 하실 것이다. 회복의 날에 백성들을 다스리는 다윗 계열의 왕이 세워질 것이며 하나님은 백성들의 목자가 되어 그들을 친히 돌보실 것이다(34:23, 24). 하나님은 그들과 화평의 언약을 맺고 그들의 지경에 평강의 복을 내려주실 것이다(34:25, 26). 하나님의 거룩함은 열방 가운데 드러나게 되고 하나님은 자신의 백성들에게 맑은 물을 뿌려 정결하게 하고 그들에게 새 영과 새 마음을 주어 율례를 지켜 행하게 할 것이다(36:23-27). 하나님의 회복의 절정은 하나님의 임재가 예루살렘 성읍과 성전 가운데 다시 돌아오는 것이며 회복된 성읍의 이름을 여호와 삼마(여호와께서 거기 계신다)라고 할 것이다(48:35).

4) 죄에 대한 개인적 책임

에스겔서는 개인의 죄에 대한 책임을 언급한다. 에스겔서 18장은 당시 유행했던 속담인 "아버지가 신 포도를 먹었음으로 그의 아들의 이가 시다"를 소개한다(18:2). 이는 포로기 백성들의 불평을 반영하는 것으로 백성들은 자신들이 포로 생활을 하게 된 원인은 이전 세대 조상들의 죄악 때문이라고 하였다. 물론 언약 공동체인 이스라엘의 죄는 공동체적인 성격(corporate personality)을 지니고 있다(참조 출 20:6, 7; 수 7:18-24). 하지만 에스겔 선지자는 조상 탓만 하며 자신들의 모습을 돌아보지 않는 백성들에게 죄의 개별적 책임을 강조한다(신 24:16). 선지자는 이를 통해 죄의 책임에 대한 공동체성과 개별성 사이의 조화를 이루게 하였다.

6. 신약과의 관계

에스겔서의 성전 회복과 새 언약은 신약과 긴밀한 상관관계가 있다. 첫째, 에스겔서의 성전 회복에 대한 메시지는 요한계시록의 종말론적 새 예루살렘의 완성을 바라본다. 에스겔 40-48장은 새 성전과 예배의 회복에 대해 언급한다. 특히 에스겔 47장에서는 생수가 성전 문지방 밑에서 나와 엄청난 강물을 형성하고 그 생수의 강이 흐르는 곳마다 생명이 살아나고 번성하는 위대한 일들이 일어난다. 예수님께서 사마리아 여인에게 자신이 생수의 근원임을 가르쳤고(요 4:10-14), 자신을 믿는 자에게 그 배에서 생수의 강이 흘러나오게 된다고 하셨다(요 7:38-39). 에스겔 선지자가 본 성전 회복 환상은 이 땅에 성전으로 오셨고 그 안에 하나님의 은혜와 진리가 충만한 예수 그리스도로 성취되었다(요 1:14). 사도 요한이 본 새 예루살렘 환상에서도 생명수의 강이 하나님의 보좌로부터 흘러나와 강 좌우의 생명나무에 열두 가지 열매를 맺게 하였다(계 22:1, 2). 둘째, 에스겔 선지자가 예언한 이상적인 목자와 다윗 왕은 신약에서 예수 그리스도의 오심으로 성취가 되었다. 에스겔 선지자는 하나님께서 한 목자를 세워 자신의 백성들을 먹이게 하시고 다윗을 세워 그들 중에 왕이 되게 하시겠다고 예언하였다(겔 34:2-24). 예수 그리스도는 하나님께서 보내신 선한 목자이며(요 10:10, 11), 왕이시다(마 1:1). 셋째, 에스겔 선지자가 말한 새 언약의 성령은 예수 그리스도의 부활 승천 이후 오신 성령의 내주와 상관성이 있다. 에스겔 선지자는 "또 새 영을 너희 속에 두고 새 마음을 너희에게 주되 너희 육신에서 굳은 마음을 제거하고 부드러운 마음을 줄 것이며"라고 했다(36:26). 에스겔 선지자가 언급한 새 영은 신약에서 성도들 가운데 내주하시는 성령님과 관련이 있다(고전 3:16). 신약에서는 성도 안에 내주하시는 성령님의 도움으로 하나님의 계명에 순종할 수 있다.

> **내용 요약**
> 1. 에스겔서는 에스겔 선지자의 이름을 제목으로 사용하였고 그 뜻은 "하나님께서 강하게 하신다"이다.
> 2. 에스겔서는 일차적으로 바벨론에 포로로 끌려간 백성들을 위해 기록되었다.
> 3. 에스겔서의 자서전적인 성격은 이 책의 저자가 에스겔임을 말해 주고 있다.
> 4. 에스겔서는 하나님의 주권성, 네 생물 환상을 통한 하나님의 초월성, 하나님의 회복의 은혜, 죄에 대한 책임과 같은 중요한 주제들로 구성되어 있다.

7. 현대인을 위한 적용

에스겔서는 무너진 현실 속에서도 하나님의 주권과 회복의 소망을 전하는 강력한 메시지를 담고 있다. 오늘날 신자들에게 에스겔은 다음과 같은 교훈을 준다. 첫째, 하나님의 주권적 통치와 임재에 대한 확신이다. 이 세상이 혼란과 불의로 가득해 보일 때, 하나님은 여전히 모든 역사의 주관자이시며 "그 때에 그들이 나를 여호와인 줄 알리라"는 선언은 오늘날에도 유효하다. 둘째, 죄에 대한 개인적 책임의 강조이다. 공동체 속에서 살아가지만 하나님은 각 사람의 마음과 행위를 살피시며 회개와 순종을 요구하신다. 남 탓과 구조적 죄에만 머물지 말고 내면의 죄악을 성찰하고 회개해야 한다. 셋째, 회복과 새 창조에 대한 소망이다. 마른 뼈들이 살아나는 환상과 생명수가 흘러나오는 새 성전 환상은 오늘날 절망 중에도 복음의 능력으로 개인과 공동체가 살아날 수 있음을 상징한다. 성령의 역사로 새 영과 새 마음을 받은 자는 율례를 따라 살아갈 수 있으며, 하나님의 임재가 함께하는 '여호와 삼마'의 삶을 살 수 있다. 에스겔서는 절망의 시대에 사는 현대 신자에게 하나님의 거룩, 회개, 회복, 임재의 메시지를 깊이 각인시킨다.

8. 깊은 연구를 위한 질문

1) 에스겔 선지자의 사역 기간 동안의 역사적 배경은 무엇인가?

2) 에스겔 선지자의 상징적 행동들은 무엇이 있으며 그것들이 의미하는 바

는 무엇인가?

3) 에스겔 1장의 네 생물 환상이 의미하는 바는 무엇인가?

4) 에스겔 아내의 죽음은 이스라엘의 장래에 무엇을 상징하는가?

5) 에스겔 40-48장의 성전 환상은 신약에서 어떻게 성취가 되는가?

9. 심화학습을 위한 독서 목록

대니얼 블록. 『에스겔 1』. NICOT. 신윤수 역. 서울: 부흥과개혁사, 2019.
마틴 로이드 존스. 『에스겔 강해』. 정상윤 역. 서울: 복있는 사람, 2019.
오스왈드 챔버스. 『오스왈드 챔버스의 이사야·예레미야·에스겔』. 스데반 황 역. 서울: 토기장이, 2018.
Duguid, Iain. *Ezekiel*. New International Version Application Commentary. Grand Rapids: Zondervan, 1999.
Wright, Christopher J. H. *The Message of Ezekiel: A New Heart and a New Spirit*. Downers Grove, Il: InterVarsity, 2001.

다니엘

1. 목적

다니엘서의 제목은 책의 주요 등장인물인 다니엘의 이름으로부터 나왔다. 이 이름의 뜻은 "하나님은 나의 심판자"라는 뜻이다. 다니엘서는 다른 선지서들과 같이 회개나 새로운 삶을 촉구하는 메시지는 없고 전체적으로 하나님의 절대주권을 강하게 드러내고 있다. 다니엘서의 기록 목적은 바벨론에서 포로 생활을 하며 압제 가운데 있는 하나님의 백성들을 위로하고 격려하기 위해 기록되었다. 다니엘과 세 친구들은 바벨론에 포로로 끌려와 어려운 사건들을 경험했으나 주권자 하나님의 도움으로 매순간 극복하게 된다. 이 과정을 통해 온 세상을 다스리시는 하나님의 절대주권이 드러나게 된다. 하나님의 백성이 아무리 적대적인 상황 속에서 살아가더라도 신실한 자들은 보호받고 번성하게 된다. 바벨론이 위치한 메소포타미아 지역은 여러 우상들이 있으나 이스라엘의 하나님은 이것들보다 우월하심을 보여 준다. 바벨론은 단지 하나님의 도구로 이스라엘을 심판할 뿐이며 자신의 소임을 다하면 역사 속에서 사라져 간다. 다니엘의 환상은 이를 밝히 보여 주고 있다. 결국 영원한 것은 하나님의 나라이며 하나님의 백성들은 영원히 보호하심을 받을 것임을 알려 주기 위해 다니엘서는 기록되었다.

2. 저자

다니엘이 다니엘서의 저자라는 것은 이 책의 여러 부분에서 증언하고 있다. 다니엘은 환상 기사인 7:15-10:12에서 여러 번 자신을 1인칭으로 표현하고 있다(7:2, 4, 6, 28; 8:1, 15; 9:2; 10:2). 하나님께서 보여 주신 환상을 본 자는 다니엘 자신임을 강조하고 있다. 주님은 다니엘에게 "마지막 때까지 이 말을 간수하고 이 글을 봉함하라 많은 사람이 빨리 왕래하며 지식이 더하리라"고 말씀하셨다(12:4). 마태복음 24:15-16에서 다니엘서의 '멸망의 가증한 것이 거룩한 곳에 선 것을 보거든'이란 내용의 구절(9:27; 11:31; 12:11)을 언급하면서 다니엘이 저자임을 말하고 있다. 다니엘은 유다의 상류층 귀족 출신이며 주전 605년 십대의 나이에 바벨론에 포로로 잡혀왔다. 그는 바벨론 땅에서 60년 이상을 지내며 바벨론과 바사의 총리직을 수행했으며 그의 전 생애를 통해 하나님께 충성하며 헌신된 삶을 살았다.

3. 기록 연대와 배경

다니엘서의 기록 연대와 배경은 주전 6세기로 볼 수 있다. 다니엘서 1-6장의 내러티브와 7-12장의 다니엘의 환상은 주전 605년에서 주전 537년 사이에 발생한 것으로 기록되어 있다. 이 기간 동안에 느브갓네살(1-4장), 벨사살(5-7장), 메대 사람 다리오(5:30-6:28), 고레스(10-12장), 여호야김(1:1, 2)과 같은 왕들이 통치했다. 유다 백성들이 바벨론에 포로로 끌려갔으며 예루살렘 성전은 파괴되었고, 솔로몬의 왕궁과 성전에 있었던 보물들과 성전 기구들이 약탈되어 모두 바벨론으로 옮겨졌다. 하나님의 백성들이 이방 땅에서 고통의 세월을 보내야 했고 유다 역사에서 가장 비극적인 시기였다.

다니엘 7-12장에 소개된 다니엘의 환상의 내용은 주전 6세기의 배경을 훨씬 뛰어 넘는다. 한 예로 다니엘서 11장에는 주전 4세기 후반에서 2세기 중반의 셀류시드 왕조(the kingdom of Seleucid, 북방 왕)와 프톨레미 왕조(the kingdom of Ptolemaic, 남방 왕)에 대해 예언한다. 이로 인해 비평주의 학자들은 다니엘서가 사건이 발생한 이후인 주전 164년 이후에 기록되었다고 주장한다. 이들은 성경의 초자연적인 예언의 성격을 인정하지 않고 단지 연대, 언어학, 세계관에 기초하여 다니엘서의 역사성을 의심한다.[1] 그러나 하나님께서 다니엘을 통해 미래 역사를 미리 보게 하실 수 있다는 사실을 인정한다면 다니엘서의 역사성과 주전 6세기 기록을 부인할 이유는 없다.

4. 다니엘서의 구조

다니엘 1장에서 6장까지는 궁중 내러티브(court narrative)로 다니엘과 그의 세 친구들이 이방 나라의 궁중에서 겪은 여러 사건들이 이야기체

---

[1] 유진 H. 메릴, 마크 F. 루커, 마이클 A. 그리산티, 『현대인을 위한 구약개론』, 641-43.

형식으로 기술되어 있다. 7장에서 12장에는 묵시적 예언들을 포함한 네 개의 환상을 소개한다. 이 환상에는 고대 근동의 다양한 상징적 언어 및 숫자 등이 사용되었고 악한 세력들의 종말을 말하고 있다. 다니엘서는 두 개의 언어로 기록되었다. 다니엘 1:1-2:4a과 8:1-12:13은 히브리어로, 2:4b-7:28은 아람어로 기록되었다.

I. 다니엘과 세 친구들에 대한 이야기(1:1-6:28)
A. 뜻을 정한 다니엘(1:1-21)
B. 느브갓네살 왕의 첫 번째 꿈: 신상(2:1-49)
C. 풀무불 속에서 구원(3:1-30)
D. 느브갓네살 왕의 두 번째 꿈: 나무(4:1-37)
E. 벨사살의 연회(5:1-31)
F. 사자굴 속의 다니엘(6:1-28)

II. 다니엘의 네 가지 묵시적 환상(7:1-12:13)
A. 다니엘의 첫 번째 환상: 네 짐승(7:1-28)
B. 다니엘의 두 번째 환상: 숫양과 숫염소(8:1-27)
C. 다니엘의 기도와 세 번째 환상: 70 이레(9:1-27)
D. 다니엘의 네 번째 환상(10:1-12:13)
a. 인자 환상(10:1-11:1)
b. 남방 왕과 북방 왕(11:2-12:4)
c. 마지막 말(12:5-13)

5. 신학적 내용

다니엘서는 1-6장의 내러티브 부분과 7-12장의 환상 부분으로 구분되어 있지만 이 둘 사이를 관통하는 신학적 주제가 있다. 그 주제는 하나님의 절대주권, 하나님 나라, 언약에 신실한 삶이다.

1) 하나님의 절대주권

하나님 절대주권 사상은 다니엘의 주된 신앙 고백이다. 다니엘서는 시작하는 구절부터 역사를 주관하시는 하나님의 절대주권을 분명히 말한다. 다니엘 1:2은 "주께서 유다 왕 여호야김과 하나님의 전 그릇 얼마를 그의 손에 넘기시매"라고 기록한다. 느부갓네살 왕이 예루살렘 성전의 기구들을 탈취하여 자기 신들의 신전에 가져가 둔 것은 하나님께서 그렇게 하도록 하셨기 때문이다. 느부갓네살 왕의 두 번째 꿈인 나무 꿈에 대한 다니엘의 해석에서도 하나님 절대주권 사상을 엿볼 수 있다. 다니엘은 다음과 같이 말한다. "지극히 높으신 이가 사람의 나라를 다스리시며 자기의 뜻대로 그것을 누구에게든지 주시는 줄을 아시리이다"(4:25). 벨사살의 연회에서 벽에 쓰여진 글을 해석한 후에 다니엘은 "지극히 높으신 하나님이 왕의 부친 느부갓네살에게 나라와 큰 권세와 영광과 위엄을 주셨다"고 했다. 비록 이 세상은 악이 지배를 하고 있는 것처럼 보이지만 그렇지 않다. 하나님은 유다뿐만 아니라 바벨론 왕 느부갓네살의 운명도 주관하시고 다스리시는 분이시다.

2) 하나님 나라

다니엘서 전체를 관통하는 중요한 주제 가운데 하나는 하나님 나라이다. 다니엘은 바벨론이라는 세상 나라에 살면서도 하나님 나라를 추구하는 자였다. 그는 뜻을 정하여 바벨론의 느브갓네살 왕이 주는 음식과 포도주를 거부하였고 하나님께만 충성하기로 결심했다(1:8-16). 느브갓네살 왕이 꿈에서 본 큰 신상에 관한 다니엘의 해석은 세상 나라의 멸망과 하나님 나라의 영원성에 관한 것이었다(2:44, 45). 또한 느브갓네살 왕이 꿈에서 본 큰 나무 환상에 대한 다니엘의 해석과 느브갓네살 왕의 실제 경험을 통해 왕은 영원한 하나님 나라를 찬양하게 된다(4:34-37). 사자굴에서 건짐을 받은 다니엘을 보고 다리오 왕 역시 영원하신 하나님 나라를 찬양하였다(6:26). 하나님 나라 사상은 다니엘서 1-6장에 반복적으로 나타나는 주제이다. 다니엘서 7장에서 인자같은 이는 영원한 하나님 나라를 통치하는 왕으로 소개된다(7:13, 14). 다니엘이 본 네 짐승에 대한 환상 해석은 세상 나라의 심판과 하나님 나라의 영원성이다(7:15-28). 다니엘서는 악한 세상 나라와 하나님 나라 사이의 전쟁이 하늘과 땅에서 동시에 발생한다고 가르치고 있다(10:12-14).[2] 세상 나라와 하나님 나라는 갈등 관계에 있지만 결국 하나님 나라가 승리하게 될 것이라고 가르친다.

---

2   레이몬드 딜러드·트렘퍼 롱맨, 『최신구약개론』, 537.

3) 믿음, 인내, 그리고 보상

다니엘서는 하나님의 언약 백성이 어떻게 이 세상에서 살아갈 것인지에 대한 중요한 지침을 말해 준다. 다니엘은 세상 나라 속에 살아가면서도 하나님을 신뢰하는 믿음으로 승리한 모델이다. 다니엘과 세 친구들은 바벨론의 왕궁에서 제공하는 좋은 음식과 포도주를 거부하였지만 왕의 음식을 먹는 다른 소년들보다 얼굴이 더 좋아 보였다(1:15). 하나님께 뜻을 정하고 믿음으로 결단한 다니엘과 그의 세 친구들에게 하나님은 학문과 모든 서적과 환상과 꿈을 깨닫게 하는 지혜를 주셨다(1:17-20). 다니엘의 세 친구들은 느부갓네살 왕이 두라 평지에 세운 금신상에 절하지 않는 믿음을 보였다. 이로 인해 그들이 풀무불에 던져진다 하여도 하나님께서 능히 건져내실 것을 믿었고, 그렇게 하지 아니하실지라도 결코 왕의 신들이나 금 신상에게 절하지도 아니할 것을 선언했다(3:17, 18). 결국 하나님은 이들을 풀무불 가운데서 건져주셨을 뿐만 아니라 이들을 바벨론 지방에서 더욱 높여주셨다(3:30). 다니엘은 다리오 왕 외의 어떤 신에게도 기도하지 말라는 왕의 금령을 알고도 어김없이 하나님께 하루 세 번씩 기도했다(6:10). 그가 비록 모함을 받아 사자 굴 속에 던져졌으나 하나님께서 그를 사자의 입에서 구원하셨을 뿐만 아니라 더욱 형통한 자가 되었다(6:28). 이처럼 하나님의 언약 백성이 세상 나라에서 환란과 고난을 당하나 믿음으로 인내하면 하나님께서는 반드시 보상해 주신다.

6. 신약과의 관계

다니엘서는 다음과 같은 면에서 신약과 관련이 있다. 첫째, 다니엘서는 악의 세력을 물리치고 하나님의 나라를 세우실 전사이신 메시아를 바라보고 있다. 다니엘은 그가 하늘 구름을 타고 와서 하나님께 권세와 영광과 나라를 받아 하나님 나라의 왕으로 세워지게 될 것을 예언했다(7:13, 14). 신약에서 예수 그리스도는 사탄의 권세를 이기시고 십자가에서 승리하신 분으로 소개가 된다(골 1:13-15; 2:13-15). 예수 그리스도는 이 땅에 오셔서 하나님 나라를 회복하셨고, 그의 재림 시에 악에 대한 최종 승리와 하나님 나라의 완성을 이루신다. 요한계시록은 예수 그리스도께서 악의 세력을 완전히 멸망시킬 용사로서의 하나님으로 묘사되고 있다(계 19:11-21). 둘째, 다니엘은 밤의 환상 가운데 "인자 같은 이"를 보았고, 사도 요한도 밧모섬에서 촛대 사이에 다니시는 분을 "인자"라고 하였다(계 1:13). 인자에 대한 다니엘의 묘사와 사도 요한의 묘사 사이에는 서로 유사성이 있다. 다니엘은 천상의 존재에 대한 환상을 보았는데 그의 외적 모습은 세마포 옷을 입었고 허리에는 우바스 순금 띠, 몸은 황옥, 얼굴은 번갯빛, 눈은 횃불, 팔과 발은 빛난 놋, 말소리는 무리의 소리와 같았다(10:5, 6). 이러한 천상의 존재의 묘사는 요한계시록 1:13-16에 소개된 예수 그리스도의 모습과 유사하다. 셋째, 다니엘의 환상에서는 세상 나라의 악의 상징을 바다에서 올라온 네 짐승으로 묘사하고 있으며 요한계시록에서도 궁극적인 악은 바다에서 올라오는 네 짐승으로 소개한다(7:1-8; 계 13장). 예수님께서 감람산에서 종말에 대해 언급하셨을 때(마 24, 25장)와 사도 바울이 데살로니가 교회에 재림에 대한 말씀을 가르쳤을 때(살후 2장) 그 내용들은 다니엘서의 내용과 대부분 조화를 잘 이룬다. 신약의 성도들은 이 세상의 모든 악을 최종적으로 멸하실 예수 그리스도와 그의 재림을 사모하며 살아가야 한다.

용어 해설

궁중 내러티브(court narrative): 왕의 궁중에서 발생한 이야기들

묵시 문학(apocalyptic literature): 환란 가운데 있는 백성들에게 환상, 숫자, 동물 등을 사용한 다양한 상징 기법을 통해 악에 대한 종말론적 심판과 의인에 대한 보상을 그리는 문학 장르.

프톨레미 왕조(the kingdom of Ptolemaic): 알렉산더 대왕이 죽은 후 그의 부하 장군이자 그를 계승한 프톨레마이오스 혈통의 왕조이며 주전 305년부터 주전 30년까지 이집트를 지배했다.

셀류시드 왕조(the kingdom of Seleucid): 알렉산더 대왕이 죽은 후 그의 후계자 가운데 한 사람인 셀류쿠스 1세(주전 312-280년)가 세운 왕조이며, 아나톨리아에서 인더스 계곡에 이르는 최대 영토를 차지했고 헬레니즘 문화를 계승했다.

내용 요약

1. 다니엘의 이름의 뜻은 "하나님은 나의 심판자" 이다.
2. 다니엘서는 하나님의 절대 주권과 하나님의 나라에 대해 주로 말하고 있다.
3. 다니엘서는 바벨론에서 포로 생활을 하며 압제 가운데 있는 하나님의 백성들을 위로하 고 격려하기 위해 기록되었다.
4. 다니엘이 다니엘서의 저자라는 것은 이 책의 여러 부분에서 증언하고 있다.

5. 다니엘서는 악의 세력을 물리치고 하나님의 나라를 세우실 전사이신 메시아를 바라보고 있다.

7. 현대인을 위한 적용

다니엘서는 오늘날 그리스도인에게 혼란과 압박 속에서도 신앙의 정체성과 순결을 지킬 것을 촉구한다. 다니엘과 그의 친구들은 타협의 길보다 신실함을 택했고 하나님은 그들을 보호하시고 높이셨다. 이는 세속 가치가 지배하는 현대 사회에서 '뜻을 정하고' 하나님께 충성하는 이들에게 위로와 도전이 된다. 또한 다니엘서는 역사의 주관자이신 하나님을 선포한다. 인생과 세상이 무질서하고 불의해 보일지라도 하나님은 모든 세상 나라와 권세 위에 계시며 결국 하나님의 나라가 승리할 것이다. 오늘날 성도는 혼돈 속에서도 다니엘처럼 기도하며 인내하며 하나님 나라의 도래를 소망하는 삶을 살아야 한다. 성도는 세상의 변화와 정치적 상황에 휘둘리지 않고 하나님께서 모든 것을 통치하신다는 믿음을 가져야 한다. 하나님은 우리가 이해할 수 없는 방식으로 역사하시며 하나님의 뜻이 결국 이루어질 것이다. 다니엘서의 메시지는 시대와 문화를 초월해 모든 신실한 그리스도인에게 소망과 충성의 길을 제시한다.

8. 깊은 연구를 위한 질문

1) 다니엘서에 나타난 하나님 나라와 관련된 사건과 구절들은 무엇인가?

2) 다니엘 9장의 "70 이레"는 '문자적'으로 아니면 '상징적'으로 해석해야 하는가?

3) 다니엘 10장의 "인자 같은 이"는 누구인가?

4) 다니엘 1-6장과 7-12장 사이를 연결시켜 주는 중심 주제는 무엇인가?

9. 심화학습을 위한 독서 목록

바바라 륭 라이. 『신비를 엿보다: 다니엘』. 송동민 역. 크레이크 바르톨로뮤 편집. 고양: 이레서원, 2017.
어니스트 루카스. 『다니엘: Apolos Old Testament Commentary』. 김대웅 역. 서울: 부흥과개혁사, 2017.
Baldwin, Joyce G. *Daniel*. TOTC. Downers Grove: InterVarsity, 1978.
Goldingay, John. *Daniel*. WBC. Vol 30. Waco, Tex.: Word, 1989.

호세아

1. 목적

호세아서의 명칭은 선지자 호세아의 이름에서 온 것이며, 이름의 뜻은 "구원"을 의미한다. 호세아란 이름은 구약에서 자주 등장하는 이름이다. 여호수아의 원래 이름이 호세아였고(민 13:16; 신 32:44), 유다의 마지막 왕의 이름도 호세아였다(왕하 17:1). 호세아서는 12 소선지서 가운데 제일 처음에 나오는 책이다. 그 이유는 이 책이 12 소선지서 가운데 제일 길고 유대 전승에서 최초의 책으로 분류되기 때문이다.[1] 호세아서의 기록 목적은 다음과 같다.

첫째, 하나님과 북이스라엘 백성들과의 긴밀한 언약 관계를 소개하고 언약을 어긴 자신의 백성들을 치유하시고 사랑하시는 하나님의 열정을 보여 주기 위함이다. 호세아 선지자는 음란한 생활을 하였던 고멜을 아내로 맞이하라는 하나님의 명령에 순종하였다. 고멜이 결혼 후에도 계속하여 부정한 행동을 하였음에도 불구하고 호세아는 그

---

[1] 유진 H. 메릴, 마크 F. 루커, 마이클 A. 그리산티, 『현대인을 위한 구약개론』, 654.

녀를 용납하고 다시 집으로 데려온다(3:1). 이스라엘 백성들은 간음한 여인과 같이 하나님을 떠났으나 하나님은 변함없는 사랑으로 그들을 용납하시고 치유하길 원하신다(11:3, 4).

둘째, 이스라엘 백성들이 끊임없이 죄를 범하는 이유는 그들에게 여호와를 아는 지식이 없기 때문임을 알리기 위함이다. 하나님은 이스라엘 백성들에게 양식과 풍성한 재물을 주셨지만 그들은 이를 알지 못하였다(2:8). 선지자는 그들에게 하나님을 아는 지식이 없기 때문에 이러한 일들이 발생했다고 질책한다(4:1, 6). 그들이 하나님을 아는 지식을 버렸기에 하나님도 그들을 버려 자신의 제사장이 되지 못하게 하실 것이라고 하셨다(4:6). 호세아서에는 반복적으로 하나님을 아는 지식의 중요성에 대해 강조한다(2:20; 4:14; 5:4; 6:3; 8:2; 13:4-6).

셋째, 백성들이 하나님께 돌이킬 때 회복의 소망이 있음을 알게 하기 위해서다. 호세아서는 대부분 백성들의 죄악에 대한 책망과 심판의 메시지가 주를 이룬다. 하지만 하나님께 돌아오라는 회개의 메시지와 함께 회복의 약속과 소망도 전한다(11:7; 14:1). 이스라엘 백성들의 죄가 너무 심각하여 하나님의 징계가 필요했고 이는 회복을 위한 하나의 과정이었다. 그러나 백성들이 하나님께 돌아와 불의를 제거하면 그들은 여호와로 인하여 풍성함과 아름다운 열매를 얻게 될 것이다(14:4-8).

2. 저자

호세아서는 북이스라엘 선지자 호세아의 예언을 기록한 책이다. 호세아 1:1에서 "브에리의 아들 호세아에게 임한 여호와의 말씀이라"

고 소개하고 있다. 호세아 선지자의 개인적인 삶은 그의 메시지와 긴밀하게 연결되어 있다. 호세아 선지자는 북이스라엘을 향해 하나님의 메시지를 전하기 위해 음탕한 여인과 결혼을 해야 했다. 당시 북이스라엘은 하나님을 떠나 배교하였고 하나님은 이들을 향해 애끓는 사랑의 마음을 전해야 했다. 이를 위해 호세아는 하나님의 명령을 따라 음란한 여인 고멜을 아내로 삼아야 했다. 호세아와 고멜 사이에는 세 명의 자녀가 있었고 그 이름은 각각 이스르엘(하나님이 뿌리신다), 로루하마(긍휼히 여김을 받지 못하는 자), 로암미(내 백성이 아니라)이다. 고멜은 호세아와 결혼을 한 후에도 음행을 버리지 못하고 집을 나갔으나 호세아 선지자는 다시 돈을 주고 그녀를 사왔다. 호세아는 자신의 아내인 고멜에 대한 사랑을 보여 줌으로써 이스라엘을 향한 하나님의 사랑이 얼마나 크신지를 보여 준다.

3. 기록 연대와 배경

호세아 1:1은 호세아 선지자의 활동 연대에 대한 정보를 제공해 준다. "웃시야와 요담과 아하스와 히스기야가 이어 유다 왕이 된 시대 곧 요아스의 아들 여로보암이 이스라엘 왕이 된 시대에 브에리의 아들 호세아에게 임한 여호와의 말씀이라." 호세아는 북이스라엘의 여로보암 2세가 통치하던 때에 사역을 시작했다. 이 시기에 북이스라엘이나 남유다가 경제적으로 번성을 누렸으나 사회적 불의와 우상 숭배가 전국가적으로 널리 퍼져갔다(4:17; 8:4-6; 암 5:26; 미 1:7). 여로보암 2세 말년에는 애굽에 반기를 들고 앗수르에 항복할 것인가를 두고 정치적 혼란이 가중되었다(5:13; 7:11; 8:9-10). 여로보암 2세가 죽은 후에도 호세아의 사역은 지속되었고 주전 722년에 사마리아가 함락되기 전 스가랴(주전 753년), 살룸(주전 752년), 므나헴(주전 752-742년), 브가히야(주전 742-740년), 베가(주전 752-732년), 호세아 왕(주전 732-722년)의 시대에도 사역을 했을 것으로 추정된다.

4. 호세아서의 구조

호세아서는 크게 1-3장, 4-14장으로 구분된다. 1-3장은 호세아의 결혼과 이스라엘과 하나님과의 결혼에 대한 유비 관계를 소개하고 있다. 4-14장은 세 부분으로 구분되고(4:1-9:8, 9:9-13:16, 14:1-9) 이스라엘의 과거, 현재, 미래에 대한 심판과 구원을 여러 비유와 은유적 표현들을 사용하여 전하고 있다.

I. 표제(1:1)

II. 호세아의 결혼과 이스라엘의 결혼(1:2-3:5)
    A. 호세아의 아내와 자녀들(1:2-2:1)
    B. 하나님과 이스라엘의 결혼(2:2-23)
    C. 호세아의 결혼 관계 회복(3:1-5)

III. 이스라엘의 현재와 미래에 대한 심판의 경고(4:1-9:8)
    A. 신실하지 못한 이스라엘 책망(4:1-19)
    B. 이스라엘 심판 경고(5:1-15)
    C. 아담처럼 언약을 어긴 백성(6:1-7:16)

      D. 에브라임의 범죄하는 제단(8:1-14)

      E. 형벌의 날, 보응의 날(9:1-8)

IV. 이스라엘의 과거 회상을 통한 심판의 경고(9:9-13:16)

      A. 듣지 않는 에브라임, 버림받은 에브라임(9:9-17)

      B. 파괴가 되는 이방 제단(10:1-8)

      C. 전쟁의 날 선언(10:9-15)

      D. 결코 포기하지 않는 하나님(11:1-11)

      E. 이스라엘의 죄(11:12-12:14)

      F. 이스라엘에 대한 여호와의 진노(13:1-16)

V. 남은 자들을 위한 구원(14:1-9)

      A. 여호와께 돌아오라(14:1-3)

      B. 여호와의 진노가 떠남(14:4-8)

      C. 여호와의 도: 의인의 길과 죄인의 길(14:9)

5. 신학적 내용

호세아서는 이스라엘 백성들을 향한 하나님의 사랑의 메시지를 선지자의 실제적인 삶을 통해 백성들에게 보여 준다. 호세아서의 메시지는 하나님과 이스라엘 백성들 사이의 관계에 초점을 맞춘다.

1) 하나님의 사랑

이스라엘 백성들이 하나님을 버리고 다른 신들을 섬기는 영적 간음을 행할 때에도 하나님은 변함없이 그들을 사랑했고 그들이 돌아오기를 기다렸다(12:6). 하나님은 변화되지 않고 가치 없는 이스라엘을 어릴 때부터 사랑하였고(11:1), 사랑의 줄로 그들을 이끌었으며(11:4), 그들의 반항에도 불구하고 결코 그들을 포기하지 않으셨다(11:8). 하나님은 공의로운 분이시기에 이스라엘의 우상 숭배 죄악을 심판하지 않을 수 없다. 비록 하나님께서 그들을 징계하시고 이방의 침략을 받게 하시지만 그들을 완전히 버리시지는 않는다. 하나님의 지속적이며 은혜로운 사랑이 있기 때문에 구원을 위한 소망은 아직도 남아 있다(14:4-9). 호세아서에서 하나님의 사랑을 나타내는 다른 은유적인 표현에는 돌보는 부모(11:1-4), 치료자(7:1; 11:3; 14:4), 목자(11:4; 13:5) 등이 있다.[2]

2) 언약과 결혼

호세아서의 메시지의 기반은 언약이며 특별히 모세 언약이 그 중심에 자리 잡고 있다. 배교하는 이스라엘 백성들을 위한 하나님의 심판과 저주의 메시지는 모세의 율법에 나타나는 저주들에 관한 내용을 담고 있다(4:10, 11; 신 28:17, 18; 32:24-28). 이스라엘 백성들이 심판을 받는 이유는 그들이 언약을 어겼기 때문이다(6:7; 8:1). 호세아서는

---

[2] Mary J. Evans, "Hosea," in *Theological Interpretation of the Old Testament: A Book-by-Book Survey*, ed. Kevin J. Vanhoozer (Grand Rapids: BakerAcademic, 2008), 248.

하나님과 이스라엘 사이의 언약 관계를 결혼 은유를 사용하여 제시한다. 결혼을 통한 부부 사이의 관계는 서로 배타적인 헌신을 기반으로 하고 있다. 만약 배우자가 다른 사람과 음행을 한다면 언약 관계는 깨어지고 결혼 생활은 파탄에 이르게 된다. 하나님과 이스라엘 사이는 결혼한 부부와 같이 그 어떤 것도 둘 사이에 개입할 수 없다(출 20:1-6; 신 4:15-31). 이 언약 관계에서 요구되어지는 것은 서로를 향한 전적인 신실함이다. 그러나 이스라엘 백성들은 하나님보다 바알 우상을 더 따르고 숭배했다.

3) 여호와를 아는 지식

하나님과 이스라엘 백성들 사이의 언약 관계 유지를 위해 필요한 것은 지식이다. 이스라엘에게 포도주와 기름, 금과 은을 주신 분은 바알이 아니라 하나님이신데 백성들은 이것을 알지 못했다(2:8). 이스라엘 백성들이 죄를 범하고 망해가는 이유는 그들이 하나님을 아는 지식을 버렸기 때문이다(4:6). 호세아 선지자는 이스라엘 백성들이 하나님을 알아가기 위해 말씀을 배워야 함을 강조한다. 제사장들은 백성들에게 여호와에 대한 지식을 가르쳐야 하는 책임이 있다. 그런데 이들이 먼저 율법을 버리고 탐욕에 가득찬 생활을 했기에 하나님의 책망을 받는다(4:6-9). 여호와를 안다는 것은 율법을 통해 계시된 하나님에 대해 배우고 그 분과 긴밀한 교제를 통해 인격적 신뢰와 확신에 근거해 하나님을 경외하는 삶을 사는 것이다.

6. 신약과의 관계

신약은 호세아서 인용(citation)이나 암시(allusion)를 40회 정도하고 있다. 그 가운데 가장 유명한 것은 마태복음 2:5에서 인용한 호세아 11:1이다. "헤롯이 죽기까지 거기 있었으니 이는 주께서 선지자를 통하여 말씀하신 바 애굽으로부터 내 아들을 불렀다함을 이루려 하심이라"(마 2:5). 마태는 요셉이 헤롯의 위협을 피해 아기 예수와 마리아를 데리고 잠시 애굽에 체류했다가 다시 돌아오는 사건을 그리기 위해 호세아서의 말씀을 인용하였다. 사도 바울은 이방인들이 하나님의 자녀로 편입될 것을 말하기 위해 호세아 선지자 자녀들의 이름을 인용하였다. "내가 내 백성 아닌 자를 내 백성이라, 사랑하지 아니한 나를 사랑한 자라 부르리라"(롬 9:25, 26; 호 2:23). 베드로 사도도 이방인들이 하나님의 백성이 되는 것을 제시하기 위해 호세아서를 사용하였다(벧전 2:9). 특히 바울은 고린도전서 15:55에서 호세아 13:14을 인용하면서 성도들이 예수 그리스도를 통해 사망을 이길 것임을 선언했다. "사망아 너의 승리가 어디 있느냐 사망아 네가 쏘는 것은 죄요 죄의 권능은 율법이라"(고전 15:55).[3]

---

3 호 13:14, "내가 그들을 스올의 권세에서 속량하시며 사망에서 구속하리니 사망아 네 멸망이 어디 있느냐 스올아 네 멸망이 어디 있느냐 뉘우침이 내 눈 앞에서 숨으리라."

내용 요약

1. 호세아서는 북이스라엘 선지자 호세아의 예언을 기록한 책이다.
2. 호세아의 이름의 뜻은 "구원"을 의미한다.
3. 호세아서는 언약을 어긴 자신의 백성들을 치유하시고 사랑하시는 하나님의 열정을 잘 보여 주고 있다.
4. 호세아서는 이스라엘 백성들을 향한 하나님의 사랑의 메시지를 선지자의 실제적인 삶을 통해 백성들에게 보여 준다.
5. 호세아서는 하나님의 백성들이 하나님과의 언약관계를 유지하기 위해 필요한 것은 하나님을 아는 지식이라고 말한다.

7. 현대인을 위한 적용

호세아서는 신실하지 못한 인간과 그럼에도 불구하고 포기하지 않으시는 하나님의 사랑을 보여 준다. 오늘날에도 많은 신자들이 세상의 성공과 안정, 쾌락을 좇아 영적 간음에 빠지고 하나님을 잊은 채 살아간다. 그러나 하나님은 거듭 외면당하면서도 사랑을 거두지 않으시는 분이다. 하나님께 배반한 경험이 있더라도 그분의 사랑이 변치 않음을 알고 다시 회복의 길을 찾을 수 있어야 한다. 호세아처럼 하나님의 마음을 품고 살아간다면 우리는 죄를 정죄하기보다 회복을 위한 끈질긴 사랑으로 사람들을 대하게 된다. 또한 호세아서가 강조하듯 하나님을 아는 지식은 단순한 정보가 아니라 삶을 변화시키는 인격적 앎이다. 성경을 배우고, 기도하며, 하나님과 깊이 교제하는 가운데 오늘날 신자들도 언약 백성으로서의 정체성과 사명을 회복해야 합니다. 호세아서의 메시지는 신실함을 잃어버린 세대에 대한 하나님의 절박한 부르심이며, 우리 모두가 돌아와야 할 사랑의 자리를 가리킨다.

8. 깊은 연구를 위한 질문

1) 호세아와 고멜과의 결혼을 통해 하나님과 이스라엘과의 언약 관계를 어떻게 설명할 수 있는가?

2) 호세아가 말한 "여호와를 아는 지식"이란 무엇을 의미하는가?

3) 호세아가 제사장들을 책망하는 이유가 무엇인가?

4) 호세아가 메시지를 효과적으로 증거하기 위해 사용한 은유적 표현들은 무엇이 있는가?

9. 심화학습을 위한 독서 목록

더글라스 스튜어트. 『호세아-요나』. 김병하 역. 서울: 솔로몬, 2011.
박준서. 『이스라엘아! 여호와의 날을 준비하라: 아모스. 호세아. 미가. 스바냐. 나훔. 하박국』. 서울: 대한기독교서회, 2001.
Anderson, F. I., and David N. Freedman. *Hosea*. AB. Vol. 24. Garden City, N.Y.: Doubleday, 1980.
Lim, Bo H. *Hosea*. Grand Rapids: Eerdmans, 2015.
May, J. L. *Hosea*. OTL. Philadelphia: Westminster, 1969.

요엘

1. 목적

요엘서는 12 소선지서에서 두 번째 책이다. 이 책은 자연 재난을 통해 하나님의 백성들에게 크고 두려운 "여호와의 날"을 소개하고 하나님께 회개하라는 메시지를 전하기 위해 기록되었다. 나아가 이 세상의 종말에 이르러 여호와께서 세상의 역사 속에 개입하시는 심판과 구원의 양면성을 가진 "여호와의 날"을 보여 주고자 하는 목적이 있다.

2. 저자

요엘이란 이름의 뜻은 "여호와는 하나님이시다"이다. 구약에서 요엘이란 이름을 가진 사람들이 열두 명이나 더 있으나 요엘 선지자와는 관련이 없다. 요엘서는 "브두엘의 아들 요엘에게 임한 여호와의 말씀이라"는 표제로 시작한다(1:1). 이는 요엘 선지자가 브두엘의 아들이란 점만 언급되고 그가 속한 지파나 사는 장소에 대한 정보는 제공하지 않는다. 요엘 선지자는 자신에게 임한 하나님의 말씀을 백성들에게 전하고 기록하였다.

3. 기록 연대와 배경

요엘서는 책의 기록 연대에 대해 어떤 언급도 하고 있지 않다. 이 책에서 소개되는 메뚜기 재앙은 고대 시대에 너무 일반적인 현상이어서 이를 통해 책의 연대를 설정하기는 힘들다. 어떤 학자들은 요엘서가 호세아서와 아모스서 사이에 위치해 있어서 주전 9세기에 기록되었을 것이라고 주장한다. 또 다른 이들은 요엘서에는 북왕국 이스라엘에 대한 언급이 전혀 없어 아마 주전 722년 이후에 기록이 되었을 가능성이 있다고 한다(3:2). 본문에서 유다를 "이스라엘"이라고 언급하는 경우가 있는데 이는 포로 후기의 책들에서 자주 볼 수 있는 특징이다(2:27; 3:2, 16).[1] 요엘서에는 성전에 대한 언급이 있는 것으로 보아 성전이 파괴된 주전 586년부터 재건된 주전 516년 사이에는 기록되지 않았다고 볼 수 있다. 요엘서의 기록 연대를 설정하기는 어려운 문제다. 칼빈은 요엘서의 연대가 불확실하니 결정되지 않은 상태로 남겨 두는 것이 좋고, 이 책의 신학적 메시지는 기록 연대와 무관하게 모든 시대에 적합하다고 했다.

---

1 레이몬드 딜러드·트렘퍼 롱맨, 『최신구약개론』, 559.

4. 요엘서의 구조

요엘서는 여호와의 날에 임하는 파괴적인 메뚜기 재앙에 대해 언급한 후에(1:2-12; 2:1-11) 연이어 애통하며 회개하라고 백성들에게 권고한다(1:13-20; 2:12-17). 그리고 그 후에 회복과 축복을 약속한다(2:18-27). 이러한 패턴은 열방에 대한 심판과 이스라엘에 대한 회복을 말하는 전세계적인 범위로 확대된다(2:28-3:21).

I. 애곡하라 심판 경고(1:1-2:11)
  A. 주님의 날: 메뚜기 재앙(1:1-12)
  B. 애통하라(1:13-14)
  C. 가까운 여호와의 날(1:15-20)

II. 다가오는 여호와의 날: 회개하라(2:12-17)
  A. 주님의 날: 메뚜기 군대(2:1-11)
  B. 마음을 찢고 회개하라(2:12-17)
  C. 여호와의 사랑과 땅의 회복(2:18-27)

III. 미래 여호와의 날(2:18-3:21)
  A. 주님의 날(2:28-32)
  B. 열방에 대한 심판(3:1-17)
  C. 이스라엘의 번영(3:18-21)

5. 신학적 내용

요엘서를 하나로 묶어 주는 주요 단어는 "여호와"와 "하나님"이다. "여호와"는 전체 요엘서에서 33회 사용되었고 "하나님"은 11번 사용되었다. 요엘서는 시간(여호와의 날)과 장소(시온)와 관련된 하나님의 행위를 소개하고 있다.

1) 여호와의 날

요엘서의 주된 관심사는 여호와의 날이며 이 책의 신학적 주제에서 중요한 역할을 한다(1:15; 2:1, 11, 31; 3:14. 참고. 2:2, 29; 3:1, 18). 메뚜기 재앙은 이스라엘 사회 전반에 충격적인 영향을 미쳤고 이로 인해 백성들의 삶의 현장은 황폐화되었다(1:1-12). 요엘 선지자는 백성들이 경험한 메뚜기 재앙은 장차 도래할 여호와의 날의 한 모습이라고 경고하였다. 메뚜기 재앙에서 회생할 수 있는 길은 애통하고 회개하며 주께로 돌아오는 것이다(1:13, 14). 여호와의 날은 하나님의 현현의 날이며 이 날은 어두움(2:2), 불(1:19-20; 2:3), 지진(2:10)과 같은 이미지로 묘사가 된다. 메뚜기 재앙의 이면에 하나님이 역사하셨듯이 이보다 더 큰 여호와의 날에는 하나님의 심판과 구원이 임하는 날이다. 하나님께 죄를 범하고 불순종하는 자들에게는 심판의 날로, 하나님께 돌이켜 회개하는 자들에게는 구원과 영광스런 회복의 날이 된다. 여호와의 날은 종말론적 성격이 있다. 이 날은 단지 이스라엘 백성들에게만 국한된 것은 아니며 온 세상과 모든 나라들에게 임하는 날이다. 이 날은 이스라엘의 역사 속에만 국한되는 날이 아니라 세상 마지막 종말의 날까지 그 범위가 확대된다. 이스라엘 백성이나 이방인이나 하나님께 신실하지 못한 자들은 심판과 형벌을 받게 된다. 그러나 누구든지 여호와의 이름을 부르며 언약에 신실한 자들은 구원을 얻게 된다(2:31, 32). 여호와의 날에 시온은 하나님의 구원의 장소가 된다(2:1, 15, 23, 32; 3:16, 17, 21). 여호사밧 골짜기에서 온 세상을 향한 여호와의 판결이 내려지며, 시온산과 예루살렘으로 피하는 남은 자들은 구원을 받게 된다(3:1, 2, 16, 17). 시온산과 예루살렘은 초월적인 여호와의 임재가 있는 곳에 대한 상징적 표현이다. 요엘 선지자가 바라보는 종말론적인 여호와의 날은 시간과 장소를 초월하는 하나님의 임재의 날이다. 어느 시대나, 장소에서도 하나님께로 피하는 자들은 심판의 날에도 보호하심을 받는다.

6. 신약과의 관계

요엘 선지자가 바라본 여호와의 날은 회복의 날을 포함한다. 선지자가 기대하는 종말론적 주님의 날에는 여호와의 영이 만민에게 부어진다(2:28). 이 날에 여호와의 영은 자녀들, 늙은이, 젊은이, 남종과 여종을 포함한 공동체의 모든 구성원들에게 임한다. 베드로 사도는 오순절 성령 강림 때에 일어난 사건을 바라보며 요엘 선지자의 예언이 성취되었다고 선포한다(행 2:14-21). 신약의 새로운 언약 공동체인 교회에는 유대인과 이방인들을 포함한 모든 만민들로 구성이 된다. 이 새로운 언약 공동체에는 남자와 여자, 젊은이와 늙은이, 종이나 자유자와 같은 다양한 사람들로 구성이 되고 이들 모두에게 성령이 부어진다. 교회는 예수 그리스도와 그의 성령에 의해 통치가 이루어지는 신정주의 공동체이다. 신약에서 여호와의 날은 궁극적으로 예수 그리스도께서 장차 온 세상의 심판주로 오실 재림의 날을 기대한다(마 24:21, 42; 살전 5:1-11).

> **내용 요약**
> 1. 요엘이란 이름의 뜻은 "여호와는 하나님이시다"이다.
> 2. 요엘서는 자연의 재앙을 통해 하나님의 백성들에게 크고 두려운 "여호와의 날"을 소개하고 하나님께 회개하라는 메시지를 전하고 있다.
> 3. 요엘서를 하나로 묶어 주는 주요 단어는 "여호와"와 "하나님"이다.
> 4. 요엘서는 시간(여호와의 날)과 장소(시온)와 관련된 하나님의 행위를 소개하고 있다.
> 5. 요엘서의 여호와의 날은 신약에서 궁극적으로 예수 그리스도께서 장차 온 세상의 심판주로 오실 재림의 날을 기대한다.

7. 현대인을 위한 적용

요엘서는 위기의 시대에 하나님의 경고의 소리를 듣고 돌이키라는 부르심이다. 현대인 역시 기후 재앙, 사회 혼란, 개인의 상실과 고통 속에서 영적 메뚜기 떼의 공격을 받고 있다. 그러나 이 재앙의 뒤편에는 우리를 회복시키시려는 하나님의 손길이 있음을 기억해야 한다. 또한 메뚜기 떼 재앙과 같은 고난은 교회 공동체의 영적 각성을 위한 경고일 수 있다. 교회는 고난 속에서 하나님의 음성을 듣고, 회개와 갱신의 기회로 삼아야 합니다. 요엘은 단순한 외적 행위가 아닌 "마음을 찢는" 회개를 촉구한다. 지금 이 순간도 주님의 날은 임하고 있으며 회개하는 자에게는 성령의 새 바람과 함께 구원과 회복이 약속되어 있다. 우리가 진심으로 하나님을 찾는다면 혼란의 시대 속에서도 시온산에 피난처가 있듯, 예수 그리스도 안에서 안전과 희망을 발견하게 될 것이다.

8. 깊은 연구를 위한 질문

1) 요엘서의 "여호와의 날"의 의미는 무엇인가?

2) 요엘서의 주님의 날과 신약의 오순절 성령 강림 사건과 어떤 관계가 있는가?

9. 심화학습을 위한 독서 목록

더글라스 스튜어트. 『호세아–요나』. 김병하 역. 서울: 솔로몬, 2011.
매튜 헨리. 『매튜 헨리 주석, 호세아–말라기』. 박문재 역. 고양: 크리스챤다이제스트, 2009.
Crenshaw, R. L. *Joel*. AB. New York: Doubleday, 1995.
Garrett, D. A., *Hosea, Joel*. NAC. Nashville: B&H, 1997.

아모스

1. 목적

아모스서는 12선지서 가운데 세 번째 책에 해당한다. 아모스 선지자는 성경에 기록을 남긴 기록 선지자들(writing prophets) 가운데 최초의 선지자로 알려져 있다. 아모스서는 뛰어난 문학적 구성, 문체뿐만 아니라 사회 윤리적인 메시지를 담고 있어 사회적 불의와 억압에 대항하는 자들에게 많은 사랑을 받고 있는 책이기도 하다. 아모스서의 목적은 국가의 번영과 풍요함에 빠져 우상 숭배와 사회 정의를 상실한 이스라엘 백성들에게 그들의 심각한 죄에 대해 경고하고, 타락한 원인을 진단할 뿐만 아니라 종국적으로 하나님의 회복을 선포하기 위해 기록되었다.

2. 저자

아모스 1:1은 아모스서의 저자에 대해 말해 준다. "유다 왕 웃시야의 시대 곧 이스라엘 왕 요아스의 아들 여로보암의 시대 지진 전 이년에

드고아 목자 중 아모스가 이스라엘에 대하여 이상으로 받은 말씀이라"(1:1). 아모스란 이름의 뜻은 "짐을 지는 자"이다. 이는 율법을 어기며 불의하게 살아가는 북이스라엘 백성들을 향해 하나님의 심판의 메시지를 선포하며 사명의 길을 걸어가는 선지자의 모습과 잘 어울린다. 아모스 선지자는 유다 예루살렘에서 남쪽으로 16km 떨어진 작은 마을인 드고아 출신의 선지자이다. 아모스는 남유다 출신의 사람으로서 북이스라엘에 가서 하나님의 말씀을 전하라고 부름을 받았다. 그는 전문적인 선지자 훈련을 받은 자가 아니고 목자이며, 뽕나무를 재배하는 농부였다(7:14). 그럼에도 불구하고 그는 당시 국제 정세에 대해 잘 알고 있었으며 그의 문학적 자질 또한 우수하였다. 하나님은 정식 교육이나 종교적 훈련을 받지 못한 사람을 사용하셨고 전문적인 종교 지도자들의 따가운 눈과 대중의 여론에도 아랑곳하지 않고 담대하게 말씀을 선포하게 하셨다.[1]

3. 기록 연대와 배경

아모스 선지자는 남유다에는 웃시야 왕(주전 792-740년), 북이스라엘에는 여로보암 2세(주전 793-753년)가 통치하던 시기에 하나님의 말씀을 전했다(왕하 14:23-15:7). 그는 주전 760-750년경에 사역을 했을 것이다. 아모스 선지자가 "지진 전 이년"에 사역을 시작했다고 하는데(1:1; 8:8. 참조. 슥 14:5), 고고학적 자료에 의하면 주전 760년경에 하솔

---

[1] Andrew E. Hill and John H. Walton, *A Survey of the Old Testament*, 479.

(Hazor), 게제르(Gezer) 그리고 라기스(Lachish)에서 큰 지진이 일어났다고 한다.[2] 아모스의 배경이 되는 여로보암 2세의 통치 기간에 북이스라엘은 정치적으로는 자신감 있고 낙관적인 분위기가 팽배하였다. 그의 통치 40년 동안에 솔로몬 시대의 영토를 회복하여 교역로들을 확보하였고 통행세를 거두기도 하였다. 경제적으로는 상업이 활발하여 부를 축적하였고 건축 활동도 많아졌다(3:15; 8:5, 6). 그러나 사회적으로는 도시화가 진행이 됨에 따라 빈부의 격차가 심해졌고 가난한 자들은 더욱 학대를 당하였다(2:6; 8:4, 6). 경제는 성장하였으나 도덕적으로는 더욱 타락하여 방탕, 사치, 불의가 곳곳에 횡횡하였다(2:7; 4:1; 5:2, 7).

4. 아모스서의 구조

아모스서는 전체적으로 다섯 부분으로 구분된다. 표제(1:1, 2), 열방과 유다 이스라엘에 대한 심판 선언(1:3-2:16), 다섯 가지 신탁(3:1-6:14), 다섯 가지 환상(7:1-9:10), 이스라엘의 회복(9:11-15)이다. 아모스서는 숫자 격언(1:3, 6, 13; 2:1, 6), 언어유희(5:5; 6:1, 6-7; 8:2), 열방신탁(1:3-2:16), 수사학적 질문(3:3-6, 8; 5:18-20; 9:7), 은유(2:!3; 3:4, 5; 4:12), 직유(2:9; 5:7; 6:12) 등과 같은 다양한 문학 형식이 사용되고 있다.

---

[2] 슥 14:5, "그 산 골짜기는 아셀까지 이를지라 너희가 그 산 골짜기로 도망하되 유다 왕 웃시야 때에 **지진**을 피하여 도망하던 것 같이 하리라 나의 하나님 여호와께서 임하실 것이요 모든 거룩한 자들이 주와 함께 하리라."

I. 표제와 주제어: 포효하는 사자(1:1, 2)

II. 열국과 이스라엘 심판(1:3-2:16)

    A. 다메섹, 가사, 두로, 에돔, 암몬, 모압(1:3-2:3)

    B. 유다, 이스라엘(2:4-16)

III. 다섯 가지 신탁(3:1-6:14)

    A. 사자 이미지와 사마리아에 임할 징벌(3:1-15)

    B. 돌아오지 않는 이스라엘(4:1-13)

    C. 애가, 여호와를 찾으라(5:1-17)

    D. 여호와의 날(5:18-27)

    E. 교만한 자와 지도자들에 대한 책망(6:1-14)

IV. 다섯 가지 환상(7:1-9:10)

    A. 메뚜기(7:1-3)

    B. 불(7:4-6)

    C. 다림줄(7:7-9)

    D. 아모스와 아마샤의 대결(7:10-17)

    E. 여름 실과(8:1-14)

    F. 성소 파괴(9:1-10)

V. 이스라엘의 회복: 다윗의 장막(9:11-15)

5. 신학적 내용

아모스서는 다른 선지서들에 비해 사회 정의에 대한 높은 관심을 보이고 있다. 그러나 아모스 선지자가 외친 사회 정의는 모세의 율법에 근거를 두고 있으며 하나님과의 언약 관계에 뿌리를 두고 있다.

1) 하나님의 절대주권

아모스서에는 "여호와"란 이름이 다른 하나님의 이름과 결합되어 약 80회 정도 사용된다. 선지자는 하나님의 이름을 높이면서 "그의 이름이 (만군의 하나님) 여호와시니라"라는 후렴구를 세 번이나 사용하기도 한다(4:13; 5:8; 9:6). 또한 아모스서에는 "만군의 하나님"이란 용어가 9회나 나타난다(3:13; 4:13; 5:14, 15, 16, 27; 6:8, 14; 9:5). 이와 같은 여호와의 이름을 사용하여 선지자는 하나님의 주권적 통치를 소개한다. 아모스는 하나님께서 열방과 역사의 주권자이시며 땅과 하늘의 모든 것들의 창조주이심을 선포한다. 하나님은 북이스라엘 뿐만아니라 주변의 열방들도 심판하시고 다스리신다(1:3-2:3). 그는 산들을 지으며 바람을 창조하며 땅의 높은 곳을 밟는 분이시다(4:13; 9:5). 만군의 하나님은 자신의 백성들이 교만하여 높아질 때 그 영광을 싫어하고 이들을 원수의 손에 넘기시는 분이다(5:27; 6:8, 14). 하나님께서 이스라엘의 모든 죄를 보응하시고 벧엘의 제단을 벌하시며(3:14), 이스라엘의 성읍을 파괴하며(4:11, 12), 안일한 지도자들을 사로잡히게 한다(6:7). 이 세상에서 하나님의 주권적 능력이 미치지 않는 부분은 한 군데도 없다(9:2-4).

2) 언약

아모스서에는 언약이란 단어가 사용되지는 않지만, 선지자는 하나님과 이스라엘 백성들 사이의 언약 관계를 기반으로 메시지를 전한다. 아모스 선지자는 과거에 하나님께서 이스라엘 백성들을 애굽에서 구원한 사건을 회상시키며 그들에게 베푸신 은혜를 언급한다(2:10; 3:1, 2). 하나님께서 이스라엘 백성들에게 거룩하고 온전한 삶의 방식을 요구하는 이유는 그들이 하나님의 은혜로운 구속을 경험한 언약 백성이기 때문이다. 하나님은 자신의 백성들만 알았고 그들에게 전적으로 헌신했다(3:2). 그렇기에 이스라엘 백성들도 그 은혜와 사랑에 반응하여 언약의 규례를 따라야 한다. 아모스가 말하는 언약 백성의 삶의 방식, 순종에 대한 축복과 불순종에 대한 저주는 모세의 율법에서 나온 것이다. 예를 들면, 전당 잡은 옷에 관한 규례(암 2:8; 출 22:26; 신 24:12-13), 나실인에 관한 규례(암 2:12; 민 6:2-21), 희생 제물과 십일조(암 4:4; 신 14:28) 등이 있다.

3) 사회 정의

하나님께서 이스라엘 백성에게 요구하신 삶의 실천적 원리는 정의와 공의이다. 아모스서는 사회 정의에 대한 관심이 많다(5:7, 24; 6:12). 물론 선지자가 외친 사회 정의는 하나님과 이스라엘 백성들 사이의 언약 관계를 기반으로 하고 있다. 하나님과 백성들 사이의 언약 관계의 타락은 사회의 정의와 공의의 실종을 불러왔다. 하나님께서 요구하신 정의와 공의는 사회의 질서가 바로 유지되기 위한 기본적인 원리이다. 그런데 아모스 당시 이스라엘의 사회 지도층은 약자를 억압하고 가난한 자들의 재판을 불공정하게 했다. 그러면서도 종교적 행사와 제사에는 열심이었다. 그들의 종교 행위에는 하나님에 대한 경외가 없었고 우상 숭배와 혼합주의에 물들어 있었다. 사회 정의에 대한 아모스서의 대표적인 구절은 아모스 5:23-24이다. "네 노랫소리를 내 앞에서 그칠지어다 네 비파 소리도 내가 듣지 아니하리라 오직 정의를 물같이, 공의를 마르지 않는 강같이 흐르게 할지어다." 하나님은 자기만족을 위한 종교 행위에 심취해 있는 당시 지도자들에게 하나님의 율법에 순종하는 실천적인 삶을 촉구하셨다. 정의의 하나님은 언약백성들에게 선을 행하는 삶을 명하셨고 희생 제사보다는 순종을 바라셨다(5:14, 15).

6. 신약과의 관계

신약에서 가난하고 소외된 자들을 돌보는 일에 가장 큰 관심을 보이신 분은 예수님이시다. 예수님은 세례요한의 제자들에게 자신의 사역이 가난한 자들에게 복음을 전파하는 것이라고 하셨고(마 11:5), 부자 청년에게는 그의 소유를 팔아 가난한 자들에게 주라고 하셨다(마 19:21; 눅 18:22). 주의 성령이 예수 그리스도에게 임한 것은 가난한 자에게 복음을 전하기 위함이다(눅 4:18). 예루살렘 초대 교회에서는 가난한 자들을 구제하는 일에 적극적이었다(행 6:1; 9:36; 10:31; 24:17). 스데반은 설교에서 이스라엘 백성들이 광야에서 우상을 숭배한 것을 말할 때 아모스 선지자의 글을 인용했다(행 7:42, 43; 암 5:25-27). 야고보 사도는 하나님 앞에 정결하고 더러움이 없는 경건은 고아와 과부를 돌보는 것이라고 했고(약 1:27), 부자라고 편애하거나 가난한 자라고 무시하지 말 것을 권면했다(약 2:1-4; 고전 11:22). 야고보는 예루살렘 공의회에서 이방인들이 교회에 들어오는 것이 "다윗의 무너진 장막"을 다시 회복할 것이라는 아모스 선지자의 예언을 성취하는 것이라고 주장했다(행 15:16, 17; 암 9:11, 12).

> **내용 요약**
> 1. 아모스 선지자는 성경에 기록을 남긴 기록 선지자들(writing prophets) 가운데 최초의 선지자로 알려져 있다.
> 2. 아모스서는 이스라엘 백성들의 심각한 죄에 대해 경고하며, 타락한 원인과 종국적으로는 하나님의 회복을 선포하고 있다.
> 3. 아모스서는 다섯 가지 신탁과 다섯 가지 환상으로 주로 구성되어 있다.
> 4. 아모스서의 "다윗의 무너진 장막"은 사도행전 15장에서 이방인의 구원을 설명하는 상황 속에서 인용되었다.

7. 현대인을 위한 적용

아모스서는 풍요와 안정에 취한 사회 속에서 신앙의 본질을 잃은 이스라엘 백성을 향한 하나님의 준엄한 외침이다. 오늘날에도 경제적 성장과 물질적 번영은 도덕과 신앙의 타락을 동반하는 경우가 많다. 하나님은 외적 제사나 형식적 예배보다 삶의 정의와 공의를 원하신다. "정의를 물 같이, 공의를 마르지 않는 강 같이 흐르게 하라"(5:24)는 말씀은 예배와 삶이 분리된 현대 그리스도인에게 깊은 반성을 촉구한다. 가정, 직장, 사회에서 작은 일이라도 하나님 앞에 정직하고 공의롭게 행하는 것이 아모스의 메시지를 실천하는 삶이다. 우리가 하나님의 백성이라는 정체성은 세상에 대한 책임으로 이어져야 한다. 또한 아모스는 제사장도, 선지자도 아닌 평범한 농부였지만, 하나님의 부르심에 순종하여 말씀을 전했다. 이는 오늘날 평신도들도 정의와 진리를 외칠 사명을 가졌음을 보여 준다. 교회와 성도는 불의에 침묵하지 말고, 약자와 가난한 자들을 위한 실천적 사랑과 정의의 행위를 통해 하나님의 통치를 증거해야 한다. 아모스는 단순히 고대 이스라엘을 향한 경고서가 아니라, 오늘날의 교회와 사회를 향한 하나님의 음성이다.

8. 깊은 연구를 위한 질문

1) 아모스서에서 열방을 향한 메시지를 처음에 소개한 이유는 무엇이라고 생각하는가?

2) 아모스 선지자가 사역할 당시 북이스라엘의 사회와 종교의 모습은 어떠했는가?

3) 아모스의 다섯 가지 환상이 의미하는 바는 각각 무엇인가?

4) 아모스 9:11의 "다윗의 무너진 장막"의 회복은 신약에서 어떻게 성취되는가?

9. 심화학습을 위한 독서 목록

존 칼빈. 『요엘, 아모스, 오바댜, 요나, 미가, 나훔』. 존 칼빈 성경주석 출판위원회 역. 서울: 성서연구원, 2012.

조휘. 『사자가 부르짖은즉 누가 두려워하지 않겠느냐: 아모스서 원전연구 및 주해』. 서울: 그리심, 2011.

Anderson, F. I., and David N. Freedman. *Amos*. AB. Vol. 24A. Garden City, N.Y.: Doubleday, 1989.

Gerhard, F. H. *Understanding the Book of Amos*. Grand Rapids: Baker, 1991.

Motyer, J. A. *The Day of the Lion: The Message of Amos*. Downers Grove: InterVarsity Press, 1974.

오바댜

1. 목적

오바댜서는 구약에서 가장 짧은 책이다(총 21구절, 292개의 단어). 이 책은 예루살렘이 함락되는 위기의 시기에 에돔 족속이 유다에게 행한 악을 책망하기 위해 기록되었다. 나아가 하나님은 어느 나라든지 자신의 백성을 대항하는 자들에게는 심판으로 갚으시고, 자신의 백성들은 종국에 이르러 회복시킬 것을 알리기 위해 기록되었다.

2. 저자

오바댜서는 저자에 관한 정보나 연대에 대해 아무것도 말해 주지 않는다. 오바댜 1:1에는 단지 "오바댜의 묵시라"라고만 기록되어 있다. 오바댜란 이름의 뜻은 "여호와의 종"이다. 구약에는 적어도 11명 정도의 동일한 이름을 가진 인물들이 있으나 어느 누구도 오바댜서를 기록한 인물로 간주되지는 않는다.

3. 기록 연대와 배경

오바댜 1:11에서 보여 주는 이스라엘 역사의 특별한 사건은 오바댜의 연대를 추정할 수 있는 근거를 제공해 준다. "네가 멀리 섰던 날 곧 이방인이 그의 재물을 빼앗아 가며 외국인이 그의 성문에 들어가서 예루살렘을 얻기 위하여 제비 뽑던 날에 너도 그들 중 한 사람 같았느니라." 에돔 족속은 에서의 후손이었고 요단강 사해 동남쪽의 세일산을 중심으로 이루어진 작은 국가였다. 이스라엘과는 형제 나라였으나 역사적으로 오랜 기간 동안 원수 관계였다. 바벨론의 느부갓네살 왕이 주전 586년 남유다를 네 번째 공격하여 마침내 함락시켰을 때, 바벨론의 연합군으로 합세하여 유다의 정복과 약탈에 앞장서는 만행을 저질렀다. 오바댜서는 느부갓네살 왕에 의해 예루살렘 성이 파괴된 직후에 기록이 되었을 것이다(왕하 25:1-12; 겔 25:1-3, 12-14).

4. 오바댜서의 구조

오바댜서는 에돔을 향한 메시지(1:1b-14)와 열방과 시온을 향한 메시지(1:15-21)로 나뉜다.

I. 표제(1a)

II. 에돔을 향한 메시지(1:1b-14)

III. 여호와의 날(1:15-21)

A. 만국 심판의 날(1:15-16)
　　B. 시온의 구원(1:17-21)

5. 신학적 내용

오바댜서는 에돔에 대한 하나님의 심판과 택한 백성의 구원이라는 신학적 주제가 시작과 끝을 장식한다(1:1, 21). 하나님은 에돔에 대한 심판을 작정하셨다. 그 이유는 에돔은 바위 틈과 높은 곳에 거주하며 자신의 교만과 지혜를 의지하고 마치 하나님보다 더 높은 존재로 착각하고 있었기 때문이다. 또한 이들은 이스라엘과 친족 관계에 있음에도 불구하고 "네 형제의 날" 곧 예루살렘의 재앙의 날에 유다 자손을 조롱하고 이들의 고통을 방관하였기 때문이다. 에돔에 대한 심판 선언은 단지 에돔에만 국한되는 것은 아니다. 에돔은 이 땅에 세워지는 하나님의 나라를 대적하는 모든 나라들을 대표하기 때문이다. 에돔의 심판과 멸망은 하나님을 대적하는 만국의 멸망을 포함한다(1:15, 16). 오바댜의 메시지가 에돔의 심판에서 만국의 심판으로 변하는 이유가 바로 이 때문이다. 에돔과 만국인은 심판을 받을 것이나 시온산으로 피하는 하나님의 택한 자들은 구원을 얻고 하나님 나라를 건설하게 될 것이다(1:21). 이와 같은 회복과 약속의 메시지는 바벨론에서 포로 생활을 하는 유다 백성들에게 전해져 이들에게 큰 위로와 소망을 가져다 주었다.

6. 신약과의 관계

신약에서 헤롯 왕은 에돔의 후손인 이두메 사람이다. 그는 갓 태어난 아기 예수를 죽이려고 했다(마 2:16). 이와 같은 헤롯의 행동은 야곱과 에서의 갈등, 이스라엘과 에돔 사이의 오랜 적대적인 관계를 단적으로 보여 준다. 비록 헤롯은 아기 예수를 해하려고 했으나 하나님은 구원자로 오신 아기 예수를 보호하시고 인도하셨다. 오바댜서는 에서의 산 위에 하나님의 종말론적 통치를 실현시킬 구원자들을 고대한다(1:21). 이는 신약의 교회에서 예수 그리스도와 그 분을 믿어 구원받고 복음을 전하는 성도들을 통해 성취가 된다.

> **내용 요약**
> 1. 오바댜서는 구약에서 가장 짧은 책이다(총 21구절, 292개의 단어).
> 2. 오바댜란 이름의 뜻은 "여호와의 종"이다.
> 3. 오바댜는 자신의 백성을 대항하는 자들에게는 심판으로 갚으시고, 자신의 백성들은 종국에 이르러 회복시킬 것을 알리기 위해 기록되었다.
> 4. 오바댜서는 에돔에 대한 하나님의 심판과 택한 백성의 구원이라는 신학적 주제가 시작과 끝을 장식한다.

7. 현대인을 위한 적용

오바댜서는 교만과 무관심, 형제에 대한 배신이 가져오는 하나님의 심판을 경고한다. 오늘날에도 타인의 고통에 무관심하거나 약자를 짓밟는 태도는 에돔과 다르지 않다. 형제가 어려움에 처했을 때 외면하거나 방관하는 태도는 죄가 될 수 있다. 교회는 사회적 약자, 고난받는 이웃들을 실제적으로 돕는 사랑의 공동체가 되어야 한다. 하나님은 교만을 꺾으시고, 억울한 자의 편에 서시는 분이다. 동시에 하나님은 회개하는 자와 하나님의 나라를 사모하는 이들에게 구원과 회복을 약속하신다. 우리는 교만을 버리고, 정의와 긍휼을 실천하며, 하나님의 나라를 바라보는 삶을 살아야 한다.

8. 깊은 연구를 위한 질문

1) 오바댜서는 어느 나라에 대한 메시지인가?

2) 에돔 족속이 심판을 받게 되는 이유는 무엇인가?

9. 심화학습을 위한 독서 목록

트렌트 C. 버틀러. 『(Main Idea로 푸는) 호세아, 요엘, 아모스, 오바댜, 요나, 미가』. 김창동 역. 서울: 디모데, 2011.
송병헌. 『(엑스포지멘터리) 호세아·요엘·아모스·오바댜』. 서울: 국제제자훈련원, 2011.
Craigie, Peter C. *Twelve Prophets*. Vol. 1. DSB-OT. Philadelphia: Westminster, 1984.
McComiskey, T. E. *The Minor Prophets: Obadiah·Habakkuk*. Vol. 2. Grand Rapids: Baker, 1993.

요나

1. 목적

요나서는 12 소선지서 가운데 독특한 점을 지니고 있는 책이다. 하나님께로부터 받은 예언의 말씀 대신에 니느웨에 가서 사명을 감당해야 하는 선지자의 짧은 이야기를 담고 있다. 요나의 삶에서 일어난 사건이 요나서가 전하는 메시지가 된다. 요나서가 전하는 메시지는 다음과 같다. 하나님은 이스라엘뿐만 아니라 이방인들에게도 자비와 긍휼을 베푸시는 분임을 알려 준다. 요나는 이방 도시 니느웨에 가서 말씀을 전하라는 하나님의 명령에 불순종하려 했다. 그는 국수적인 선민의식에 사로잡혀있었기 때문이다. 그러나 하나님은 요나가 전한 말씀을 듣고 회개하는 니느웨 백성들을 긍휼히 여기시고 기꺼이 받아 주셨다. 요나서는 혈통적 이스라엘의 범위를 뛰어넘어 모든 만민들도 하나님의 구원 계획안에 포함되어 있다는 사실을 전하기 위한 목적으로 기록되었다.

2. 저자

요나서의 저자에 대한 내용은 요나 1:1에 소개되었다. "여호와의 말씀이 아밋대의 아들 요나에게 임하니라 이르시되"(1:1). 요나 선지자는 아밋대의 아들이며, 요나란 이름의 뜻은 "비둘기"이다. 요나 선지자에 대해 언급하고 있는 성경의 다른 본문은 열왕기하 14:25과 신약에서 요나 선지자에 대한 예수님의 언급이다(마 12:29, 40; 눅 11:29, 30). 열왕기하 14:25에서 "이스라엘의 하나님 여호와께서 그의 종 가드헤벨 아밋대의 아들 선지자 요나를 통하여 하신 말씀과 같이 여로보암이 이스라엘 영토를 회복하되 하맛 어귀에서부터 아라바 바다까지 하였으니"라고 기록한다. 요나는 북이스라엘 백성들에게 번영과 평화의 말씀을 선포했다. 그가 전한 말씀대로 여로보암 2세 시대에는 북이스라엘의 영토가 확장되었고 경제적으로 상당한 번영과 부를 이룬 시대가 되었다. 이로 인해 요나 선지자는 당시 백성들에게 큰 인기를 얻었을 것이다.

3. 기록 연대와 배경

요나 선지자는 주전 8세기 여로보암 2세(주전 793-753년) 시대에 활발하게 활동했다. 그와 동시대의 선지자는 아모스와 호세아가 있다. 요나서에 기록된 사건들은 여로보암 2세의 통치 시기에서부터 니느웨가 멸망한 주전 612년 이전에 발생했다. 한 세기 전부터 앗수르는 북이스라엘에 위협을 가했으나 요나 시대에는 그 위협이 잠시 주춤했던 시기이다. 그러나 이때 앗수르는 고대 근동의 패권국가로서의 면모를 갖추어 가는 과정에 있었다. 주전 722년에 앗수르는 북이스라엘의 수도 사마리아를 함락시켰고 27,000명의 거주민들을 이방 국가로 이주시켰다. 요나의 고향인 가드 헤벨은 나사렛에서 북쪽으로 약 8km 지점에 있는 갈릴리 지역의 마을이고 스불론 지파에 속한 땅이다.

4. 요나서의 구조

요나서는 네 개의 장소를 배경으로 연이어 발생하는 일곱 개의 에피소드로 구성되어 있다.[1] 네 장소는 지중해, 물고기 뱃속, 니느웨 성읍, 니느웨 성읍 동쪽이다.[2] 일곱 가지의 에피소드는 요나의 첫 사명과 불순종(1:1-3), 폭풍 속 선원들과 요나(1:4-16), 물고기 뱃속에서 요나의 기도(1:17-2:10), 요나의 두 번째 소명과 순종(3:1-4), 니느웨의 회개 및 구원(3:5-10), 불평하는 요나의 기도(4:1-4), 요나에게 말씀하시는 하나님(4:5-11)이다.

　I. 요나의 첫 사명과 불순종(1-2장)

　　　A. 요나의 소명, 도망치는 요나(1:1-3)

　　　B. 폭풍과 요나의 운명(1:4-17)

　　　C. 요나의 기도(2:1-10)

---

[1] 유진 H. 메릴, 마크 F. 루커, 마이클 A. 그리산티, 『현대인을 위한 구약개론』, 704.

[2] 유진 H. 메릴, 마크 F. 루커, 마이클 A. 그리산티, 『현대인을 위한 구약개론』, 704.

III. 요나의 두 번째 사명과 그 결과(3-4장)

    A. 요나의 두 번째 소명 및 순종(3:1-4)

    B. 니느웨의 회개 및 구원(3:5-10)

    C. 불평하는 요나 기도(4:1-4)

    D. 요나에게 주신 교훈의 말씀(4:5-11)

5. 신학적 내용

요나서는 직접적인 하나님의 신탁들의 모음집이 아니라 요나가 경험한 사건을 기록한 것이다. 그러나 요나 에피소드가 전개됨에 따라 다양한 신학적 메시지가 그 안에 숨겨져 있다.

1) 하나님의 절대주권

하나님 주권 사상은 요나서 전반에 녹아져 있는 신학이다. 하나님은 요나의 삶과 자연계에 주권적으로 역사하시고 간섭하신다. 요나가 니느웨로 가라는 하나님의 명령에 불순종하여 다시스로 가는 배를 타고 갔을 때 여호와께서 큰 바람을 바다 위에 보내셨다(1:4). 선원과 사공들이 풍랑의 원인을 알고자 제비를 뽑았을 때 요나가 뽑히게 되었고(1:7), 요나를 들어 바다에 던지니 풍랑이 곧 잠잠해졌다(1:15). 이 때 여호와께서 큰 물고기를 예비하여 요나를 삼키게 하셨다(1:17). 사람이 제비를 뽑았으나 하나님께서 개입하신 것이다. 바다와 물고기도 하나님의 뜻을 이루기 위해 동원된 조연들이었다. 여호와께서 물고기에게 말씀하시매 요나를 육지에 토하였다(1:10). 하나님은 불평하는 요나를 위해 햇볕을 피할 수 있도록 박넝쿨을 예비하셨고, 또한 벌레를 예비하여 그 박넝쿨을 갉아먹게도 하셨다(욘 4:6, 7). 하나님의 절대주권은 요나와 모든 피조물들과 이방인들에게까지 미친다.

2) 민족주의 vs. 이방인의 구원

요나는 북왕국 이스라엘을 위해 평화와 번영을 선포했던 선지자였다(왕하 14:25). 그는 여호와 신앙과 투철한 선민의식을 가졌고 이스라엘의 원수 앗수르에 대해서는 강한 거부감을 가지고 있었다. 요나는 니느웨로 가서 말씀을 전하라는 하나님의 명령에 불순종했으나 다시 돌이켜 그곳으로 가서 말씀을 전하자 왕으로부터 심지어 짐승에 이르기까지 금식하며 잘못을 회개하는 일들이 일어났다(3:7, 8). 니느웨 백성들이 회개로 인하여 재앙이 그들에게 임하지 않자 요나는 니느웨 백성들에게 은혜와 긍휼을 베푸시는 하나님께 화를 내며 불평했다(4:1-3). 그러나 하나님은 요나에게 박넝쿨을 사용한 실물 학습을 통해 비록 이방인일지라도 회개하고 돌이키는 자들에게는 하나님의 긍휼과 자비를 베푸시는 분이심을 확인해 주셨다.

6. 신약과의 관계

신약에서 요나 선지자에 대해 언급하는 본문은 마태복음 12:39-42; 16:4; 누가복음 11:29-32이다. 이 본문들은 하나같이 요나의 표적에 대해 언급한다. 서기관과 바리새인 중 몇 사람이 표적을 구할 때 예수님께서 악하고 음란한 세대가 표적을 구한다고 하시며 요나의 표적

밖에 보여 줄 것이 없다고 말씀하셨다(마 12:39). 요나와 예수님 사이에는 유사한 점이 있다. 예수님과 요나는 모두 회개의 메시지를 선포했고, 요나가 삼일 동안 물고기 뱃속에 있었던 것 같이 예수님께서도 돌아가신 후 삼일 동안 무덤에 계셨다. 그러나 차이점이 있다면 요나는 불순종했던 선지자였으나 예수 그리스도는 하나님께 전적으로 순종한 충성된 분이셨다. 그리스도는 요나보다 더 큰 자이시다. 예수님은 이스라엘뿐만 아니라 온 세상을 위한 구원자로 이 땅에 보내심을 받은 하나님의 아들이시다(요 3:16).

그림 17 이스라엘 욥바에 있는 물고기 분수

내용 요약

1. 요나서는 네 개의 장소를 배경으로 연이어 발생하는 일곱 개의 에피소드로 구성되어 있다.
2. 요나서의 저자에 대한 내용은 요나 1:1에 소개되었다.
3. 하나님 주권 사상은 요나서 전반에 녹아져 있는 신학이다.

4. 요나와 예수님 사이에는 유사한 점이 있다.

7. 현대인을 위한 적용

요나서는 하나님께서 민족과 혈통을 넘어 모든 사람에게 자비를 베푸신다는 구원의 메시지를 담고 있다. 오늘날 신자들은 종종 신앙의 울타리 안에 머물며 자신과 다른 사람들을 배제하려는 태도를 보이기도 한다. 요나처럼 하나님의 뜻을 알고도 외면하거나, 회개한 이방인보다 더 완고한 태도를 보일 수 있다. 그러나 하나님은 회개하는 자라면 누구든지 긍휼히 여기시는 분이시다. 또한 요나는 하나님의 명령을 피하려 했지만 하나님은 폭풍과 큰 물고기 등을 통해 그의 계획을 결국 이루셨다. 인간의 한계와 불순종조차도 하나님의 주권 안에 있다. 우리는 하나님의 절대주권과 자비를 신뢰하고, 그분의 뜻에 순종하며, 복음의 대상이 누구든지 차별 없이 사랑으로 나아가야 한다.

8. 깊은 연구를 위한 질문

1) 요나 시대 이스라엘의 상황은 어떠했는가?

2) 요나서의 메시지는 선교와 어떤 관련성이 있다고 생각하는가?

3) 요나서는 하나님의 주권과 긍휼에 대해 무엇이라고 말하는가?

9. 심화학습을 위한 독서 목록

더글라스 스튜어트. 『호세아-요나』. 김병하 역. 서울: 솔로몬, 2011.
매튜 헨리. 『매튜 헨리 주석, 호세아-말라기』. 박문재 역. 고양: 크리스챤다이제스트, 2009.
Crenshaw, R. L. *Joel*. AB. New York: Doubleday, 1995.
Garrett, D. A., *Hosea, Joel*. NAC. Nashville: B&H, 1997.

미가

1. 목적

미가서는 12 소선지서 가운데 여섯 번째 책에 속하고 요나서와 나훔서 사이에 위치해 있다. 미가서는 예수님의 출생지인 베들레헴에 대한 예언(5:2)과 하나님께서 원하시는 삶(6:6-8)에 대한 구절로 잘 알려져 있다. 미가서의 기록 목적은 미가 선지자의 고백을 통해 알수 있다. "오직 나는 여호와의 영으로 말미암아 능력과 정의와 용기로 충만해져서 야곱의 허물과 이스라엘의 죄를 그들에게 보이리라"(3:8). 미가서는 기본적으로 이스라엘 사회의 부정과 부패에 대해 책망과 심판을 선언하고 남은 자들에게는 구원이 있다는 점을 알리기 위해 기록되었다.

2. 저자

미가서의 저자는 미가 선지자이며 그 이름의 뜻은 "누가 여호와와 같으리요"이다. 미가서 1:1은 저자와 그의 사역 시기에 대해 소개하고 있다. "유다의 왕들 요담과 아하스와 히스기야 시대에 모레셋 사람 미가에게 임한 여호와의 말씀 곧 사마리아와 예루살렘에 관한 묵시라"(1:1). 미가는 예루살렘 남쪽 약 32km 지점의 작은 성읍인 모레셋 출신의 선지자이다. 그는 예루살렘의 이사야 선지자(사 1:1)와 사마리아의 호세아 선지자(호 1:1)와 동시대 인물이기도 하다. 예레미야 26:18은 미가 선지자에 대해 다음과 같이 언급한다. "유다의 왕 히스기야 시대에 모레셋 사람 미가가 유다의 모든 백성에게 예언하여 이르되 만군의 여호와께서 이와 같이 말씀하셨느니라 시온은 밭같이 경작지가 될 것이며 예루살렘은 돌 무더기가 되며 이 성전의 산은 산당의 숲과 같이 되리라 하였으나." 미가 선지자가 "예루살렘은 무더기가 될 것"이라는 메시지를 전했을 때 히스기야 왕은 하나님 앞에 겸손하게 회개하는 모습을 보이기도 했다(렘 26:19). 예레미야 선지자의 기록은 미가서의 저자가 미가라는 점을 뒷받침해 주고 있다.[1]

3. 기록 연대와 배경

미가 선지자는 유다의 왕들인 요담(주전 750-732년), 아하스(주전 735-715년), 히스기야(주전 727-698년) 시대에 활동을 하였다. 이 시기는 대략 주전 750년에서 주전 698년의 기간이며 앗수르 제국의 위협이 가

---

[1] 예레미야 선지자는 미 3:12의 말씀을 인용하면서 미가 선지자의 메시지라고 언급하였다. 여로보암 왕은 심판을 선언하는 예레미야를 죽이려고 했으나 히스기야는 미가 선지자의 말씀을 듣고 회개했다. 미 3:12, "이러므로 너희로 말미암아 시온은 갈아엎은 밭이 되고 예루살렘은 무더기가 되고 성전의 산은 수풀의 높은 곳이 되리라."

중되던 시기였다. 아하스 왕 시대에는 앗수르 왕 디글랏 빌레셀 3세의 위협으로 크게 불안에 떨어야 했고, 히스기야 시대에는 산헤립의 공격으로 예루살렘이 포위가 되는 수난을 겪어야 했다. 남유다와 북이스라엘은 모두 다 여호와를 떠나 우상 숭배와 종교적 혼합주의에 빠졌으며 전 사회적으로는 정의와 도덕이 상실되었다. 미가 선지자는 사마리아와 예루살렘에 대해 예언을 하였다. 그가 북이스라엘과 사마리아의 멸망(마 1:2-7)에 대해 언급을 하고 있는 것으로 보아 그의 사역은 적어도 주전 722년 이전에 시작이 되었을 것이다. 또한 그는 사마리아 성읍이 앗수르에 의해 무너지는 것을 바라보았고 예루살렘의 심각한 타락상도 지켜보았다. 미가 선지자는 이스라엘의 정치적 격동과 사회적 불안의 시기에 사역을 하였다.

4. 미가서의 구조

미가서는 전체적으로 심판과 구원의 메시지를 세 번에 걸쳐 교차적으로 소개하고 있다. 첫 번째 메시지는 백성들을 향해(1:2-2:13), 두 번째 메시지는 지도자들을 향해(3:1-5:15), 세 번째 메시지는 전 국가(6:1-7:20)를 대상으로 전한다.

I. 표제(1:1)

II. 첫 번째 주기: 백성들(1:2-2:13)
   A. 심판: 사마리아와 예루살렘 백성들(1:2-2:11)
   B. 구원: 남은 자들(2:12-13)

III. 두 번째 주기: 지도자들(3:1-5:15)

    A. 심판: 지도자들(목자, 선지자, 제사장)에 대한 심판(3:1-12)

    B. 구원(4:1-5:15)

        a. 시온의 노래(4:1-5)

        b. 포로에서 귀환(4:6-13)

        c. 베들레헴에서 나올 통치자(5:1-6)

        d. 야곱의 남은 자에 대한 구원(5:7-9)

        e. 우상의 척결(5:10-15)

III. 세 번째 주기: 국가(6:1-7:20)

    A. 심판: 이스라엘 전역(6:1-7:6)

        a. 산을 향한 변론: 여호와께서 구하시는 것(6:1-8)

        b. 성읍을 향한 메시지(6:9-16)

        c. 경건한 자가 없는 이스라엘(7:1-6)

    B. 어둠 속에 소망: 개인적 간증(7:7)

    C. 구원의 노래와 기도(7:8-20)

5. 신학적 내용

미가서는 이스라엘 백성들의 죄악을 지적하고 심판을 선언하면서도 남은 자를 위한 하나님의 구원의 메시지를 전하고, 또한 하나님께서 언약 백성들에게 요구하는 삶을 소개한다.

1) 남은 자

미가서는 이스라엘 백성들, 지도자들, 나아가 전 국가적인 죄에 대해 지적하고(2:1-7; 3:1-7) 그 결과로 심판이 임하게 될 것임을 거듭 선포하고 있다(1:10-16; 3:12). 그렇다고 해서 소망과 구원의 메시지가 없는 것은 아니다. 하나님은 심판 가운데서도 예루살렘의 회복과 구원을 약속하신다(4:2-5; 사 2:2-4). 특히 불순종하는 자신의 백성들을 심판하는 가운데서도 자신이 택하신 소수의 남은 자들의 구원을 약속하신다. 하나님은 사방에 흩어졌던 남은 자들을 다시 시온에 모으시고 메시아를 통해 그들을 다스리실 것이다(마 2:12, 13; 4:6-8). 남은 자들은 앗수르의 공격시에 살아남은 자들이기도 하며 이들을 "야곱의 남은 자"로 부른다(마 5:6-8). 남은 자는 하나님께 순종하는 모든 이방인들을 포함하고(4:1-4), 하나님의 구원을 기다리며 바라보는 자이다(마 7:7). 하나님께서는 남은 자들의 죄를 용서하시고 구원하시는 이유는 아브라함과 다윗에게 하신 약속을 지키시는 분임을 보여 주기 위함이다(7:18-20; 창 22:17-18; 삼하 7:12-16).

2) 하나님께서 원하시는 삶

미가 선지자는 하나님께서 당시 이스라엘 백성들에게 요구하시는 삶의 방식에 대해 말한다. "사람아 주께서 선한 것이 무엇임을 네게 보이셨나니 여호와께서 네게 구하시는 것은 오직 정의를 행하며 인자를 사랑하며 겸손하게 네 하나님과 함께 행하는 것이 아니냐"(6:8). 당시 이스라엘 백성들은 고대 근동의 종교에 영향을 받아 오직 제사의식을 통해 하나님을 기쁘게 하려고 했다(6:6). 이들은 하나님께 제물을 많이 드리면 그가 무조건 기뻐하시는 줄 오해하고 있었다. 그러나 하나님께서 백성들에게 원하시는 것은 "천천의 수양이나 만만의 강물 같은 기름"이 아니라 하나님께 순종하는 삶이었다(6:7; 삼상 15:22). 당시 백성들은 고아, 과부를 비롯한 사회의 약자들을 억압하고 괴롭혔다. 그러나 하나님의 언약 백성들은 하나님의 성품을 구현하는 삶을 살아가야 한다. 하나님께서 원하시는 삶은 정의를 행하고 인자(히, 헤세드)를 사랑하고 겸손하게 하나님과 동행하는 것이다.

6. 신약과의 관계

미가서는 장차 오실 메시아의 출생과 사역에 대해 예언하고 있다. 미가 5:2은 메시아 출생을 예언한 구절로 잘 알려져 있다. "베들레헴 에브라다야 너는 유다 족속 중에 작을지라도 이스라엘을 다스릴 자가 네게서 내게로 나올 것이라 그의 근본은 상고에, 영원에 있느니라"(5:2). 당시 베들레헴은 잘 알려지지 않은 작은 마을일지라도 메시아가 이곳에서 출생할 것을 말했다. 이 메시아는 목자장으로 사역을 하시는 분으로 소개된다. 하나님은 흩어진 양떼들을 한 처소에 모으시고 그들의 목자가 되셔서 그들을 인도해 주실 것이다(2:12, 13). 메시아는 당시 부패하고 무책임한 지도자들과는 달리(3:1-3), 여호와의 능력과 하나님의 위엄을 의지하여 양떼를 목양하시는 분이다(5:4, 5). 미가 선지자의 예언은 예수 그리스도의 탄생과 사역을 통해 성취되었다. 마태는 예수 그리스도의 탄생을 언급하며 미가 선지자의 메시아 출생 예언을 인용하였다(마 2:5, 6). 예수 그리스도는 이 땅에 선한 목자로 오시어 자신의 택한 백성들을 돌보시고 인도하신다(요 10:11, 12).

> **내용 요약**
> 1. 미가서는 이스라엘 사회의 부정과 부패에 대해 책망과 심판을 선언하고 남은 자들에게는 구원이 있다는 점을 알리기 위해 기록되었다.
> 2. 미가서의 저자는 미가 선지자이며 그 이름의 뜻은 "누가 여호와와 같으리요"이다.
> 3. 미가 선지자는 하나님께서 당시 이스라엘 백성들에게 요구하시는 삶의 방식에 대해 말한다.
> 4. 미가서는 장차 오실 메시아의 출생과 사역에 대해 예언하고 있다.

7. 현대인을 위한 적용

미가서는 도덕적 타락과 종교적 위선을 꾸짖는 동시에 하나님께서 남은 자들을 통해 정의와 인애가 실현되길 원하신다는 소망의 메시지를 전한다. 오늘날 신자들도 형식적인 신앙에 머무르거나, 종교 의식을 삶의 본질보다 우선시하는 경향이 있다. 하나님은 제사보다 정의를, 형식보다 겸손한 동행을 원하신다(6:8). 또한 미가는 작고 보잘것없는 베들레헴에서 메시아가 나올 것을 예언하며, 하나님은 약한 자들을 통해 세상을 구원하신다는 역설의 진리를 드러낸다. 오늘날 우리는 하나님의 시선으로 세상을 바라보고 그분의 기준에 따라 정의를 실천하며 이웃을 섬기는 삶을 살아가야 한다.

8. 깊은 연구를 위한 질문

1) 미가 선지자와 동시대에 사역한 선지자는 누구인가?

2) 미가 선지자가 사역을 했을 당시 사회와 종교적 상황은 어떠했는가?

3) 미가서의 기록 목적은 무엇인가?

4) 미가 5장에서 예수 그리스도의 탄생을 예언한 본문의 정황은 무엇인가?

9. 심화학습을 위한 독서 목록

더글라스 스튜어트. 『호세아-요나』. 김병하 역. 서울: 솔로몬, 2011.
매튜헨리. 『매튜헨리주석, 호세아-말라기』. 고양: 크리스챤다이제스트, 2009.
Allen, Leslie. *The Books of Joel, Obadiah, Jonah and Micah*. NICOT. Grand Rapids: Eerdmans, 1976.
McComiskey, Thomas E. "Micah." *EBC*. Vol. 7. Grand Rapids: Zondervan, 1985.
Waltke, Bruce. *Obadiah, Jonah, Micah*. TOTC. Downers Grove: InterVarsity Press, 1988.

나훔

1. 목적

나훔서는 오바댜서와 요나서와 같이 이방 민족을 향한 메시지를 기록한 소선지서이다. 주전 8세기에 요나 선지자가 니느웨를 향해 심판의 말씀을 선포했을 때 그 성읍 백성들은 회개하여 하나님의 심판을 면할 수가 있었다. 주전 7세기 후반에 나훔 선지자 또한 니느웨에 곧 닥칠 암울한 심판의 메시지를 전했다. 그러나 이번에는 니느웨 백성들이 회개하지 않고 그들의 악행에서 돌이키지 않았다. 나훔은 잔인한 군사 행동으로 인해 악명 높았던 앗수르에 대한 심판과 동시에 이 제국의 압제 하에서 두려워하며 오랫동안 고통 받고 있던 유다 백성들에게 위로와 격려하기 위한 목적으로 기록되었다(1:7-8).

2. 저자

나훔서는 나훔 선지자의 이름을 따라 붙여졌다. 나훔의 뜻은 "위로" 또는 "안위"란 뜻으로 니느웨의 멸망을 통한 하나님 백성들의 구원과 해방을 선포하는 책의 목적에 잘 부합하는 이름이다. 나훔 1:1은 "니느웨에 대한 경고 곧 엘고스 사람 나훔의 묵시의 글이라"고 기록하고 있다. 나훔은 엘고스 출신이며 이 지역에 대해서는 알려진 바가 없다.

3. 기록 연대와 배경

나훔 3:8-10은 앗시리아 왕 아슈르바니팔이 주전 663년에 이집트의 수도인 노아몬(테베)을 공격하여 파괴한 사건을 기록하고 있다. 따라서 나훔서는 주전 663년에서 주전 612년 메데와 바사에 의해 니느웨가 멸망한 시점 사이에 기록되었을 것이다. 나훔 선지자는 므낫세 왕의 통치 기간(주전 696-642년)에 말씀을 전하는 사역을 했다. 나훔서의 배경이 되는 사건으로는 앗시리아인들이 예루살렘을 공격하여 므낫세 왕을 쇠사슬로 결박하여 바벨론으로 끌고 간 사건도 있을 것이다(대하 33:10-13).[1] 앗수르는 북왕국 이스라엘을 멸망시킨 후 최고의 전성기를 누리며 남유다도 위협하고 있었다. 유다 백성들은 불안과 두려움 속에서 고통의 시대를 살아가야 했다.

4. 나훔서의 구조

나훔서는 니느웨의 심판에 대하여 그림과 같은 이미지들(1:2-8; 2:11-

---

[1] 고든 맥콘빌, 『성경이해 6: 선지서』 박대영 역 (서울: 성서유니온 선교회, 2010), 377.

12; 3:15, 117-18), 은유나 직유(1:10; 2:7, 12; 3:4, 12, 17), 그리고 수사학적 질문들(1:6; 3:7-8, 19)과 같은 문학적 장치를 사용하여 메시지를 생동감 있게 전달한다.[2]

   I. 표제(1:1)

   II. 니느웨의 심판(1:1-15)

   III. 니느웨의 멸망(2:1-13)

   IV. 니느웨에 임할 화(3:1-19)

5. 신학적 내용

앗수르 사람들은 군사적 팽창 정책을 정당화하면서 외국인들을 모두 인간 이하의 동물 취급 하였다. 외국인들은 모두 적이며 늪에 사는 쥐, 박쥐, 겁쟁이 등의 이미지를 사용하여 조롱하기도 했다.[3] 나훔 선지자는 앗수르가 광활한 영토를 소유하고 군사적 힘을 믿고 교만이 정점에 달할 때 수도 니느웨에 대한 심판을 선포했다. 나훔서는

---

[2] 유진 H. 메릴, 마크 F. 루커, 마이클 A. 그리산티, 『현대인을 위한 구약개론』, 725.

[3] Marc Van De Mieroop, *A History of the Ancient Near East: ca. 3000-323 BC. 3rd* (Malden, MA.: Blackwell Publishing, 2007), 247-50.

니느웨에 대한 메시지를 통해 하나님에 대한 다양한 모습을 기술하고 있다. 나훔서에서 소개된 하나님은 질투하시고 보복하시며 진노하시는 하나님이시다(1:2). 하나님은 공의의 성품을 가지신 분이기에 악인들이 번성하고 포악을 행하는 것을 허용하실 수 없다. 앗수르에 대한 심판 선언은 하나님의 거룩한 성품을 보여 주고, 하나님은 온 세상을 다스리시는 절대주권자이심을 강조한다. 하나님은 바다를 꾸짖고, 산들을 진동시키시며, 강들을 말리시는 분으로 창조 세계를 주관하신다(1:4, 5). 앗수르를 심판하시는 하나님은 또한 구원자이시다. 나훔서는 자비와 구원의 하나님을 다음과 같이 묘사한다. "여호와는 노하기를 더디하시며"(1:2), "여호와는 선하시며"(1:7), "환난 날에 산성이시다"(1:7). 하나님은 자기에게 피하는 자들을 아시는 분이시다(1:7). 하나님은 원수들에게는 진노를 베푸시나(1:6), 자신을 신뢰하는 백성들에게는 신실한 위로자이시다(1:12-13). 하나님은 자신의 백성들을 위해 전쟁을 준비하시는 거룩한 용사이시다(2:13).

6. 신약과의 관계

나훔서는 앗수르의 잔혹한 행동들로 구체화된 죄악에 대한 하나님의 심판을 선언한다. 하나님은 악인을 심판하러 오시는 거룩한 용사이시다(계 19:11, 12). 신약에서 예수 그리스도는 십자가의 죽으심과 부활로 죄와 사탄의 세력에 대해 승리하셨다(롬 8:1-2; 골 2:14, 15). 나훔서는 악인의 진멸과 유다 백성들의 승리의 좋은 소식을 전한다. "볼지어다 아름다운 소식을 알리고 화평을 전하는 자의 발이 산 위에 있도다 유다야 네 절기를 지키고 네 서원을 갚을지어다 악인이 진멸되었으니 그가 다시는 네 가운데로 통행하지 아니하리로다 하시니라"(1:15). 나훔이 전하는 아름다운 소식은 니느웨의 멸망이다(3:1-19). 이는 악에 대한 일시적이고 부분적인 승리일 뿐이다. 그가 전하는 좋은 소식은 신약에서 죄와 사망 권세를 이기시고 택한 백성들을 구원하시는 예수 그리스도의 복음 안에서 성취가 된다(롬 10:14, 15).

> **내용 요약**
>
> 1. 나훔서는 오바댜서와 요나서와 같이 이방 민족을 향한 메시지를 기록한 소선지서이다.
> 2. 나훔서는 나훔 선지자의 이름을 따라 붙여졌고 이름의 뜻은 "위로" 또는 "안위"란 뜻이다.
> 3. 나훔서에서 소개된 하나님은 질투하시고 보복하시며 진노하시는 하나님이시다(1:2).
> 4. 나훔서는 앗수르의 잔혹한 행동들로 구체화된 죄악에 대한 하나님의 심판을 선언한다.

7. 현대인을 위한 적용

나훔서는 악이 번성하는 시대 속에서도 하나님의 공의는 결코 침묵하지 않으며, 때가 되면 반드시 심판하신다는 사실을 선포한다. 이는 오늘날 정의가 무너지고 악이 득세하는 것처럼 보이는 현실 속에서도 하나님은 역사 위에 계시며 결코 불의와 타협하지 않으신다는 소망의 근거가 된다. 또한 하나님은 의로운 자에게는 피난처가 되시는 분이다(1:7). 그러므로 우리는 환난 중에도 하나님의 선하심을 신뢰하며 공의와 자비를 실천하는 삶으로 하나님의 다스림을 증언해야 한다.

8. 깊은 연구를 위한 질문

1) 나훔서는 어느 나라에 대한 메시지인가?

2) 나훔이 예언할 당시 니느웨의 상황은 어떠했는가?

3) 앗수르 왕들은 어느 동물에 비유되는가?

9. 심화학습을 위한 독서 목록

조휘. 『나훔과 함께』. 김은진 역. 서울: 그리심, 2013.
Baker, D. W. *Nahum, Habakkuk, Zephaniah*. TOTC. Downers Grove: InterVarsity, 1988.
Longman, T., III. "Nahum." In *The Minor Prophets*. Edited by T. E. McComsky, 2:765-829. Grand Rapids: Baker, 1993.
Maier, Walter. *The Book of Nahum*. Grand Rapids: Baker, 1959.

하박국

1. 목적

하박국서는 하박국 선지자의 이름을 따라 하박국이라고 칭한다. 하박국의 이름의 뜻은 "껴안다"란 의미를 지니고 있다. 하박국서는 하나님의 정의와 관련된 신정론에 대한 주제를 다룬다. 악인들과 악한 나라들이 번성할 때 과연 하나님의 정의가 어디에 있는지에 대한 선지자의 질문과 하나님의 답변 그리고 하박국 선지자가 이에 대해 깨달은 것을 소개하기 위해 기록되었다. 하박국서의 유명한 구절은 "의인은 그의 믿음으로 말미암아 살리라"(2:4)이다.

2. 저자

하박국서는 하박국 선지자에 대한 그 어떤 정보도 제공하지 않으며 그가 단지 선지자란 사실만 소개한다(1:1). 선지자는 도처에 불의가 가득한 시대를 살아가면서 하나님의 정의에 대한 관심이 고취된 자였다. 하박국은 아마도 레위인으로 성전에서 노래를 부르는 자였을 것이다(3:1, 19).[1] 하박국과 동시대에 사역한 선지자들은 예레미야, 스바냐, 다니엘이다.

3. 기록 연대와 배경

하박국서는 기록 연대에 대해 말하지는 않지만 본문에 나타나는 증거들을 통해 추정할 수 있다. 본문은 "갈대아 사람"에 대해 언급한다. 하박국 1:6은 "보라 내가 사납고 성급한 백성 곧 땅이 넓은 곳으로 다니며 자기의 소유가 아닌 거처들을 점령하는 갈대아 사람을 일으켰나니"라고 한다. 주전 8세기와 7세기에 강력한 군사력으로 팔레스타인 땅을 지배했던 앗수르의 수도 니느웨가 주전 612년 바벨론에 의해 무너지게 된다. 갈대아 사람은 바벨론 제국의 지배 계층을 형성한 민족이다. 바벨론 제국의 첫 왕인 나보폴라살의 통치 때 제국의 기틀을 잡았고 애굽으로 원정 전쟁도 하였다. 그의 아들 느부갓네살 때에는 주전 605년 갈그미스 전투에서 앗수르를 도우러 온 애굽 군대를 격파하여 세계 대제국을 이루게 되었다. 조만간 다가오는 바벨론의 침략을 예언했기에 하박국 선지자는 요시야 통치 말기나 여호야김 왕의 통치 초기에 사역을 한 것으로 보인다. 하박국서는 주전 612년에서 주전 605년 사이에 기록되었을 것이다. 이 당시 유다는 점점 혼돈과 위기 속으로 빠져갔고 사회, 종교, 도덕의 타락은 점점 더 심해졌다.

---

1 합 3:1, " 시기오놋에 맞춘 선지자 하박국의 기도라."
합 3:19, "이 노래는 지휘하는 사람을 위하여 내 수금에 맞춘 것이니라." 참조.
J. Lindblom, *Prophecy in Ancient Israel* (Philadelphia: Fortress, 1962), 154.

4. 하박국서의 구조

하박국서는 선지자와 하나님과의 대화로 시작한다. 하박국 선지자는 하나님께 두 번에 걸쳐 질문을 했고(1:2-4, 12-17) 하나님도 각 질문에 응답 하신다(1:5-11; 2:2-20). 이 책의 마지막장은 하박국의 기도와 확신으로 마무리가 된다(3:1-19).

   I. 표제(1:1)

   II. 하박국의 첫 번째 질문과 여호와의 응답(1:2-11)
      A. 질문: 왜 악인이 번성하는가?(1:2-4)
      B. 대답: 갈대아 사람을 보낼 것이다(1:5-11)

   III. 하박국의 두 번째 질문과 여호와의 응답(1:12-2:20)
      A. 질문: 왜 악한 갈대아 사람을 사용하시는가?(1:12-17)
      B. 대답1: 의인은 믿음으로 살아야 한다(2:1-5)
      C. 대답2: 바벨론에 대한 다섯 가지 재앙(2:6-20)
         a. 폭력으로 남의 소유를 탈취하는 자(2:6-8)
         b. 탐욕스런자(2:9-11)
         c. 살인자(2:12-14)
         d. 술 취한 자(2:15-17)
         e. 우상을 만드는 자(2:18-20)

   IV. 하박국의 기도(3:1-19)
      A. 하박국의 호소(3:1-2)

B. 하나님의 현현(3:3-15)
   C. 하박국의 확신(3:16-19)

5. 신학적 내용

하박국의 신학은 죄를 지은 개인과 국가를 다스리시는 하나님의 주권과 섭리에 대한 내용을 다룬다. 하박국 선지자는 유다와 예루살렘의 마지막 시기에 살아가면서 다음 두 가지 질문을 하나님께 드린다. 왜 하나님은 유다 사회의 부패한 죄악들을 그대로 방치하고 침묵하시는가? 왜 하나님은 비교적 덜 악한 유다를 심판하시기 위해 더 사악한 바벨론을 사용하려하시는가? 하박국 선지자의 불평과 질문은 마치 고난 가운데 하나님께 탄식하는 욥의 모습과 유사하다. 압제하는 바벨론에 대한 하박국 선지자의 질문은 하박국 2:1에서 그 절정을 이룬다. 선지자는 성루에 서서 자신의 질문에 대답하시는 하나님을 기다리겠다고 한다. 결국 하나님은 하박국에게 대답하신다(2:2-4). 하나님은 "의인은 그의 믿음으로 말미암아 살리라"고 말씀하신다. 하나님께서 선지자에게 말씀하신 믿음은 하나님과 이스라엘 사이에 맺은 언약 관계 안에서 이해해야 한다.[2] 의인의 삶은 하나님의 약속을 믿고 하나님만을 신뢰하는 삶이며 결코 자신의 힘을 의지하지 않는 것이다. 하나님은 반드시 공의를 세워나가실 것이며 악을 행하는 개인이나 국가에게 책임을 물을 것이다. 하나님은 능력이 많은 거룩한 전사가 되

---

2   Richard S. Hess, *The Old Testament: A Historical, Theological, and Critical Introduction* (Grand Rapids: Baker Academic, 2016), 675.

어 악인들을 심판하시고 자신을 신뢰하며 기다리는 자들에게는 은혜를 베풀어 주실 것이다. 그러므로 하박국 선지자는 아무리 어려워 보이는 상황 속에서도 지속적으로 언약을 붙들고 살아가야 하며 하나님께서 온 땅에 공의를 행하시는 거룩한 전사라는 확신을 가져야 한다(3:2-12). 하박국 선지자는 의심과 좌절 속에서 하박국서를 시작했으나 하나님의 주권, 창조 속에 나타난 영광, 의로움을 깨달은 후에는 찬양과 확신으로 마무리한다.

6. 신약과의 관계

하박국 선지자는 불의한 자들이 득세하는 환경 속에서 하나님께 질문을 했다. 그의 질문은 불신에서 나온 것이라기보다는 하나님을 신뢰했기에 할 수 있었던 것이다. 사도 바울은 로마서 1:17과 갈라디아서 3:11에서 "오직 의인은 믿음으로 말미암아 살리라"고 언급한 하박국 2:3-4을 인용한다. 또한 히브리서 10:37-38도 마찬가지이다. 바울은 하나님께 의롭다함을 얻는 길은 믿음을 가지는 것이라고 한다. 신약에서도 의인의 삶은 비록 하나님의 뜻과 행동을 다 이해할 수 없어도 하나님을 향한 신뢰와 신실함으로 살아가는 것이다. 하박국이 불평한 악의 세력은 결국 망하게 될 것이다. 재림의 날에 예수 그리스도는 모든 악과 사탄을 심판하시고 자신의 택한 백성들을 환난에서 구원해 내실 것이다. 그러므로 신약의 성도들과 교회는 현재와 종말론적 구원과 약속의 성취 사이를 살아가면서 신실한 믿음의 본을 보여야 한다.³ 믿음이 하나님을 기쁘시게 할 수 없다(히 11:6).

> **내용 요약**
> 1. 하박국서는 하박국 선지자의 이름을 따라 지어졌고 뜻은 "껴안다"이다.
> 2. 하박국서는 하나님의 정의에 대한 선지자의 질문과 하나님의 답변을 통해 선지자의 깨달음을 기록하였다.
> 3. 하박국의 신학은 죄를 지은 개인과 국가를 다스리시는 하나님의 주권과 섭리에 대한 내용을 다룬다.
> 4. 하박국 선지자는 의심과 좌절 속에서 하박국서를 시작했으나 하나님의 주권, 창조 속에 나타난 영광, 의로움을 깨달은 후에는 찬양과 확신으로 마무리한다.

7. 현대인을 위한 적용

하박국서는 불의가 가득한 세상 속에서 "왜 악인들이 득세하는가?"라는 질문을 던지는 모든 이들에게 깊은 위로와 방향을 제시한다. 하박국처럼 오늘날의 신자들도 고통과 혼란 앞에서 하나님의 정의와 선하심을 이해하지 못할 때가 많다. 그러나 하나님은 하박국에게 "의인은 그의 믿음으로 말미암아 살리라"고 선언하신다(2:4). 이 말씀은 상황이 아닌 하나님 자신에 대한 신뢰로 살아가야 함을 가르친다. 고통

---

3 B. S. Childs, *Introduction to the Old Testament as Scripture* (Minneapolis: Fortress, 1979), 455.

의 시대에도 하나님의 주권은 여전히 유효하며 역사는 하나님의 뜻대로 진행된다. 그러므로 우리는 모든 이해를 다 할 수 없어도 하박국처럼 믿음으로 기다리고 찬양하는 자가 되어야 한다.

8. 깊은 연구를 위한 질문

1) 하박국 선지자가 하나님께 불평하며 제기한 질문들은 무엇인가?

2) 하박국 2:4을 인용한 신약의 본문은 무엇인가? 어떤 의도로 인용했는가?

3) 하박국 선지자의 불평과 의문이 찬양과 감사로 바뀌게 된 이유가 무엇인가?

9. 심화학습을 위한 독서 목록

마틴 로이드 존스. 『두려움에서 믿음으로: 하박국 메시지』. 서울: 지평서원, 2012.
케이 아더. 『하나님, 왜 침묵하십니까?: 하박국을 통해 깨닫는 하나님의 섭리』. 프리셉트성경연구원 역. 서울: 프리셉트선교회, 2011.
Anderson, F. I. *Habakkuk*. New York: Doubleday, 2001.
Smith, Ralph L. *Micah-Malachi*. WBC. Vol. 32. Waco, Tex.: Word, 1984.

스바냐

1. 목적

스바냐서는 스바냐 선지자의 이름을 따라 제목이 붙여졌으며 그 이름의 뜻은 "여호와께서 숨기신다"이다. 스바냐서는 총 3장 분량의 책이지만 구약 예언의 핵심인 '여호와의 날'을 초점으로 내용이 전개된다. 여호와의 날은 불의한 자들에게는 심판과 징벌의 날이다. 그러나 하나님을 신뢰하고 기다리는 자들에게는 보호받고 구원의 기쁨을 누리는 날이 된다. 스바냐서는 유다에 임할 여호와의 날의 양면성을 전하여 백성들의 개혁과 변화를 이끌어내기 위해 기록되었다.

2. 저자

스바냐서의 저자에 관해서는 스바냐 1:1에서 그의 족보와 함께 비교적 상세하게 소개한다. "아몬의 아들 유다 왕 요시야의 시대에 스바냐에게 임한 여호와의 말씀이라 스바냐는 히스기야의 현손이요 아마랴의 증손이요 그다랴의 손자요 구시의 아들이었더라"(1:1). 스바냐는 히스기야 왕의 4대 후손이다. 그는 왕족 출신의 선지자였기에 궁정에 자유롭게 출입할 수 있었고, 유다의 정치, 종교 지도자들의 죄악상에 대해 익히 알았고 이에 대해 심판을 선언할 수 있었을 것이다(1:4, 8-9; 3:3, 4).[1] 또한 그는 국제 정세에 대한 혜안도 있었다(2:5-15). 스바냐 선지자는 나훔, 하박국, 예레미야 선지자들과 동시대에 사역을 했다.

3. 기록 연대와 배경

스바냐 선지자는 "아몬의 아들 유다 왕 요시야 시대"에 하나님의 말씀을 선포한 선지자이다(1:1). 요시야 왕은 주전 640-609년에 통치한 왕으로 므낫세 왕의 종교적 악행의 잔재들을 개혁하고 청산하는 일을 했다. 요시야 왕의 증조할아버지 므낫세 왕은 궁정과 성전에 이방 제사를 위한 제단을 세우고 자녀들을 불살라 제물로 바치는 인신 제사를 자행하였다(왕하 21:3-6). 주전 628년부터 요시야 왕은 바알 제단을 헐고, 모든 산당들과 주상들을 깨뜨렸고, 주전 622년에는 성전을 보수하다가 율법을 발견했다(왕상 22:3-23:25; 대하 34:3-35:19). 스바냐 선지자의 사역은 아마도 주전 622년 요시야 왕이 율법책을 발견한 후이지만 아직 종교개혁 운동이 본격적으로 시작하기 전에 이루어졌을 것이다. 스바냐 선지자는 요시야 왕의 종교개혁 운동을 독려하는 일에 적극적으로 가담했을 것이다.

---

[1] 레이몬드 딜러드·트렘퍼 롱맨, 『최신구약개론』, 636.

4. 스바냐서의 구조

스바냐서는 크게 유다에 대한 신탁(1:1-2:3), 열방에 대한 신탁(1:1-2:3), 이스라엘의 남은 자들에 대한 회복(3:9-20)의 메시지로 구분될 수 있다. 이 책에는 심판 선언(1:2-3, 4-6, 8-9, 10-13, 17-18, 2:4-15), 권면(1:7; 2:1-3; 3:8), 찬양 시(3:14-18a), 구원의 메시지(3:5-13, 18-20)와 같은 다양한 문학 장르들이 사용된다.[2]

I. 표제(1:1)

II. 유다에 대한 신탁(1:1-2:3)

    A. 우주적 심판에 대한 경고(1:1-3)

    B. 유다와 예루살렘에 대한 심판(1:4-13)

    C. 여호와의 날(1:14-2:3)

III. 열방에 대한 신탁(2:4-3:7)

    A. 블레셋에 대한 심판(2:4-7)

    B. 모압과 암몬에 대한 심판(2:8-11)

    C. 구스에 대한 심판(2:12)

    D. 앗수르에 대한 심판(2:13-15)

    E. 예루살렘에 대한 고소(3:1-7)

    F. 여호와를 기다리라(3:8)

---

[2] 유진 H. 메릴, 마크 F. 루커, 마이클 A. 그리산티, 『현대인을 위한 구약개론』, 744.

IV. 이스라엘의 남은 자들의 회복(3:9-20)

    A. 우주적 구원(3:9-10)

    B. 유다의 남은 자들의 구원과 기쁨(3:11-20)

5. 신학적 내용

스바냐서는 죄에 대한 심판, 남은 자들에 대한 구원, 회복을 위한 회개의 메시지가 여호와의 날과 관련하여 기술되고 있다. 구약의 많은 선지자들은 여호와의 날에 대한 개념을 가지고 있었고 그중에서 스바냐 선지자가 이 날을 가장 강조한다. 스바냐서는 여호와의 날을 다양한 표현으로 반복하고 있다. 예를 들면 여호와의 날을 희생의 날(1:7-8), 여호와의 분노의 날(1:15), 환난과 고통의 날(1:15), 벌할 날(3:8), 그 날(1:9, 15; 3:11, 16) 등으로 소개되고 있다. 여호와의 날은 가장 먼저 예루살렘에 초점을 맞추어 선포가 되고 점차적으로 열방으로 확대된다. 이 날은 하나님께서 이스라엘과 열방의 죄를 심판하시기 위해 개입하시는 날이다. 이 날에 여호와의 정의가 실현되는 날이다. 여호와께서는 정의를 실현하시기 위해 재판장, 왕, 거룩한 용사로 이 땅에 오신다. 이 날에 모든 창조가 하나님의 진노에 소멸되는 종말론적인 날이고(1:2-3, 15; 3:8), 주님은 이 두려운 날에 악과 의인을 구분하실 것이다(1:18; 2:3; 3:12-13).[3]

여호와의 날의 다른 측면은 남은 자들을 위한 구원의 날이다. 이

---

[3] Thomas Renz, "Zephaniah," in *Theological Interpretation of the Old Testament: A Book-by-Book Survey*, ed. Kevin J. Vanhoozer (Grand Rapids: BakerAcademic, 2008), 293.

날에 하나님께서 자신을 구하고 기다리는 자들에게 신실함과 자비를 보여 주신다(2:3). 이스라엘이나 이방인들 가운데에서도 여호와를 찾으며 기다리고, 공의와 겸손을 구하는 것이 남은 자들의 중요한 자질이다(2:3; 3:8). 하나님은 이들을 회복시키시고 모든 더러움에서 정결하게 하실 것이다(3:9). 온 땅에 심판이 펼쳐지는 여호와의 날에 살아남은 자들은 하나님의 사랑으로 인해 기뻐하게 될 것이다(3:15-17).

6. 신약과의 관계

스바냐 선지자는 여호와의 날에 유다 백성들뿐만 아니라 이방인들도 남은 자가 되어 하나님의 구원을 받게 될 것이라고 했다. 이 날은 신약의 교회에서 유대인들과 이방인들이 예수 그리스도 안에서 아브라함의 축복을 누리게 됨으로 성취가 된다(갈 3:8, 14, 29; 엡 2:14-16). 이 날은 예수 그리스도의 초림으로 이미 성취가 되었고, 장차 그리스도의 재림 시에 최종 성취를 이루게 된다. 이 날에 모든 열방이 하나님의 보좌 앞에 나아와 전능하신 왕에게 예배를 드리게 될 것이다. 사도 바울은 여호와의 날을 "예수 그리스도로 말미암아 사람들의 은밀한 것을 심판하시는 그 날"(롬 2:16), "우리 주 예수 그리스도의 날"(고전 1:8; 빌 1:6, 10; 2:16), "그 날"(딤후 4:8) 등으로 기술하고 있다. 이 날은 예수 그리스도께서 역사 속에 개입하시어 심판을 행하시는 종말론적인 날이다. 사도 요한은 재림의 날에 예수 그리스도께서 백마를 탄 거룩한 전사로 오시어 공의로 심판하고 싸우실 것이라고 소개한다(계 19:11-16).

> **내용 요약**
> 1. 스바냐서는 스바냐 선지자의 이름을 따라 제목이 붙여졌으며 그 이름의 뜻은 "여호와께서 숨기신다"이다.
> 2. 스바냐서는 총 3장 분량의 책이지만 구약 예언의 핵심인 '여호와의 날'을 초점으로 내용이 전개된다.
> 3. 스바냐 선지자는 "아몬의 아들 유다 왕 요시야 시대"에 하나님의 말씀을 선포한 선지자이다.
> 4. 스바냐 선지자는 여호와의 날에 유다 백성들뿐만 아니라 이방인들도 남은 자가 되어 하나님의 구원을 받게 될 것이라고 했다.

7. 현대인을 위한 적용

스바냐서는 하나님께서 역사의 주인이심을 선포한다. '여호와의 날'은 단순한 파멸의 날이 아니라 악을 심판하고 겸손한 자를 구원하시는 하나님의 공의와 사랑이 만나는 날이다. 오늘의 신자들은 하나님의 심판 앞에 깨어 있어야 하며 동시에 주님을 경외하는 믿음 안에서 위로와 소망을 누릴 수 있어야 한다. 회개하는 자들에게 하나님의 사랑과 구원이 임하고, 겸손과 정의를 추구하는 자들에게 하나님은 여전히 피난처가 되신다(2:3).

8. 깊은 연구를 위한 질문

1) 스바냐서의 여호와의 날의 의미는 무엇인가?

2) 하나님이 스바냐서에서 심각하게 다루고 있는 죄는 무엇인가?

3) 스바냐 선지자와 함께 사역한 동시대의 선지자는 누구인가?

9. 심화학습을 위한 독서 목록

로날드 블루 외 3인. 『하박국, 스바냐, 학개, 스가랴, 말라기』. 김희건 역. 서울: 두란노, 2017.
김근주. 『소예언서 어떻게 읽을 것인가. 3, 스바냐·학개·말라기』. 서울: 성서유니온, 2018.
Berlin, Adele. *Zephaniah*. New York: Doubleday/Anchor, 1994.
Walker, Larry. "Zephaniah." *EBC*. Vol. 7. Grand Rapids: Zondervan, 1985.

학개

1. 목적

학개서란 제목은 포로 후기 선지자인 학개의 이름에서 온 것이다. 학개란 이름의 뜻은 "축제"이고 아마도 이스라엘의 한 절기와 상관이 있을 것이다. 학개서는 포로 후기 유다 백성들에게 중단된 성전 공사를 다시 시작하게 하고 다가오는 하나님 나라의 영광을 보여 주며 백성들을 격려하기 위해 기록되었다. 무엇보다 언약 백성들의 삶의 우선순위를 하나님 나라에 두고 살아갈 것을 권면한다.

2. 저자

학개서의 저자에 대해서는 학개 1:1에서 간략하게 소개한다. "다리오 왕 제이년 여섯째 달 곧 그 달 초하루에 여호와의 말씀이 선지자 학개로 말미암아 스알디엘의 아들 유다 총독 스룹바벨과 여호사닥의 아들 대제사장 여호수아에게 임하니라 이르시되"(1:1). 학개 선지자는 여호와의 말씀을 받아 당시 유다 총독 스룹바벨과 대제사장 여호수아에게 성전 건축을 다시 시작하도록 촉구한 첫 번째 선지자이다. 학개의 성전 건축 독려 사역에 대해서는 에스라 5:1, 2과 6:14에도 소개되어 있다. 학개 선지자는 스가랴 선지자와 동시대에 사역했다.

3. 기록 연대와 배경

바벨론 포로에서 본토로 돌아온 백성들은 파괴된 성전을 재건하기 위해 성전 지대를 놓고 성전 재건을 시작했으나(스 3:8-13; 주전 536년), 주변 대적자들의 반대로 다리오 제2년까지 공사가 중단되었다(스 4:1-24). 학개 선지자는 16년 동안이나 중단되었던 성전 공사를 다시 시작할 수 있도록 사역을 하였다. 학개서는 바사 왕 다리오 1세(주전 521-486년) 제2년인 주전 520년 9월에서 12월 사이에 사역을 했고 성전은 주전 516년에 완공되었다(스 6:15). 학개서는 성전 완공에 대한 언급이 없는 것으로 보아 그 이전에 기록되었을 것이다.

성경구절	날짜	사건
1:1	다리오 왕 제2년 여섯 째 달 초하루	학개의 첫 예언의 시작
1:15	다리오 왕 제2년 여섯 째 달 이십사일	성전 재건 시작
2:1	다리오 왕 제2년 일곱 째 달 이십이일	학개의 두 번째 예언 시작
2:10	다리오 왕 제2년 아홉 째 달 이십사일	학개의 세 번째 예언 시작
2:18	다리오 왕 제2년 아홉 째 달 이십사일	성전 지대를 쌓은 날
2:20	다리오 왕 제2년 아홉 째 달 이십사일	학개의 네 번째 예언 시작

표 21 학개서에 나타난 연대들

4. 학개서의 구조

학개서는 총 네 개의 메시지로 구분되며 각 메시지는 연대와 함께 소개되고 있다.

I. 첫 번째 메시지(1:1-15)
  A. 성전을 건축하라(1:1-11)
  B. 남은 자들의 반응(1:12-15)

II. 두 번째 메시지: 성전의 영광 회복(2:1-9)

III. 세 번째 메시지: 더럽혀진 사람들을 위한 축복(2:10-19)

IV. 네 번째 메시지: 스룹바벨과 인장 반지(2:20-23)

5. 신학적 내용

학개서의 주된 주제는 성전이다. 성전은 하나님께서 자신의 백성들 가운데 거하시겠다는 언약의 상징적 표현이다. 이스라엘 백성들의 삶의 중심은 성전이며 그들이 포로에서 귀환 후 가장 먼저 관심을 가지고 재건해야 할 것도 성전이었다. 에덴동산은 하나님의 임재가 있었던 최초의 성전이며(창 2장) 출애굽 후에는 성막을 통해(출 25-31장) 신명기에는 중앙 성소 제도를 통해 하나님께서 자신의 백성들을 만나시겠다고 말씀하셨다(신 12장). 다윗은 하나님의 성전을 건축하고자 갈망했으며(삼하 7장) 그의 아들 솔로몬에 의해 성전이 건축되었다(왕상 5-8장). 하지만 솔로몬 성전이 바벨론에 의해 파괴되었고 백성들은 언약의 구심점을 상실하게 되었다(왕하 25장). 그래서 학개 선지자는 포로 후기 백성들에게 성전을 재건하는 것이 곧 회복하는 길이라고 했다. 그의 메시지는 이전 언약들에 기반을 두고 있다. 학개 선지자는 성전 회복과 더불어 다윗 언약의 중요성에 대해서도 언급한다. 다윗의 후손이며 현 이스라엘 백성들의 지도자인 스룹바벨을 여호와의 손에 인장으로 삼겠다고 약속하셨다(2:23). 이는 하나님께서 아직 다윗의 가문을 포기하지 않으셨고 메시아의 소망이 여전히 유효하다는 것을 보여 준다.

6. 신약과의 관계

구약의 성전은 신약에서 예수 그리스도를 예표하고 있다. 예수 그리스도는 하나님의 영광의 광채이시며 본체의 형상이시다(히 1:3). 사도 요한은 예수 그리스도께서 이 땅에 오심을 성전의 영광과 관련해서 말한다. "말씀이 육신이 되어 우리 가운데 거하시매 우리가 그의 영광을 보니 아버지의 독생자의 영광이요 은혜와 진리가 충만하더라"(요 1:14). 예수님은 신약의 백성들 가운데 성전으로 오신 분이시다. 또한 예수님도 자신이 곧 성전이라고도 말씀하셨다(요 2:21). 예수 그리스도의 오심으로 말미암아 과거 솔로몬 성전의 영광은 더이상 의미가 없게 되고 오직 그리스도의 영광만이 드러나게 된다. 포로 후기 공동체의 지도자이며 성전 재건 사역의 중심 역할을 했던 스룹바벨의 사역은 다윗의 후손으로 태어나시고 이 땅에 성전으로 오신 예수 그리스도에게서 완전히 성취된다.

> **내용 요약**
> 1. 학개서는 포로 후기 유다 백성들에게 중단된 성전 공사 재건을 독려하고 이를 통한 영적회복과 하나님의 언약 백성들로서 삶의 우선순위를 하나님 나라에 두고 살 것을 권면하기 위해 기록되었다.
> 2. 학개서의 저자에 대해서는 학개 1:1에서 간략하게 소개한다.
> 3. 학개서의 주된 주제는 성전이다.
> 4. 학개 선지자는 성전 회복과 더불어 다윗 언약의 중요성에 대해서도 언급한다.

7. 현대인을 위한 적용

학개서는 신앙의 중심을 되찾으라는 하나님의 촉구이다. 많은 현대인도 바쁜 일상과 자기중심적 삶에 매몰되어 하나님의 집을 나중에 돌보려 한다. 그러나 하나님은 "이 성전이 황폐하였거늘 너희가 오히려 각각 자기 집을 짓기 위하여 빨리 달려가느냐"(1:9)고 책망하신다. 성도는 먼저 그의 나라와 그의 의를 구하는 삶을 살아야 한다. 오늘 우리는 삶의 우선순위를 재정립해야 한다. 또한 학개서의 성전 재건은 단순한 건축이 아닌 하나님의 임재를 향한 갈망의 표현이기도하다. 교회는 건물, 프로그램, 재정만 집중하는 것이 아니라 하나님의 임재를 우선으로 둘 필요가 있다.

8. 깊은 연구를 위한 질문

1) 스룹바벨을 "인장"(2:23)으로 삼는다는 것은 무엇을 의미하는가?

2) 학개 선지자의 성전 건축에 대한 메시지는 오늘날 우리들에게 무엇을 의미하는가?

3) 학개와 함께 사역한 동시대의 선지자는 누구인가?

9. 심화학습을 위한 독서 목록

앤드류 E. 힐. 『학개, 스가랴, 말라기』. 유창걸 역. 서울: CLC 기독교문서선교회, 2014.

윤영탁. 『(시대를 움직인 선지자) 학개』. 수원: 합동신학대학원출판부, 2004.

Verheof, P.A. *The Books of Haggai and Malachi*. NICOT. Grand Rapdis: Eerdmans, 1987.

Wolf, Herbert M. *Haggai and Malachi*. Chicago: Moody, 1976.

스가랴

1. 목적

스가랴서는 12 소선지서 가운데 제일 긴 책이며 동시에 가장 난해한 책이다. 난해함의 주된 이유는 이 책이 묵시문학적 요소를 풍부하게 포함하고 있기 때문이다. 상징의 불확실성, 문학 장르의 혼합, 역사와 종말의 경계가 흐려지는 특성 등이 그 요인이다. 스가랴서의 제목은 스가랴 선지자의 이름을 따라 붙여졌다. 스가랴서는 학개 선지자의 사역으로 성전 건축을 재개한 백성들과 성전 재건 이후 약 40년이 지난 상황 속에서도 아직 완전한 회복을 경험하지 못해 상실감에 빠진 백성들에게 전해졌다. 이 책은 난해함에도 불구하고 다음과 같은 분명한 목적으로 기록되었다. 첫째, 성전 건축을 시작한 백성들에게 여전히 남아 있는 악한 삶의 방식을 질책하고 돌이키게 하는 목적이다(1:3-5; 3:1-10; 5:1-11). 백성들이 회개하고 하나님께 돌아오면 하나님께서 그들에게 돌아가실 것이다. 둘째, 성전 건축을 진행하는 백성들에게 예루살렘을 향한 하나님의 사랑과 계획을 소개하여 이들을 격려하고 위로하기 위해 기록하였다(1:13; 8:9). 셋째, "옛적 선지자들"의 외침이 아직도 유효하기에 언약에 신실한 순종의 삶을 살아갈 것을 권고하기 위해 기록되었다(1:4; 7:7, 12). 넷째, 정결케 된 예루살렘이 모든 열방을 위한 예배의 중심이 되는 종말론적 비전을 제시하기 위해 기록되었다. 이 비전의 중심에는 메시아적 왕이 있다.

2. 저자

스가랴란 이름은 당시에 아주 흔한 이름이었고 성경에도 동일한 이름을 가진 사람이 21명 이상이나 있다.[1] 스가랴서 1:1은 스가랴 선지자에 대한 구체적 정보를 제공해 준다. "다리오 왕 제 이년 여덟째 달에 여호와의 말씀이 잇도의 손자 베레갸의 아들 선지자 스가랴에게 임하니라 이르시되"(1:1). 스가랴 선지자가 잇도의 손자 베레갸의 아들이라고 한다면 그는 제사장 가문 출신이다(1:1, 7; 느 12:4, 16). 그래서인지 스가랴서에는 성전, 제사 의식과 관련된 내용들이 자주 등장한다(1:16; 3:1-4:14; 6:9-15; 8:9, 20-23; 14:16-21). 일부 학자들은 스가랴 1-8장과 9-14장 사이에 문학적 스타일의 차이로 서로 다른 저자들이 기록했다고 주장한다. 그러나 스가랴서에 나타난 일관성 있는 여러 주제들은 이 책을 통일성을 가진 스가랴 선지자의 기록으로 보는 데 도움을 준다. 스가랴 선지자는 하나의 문학적 스타일을 사용하지 않고 여러 장르를 사용하여 자신의 메시지가 변화하는 정치적, 역사적 상황 속에서 전해졌다는 것을 보여 준다.

---

1 레이몬드 딜러드·트렘퍼 롱맨, 『최신구약개론』, 653.

3. 기록 연대와 배경

스가랴 선지자는 학개보다 2개월 후에 등장하여 성전 재건을 다시 시작할 것을 외쳤고 결국 학개와 스가랴의 사역을 통해 약 4년 후인 주전 516년에 성전이 완공되었다. 1–6장은 성전이 완공되기 이전에 선지자가 밤에 본 환상을 소개한다. 7–8장의 금식에 대한 논쟁은 그로부터 2년 후인 주전 518년경의 사건이다. 스가랴 9:13에는 "시온아 내가 네 자식들을 일으켜 헬라 자식들을 치게 하며 너를 용사의 칼과 같게 하리라"고 언급한다. 이 구절에서 헬라를 언급한 것으로 보아 이 시기는 바사 제국이 헬라 제국에 의해 지배를 당한 때인 주전 480년 이후에 기록된 것으로 추정할 수 있다. 따라서 스가랴서는 아마도 주전 520년에서 주전 470년경에 최종적으로 기록되었을 것이다.[2] 스가랴서에는 다음과 같이 총 세 번의 연대가 소개된다.

성경구절	날짜	사건
1:1	다리오 왕 제이년 여덟째 달(520년 10월)	스가랴에게 임한 말씀
1:7	다리오 왕 제이년 열한째 달 이십사일(519년 2월 15일)	첫 번째 환상
7:1	다리오 왕 제사년 아홉째 달 사일(518년 12월7일)	금식에 관한 메시지

표 22 스가랴서에 나타난 연대4. 스가랴서의 구조

---

[2] Andrew E. Hill and John H. Walton, *A Survey of the Old Testament*, 534.

스가랴서는 다양한 문학 장르들을 포함하고 있다. 스가랴 1-6장은 선지자가 밤에 본 여덟 개의 환상, 7-8장은 벧엘에서 온 사람들의 질문과 하나님의 답변, 9-14장에는 백성들에게 돌아오시는 하나님과 하나님 나라 설립에 대한 선지자의 메시지를 소개한다.

I. 밤에 본 환상(1:1-6:15)

    A. 서론(1:1-6)

    B. 여덟 개의 환상(1:7-6:8)

        a. 첫째: 네 명의 말 탄 자(1:7-17)

        b. 둘째: 네 뿔과 네 장인(1:18-21)

        c. 셋째: 측량하는 자(2:1-13)

        d. 넷째: 제사장(3:1-10)

        e. 다섯째: 순금 등잔대(4:1-14)

        f. 여섯째: 날아가는 두루마리(5:1-4)

        g. 일곱째: 에바 속의 여인(5:5-11)

        h. 여덟째: 네 개의 병거(6:1-8)

    C. 여호수아를 위한 왕관(6:9-15)

II. 위선적 금식에 관한 메시지(7:1-8:23)

    A. 공의와 자비 그리고 금식(7:1-14)

    B. 예루살렘의 회복(8:1-23)

III. 신탁 1(9:1-11:17)

    A. 메시아 왕의 오심(9:1-17)

    B. 유다의 회복(10:1-12)

C. 두 명의 목자들(11:1-17)

    IV. 신탁 2(12:1-14:21)
            A. 심판 받은 예루살렘의 원수(12:1-9)
            B. 찔린 자를 위한 애곡(12:10-14)
            C. 죄 용서(13:1-6)
            D. 목자와 양(13:7-9)
            E. 여호와의 날(14:1-21)

5. 신학적 내용

스가랴서는 비록 난해한 책이지만 책 전체를 연결시키는 신학적인 중심 주제들이 분명하게 나타나고 있다.

1) 하나님의 절대주권

　　스가랴서는 온 땅에 심판과 구원을 실행하시는 절대주권자 하나님에 대해 소개한다. 스가랴서에서 하나님의 절대주권을 강조하기 위해 "만군의 여호와"(히. 야웨 체바오트)란 용어가 무려 52회나 사용되었다. 하나님은 온 땅의 왕이시며 자신을 대적하는 열방(1:21; 2:9; 6:7, 8; 9:1-7; 12:3, 4, 9; 14:3, 12)과 불순종하는 자신의 백성들(11:3, 6; 13:8, 9; 14:1, 2)을 심판하신다. 그러나 하나님께서는 열방 가운데서도 자신을 찾는 자들을 구원하시고(2:11; 8:20; 9:7; 14:16) 자신의 백성들을 회복시키기 위해 그들에게 돌아가신다(1:3; 2:5, 10, 11; 4:9, 10). 하나님은 포로에서 돌아온 이스라엘 백성들의 운명을 주관하시는 분이시다. 그의 통치는 유다와 바사 그리고 온 열방들을 포함한다(12-14장). 하나님은 세상의 모든 역사를 주관하신다. 그렇기에 이스라엘 백성들은 하나님께로 돌아가야 한다(1:3). 하나님을 더욱 신뢰하고 자신들의 능력과 힘을 의지하지 말아야 한다(4:6).

2) 순종의 삶

스가랴 7, 8장은 벧엘 사람들이 스가랴에게 찾아와 오랫동안 행한 금식에 대한 질문과 선지자의 답변을 소개한다. 벧엘 사람들은 예루살렘 성전 파괴 때부터 지킨 금식일을 성전이 재건된 이후에도 지속해야 하는지에 대해 질문하였다. 스가랴 선지자를 통해 전해지는 하나님의 응답은 그 동안 백성들이 지킨 금식일은 결코 하나님을 위해 한 것이 아니라고 했다(5:5). 그들의 금식은 자신들의 만족을 위한 것이었고 그들이 금식을 했음에도 불구하고 예루살렘 성전이 파괴되었다고 말씀한다(7:8-14). 따라서 백성들이 행할 것은 금식이 아니라 진실한 재판을 행하며 이웃에게 인애와 긍휼을 베푸는 삶을 사는 것이다(7:9). 이웃끼리 서로 해하지 말고 옛 선자자들을 통해 전한 하나님의 율법을 순종하는 삶을 살아가는 것이다(7:12). 이 같은 순종의 삶이 예루살렘 회복의 배경이 되고 성전을 재건하는 자들의 삶에 먼저 요구된다(8:1-17).[3] 백성들이 율법에 순종하는 신실한 삶을 산다면 만군의 여호와께서 금식 대신에 기쁨의 날들을 선사해 주실 것이다.

---

[3] Hess, *The Old Testament*, 701.

3) 메시아

스가랴서는 왕-목자로 오시는 메시아에 대한 풍성한 내용들을 담고 있다. 스가랴서는 장차 메시아적 인물이 오실 것을 예언하면서 그를 "내 종 싹"(3:8), "싹"(6:12), "제사장"(6:13), "목자"(13:7)로 부르고 있다. 스가랴 선지자는 메시아가 겸손하여 나귀를 타시고 예루살렘에 입성하는 모습(9:9), 메시아가 은 삼십에 팔리실 것(11:12, 13)과 창으로 찔림을 받아 그를 바라보는 자들이 통곡하는 모습(12:10), 하나님께서 목자를 치심으로 양들이 흩어지는 모습(13:7)을 생생하게 예언하였다. 메시아가 종국적으로 이방 나라를 멸하고 자신의 나라를 세우는 자로 소개되고 있다(12:9, 14:3-9).

6. 신약과의 관계

신약의 복음서 저자들은 예수 그리스도의 수난에 대해 소개할 때 스가랴 9-14장을 가장 많이 인용했다. 예수님께서 나귀를 타고 예루살렘에 입성하실 때 스가랴 선지자를 통해 하신 말씀을 이루려 하심이라고 했고(마 21:4, 5; 막 11:7-10), 예수님께서 십자가에 죽으실 것을 제자들에게 말씀하시면서 그들이 다 자기를 버릴 것을 말씀하셨다(마 21:5; 슥 9:9). 복음서 저자들은 예수님께서 가룟 유다에게 은 삼십에 팔리는 것과(마 26:15; 27:9), 군병이 창으로 예수님의 옆구리를 찌르는 사건들을 스가랴 예언을 들어 설명하였다(요 19:37; 계 1:7). 스가랴 선지자가 바라본 수난 받는 메시아는 예수 그리스도의 대속적 죽음으로 인해 성취되었다. 예수님은 자신의 대속적 고난과 죽음이 구약의 선지자들이 예언했던 메시아 사역의 성취로 해석하셨다. 이에 대해 누가복음 24:25-27은 이렇게 기록한다.

"이르시되 미련하고 선지자들이 말한 모든 것을 마음에 더디 믿는 자들이여 그리스도가 이런 고난을 받고 자기의 영광에 들어가야 할 것이 아니냐 하시고 이에 모세와 모든 선지자의 글로 시작하여 모든 성경에 쓴 바 자기에 관한 것을 자세히 설명하시니라"(눅 24:25-27).

내용 요약

1. 스가랴서는 12 소선지서 가운데 제일 긴 책이며 동시에 가장 난해한 책이다.
2. 스가랴 선지자는 제사장 가문 출신이며 스가랴서에는 성전, 제사 의식과 관련된 내용들이 자주 등장한다.
3. 스가랴서는 온 땅에 심판과 구원을 실행하시는 절대주권자 하나님에 대해 소개한다.
4. 스가랴서는 왕-목자로 오시는 메시아에 대한 풍성한 내용들을 담고 있다.
5. 스가랴 선지자가 바라본 수난 받는 메시아는 예수 그리스도의 대속적 죽음으로 인해 성취되었다.

7. 현대인을 위한 적용

스가랴서는 난해한 책이지만, 그 안에 담긴 메시지는 오늘날을 살아가는 우리에게도 여전히 강력한 도전을 준다. 첫째, 낙심하고 영적 활기를 잃은 백성들에게 흔들리지 않는 희망은 하나님의 주권과 회복의 약속이다. 바사 제국의 지배 아래 성전 재건에 나섰던 백성들은 수많은 장애물 앞에 좌절했지만, 스가랴는 "만군의 여호와"께서 역사를 주관하시며 심판과 동시에 구원을 이루시는 분임을 선포한다. 마찬가지로 현대인들도 불안한 경제와 사회적 혼란 속에서 낙심하지만, 하나님의 손길은 여전히 우리 삶을 붙들고 계신다. 둘째, 형식적 신앙을 넘는 참된 순종이 요구된다. 벧엘 사람들의 금식 질문은 우리로 하여금 외적 신앙 행위의 본질을 돌아보게 한다. 스가랴는 그들의 금식이 하나님의 뜻이 아닌 자기 만족을 위한 것이었음을 지적하며, 참된 신앙은 공의와 자비, 하나님의 말씀에 대한 순종이라는 점을 강조한다. 오늘날 우리도 형식에 머물지 말고 일상에서 하나님의 뜻을 실천하는 신앙을 살아야 한다. 셋째, 메시아의 고난을 통한 구원의 완성이다. 스가랴서에는 고난 받는 메시아에 대한 예언이 풍성히 나타나며, 이는 죄와 고통의 문제 속에서 하나님의 구원이 여전히 진행 중임을 보여 준다. 오늘의 혼란한 시대 속에서도 우리는 하나님의 절대주권과 그리스도 왕의 통치를 소망하며 인내해야 한다.

8. 깊은 연구를 위한 질문

1) 스가랴의 저작권과 관련된 이슈들은 무엇인가?

2) 스가랴 선지자가 메시지를 전할 당시 포로 후기 백성들에게 어떤 문제가 있었는가?

3) 스가랴 4장의 순금 등잔대 환상이 전하고자 하는 메시지는 무엇인가?

4) 스가랴서에 나타난 메시아 본문은 무엇이며 신약에서 어떻게 성취가 되었는가?

9. 심화학습을 위한 독서 목록

배리 웹. 『스가랴: 나라가 임하시오며』. 백지윤 역. 서울: IVP, 2019.
장세훈. 『내게로 돌아오라』. 서울: SFC출판부, 2007.
앤드류 E. 힐. 『학개, 스가랴, 말라기』. 유창걸 역. 서울: CLC, 2014.
스티븐 L. 쿡. 『예언과 묵시: 포로기 이후 묵시 사상에 대한 사회학적 연구』. 이윤경 역. 서울: 새물결플러스, 2016.
Boda, Mark. *The Book of Zechariah*. Grand Rapids: Eerdmans Publishing, 2016.

말라기

1. 목적

말라기란 이름의 뜻은 "나의 사자"이다. 말라기서는 히브리 성경 느비임(*Nevi'im*)의 마지막 책이며, 칠십인역의 순서를 따르는 영어 성경에서는 구약의 제일 마지막에 위치해 있다. 말라기 선지자는 선지자들 가운데 가장 늦은 시기에 사역을 했기에 이 책을 마지막에 위치시켰을 것이다. 말라기서는 포로 후기 백성들에게 하나님과 맺은 언약 관계를 다시 확인시켜 주고 참다운 예배를 회복하기 위해 기록된 책이다. 학개와 스가랴 선지자의 사역을 통해 예루살렘 성전은 재건되었으나(스 5:1-2, 6:14), 그 안에서 타락한 제사가 행해지고 있었다. 이로 인해 하나님은 말라기 선지자를 세워 포로 후기 유다 백성들에게 언약 백성의 정체성을 일깨우고, 바른 제사장의 모습과 순수한 제사 제도를 회복하도록 하시기 위해 말라기를 기록하게 하셨다.

2. 저자

말라기서의 저자는 "말라기"(Malachi)라는 이름을 가진 선지자로 보는 것이 가장 자연스럽다. 말라기서는 다른 선지서들과는 달리 선지자에 대한 그 어떤 정보도 제공하지 않는다. 말라기란 이름은 성경 전체에서 오직 말라기 1:1에서 한번 나타난다. 이 구절을 히브리어 원문에서 직역하면 "말라기의 손에 의한 이스라엘을 위한 여호와의 경고의 말씀이니라"이며, "말라기"는 고유명사로 선지자의 이름일 가능성이 크다. 그러나 일부 학자들은 말라기 3:1에 나오는 보통 명사인 "내 사자(messenger)"와 동일시하기도 한다(참조. 2:7). 그러나 이 구절에서 말하는 "내 사자"는 미래에 주님이 보낼 자이기에 책의 저자가 될 수는 없다. 말라기서의 청중들은 의심하는 자들(1:2-3), 냉소주의자들(1:7; 2:22), 냉담한 자들(2:16), 불륜자들(3:5), 무관심한 자들(3:14-15), 신실한 자들(3:16-18), 악을 행하는 자들(4:1)이 있다.

3. 기록 연대와 배경

말라기서는 선지자의 메시지와 관련된 어떤 왕들의 이름이나 특정한 연대를 소개하지 않는다. 그러나 이 책은 일반적으로 포로 후기에 성전 완공과 에스라와 느헤미야의 개혁 시작의 중간 기간 정도에 기록이 되었을 것이다(주전 450-430년). 바벨론 포로에서 돌아온 백성들은 팔레스타인 땅에서 다시 공동체를 이루며 살아갔으나 점점 과거의 잘못된 행태를 반복했다. 스가랴 선지자가 예언했던 메시아 왕국의 도래가 늦어지자 백성들은 실망했고 언약 백성의 정체성을 상실한 채

점점 불의한 삶을 살아갔다. 제사장들은 제사 규례를 위반하고 여호와를 경외하지도 않았다. 하나님의 사랑을 의심하는 백성들은 가정의 순결을 파괴했을 뿐만 아니라 십일조 규례도 제대로 지키지 않았다. 이러한 시대에 하나님의 거룩한 사자인 말라기 선지자를 일으키셨다. 말라기 선지자는 에스라, 느헤미야와 동시대의 인물이었다.

4. 말라기서의 구조

말라기서는 법정 소송 형식을 따른다는 점에서 히브리 문학의 수사학적 기법이 잘 드러난다. 질문과 응답의 대화 형식을 통해 독자들 스스로가 하나님의 고발 앞에 피고인으로 서 있는 것처럼 느끼게 하며, 무의식적인 죄를 자각하고 회개하도록 유도한다. 이는 단순한 논박이 아니라 자기 성찰과 신앙적 각성을 불러일으키기 위한 문학적 장치로 기능한다.[1]

I. 표제(1:1)

II. 첫 번째 신탁: 이스라엘을 향한 하나님의 사랑(1:2-5)
    A. 첫 번째 질문: 주께서 어떻게 우리를 사랑하셨나이까(1:2)

III. 두 번째 신탁: 신실하지 못한 제사장들(1:6-2:9)

---

[1] Andrew E. Hill and John H. Walton, *A Survey of the Old Testament*, 546.

A. 두 번째 질문: 우리가 어떻게 주의 이름을 멸시하였나이까?(1:6)

B. 세 번째 질문: 우리가 어떻게 주를 더럽게 하였나이까?(1:7)

IV. 세 번째 신탁: 이혼을 통한 언약 파기(2:10-16)

A. 네 번째 질문: 어찌됨이니이까?(2:14)

V. 네 번째 신탁: 불공평을 통한 언약 파기(2:17-3:5)

A. 다섯 번째 질문: 우리가 어떻게 여호와를 괴롭혀 드렸나이까?(2:17)

B. 여섯 번째 질문: 정의의 하나님이 어디 계시냐?(2:17)

VI. 다섯 번째 신탁: 온전치 못한 십일조를 통한 언약 파기(3:6-12)

A. 일곱 번째 질문: 우리가 어떻게 하여야 돌아가리이까?(3:7)

B. 여덟 번째 질문: 우리가 어떻게 주의 것을 도둑질하였나이까?(3:8)

VII. 여섯 번째 신탁: 다가오는 심판의 날(3:13-4:3)

A. 아홉 번째 질문: 우리가 무슨 말로 주를 대적하였나이까?(3:13)

B. 열 번째 질문: 그의 명령을 지키는 것이 무엇이 유익하뇨?(3:14)

VIII. 결론적 권고: 모세의 율법, 엘리야 선지자(4:4-6)

5. 신학적 내용

말라기서는 이스라엘 백성들이 하나님의 사랑을 깨닫고 이에 합당한 삶을 살아가라는 메시지이다. 말라기서는 언약을 기반으로 내용이 전개된다. 이 책에 소개되는 언약에는 야곱 언약(1:2; 창 25:19-26; 28:10-15), 레위 지파의 언약(2:4-5), 결혼 언약(2:14), 모세 언약(4:4)이 있다.

1) 하나님의 사랑

말라기서는 이스라엘을 사랑하시는 하나님과 그 사랑에 대한 이스라엘의 반응을 다룬 책이다. 하나님은 자신이 이스라엘 백성들을 사랑하는 만큼 그들이 자신을 사랑하는지에 대해서는 의심을 가지고 계셨다. 당시 백성들은 이전 선지자들이 외쳤던 이스라엘의 영광스런 회복의 날이 점점 지체되고 여전히 바사 제국의 지배하에 살고 있는 자신들의 현실을 바라보며 낙심하였다. 말라기 선지자는 이런 처지에 있는 백성들에게 언약의 하나님의 다양한 모습을 소개한다. 먼저 선지자는 야곱과 에서 이야기를 통해 이스라엘 백성들을 사랑하시고 택하신 하나님을 소개한다(1:2-3; 창 25:19-26). 하나님께서 야곱을 사랑하시고 에서는 미워하신 것은 하나님의 주권적인 선택과 사랑에 의한 것이며, 마찬가지로 이스라엘 백성들도 하나님의 사랑을 입고 택함을 받은 자들임을 확인시켜 준다. 또한 선지자는 하나님은 이스라엘 백성들의 아버지이시고, 그들의 창조주이심을 강조한다(1:6; 2:10). 하나님은 정의로운 분이시고(2:17), 결코 변함이 없으신 분이다(3:6). 이스라엘 백성들은 하나님의 특별한 소유이다(3:17). 하나님은 이스라엘과 맺은 언약에 신실함으로 남아 계신다.

2) 제사장들과 희생 제사

하나님과 레위 사이에 맺은 언약은 생명과 평강의 언약이었고 그가 하나님을 경외하게 하려고 세운 언약이었다(2:4, 5). 레위인들과 제사장들은 하나님의 율법과 바른 제사 제도에 대해 익히 알고 있었으나 하나님을 공경하지 않았기에 이를 무시했다(2:6-9). 그들은 하나님께서 받지 못할 눈먼 것과, 병든 것과 흠이 있는 희생 제물을 하나님께 드렸다(1:8; 신 15:21). 언약에 신실하고 율법에 순종하는 삶의 본을 보여야 할 제사장들이 오히려 불순종의 길을 걸어간 것이다. 그들은 하나님의 길을 걷지 않을 뿐만 아니라 백성들까지 타락의 길로 인도하였다. 이로 인하여 하나님은 제사장들이 백성 앞에서 멸시와 천대를 당하게 하셨다(2:6-9).

3) 이혼

하나님과 이스라엘 백성들과의 언약 관계의 위기는 백성들의 가정의 위기로 나타났다. 하나님은 자신의 백성들 사이에 벌어지고 있는 이방인들과의 통혼과 이혼에 대해 책망한다. 백성들이 이방 신의 딸과 결혼하여 순수한 여호와 종교를 혼합주의 종교로 전락시키는 위험을 불러왔다(2:11). 또한 남편들은 어려서부터 취한 아내에게 거짓을 행하고 쉽게 이혼을 하였다(2:14). 결혼은 거룩한 언약 관계에 뿌리를 둔 남녀의 결합이고 하나님께서 경건한 자손들을 생산하고자 만드신 제도이다. 이스라엘의 하나님 여호와는 이혼하는 것(아내를 버리는 것)을 싫어하시기에 아내에게 거짓을 행하지 말아야 한다(2:16).

6. 신약과의 관계

말라기서는 주님의 크고 두려운 날이 임하기 전에 엘리야 선지자를 보낼 것이라는 약속으로 마무리가 된다(4:5). 예수님은 말라기 선지자가 예언한 엘리야가 바로 세례 요한이라고 밝히셨다(마 11:14). 예수님은 또한 말라기 3:1을 인용하면서 하나님께서 자신의 길을 예비하라고 먼저 보내신 사자는 세례 요한을 두고 한 말씀이라고 하셨다.[2] 세례 요한은 예수님의 지상 사역을 준비하기 위해 백성들에게 회개하고 정결한 삶을 살라고 외쳤다(눅 3:4-9). 사도 바울은 하나님의 주권적 택함을 설명하면서 말라기 1:2의 "내가 야곱은 사랑하고 에서는 미워하였다"란 말씀을 인용한다. 말라기 3:16에서 여호와의 이름을 존중히 여기는 자를 위하여 "여호와 앞에 있는 기념책"에 그 이름을 기록하셨다고 언급한다. 여호와 앞에 있는 기념책은 요한계시록 20:12의 "보좌 앞에 펴져 있는 생명책"을 고대한다.

> **내용 요약**
> 1. 말라기 선지자는 선지자들 가운데 가장 늦은 시기에 사역을 했기에 성경의 제일 마지막에 위치시켰을 것이다.
> 2. 말라기서는 포로 후기 백성들에게 하나님과 맺은 언약 관계를 다시 확인

---

[2] 말 3:1, "만군의 여호와가 이르노라 보라 내가 내 사자를 보내리니 그가 내 앞에서 길을 준비할 것이요 또 너희가 구하는 바 주가 갑자기 그의 성전에 임하시리니 곧 너희가 사모하는 바 언약의 사자가 임하실 것이라."

시켜 주고 참다운 예배를 회복하기 위해 기록된 책이다.
3. 말라기서의 저자는 "말라기"(Malachi)라는 이름을 가진 선지자로 보는 것이 가장 자연스럽다.
4. 말라기서는 이스라엘 백성들이 하나님의 사랑을 깨닫고 이에 합당한 삶을 살아가라는 메시지이며 언약을 기반으로 내용이 전개된다.
5. 말라기서는 주님의 크고 두려운 날이 임하기 전에 엘리야 선지자를 보낼 것이라는 약속으로 마무리가 된다.

7. 현대인을 위한 적용

말라기서는 '하나님의 사랑'이 잊힌 시대 속에서 신앙의 본질을 회복하라는 외침이다. 오늘날 신자들도 예배의 형식은 유지하지만, 하나님을 향한 진심과 경외는 흐려져 가고 있다. 말라기서의 제사장들은 병든 제물로 예배를 타락시켰고, 백성들은 가정과 사회에서 언약을 깨뜨렸다. 이것은 우리 시대에도 반복되는 모습이다. 우리는 하나님과의 언약적 관계 안에서 살아가며, 그분의 변함없는 사랑에 합당하게 반응해야 한다. 하나님은 우리의 중심을 원하시며, 성결한 예배와 십일조, 정직한 삶, 언약에 신실한 관계를 요구하신다. 또한 말라기의 마지막 약속처럼, 하나님의 날은 반드시 임하며, 그날은 경건한 자에게는 소망의 날이지만 악한 자에게는 심판의 날이다. 그러므로 우리는 회개와 순종의 삶으로 주님의 오심을 예비해야 한다.

8. 깊은 연구를 위한 질문

1) 말라기 선지자가 사역을 할 당시 이스라엘 백성들에게 어떤 문제들이 있었는가?

2) 여호와께서 야곱을 사랑하고 에서를 미워했다는 의미는 무엇인가(1:2, 3)?

3) 말라기 선지자가 "만군의 여호와"라는 용어를 자주 쓴 이유는 무엇인가?

4) 말라기 4:5의 엘리야는 신약에서 누구를 의미하는가?

9. 심화학습을 위한 독서 목록

앨렌 로스. 『경외와 외식: 앨런 로스의 말라기 강해를 위한 주석』. 김귀탁 역. 서울: 디모데, 2019.
토마스 V. 무어. 『학개.말라기 주석』. 윤영탁 역. 서울: 여수룬, 1985.
Hill, Andrew E. *Malachi: A New Translation with Introduction and Commentary*. Anchor Bible 25D. New York: Doubleday, 1998.
Kaiser, W.C. *Malachi: God's Unchanging Love*. Grand Rapids: Baker, 1984.
Mallone, G. *Furnace of Renewal. Downers*. Grove: InterVarsity Press, 1981.
Merrill, E.H. *Haggai, Zechariah, Malachi*. Chicago: Moody, 1994.

참고 문헌

Anderson, Bernard W. "Exodus Typology in Second Isaiah." In *Israel's Prophetic Heritage: Essays in Honor of James Muilenburg,* Bernhard W. anderson and Walter Harrelson, eds. Eugene: Harper & Brothers, 1962. 177–95.

Archer, Gleason. *A Survey of Old Testament Introduction,* 2nd ed. Chicago: Moody Press, 1974.

Arnold, Bill T. *Encountering the Book of Genesis.* Grand Rapids: Baker Academic, 1998.

_____. *1 & 2 Samuel,* NIV Application Commentary. Grand Rapids: Zondervan, 2003.

Barker, Kenneth I. "Zechariah." *EBC.* Vol. 7. Grand Rapids: Zoncervan, 1985.

Bill T. Arnold and Beyer, Bryan E. *Encountering the Old Testament.* Grand Rapids: Baker Academic, 2015.

Biddle, Mark E. *Deuteronomy.* Smyth & Helwys Bible Commentary. Macon, GA.: Smyth & Helwys, 2003.

Block, Daniel I. *Deuteronomy.* The NIV Application Commentary. Grand Rapids: Zondervan, 2012.

Block, Daniel. *Judges, Ruth.* NAC. Nashville: B&H, 1999.

Boda, Mark. *The Book of Zechariah.* Grand Rapids: Eerdmans Publishing, 2016.

Bullock, C. Hassell. *An Introduction to the Old Testament Poetic Books.* Chicago: Moody, 1988.

Bush, F. W. *Ruth, Esther.* WBC. Dallas: Word Book 1996.

Calvin, John. *Commentary on the Book of Psalms,* trans. Henry Beveridge. Grand Rapids: Baker, 1979.

Childs, B. S. *Introduction to the Old Testament as Scripture.* Philadelphia: Fortress, 1979.

Christensen, Duane L. *Deuteronomy 1-11,* Word Biblical Commentary 6A. Dallas: Word, 1991.

Crenshaw, James L. *Ecclesiastes: A Commentary.* Philadelphia: Westminster, 1987.

Day, John. *God's Conflict with the Dagon and the Sea: Echoes of a Canaanite Myth in the Old*

Testament. Cambridge: Cambridge University Press, 1985.

Davidson, R. "The Literary Sturcture of the Song of Songs Redivivus." *JATS* 14 (2003): 44–65.

Dorsey, D. *The Literary Structure of the Old Testament*. Grand Rapids: Baker, 1999.

Eskenazi, Tamara Cohn. In an Age of Prose: A Literary Approach to Ezra–Nehemiah, SBLMS 36. Atlanta: Scholars Press, 1988.

Evans, Mary J. "Hosea." In *Theological Interpretation of the Old Testament: A Book-by-Book Survey*. Edited by Kevin J. Vanhoozer. Grand Rapids: BakerAcademic, 2008. 244–50.

Fredericks, D. "Ecclesiastes, Theology of." In *New International Dictionary of Old Testament Theology & Exegesis*. vol. 4. Edited by W. VanGemeren. Grand Rapids: Zondervan, 1997. 553.

Grudem, W. *Systematic Theology*. Grand Rapids" Zondervan, 1994.

Hamilton, V. P. "Recent Studies in Leviticus and Their Contribution to a Further Understanding of Wesleyan Theology," in *A Spectrum of Thought: Essay in Honor of Denis F. Kinlaw*, ed. M. L. Peterson. Wilmore, KY: Asbury College, 1982.

Hartley, John E. *Leviticus*. WBC. Vol. 4. Waco, Tex.: Word Books, 1992.

Harrison, R. K. *Leviticus: An Introduction and Commentary*. TOTC. Downers Grove: InterVarsity Press, 1980.

Hess, Richard S. *The Old Testament: A Historical, Theological, and Critical Introduction*. Grand Rapids: Baker Academic, 2016.

Hill, Andrew E. and John H. Walton. *A Survey of the Old Testament*. Grand Rapids: Zondervan, 2000.

House, Paul *Old Testament Theology*. Downers Grove: InterVarsity, 1998.

Hubbard Jr., R. L. *The Book of Ruth*. NICOT. Eerdmans, 1988.

Joyce G., Baldwin. *Haggai, Zechariah, Malachi*. TOTC. Downers Grove: InterVarsity Press, 1972.

Kline, Meredith G. *Kingdom Prologue: Genesis Foundation for a Covenantal Worldview* Eugene: Wipf and Stock Publishers, 2006.

Kitchen, K. A. *On the Reliability of the Old Testament*. Grand Rapids: Eerdmans, 2003.

Lindblom, J., *Prophecy in Ancient Israel*. Philadelphia: Fortress, 1962.

Martins, Elmer A. *God's Design: A Focus on Old Testament Theology*. Grand Rapids: Baker Book House, 1990.

Mieroop, Van De. *A History of the Ancient Near East: ca. 3000-323 BC*. Malden, MA: Blackwell Publishing, 2007.

Merrill, Eugene H. *Deuteronomy*. Nashville: Broadman&Holman, 1994.

_____. *Everlasting Dominion: A Theology of the Old Testament*. Nashville: B&H, 2006.

Mieroop, Marc Van De. *A History of the Ancient Near East: ca. 3000-323 BC. 3rd*. Malden, MA.: Blackwell Publishing, 2007.

Milgrom, Jacob. *Leviticus 1-16*. AB. Vol. 3. New York: Doubleday, 1991.

Murphy, R. E. *Wisdom Literature: Job, Proverb, Ruth, Canticles, Ecclesiastes, and Esther*. FOTL. Grand Rapids: Eerdmans, 1981.

Nathan Mac Donald. "The Book of Numbers." In *A Theological Introduction to the Pentateuch: Interpreting the Torah as Christian Scripture*. Edited by Richard S. Briggs and Joel N. Lohr. Grand Rapids: Baker Academic, 2012.

Naudé, Jackie A. "קדשׁ." in *New International Dictionary of Old Testament Theology and Exegesis*, vol. 3. Grand Rapdis: Zondervan, 1997, 877–887.

_____. "חרם." in *New International Dictionary of Old Testament Theology and Exegesis*, vol. 2. Grand Rapdis: Zondervan, 1997, 276–77.

Newsom, Carol A. *The Book of Job*. The New Interpreter's Bible. Nashville: Abingdon Press, 1996.

Renz, Thomas. "Zephaniah." In *Theological Interpretation of the Old Testament: A Book-by-Book Survey*. ed. Kevin J. Vanhoozer. Grand Rapids: BakerAcademic, 2008, 291–94.

Sawyer, John F. A. *The Fifth Gospel*. New York: Cambridge University Press, 1996.

VanGemeren, Willem A. "Psalms." *Revised Expositor's Bible Commentary*. Vol. V. Grand Rapids: Zondervan, 2008. 5:23–67.

Waltke, Bruce K. *An Old Testament Theology: An Exegetical, Canonical, and Thematic Approach*. Grand Rapids: Zondervan, 2007.

Wenham, Gordon J. *The Book of Leviticus*. NICOT. Grand Rapids: Eerdmans, 1979.

Wilson, Robert Dick. *A Scientific Investigation of the Old Testament*. Chicago: Moody Press, 1959.

Wilson, Gerald H. "חכם." in *New International Dictionary of Old Testament Theology and Exegesis*. Vol 2. Grand Rapids: Zondervan, 1998, 130-31.

Wiseman, J. *1 and 2 Kings: An introduction and Commentary*. Tyndale Old Testament Commentary. Downers Grove, IL: InterVarsity, 1993.

Younger, K. L., Jr. *Judge, Ruth*. NIVAC. Grand Ra[ids: Zondervan, 2002.

김경열. 『레위기의 신학과 해석』. 서울: 새물결플러스, 2016.

김지찬. 『여호와의 날개 아래 약속의 땅을 향하여: 구약 역사서 이해-문예적 신학적 서론』. 서울: 생명의말씀사, 2016.

김지찬. 『룻기, 어떻게 설교할 것인가: 본문주해에서 설교까지』. 서울: 생명의말씀사, 2018.

김준수. 『구약의 저수지: 모세오경』. 서울: 킹덤북스, 2017.

김영욱. 『신명기 III』. 서울: 솔로몬, 2019.

다니엘 에스테스. 『지혜서와 시편 개론』. 강성열 역. 고양: 크리스찬다이제스트, 2007.

레이몬드 딜러드·트렘퍼 롱맨. 『최신구약개론』. 박철현 역. 서울: 크리스천다이제스트, 1997.

마이클 맥켈비. "레위기." 『성경신학적 구약개론: 약속된 복음』. 방정열 역. 서울: 부흥과개혁사, 2018.

메리데스 G. 클라인. 『스가랴 주석』. 조은혜 역. 서울: 기독교문서선교회, 2013.

J. G. 맥콘빌. 『신명기』. 강대이, 황의무 역. 서울: 부흥과개혁사, 2019.

배리 웹. 『스가랴: 나라가 임하시오며』. 백지윤 역. 서울: IVP, 2019.

이동수. 『사사기의 구속사적 읽기』. 서울: 그리심, 2012.

이희성. "신명기 4:32-40에 나타난 하나님, 백성, 그리고 땅: 이사야 40-66에 나타난 신학적 주제와의 상관성." 「교회와 문화」 (2009): 79-100.

_____. 『교회와 함께 읽는 신명기』. 서울: 그리심, 2012.

_____. "개혁신학과 고대 근동 연구: 구약의 역사적 해석 원리에 대한 고찰." 「개혁논총」 34 (2015): 27-62.

_____. 『왕의 명령: 예루살렘 성벽재건 이야기』. 서울: 익투스, 2019.

_____. "네 생물 환상(겔 1:1-28)에 대한 칼빈의 해석: 평가와 제언."「성경과 신학」92 (2019): 1-30.
알프레드 J. 허트, 제럴드 L. 매팅리, 에드윈 M. 야마우치 편집.『고대 근동 문화: B.C. 3000년경 ~ B.C. 323』. 신득일, 김백석 역. 서울: 기독교문서선교회, 2012.
앤드류 E. 힐.『학개, 스가랴, 말라기』. 유창걸 역. 서울: CLC, 2014.
앨렌 로스.『경외와 외식: 앨런 로스의 말라기 강해를 위한 주석』. 김귀탁 역. 서울: 디모데, 2019.
어니스트 루카스.『시편과 지혜서』. 박대영 역. 서울: 한국성서유니온선교회, 2008.
양성규.『내러티브 룻기』. 서울: 좋은땅, 2013.
유진 H. 메릴·마크 F. 루커·마이클 A. 그리산티.『현대인을 위한 구약개론』. 유창걸 역. 서울: 기독교문서선교회, 2016.
스티븐 L. 쿡.『예언과 묵시: 포로기 이후 묵시 사상에 대한 사회학적 연구』. 이윤경 역. 서울: 새물결플러스, 2016.
장세훈.『내게로 돌아오라』. 서울: SFC출판부, 2007.
장재일.『밥하면서 보는 성경의 절기, 上: 유월절에서 오순절까지』. 서울: 쿰란, 2012.
존 커리드. "창세기."『성경신학적 구약개론』. 임용섭 역. 서울: 부흥과개혁사, 2018.
존 스코트 레드. "신명기."『성경신학적 구약개론』. 정원석 역. 서울: 부흥과개혁사, 2018.
팔머 로벗슨.『계약신학과 그리스도』. 김의원 역. 서울: 기독교문서선교회, 1999.
필립 세터트웨이트·고든 맥콘빌.『역사서』. 김덕중 역. 서울: 성서유니온선교회, 2009.
크리스토퍼 라이트.『신명기』. 전의우 역. 서울: 성서유니온, 2017.
토마스 V. 브리스코.『두란노 성서지도』. 강사문 외 7인 역. 서울: 두란노서원, 2012.
하경택. "전도서의 '헤벨' 연구."『전도서 어떻게 설교할 것인가』. 서울: 두란노아카데미, 2009, 89-98.